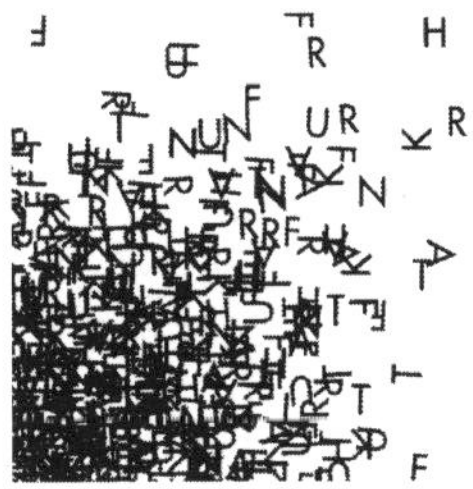

Walter Jessel

Spurensuche 1945

Ein jüdischer Emigrant
befragt seine Abiturklasse

Herausgegeben und mit einer Einführung von Brian E. Crim
Aus dem Englischen übersetzt, mit Anmerkungen ergänzt
und einem Nachwort von Margrit Frölich

Fachhochschulverlag
DER VERLAG FÜR ANGEWANDTE WISSENSCHAFTEN

Walter Jessel
Spurensuche 1945
Ein jüdischer Emigrant befragt seine Abiturklasse

Herausgegeben und mit einer Einführung von Brian E. Crim.
Vorwort von Michael J. Neufeld.
Aus dem Englischen übersetzt, mit Anmerkungen ergänzt
und einem Nachwort von Margrit Frölich

Titel der amerikanischen Originalausgabe:
„Class of '31. A German-Jewish Émigré's Journey across Defeated Germany"
Academic Studies Press, Boston 2017

ISBN 978-3-947273-32-4

Umschlaggestaltung: Rainer Stenzel, Gestaltungsbüro e162, 60386 Frankfurt
unter Verwendung zweier Fotos:
Platz am Eschenheimer Tor:
Institut für Stadtgeschichte Frankfurt a. M./Kurt Weiner, S7B Nr. 2522
Porträtfoto von Walter Jessel:
Privat. Mit freundlicher Genehmigung der Kinder Alfred, Peggy und Robert Jessel.

DTP: Sarah Kalck
Druck und Bindung: docupoint GmbH, 39179 Barleben

Preis: 20, – €
(zuzüglich Portokosten)

Bestellungen:
Fachhochschulverlag.
DER VERLAG FÜR ANGEWANDTE WISSENSCHAFTEN E.K.

Kleiststr. 10, Gebäude 1
60318 Frankfurt am Main

Telefon (069) 1533 2820
Telefax (069) 1533 2840
bestellung@fhverlag.de
http://www.fhverlag.de

Bibliografische Information der Deutschen Nationalbibliothek:
Die Deutsche Nationalbibliothek verzeichnet diese Publikation
in der Deutschen Nationalbibliografie; detaillierte bibliografische
Daten sind im Internet über http://dnb.dnb.de abrufbar.

Inhalt

Vorwort

Ich bin auf Walter Jessel zum ersten Mal in den späten 1980er Jahren gestoßen, als ich die investigative Presseberichterstattung über die Nazi-Unterlagen zu Wernher von Braun und seinem Team an Raketeningenieuren nachverfolgte. Jessels Beurteilungen vom Juni 1945 über deren Charakter und politische Einstellungen, die sich in den Sicherheitsakten des Militärs im US-Nationalarchiv befinden, waren scharf, eindringlich und höchst zitierfähig. Er hob die engstirnigen, von den Nazis beeinflussten Ansichten vieler der von ihm Befragten hervor, die sich den Amerikanern als „die wahren Retter der westlichen Zivilisation vor den asiatischen Horden" anboten. „Was sie jedoch nicht daran hindert, mit der Idee zu spielen, sich an die asiatischen Horden zu verkaufen, falls ihnen nicht bald eine entsprechende Bestätigung zuteil würde."

Jessel, der jung und klarsichtig genug gewesen war, um Deutschland 1933 zu verlassen, ging nach Palästina und dann in die USA. Wie viele männliche jüdische Flüchtlinge seines Alters, die aus Deutschland und Österreich stammten, wurde er im Zweiten Weltkrieg Nachrichtenoffizier in der US-Armee. Denn Deutsch war seine Muttersprache. Nachdem er an vorderster Front nachrichtendienstliche Funktionen ausgeübt hatte, war er im Hauptquartier der US-Militärbesatzung im zerstörten Frankfurt, seiner Heimatstadt, stationiert.

Dort machte er sich auf die Suche nach ehemaligen Klassenkameraden der kleinen Gymnasialklasse, die 1931 Abitur gemacht hatte. Der vorliegende Erinnerungsbericht ist das Ergebnis. Weitere Details über sein Leben und den Ursprung dieses bislang noch nicht veröffentlichten Buches finden sich in der Einführung von Brian Crim. Ich kann Jessels Bericht nur empfehlen. Seine Schilderungen der unterschiedlichen Schicksale seiner Klassenkameraden – die den Bogen spannen von begeisterten Nazi-Anhängern bis zu einem kommunistischen Widerstandskämpfer, der als Häftling eines Konzentrationslagers starb – sind durchweg faszinierend. Diese Porträts zeigen dieselben eindringlichen charakterlichen Beurteilungen wie Jessels Einschätzungen der Raketeningenieure.

Spurensuche 1945 ist ein Dokument seiner Zeit, von Herbst 1945 bis Mitte 1946. Jessel fand heraus, dass die meisten seiner nicht-jüdischen Klassenkameraden mehr oder weniger willige Unterstützer der Nazis gewesen waren, dass sie jedoch nicht zu erkennen vermochten, inwieweit sie für Hitlers Machtergreifung oder die Verbrechen des Regimes verantwortlich waren.

Das stimmte ihn pessimistisch hinsichtlich der Zukunftsaussichten für eine deutsche Demokratie. Bemerkenswert ist, wie sehr er eine fortdauernde Zusammenarbeit der Amerikaner mit den Sowjets in Deutschland erwartete – eine liberale Haltung. Sicherlich wird er wenige Jahre später anders empfunden haben, als er seine nachrichtendienstliche Karriere in der neu gegründeten Central Intelligence Agency (CIA) fortsetzte.

Mehr als alles andere vermittelt das Buch ein lebendiges Bild davon, wie es in Deutschland während des ersten Jahres der amerikanischen Besatzung aussah: Zerstörte Städte standen im Kontrast zu der nahezu intakten ländlichen Gegend. Derweil mühte sich der Großteil der Bevölkerung ab, grundlegende Lebensbedürfnisse zu befriedigen. Zugleich aber lehnte die Bevölkerung es mehrheitlich ab, für irgendetwas, was ihnen geschah, Verantwortung zu übernehmen. Die westdeutsche Demokratie erwies sich stärker, als Jessel erwartet hatte. Doch seine Beobachtungen erklären zum Teil, warum diese Gesellschaft zwei Jahrzehnte oder länger brauchte, bis sie sich mit den Verbrechen des Dritten Reichs auseinandersetzte. Ich bin mir sicher, dass Sie die Lektüre fesseln wird.

Michael J. Neufeld
National Air and Space Museum /
Nationales Luft- und Raumfahrtmuseum
Smithsonian Institution
Washington, D.C.

Einführung

Anfang des Jahres 1945 fielen nachrichtendienstliche und technische Einheiten, die den anglo-amerikanischen Streitkräften unterstellt waren, in das zusammenbrechende Dritte Reich ein. Sie waren entschlossen, Deutschlands „Vergeltungswaffen" zu orten und zu sichern, bevor sie noch mehr Schaden anrichten konnten.[1] Hitlers berüchtigter Nero-Befehl[2] vom März 1945, in dem er die verheerende Taktik der „verbrannten Erde" beschwor, war keine leere Drohung, insbesondere nicht nach Monaten willkürlicher Angriffe mit V-1- und V-2-Raketen auf London und die Niederlande in der Endphase des Krieges. Die Raketenstellungen zu neutralisieren, sowie die Rüstung und das Personal, das verantwortlich dafür war, dass ein letztes Trommelfeuer nihilistischer Zerstörung entfesselt wurde, hatte Priorität für die alliierten Armeen, die auf Berlin zustürmten. Die Raketentechniker und Ingenieure, die für den Bau der V-2-Rakete verantwortlich waren, vor allem das Wunderkind Wernher von Braun, waren der am heißesten begehrte Preis. Als die Rote Armee der Raketenversuchsanstalt in Peenemünde an der Ostsee näher rückte, evakuierte die SS das wichtigste Personal und das wertvollste Material ins Landesinnere. Weil er befürchtete, dass die SS ihn und sein Eliteteam bestehend aus Wissenschaftlern und Technikern eher liquidieren würde, bevor sie zuließ, dass sie dem Feind in die Hände fielen, tauchte von

1 Anmerkung der Übersetzerin: In seiner letzten Rundfunkansprache am 30. Januar 1945 versprach Adolf Hitler trotz der sich abzeichnenden Kriegsniederlage noch immer den „Endsieg". Dieser, so behauptete er, sollte durch verstärkten Einsatz sogenannter „Wunderwaffen" erzielt werden. Bereits 1943 hatte die NS-Propaganda angekündigt, Deutschland würde zur Vergeltung der alliierten Luftangriffe auf deutsche Städte bei Luftangriffen auf England sogenannte „Vergeltungswaffen" einsetzen. Mit dieser falschen Behauptung sollte die Moral der Zivilbevölkerung und den Kampfgeist der Soldaten aufrechterhalten werden. Das NS-Regime verbreitete den Irrglauben, dass die Wehrmacht durch den Einsatz der „Vergeltungswaffen" doch noch den Sieg herbeiführen könne. In der deutschen Bevölkerung machte sich nach anfänglicher Hoffnung ab Sommer 1944 jedoch Skepsis breit, als die Erfolge durch die sogenannten „Vergeltungswaffen" ausblieben (https://www.dhm.de/lemo/kapitel/der-zweite-weltkrieg/kriegsverlauf/die-wunderwaffen-v1-und-v2.html) (letzter Zugriff: 19. Dezember 2019).

2 Anmerkung der Übersetzerin: Am 19. März 1945 erließ Hitler den sogenannten „Nerobefehl" („Befehl betreffend Zerstörungsmaßnahmen im Reichsgebiet"). Dieser ordnete an, dass die Deutschen ihre eigene Infrastruktur zerstören sollten (Taktik „Verbrannte Erde"), damit sie den vorrückenden alliierten Truppen nicht in die Hände fiel.

Braun mit seinem inneren Zirkel auf dem bayerischen Land unter und wartete geduldig darauf, Kontakt zu den amerikanischen Truppen herzustellen. Dies war der Beginn einer langen und fruchtbaren Beziehung. Mehr als die Frachter voller Ausrüstung und gespeicherter Geheimdokumente, die man aus Höhlen und hastig verlassenen Warenhäusern geborgen hatte, erwiesen sich die „deutschen Hirne", die die V-2-Rakete, zusammen mit dutzenden weiteren Waffen in unterschiedlichen Entwicklungsstadien, entworfen und gebaut hatten, von unschätzbarem Wert für Amerikas entstehenden militärisch-industriellen Komplex.

Der Weg des Raketenteams aus der Kriegsgefangenschaft in Deutschland zu ihrem glänzenden „Zweiten Auftritt" bei der amerikanischen Armee und schließlich bei der NASA begann mit einer Reihe von Verhören durch die Spionageabwehr der Armee (CIC – Counter-Intelligence Corps) in einer Skihütte in der Nähe von Garmisch-Partenkirchen in Oberbayern. Einer der Vernehmer, der den Verhören des Raketenteams zugeteilt worden war, war der 32-jährige Leutnant Walter Jessel. Jessel hatte die ausdrückliche Anweisung des Hauptquartiers der alliierten Streitkräfte (SHAEF), die „Nazi-Anhänger und ihre Vollstrecker", wie er es formulierte, „vom technischen Personal zu sondern, um die letzteren in die USA zu bringen."[3] Jessel und seine Offizierskollegen standen vor der schwierigen Aufgabe, zwischen angesehenen Wissenschaftlern, die für die Entwicklung revolutionärer militärischer Technologie verantwortlich waren, und denjenigen unterscheiden zu müssen, die entweder verzichtbar waren oder so belastet durch die Verbrechen des Regimes, dass man sie von jeglicher Art vertraglicher Anstellung ausschließen musste. So offenherzig sich Jessels militärischer Bericht über die Verhöre liest, seine Tagebucheinträge von jener Woche im Juni 1945 sind sogar noch freimütiger: „Das Team besteht aus Raketenenthusiasten, Absolventen eines Ingenieursstudiums, Professoren – alle von ihnen reuelose Nazis, die sich ihrer Verhandlungsstärke gegenüber den Amerikanern bewusst sind." Jessel notierte, dass das deutsche Armeepersonal, das dem Team zugewiesen worden war, verstanden hatte, „dass seine Chancen, in die USA zu gelangen, geringer waren als die der Techniker. Um ihre eigenen Chancen zu verbessern, verraten sie die anderen."[4]

Walter Jessel war kein gewöhnlicher Nachrichtenoffizier. Geboren 1913 in Frankfurt, Deutschland, verstand Jessel mehr von den Verhörten als nur ihre Sprache. Jessel, der in einer wohlhabenden, assimilierten jüdischen Familie aufgewachsen war, hatte erlebt, wie sein Heimatland in der Tyrannei der Nazis versank. Er hatte mitangesehen, wie Freunde und Geschäftspartner seiner Familie sich dem neuen Regime entweder anschlossen oder es fraglos

---

3 Walter Jessel, *A Travelogue through a Twentieth-Century Life: A Memoir* (1996), 140.

4 Jessel, *A Travelogue*, 140.

akzeptierten. Jessel, der nun eine amerikanische Uniform trug, verbrachte die letzten Tage des Krieges damit, alle, von prominenten Nazis bis hin zu feigen Opportunisten, die verzweifelt die Konsequenzen der vorangegangenen zwölf Jahre abzuwehren versuchten, einer Sicherheitsprüfung zu unterziehen. Durch die Verhöre erwarb sich Jessel Kenntnis über die NS-Wissenschaft während der Kriegsjahre und die dort herrschende Mentalität, insbesondere über den vorrangigen Ehrgeiz und die amoralische, technokratische Einstellung des Raketenteams, das in der isolierten Enklave von Peenemünde gelebt hatte. Nach etlichen Tagen der Befragung und Überwachung gelangte Jessel zu der folgenden vernichtenden Einschätzung der Gruppe:

> „Sie waren begeisterte Techniker mit der Mission – in den Worten Goebbels – Deutschland zu retten. Dem Team wurde im Rahmen des deutschen Kriegsapparats alle finanzielle Unterstützung gewährt, die sie benötigten, sowie jegliches Material und Personal. Die Fortsetzung ihrer Arbeit hing von der Fortdauer des Krieges ab. In einer Zeit, in der die Generäle mit der Parteiführung unzufrieden waren und versuchten, sie zu stürzen, blieb Peenemünde fern von solchen Entwicklungen und ohne Sympathie dafür – nicht zwangsläufig aus Liebe zur Partei, sondern weil ihre Arbeit und der Krieg ein und dasselbe waren.“[5]

Während die meisten amerikanischen Beobachter das Raketenteam bauchpinselten und sich von dem charismatischen Wernher von Braun und seinen Versprechungen begeistern und mühelos verführen ließen, behielt Jessel die vorsichtige Skepsis des professionellen Nachrichtendienstlers. Als gebildeter Deutscher, der wegen Männern wie diesen, die er verhörte, gezwungen gewesen war, sein Land zu verlassen, verdient Jessels Perspektive mehr Aufmerksamkeit, als er letztendlich dafür erhielt.

Jessels Beurteilungen der von ihm Verhörten waren so umfassend und aufschlussreich, dass der Historiker Michael Neufeld sie in seinem Standardwerk *The Rocket and the Reich: Peenemünde and the Coming of the Ballistic Missile Era* (1996) in voller Länge zitierte. Als ich für mein eigenes Buch über das Projekt „Paperclip“[6] recherchierte, jene Geheimdienstoperation,

---

[5] Appendix A-HQ Third US Army Intelligence Center, Interrogation Center: Special Screening Report, June 12, 1945, RG 260, FIAT, Box 8, National Archives and Records Administration.

[6] Anmerkung der Übersetzerin: „Operation Paperclip“ war der Codename für ein militärisches Geheimprojekt der USA, das nach dem Ende des Zweiten Weltkrieges deutsche Wissenschaftler und Techniker, darunter auch Wernher von Braun, rekrutierte, um sich deren Expertise zu sichern. Die betreffenden Spezialisten, die

die dafür verantwortlich war, das Raketenteam mit Wernher von Braun an der Spitze in die USA zu bringen, las ich Neufelds Studie aufmerksam. Ich entschloss mich, jeden Bericht, den Jessel während seines Diensteinsatzes als Vernehmer für den CIC geschrieben hatte, im Archiv herauszusuchen. Als ehemaliger nachrichtendienstlicher Analyst und Konsument von historischen wie auch aktuellen nachrichtendienstlichen Dokumenten halte ich Jessels Berichte für außergewöhnlich ehrliche und unverblümte Einschätzungen, die im Schatten tausender gebetsmühlenartiger und größtenteils ununterscheidbarer Dokumente stehen. Jessels Berichte lassen Persönlichkeit, Erfahrung und sogar bissigen Humor erkennen. Ich war entschlossen, mehr über den Mann hinter diesen nachrichtendienstlichen Berichten in Erfahrung zu bringen. Kurz darauf entdeckte ich eine Traueranzeige für Walter Jessel, die vom April 2008 datierte. Ich besorgte mir die E-Mail-Adresse seines ältesten Sohnes, Alfred, und bat um alle persönlichen Unterlagen oder Erinnerungen, die meiner Recherche weiterhelfen könnten. Ich wurde nicht enttäuscht. Nicht nur hatte Jessel während seiner Zeit beim Militär Tagebuch geführt, so dass seine akribischen Untersuchungsberichte sogar noch um weitere Details ergänzt wurden. Er hatte außerdem einen bemerkenswerten Erfahrungsbericht geschrieben, in dem er die vier Monate langen Nachforschungen über das Schicksal seiner ehemaligen Klassenkameraden in Frankfurt schilderte. Je mehr ich über Jessels Leben vor und nach seiner einwöchigen Befragung der Raketenspezialisten las, umso mehr kam ich zu der Überzeugung, dass *Spurensuche 1945* das Publikum verdient, das Jessel sich erhofft hatte, als er das Manuskript 1946 schrieb.

***

Im Juni 1945, nur wenige Tage, nachdem er das Raketenteam verhört hatte, fuhr Jessel zwei deutsche Spionageabwehr-Offiziere zu einem Bauernhof

---

zuvor für Nazi-Deutschland gearbeitet hatten und sich im Gewahrsam der Amerikaner befanden, wurden aus den Internierungslagern in Deutschland in die USA gebracht und schließlich dort eingebürgert. Die meisten von ihnen arbeiteten in der amerikanischen Industrie. Vgl. u.a.: Annie Jacobsen, *Operation Paperclip. The Secret Intelligence Program that Brought Nazi Scientists to America*. (New York: Little, Brown and Company, 2014); Charles River Editors (Hrsg.), *Operation Paperclip. The History of the Secret Program to Bring Nazi Scientists to America During and After World War Two* (New York: Charles River Editors, o.J.), Clarence Lasby, *Project Paperclip. German Scientists and the Cold War* (New York: LLC, 2017), Brian E. Crim, Our Germans: *Project Paperclip and the National Security State* (Baltimore: Johns Hopkins University Press, 2018), Tom Bower, *Verschwörung Paperclip. NS-Wissenschaftler im Dienst der Siegermächte* (München: List, 1988), Franz Kurowski, *Alliierte Jagd auf deutsche Wissenschaftler* (München: Kristall bei Langen-Mueller, 1982).

und grub den dort versteckten Gefechtsbefehl des sowjetischen Nachrichtendienstes aus. „Der Gefechtsbefehl wurde umgehend per Kurier nach Washington geschickt“, schrieb Jessel, „wo die Regierungsanalysten ihn zum allervollständigsten und verständlichsten Bericht erklärten über dieses Spionageziel von – damals – hoher Priorität.“ Der Vorgang hatte seine Beförderung zum Oberleutnant und seine glänzende Geheimdienstkarriere in der Nachkriegszeit zur Folge. Als Jessel diese Geschichte fast fünfzig Jahre später seinem Sohn Alfred erzählte, erwiderte dieser: „Pa, du musst deine Memoiren schreiben.“[7] Während des folgenden Jahres durchforstete Jessel seine privaten Archive, ordnete sie und schrieb *A Travelogue through a Twentieth Century Life*. Er widmete diese Schrift seinen Enkeln und stiftete der Harvard University ein Exemplar. Zu meinem Glück basieren Jessels sehr persönliche Lebenserinnerungen auf detaillierten Tagebucheintragungen und einer Fülle privater Unterlagen aus jeder Phase seines Lebens auf drei Kontinenten. Jessel, der viele Jahre lang als Journalist arbeitete, schreibt wunderbar, und er ist bei seinen autobiographischen Schilderungen genauso sorgfältig und reflektierend wie bei seinen nachrichtendienstlichen Berichten. Walter Jessels außergewöhnlicher Lebensweg erstreckt sich über Deutschlands zwei Kriege und Amerikas Kalten Krieg. Er dürfte, wie er offenherzig zugibt, mehr Glück gehabt haben als die meisten deutschen Juden, die im Deutschen Reich gefangen waren. Doch Jessel verlor nie aus den Augen, wie grausam das NS-Regime war und in welchem Ausmaß seine Landsleute es unterstützten.

Walter Jessel war erst fünf Jahre alt, als der Erste Weltkrieg endete, in dessen Folge Deutschland in eine anhaltende wirtschaftliche Hoffnungslosigkeit und einen demütigenden nationalen Niedergang gestürzt wurde. Die Familie Jessel blieb dank des Vaters, eines „arbeitswütigen Erfinder-Geschäftsmannes“ von diesem Elend verschont.[8] Julius Jessel gründete eine profitable Elektro- und Radiofirma zu einer Zeit, als jeder deutsche Haushalt die neue Erfindung – das Radio – kaufen wollte. Der Verkaufskatalog nennt sein „fachkundiges Verständnis, solide Geschäftsprinzipien und intensive Arbeit“ als Gründe dafür, dass die Firma zum „führenden Radiogroßhandel in Deutschland aufstieg und sich einen herausragenden Ruf“ erwarb.[9] Ebenso schreibt Walter Jessel es dem Erfolg seines Vaters zu, dass die Familie sich die Internatsaufenthalte seiner Schwester leisten konnte, exotische Urlaube und vor allen Dingen die Flucht der Familie aus Nazideutschland. Julius Jessel beschäftigte in seiner Firma dreißig Personen und schuf ein Vermögen

---

7 Jessel, *A Travelogue*, 1.

8 Jessel, *A Travelogue*, 6.

9 Jessel, *A Travelogue*, 9-10.

in Höhe des Nettowerts von etwa drei Millionen Dollar. Als die Nazis an die Macht kamen und gesetzlich die „Arisierung" jüdischer Betriebe verfügten, was auf die systematische Vernichtung und den Diebstahl jüdischen Vermögens in Deutschland hinauslief, verlor die Familie Jessel ungefähr neunzig Prozent ihres Vermögens.

Sowohl Julius Jessel als auch seine Frau, Walters Mutter Bertha, geb. Kaufherr wuchsen in einer orthodoxen jüdischen Umgebung auf, aber sie lehnten ihre Herkunft ab. Sie wandten sich dem deutschen Liberalismus zu und waren um vollständige Assimilation ihrer selbst und ihrer Kinder bemüht. Drei von Berthas Brüdern hatten im Ersten Weltkrieg ehrenhaft in der kaiserlichen Armee gedient und waren mit dem Eisernen Kreuz ausgezeichnet worden. Walter erinnerte sich verbittert daran, dass, nachdem sein Onkel Max erkrankte und 1941 starb, „die Nazis seine Witwe in die Gaskammern transportierten."[10] Einer der tückischeren Mythen, die die Nazis während der Jahre verbreiteten, als sie noch im Schatten der Weimarer Republik standen, war die sogenannte „Dolchstoß"-Legende. Demnach hätte das deutsche Heer an der Front gesiegt, wenn die Zivilbevölkerung und die Sozialdemokratie ihm nicht in den Rücken gefallen wäre. Auch verbreiteten sie die falsche Behauptung, die deutschen Juden hätten sich im Ersten Weltkrieg angeblich entweder vor dem Militärdienst gedrückt, vom Krieg profitiert oder zuhause und im Ausland zur kommunistischen Revolution aufgehetzt. In Wahrheit leisteten jedoch ungefähr 100.000 Juden Militärdienst, 80.000 davon dienten an der Front, 35.000 wurden ausgezeichnet, 23.000 befördert, 2.000 wurden Offiziere und 12.000 fielen im Gefecht.[11] Die Kaufherrs waren typischer deutsch, als die Nazis eingestehen wollten. Walter Jessel erinnerte sich an mehrere Beispiele von Freunden und Verwandten, die auch angesichts staatlich geförderter Rassefeindseligkeit an ihrem Deutschtum festhielten. Jessel beschreibt die „deutsche" Weltsicht seiner Eltern und benennt dabei folgende Grundwerte: „anti-imperialistisch, anti-nationalistisch, anti-revanchistisch, pro-Weimar, pro-Völkerbund, religionsfern, für demokratischen gesellschaftlichen Fortschritt (die Mutter mehr als der Vater) und eifrige Leser der liberalen *Frankfurter Zeitung*."[12] Die Familie Jessel musste hilflos zusehen, wie die Nazis innerhalb weniger kurzer Jahre all diese Werte und Institutionen ausradierten.

Als es so weit war, Walter auf eine weiterführende Schule zu schicken, konnten seine Eltern zwischen einer jüdischen Schule und dem mehr

---

[10] Jessel, *A Travelogue*, 14.

[11] Brian E. Crim, *Antisemitism in the German Military Community and the Jewish Response, 1914-1938* (Lanham, MD: Lexington Books, 2014), 13.

[12] Jessel, *A Travelogue*, 21.

humanistischen Gymnasium in Frankfurt, der Musterschule, wählen. Sie entschieden sich für letztere. Von den 20 Jungen des Abiturjahrgangs 1931 waren acht Juden. „Falls es unterschwelligen Antisemitismus gab", erinnert sich Walter Jessel, „so hielten die Lehrer ihn mühelos unter Kontrolle. Wenn ich auf diese Umgebung zurückblicke, dann wuchs ich heran, um ein in gesicherten Verhältnissen lebender, sub-patriotischer, sozialdemokratischer Deutscher und ein angehender Europäer zu werden."[13] Jessel zitiert seinen Lieblingslehrer, Paul Olbrich, der ihm Respekt für die Weimarer Institutionen beibrachte und der eine von Jessels prägenden Lebenserfahrungen organisierte – ein vierwöchiges Pfadfinderlager mit französischen Schülern, das als „Experiment praktischer Völkerverständigung" geplant war.[14] Jessel entwickelte eine Liebe zu den modernen Sprachen und pflegte die kosmopolitische Perspektive weiter, die er von zuhause mitbekommen hatte. 1929 kamen zwei osteuropäische jüdische Einwanderer in die Klasse. Durch sie wurde Jessel zufolge die tiefe kulturelle Kluft zwischen den „assimilierten Frankfurter jüdischen Familien" und den Einwanderern offenkundig, die alle sichtbaren Merkmale jüdischer Differenz trugen. „Für sie", schrieb Jessel, „waren wir Antisemiten, so wie der Rest der Deutschen."[15] Die Neuankömmlinge repräsentierten die Welt, die Jessels Eltern ablehnten. Bald aber wurde Judentum jeglicher Art zur Gefährdung. 20 Schüler legten 1931 an der Musterschule das Abitur ab, was in etwa einem amerikanischen High-School-Diplom inklusive zwei Jahren College entspricht. Mit dem Dritten Reich in greifbarer Nähe fanden, wie Jessel notiert, nach dem Abitur keine Klassentreffen statt: „Unsere Interessen, unsere persönlichen Beziehungen, unsere Ideale und bald auch unser Zugehörigkeitsgefühl waren zentrifugal."[16] Abgesehen von einer zufälligen Begegnung mit einem früheren Lehrer 1939 in New York City[17] sah Jessel bis zum Herbst 1945 niemand von der Musterschule wieder.

Als die wirtschaftliche Situation in Deutschland sich verschlechterte, erlebte die Familie Jessel zunehmenden Antisemitismus aus unerwarteter Richtung. „Die Kultur des Neids gedieh unter den Arbeitslosen", schrieb Jessel.[18] Julius Jessel fing an, illegal Geld in die Schweiz und später nach Frankreich zu überweisen, und Walter begann im Alter von siebzehn Jahren mit dem Zionismus zu flirten. Walter trat der Kadimah bei, einer jüdischen Pfadfindergruppe, und verschlang die Werke von Emile Zola und

---

[13] Jessel, *A Travelogue*, 23.
[14] Jessel, *A Travelogue*, 24.
[15] Jessel, *A Travelogue*, 25.
[16] Jessel, *A Travelogue*, 26.
[17] Anmerkung der Übersetzerin: Siehe S. 35 in diesem Buch.
[18] Jessel, *A Travelogue*, 25.

Theodor Herzl. Er war jedoch nie „übermäßig begeistert", erinnert er sich. „Ich konnte mich nicht damit anfreunden, dass ich mir einen neuen, engen Nationalismus zu eigen machen sollte, um einem alten, regressiven Nationalismus zu entkommen."[19] Eines Tages, als seine Pfadfindergruppe im Taunus auf eine Gruppe der Hitlerjugend traf, begannen die Hitlerjungen, ihr Erkennungs-Lied zu singen: „Wenn das Judenblut vom Messer spritzt, dann geht's nochmal so gut."[20] Jessel verstand, genauer als sein Vater, dass seine Zukunft wohl außerhalb von Deutschland liegen würde: „Ich spürte, dass ein Krieg bevorstand – zumindest ein Bürgerkrieg – und sah keinen Sinn darin, in das Geschäft meines Vaters einzutreten."[21] Die Historikerin Marion Kaplan hat festgestellt, dass Frauen und Kinder oft die Ersten waren, die den erdrückenden Hass der Nazigesetzgebung und der NS-Kultur zu spüren bekamen und diesen verinnerlichten.[22] Bei Walter Jessel war es seiner schnellen Auffassungsgabe und der liberalen Erziehung der Musterschule zu verdanken, dass er mehrere Jahre vor Hitlers Ernennung zum Reichskanzler erkannte, was die Stunde geschlagen hatte. Jessel glaubte, dass seine Mutter „eine klare Vorstellung davon hatte, was womöglich auf sie zukam, aber mein Vater orientierte sich mehr an seinen Beratern und Verwandten als an den Tatsachen."[23] Jessel war achtzehn Jahre alt und voller Ideale, als er sich 1931 in einen Französischkurs am Übersetzerinstitut an der Handelshochschule in Mannheim einschrieb, in der Hoffnung, er würde für den Völkerbund arbeiten können. Sein Vater arrangierte, dass er eine Ausbildung bei den Ideal-Blaupunkt-Werken machen konnte, einem in Berlin ansässigen Elektronikunternehmen. Jessel profitierte davon, dass er fließend Französisch sprach und repräsentierte die Firma 1931–32 drei Monate lang in Paris. Doch die Ereignisse des Jahres 1933 machten Jessels privilegierte Existenz zunichte und zerstreuten seine Familie über den Globus.

Mit dem Völkerbund außer Reichweite, nahm Jessel eine Stelle in der Firma seines Vaters an und sah mit Schrecken zu, als Hitler 1933 an die Macht kam. „Ich hatte Angst und fühlte mich beklommen", schrieb er, „nicht nur als Jude, sondern auch wegen der Folgen, die dies für Europa haben würde – dass der Kontinent durch Krieg auseinandergerissen würde."[24] Die „arischen" Geschäftspartner und Angestellten seines Vaters versicherten diesem, dass die Nazis es nur auf „neue jüdische Einwanderer

---

[19] Anmerkung der Übersetzerin: Jessel, *A Travelogue*, Kapitel 5, S. 25.

[20] Jessel, *A Travelogue*, 25. Jessels Übersetzung.

[21] Jessel, *A Travelogue*, 26.

[22] Marion A. Kaplan, *Between Dignity and Despair: Jewish Life in Nazi Germany* (Oxford: Oxford University Press, 1999).

[23] Jessel, *A Travelogue*, 9.

[24] Jessel, *A Travelogue*, 28.

aus dem Osten" abgesehen hätten, und nicht auf einen erfolgreichen Geschäftsmann wie ihn „mit einer langen deutschen Geschichte." Julius Jessel „ließ sich von der Überzeugung tragen, dass die Deutschen ihn als äußerst unentbehrlichen Juden so dringend brauchten, dass er sein normales Leben würde fortsetzen können."[25] Nichtsdestotrotz machte sich Julius Jessel auf das Schlimmste gefasst und eröffnete ein Konto mit 4.000 Dollar in Straßburg. Walter Jessel erwarb einen Ausweis für Geschäftsreisende, der ihm größere Bewegungsfreiheit erlaubte, als die meisten Juden sie hatten. Unterdessen erlebte Walter Jessel, wie bisherige Freunde in der Firma, in der er arbeitete, sich gegen ihn stellten. Einer von ihnen kam eines Tages in der „schwarzen Uniform eines SS-Offiziers der Totenkopfverbände" zur Arbeit.[26] So verbittert und verärgert Jessel auch war, erinnert er sich jedoch daran, dass der bisherige Freund ihn mit aller Ernsthaftigkeit warnte: „‚Verschwinde, verlasse Deutschland.' Er hätte mich vermutlich von der Gestapo verhaften lassen können, aber das hat er nicht getan."[27] Wenige Monate später emigrierte Walter nach Palästina, aber seine Eltern und seine Schwester Lisa blieben in Deutschland und erduldeten weitere schwere Jahre im Dritten Reich. Walter Jessel berichtet über ein höchst beängstigendes Erlebnis seiner Familie im Herbst 1936, als das Regime jüdische Männer zur Zwangsarbeit zusammentrieb und das Tempo, mit dem „Feinde des Reiches" in dem anwachsenden Komplex von Konzentrationslagern inhaftiert wurden, sich drastisch steigerte:

> „In Erwartung der Gestapo ging Mama mit einem Fleischermesser, das sie neben sich legte, schlafen. Sie war entschlossen, ‚einen von ihnen mit mir zu nehmen'. Am nächsten Tag erschienen meiner Schwester zufolge mittags zwei Gestapomänner an der Haustür. Sie verhafteten meinen Vater und nahmen ihn mit aufs Polizeirevier. Lisa und meine Mutter blieben sprachlos und wie betäubt zurück, in der festen Annahme, dass wir Papa nie wiedersehen würden."[28]

Zum Glück kam Julius Jessel einige Stunden später jedoch wieder zurück. Walter Jessel vermutet, dass einer der einflussreichen Freunde seines Vaters zu seinen Gunsten interveniert hatte, aber die finanziellen Unterlagen weisen darauf hin, dass Julius Jessels Freiheit um den Preis seines verbleibenden Vermögens erkauft worden war.

---

[25] Jessel, *A Travelogue*, 10.
[26] Jessel, *A Travelogue*, 28.
[27] Jessel, *A Travelogue*, 28.
[28] Jessel, *A Travelogue*, 11.

Als es Zeit war, dass Walter Jessel über seine Auswanderung nachzudenken begann, zogen er und sein Vater nie ernsthaft Amerika in Betracht, obwohl einige Familienangehörige bereits in Chicago und San Francisco lebten. Walter und Julius teilten die berechtigte Sorge, dass „mit so vielen deutschen Juden, die dort Zuflucht suchten, der von den Nazis exportierte Antisemitismus möglicherweise auch die amerikanische Gesellschaft erfassen werde."[29] Die Nazis machten Palästina zu einer attraktiven Option, indem sie den Emigranten erlaubten, Geld bis zu einer bestimmten Summe dorthin mitzunehmen. Diese Regelung sollte die Herrschaft der Briten in Palästina untergraben und die arabische Bevölkerung aufstacheln. Walter Jessel setzte seinen Plan um. Als Erstes kaufte er sich einen Mercedes Cabrio. Zweitens holte er das Geld seines Vaters aus Frankreich und der Schweiz. Drittens verpflichtete er sich vertraglich als Reporter im Mitarbeiterstab der *Neuen Zürcher Zeitung*, der aus dem Nahen Osten berichtete. Schließlich fuhr er nach Triest, wo er ein Schiff nach Palästina nahm. Walter Jessel war der Erste, der zugab, wie viel Glück er im Vergleich zu den anderen deutschen Juden gehabt hat. Doch im Alter von neunzehn Jahren hielt er das Schicksal seiner Familie in den Händen. Ob es Walter Jessels gelingen würde, seine Familie aus Deutschland herauszubringen, hing von seiner Erwerbstätigkeit ab. Hinzu kam, dass sich die Optionen seiner Familie verringerten, je länger sie in Deutschland blieb, selbst wenn sie über finanzielle Ressourcen verfügte.

Jessel war einer von Tausend „Yekkes", Einwanderern aus Deutschland, die mit Juden, die in Palästina geboren waren, sowie mit Einwanderern aus Osteuropa und mit Zionisten aus aller Welt zusammenlebten. „Yekkes wurden als Juden *bona fide* akzeptiert", schrieb Jessel, „aber man war der Ansicht, dass den meisten die tiefe, unbeirrbare Überzeugung fehlte, die der Zionismus verlangte."[30] Jessel fiel unter diese Kategorie, aber er genoss definitiv die vier Jahre, die er in Palästina verbrachte, obwohl sein erster Anlauf, Arbeit zu finden, fehlschlug. In Partnerschaft mit einem anderen „Yekke", den er aus Frankfurt kannte, versuchte Jessel ohne Kenntnis des Marktes und der Tatsache, dass elektrische Steckdosen sich von Kontinent zu Kontinent unterschieden, in Jerusalem elektrische Geräte zu verkaufen. Der Betrieb musste bald schließen, aber Jessel erhielt einen Tipp von einem Offizier der britischen Armee und trat dem internationalen, mehrsprachigen Mitarbeiterstab der *Palestine Post* bei. Während er bei dieser kleinen Zeitung arbeitete, lernte Jessel das Anzeigengeschäft kennen, verafsst Berichte und machte sich in Jerusalem und Tel Aviv allgemein nützlich. Im Juni 1936 gab er seinen deutschen Pass auf und wurde Bürger Palästinas. Das bedeutete,

---

29 Jessel, *A Travelogue*, 29.

30 Jessel, *A Travelogue*, 35.

dass er als britischer Staatsbürger überall im Nahen Osten frei umherreisen durfte.

Kurze Zeit später begannen die Araber eine dreijährige Revolte in Palästina, um gegen das dramatische Anwachsen der jüdischen Einwanderung zu protestieren. Die Revolte zog Jessel tiefer in die palästinensische Politik hinein, als ihm lieb war. Die unter dem Namen Haganah bekannte paramilitärische jüdische Truppe suchte ihn auf. Jessel schreckte jedoch davor zurück, sich der Haganah anzuschließen, nachdem er Zeuge ihres gewaltsamen Vorgehens geworden war. „Es brachte mir sofort in Erinnerung, was die Nazis ihren politischen Feinden aller Rassen und Glaubensrichtungen antaten. Ich war einfach nicht genug Zionist, um unmenschliche Behandlung anderer Menschen hinzunehmen, es traf bei mir einen freiliegenden Nerv."[31] Die Art und Weise, wie Jessel sich in seinen Memoiren an diese Zeit erinnert, legt nahe, dass er die nachfolgenden Generationen seiner Familie wissen lassen wollte, dass er nie von den liberalen und kosmopolitischen Werten abgewichen ist, die ihm seine Familie und seine fortschrittlichen Lehrer an der Musterschule vermittelt hatten.

1938 glaubte Walter Jessel, dass seine Familie in Deutschland keine Zukunft mehr hatte, und kam zu dem Schluss, dass Amerika für alle Betreffenden die beste Option sei. Jessel beantragte und erhielt ein Einwanderungsvisum in die USA im Rahmen des deutschen Kontingents. Seine Eltern buchten für ihn eine Schiffspassage auf der *SS Europa*, die Bremerhaven am 18. Februar 1938 verließ. Das ermöglichte es ihm, einen letzten Blick auf Deutschland zu werfen, bevor er sieben Jahre später als amerikanischer Soldat zurückkehrte.

Geschützt durch seinen britischen Pass, reiste Jessel ungehindert durch Deutschland, wobei er eine seltsame Mischung aus Unterdrückung und unangebrachtem Optimismus beobachtete, die sich in Deutschland, sogar unter manchen Juden, ausgebreitet hatte. Um einer Bitte seines Vaters nachzukommen, willigte Walter Jessel ein, von einem bekannten jüdischen Geschäftsmann eine Nachricht an dessen Sohn in Amerika entgegenzunehmen. Als sie gemeinsam über die Autobahn fuhren, schwärmte der Mann von Hitlers öffentlichem Bauprojekt. „Ist das nicht eine wunderbare Autostraße?", rief er aus. „Ich kann jetzt in sieben Stunden nach Berlin fahren. Hitler hat ein paar eindrucksvolle Dinge für Deutschland getan. Die Wirtschaft läuft gut. Die Leute haben wieder Geld zum Ausgeben. Wenn sie nur mit diesem anti-jüdischen Unsinn aufhören würden. Schließlich bin ich ein ebenso guter Deutscher wie all seine Anhänger."[32] Walter Jessel nahm diese Geschichte in *Spurensuche*

---

31 Jessel, *A Travelogue*, 39.

32 Jessel, *A Travelogue*, 46.

1945 auf, und ergänzte sie um die Bemerkung, dass der Geschäftsmann 1939 in Buchenwald starb und der Rest seiner Familie nach New York floh. Jessel glaubte, dass die Nachricht, die er für den Sohn mit sich trug, bei dieser Flucht geholfen hat. Zu diesem Zeitpunkt war die Familie Jessel ebenfalls gefährdet, und es blieb ihr kaum noch Zeit, um zu emigrieren. Jessels Familie war während der Kristallnacht vom 9. bis 10. November 1938 noch in Frankfurt. Sein Onkel beging lieber Selbstmord, als dass er ins Konzentrationslager ging. Jessels Eltern handelten unglaublich riskant, indem sie einen gegen die Nazis eingestellten Autor namens Gottfried Kapp in ihrer Wohnung versteckten.[33] Die Eltern entkamen unbeschadet einem Besuch der Gestapo. Kapp wurde jedoch schließlich gefasst und nahm sich am 21. November 1938 während des Verhörs das Leben. Julius Jessel gab, weil seine Frau und seine Kinder ihn drängten, schließlich nach und verließ Deutschland im März 1939 in Richtung England. Stück um Stück hatte das Dritte Reich Julius Jessel geschröpft. Ihm waren insgesamt noch 400 Reichsmark geblieben, als er im April 1940 in Amerika ankam. Walter hat seinen Vater kaum noch gesehen, nachdem er selbst 1933 emigriert war, aber seine Mutter schrieb ihm, dass der Vater seine letzten Jahre „in Mutlosigkeit" verbrachte."[34] Finanziell erholte er sich nicht mehr, und er tat sich schwer, sich dem Leben in Amerika anzupassen. Infolge eines Herzleidens starb Julius Jessel im März 1949.

Auf Walter wartete in Amerika kein Job. Doch wie es das Glück wollte, machte er auf der Überfahrt nach New York auf dem Schiff die Bekanntschaft einflussreicher Freunde von Henry Luce, dem Eigentümer des *Time-Life* Medienimperiums. Walter unterhielt sie mit seiner Lebensgeschichte und gab ihnen überschwängliche Empfehlungsbriefe von *The Palestine Post* mit. Nach nur wenigen Monaten, in denen er sich in New York mit Gelegenheitsjobs durchgeschlagen hatte, unter anderem mit Vorträgen, die er hielt, um für den Tourismus in Palästina zu werben, stellte ihn das *Time*-Magazin ein. Er sollte internationale Nachrichten sichten, übersetzen und gelegentlich Nachrichten aus Europa zusammenfassen. Auf dieser untergeordneten Stelle verdiente er gerade mal so viel, dass er die Einwanderung seiner Familie nach

---

[33] Anmerkung der Übersetzerin: Gottfried Kapp (1897–1938) war ein deutscher Schriftsteller. Seit 1934 lebte er mit seiner jüdischen Frau, Luise Windmüller, in Kronberg. Aufgrund seiner Kontakte zu Juden betrachteten die Nazis Kapp als „Volksfeind". Sein literarisches Werk missfiel ihnen. 1938 beschlagnahmte die Gestapo Kapps Tagebücher der Jahre 1933–1938, in denen seine gegen die Nazis gerichtete Einstellung erkennbar war. Nach seiner Verhaftung kam Kapp am 21. November 1938 bei einem Verhör durch die Gestapo in Frankfurt nach einem Sprung aus dem Fenster zu Tode. Seiner Witwe, einer entfernten Verwandten der Mutter von Walter Jessel, gelang 1939 die Flucht nach England.

[34] Jessel, *A Travelogue*, 12.

Amerika finanzieren konnte. Jessel arbeitete schließlich auch als Fotograf für die Zeitschriften, die Luce in Connecticut besaß. Er war größtenteils dankbar und voll des Lobes über seine ersten Jahre in Amerika, aber aus Gesprächen mit neuen Einwanderern und amerikanischen Juden erfasste er schnell die Grenzen der Akzeptanz, die jüdischen Einwanderern entgegengebracht wurde. Walters alter Freund aus Deutschland, Walter Kurz, der mittlerweile amerikanischer Staatsbürger geworden war, ermahnte ihn bei einem Abendessen. „Walter", sagte er, „du musst deinen eigenen Platz in der Gesellschaft kennen. Du darfst keinem christlichen Mädchen den Hof machen. Wenn ihr Flüchtlinge nicht unseren Kodex akzeptiert, wird der Antisemitismus in Amerika so virulent werden wie in Deutschland."[35] Seinen Memoiren zufolge erlebte Jessel selten Antisemitismus in Amerika, aber er war sich stets seines Status als Angehöriger einer Minderheit bewusst.

Jessel arbeitete gerne für den *Hartford Courant*, aber nachdem Europa im Krieg war und sein Aufnahmeland dem Kriegseintritt immer näher rückte, glaubte Jessel, dass sein Hintergrund und seine Fähigkeiten für etwas nützlich sein müssten. Einige Monate, bevor Amerika in den Krieg eintrat, bot Jessel seine Dienste einem Zeitungsherausgeber an, von dem er wusste, dass er Reserveoffizier beim militärischen Nachrichtendienst war:

> „Er schickte mich zu Thomas Dodd (dem späteren Kongressabgeordneten und Senator Dodd, dem Vater von Christopher Dodd), der zu dem Zeitpunkt das Büro des FBI in Hartford leitete. Nach einem kurzen Gespräch schickte Dodd mich in eine Bar im Stadtzentrum, die ein Treffpunkt des ‚German Bund'[36] war, mit dem Auftrag, dass ich mich unters Volk mischen und ihm davon berichten sollte. Der Bund war Hitlers Sprachrohr in den USA und wurde der Spionage verdächtigt. Ich fiel durch."[37]

Unbeirrt davon, dass sein erster Vorstoß in die Welt der nachrichtendienstlichen Datenermittlung misslungen war, wollte Jessel sich wenige Tage nach Pearl Harbor unbedingt freiwillig als Soldat verpflichten. Bedauerlicherweise war er jedoch immer noch als „feindlicher Ausländer" („enemy alien") eingestuft und musste weitere zwei Jahre warten, bevor die militärische Einberufungsbehörde ihn für tauglich befand. Jessel erinnert sich daran, dass

35 Jessel, *A Travelogue*, 64.

36 Anmerkung der Übersetzerin: Der „German American Bund" war eine 1936 in Buffalo, New York, USA gegründete deutsch-amerikanische pro-Nazi Organisation unter der Leitung von Fritz Julius Kuhn. Er war die Nachfolgeorganisation der 1933 gegründeten Vereinigung „Friends of New Germany" (FoNG).

37 Jessel, *A Travelogue*, 79–80.

eine Parade der Nationalgarde, die am 8. Dezember 1941 durch Hartford marschierte, ihn zunächst abgeschreckt hatte. „Es tut mir leid, aber es ähnelte einer meiner frühesten Kindheitserinnerungen: die Parade der besiegten deutschen Armee durch die Hauptstraße in Frankfurt", schrieb Jessel. Er sorgte sich auch darum, dass die Männer, die so willens waren zu kämpfen, „erbärmlich weit davon entfernt waren, es mit Hitlers Robotern aufnehmen zu können."[38]

Jessel, der zunehmend darüber frustriert war, dass er den Krieg nur beobachten und darüber berichten durfte, anstatt zu kämpfen, erweiterte seine ohnehin schon beeindruckende Beherrschung von Fremdsprachen, indem er sich beim „American Council of Learned Societies" um ein volles Stipendium für ägyptisches Arabisch bewarb. Er wurde als Stipendiat angenommen und verbrachte zwei Monate an der Columbia University. Doch er bekam während des Krieges nie die Gelegenheit, sein Arabisch zu benutzen. Jessel schrieb der Rekrutierungsbehörde der Marine in Connecticut: „Ich kann mich durchaus nicht damit abfinden, für den Rest dieses Krieges in Damenclubs Fotoblitzlampen zu zünden."[39] Die militärische Einberufungsbehörde führte eine Loyalitätsuntersuchung durch und zog den 30-jährigen Walter Jessel am 20. Mai 1943 zur US-Armee ein. Vier Monate später wurde Jessel amerikanischer Staatsbürger. Die Armee sandte Jessel an die Universität von Mississippi, wo er G.I.s fortgeschrittenen Deutschunterricht erteilen und ihnen insbesondere Militärjargon beibringen sollte, und entsandte ihn zu unterschiedlichen Einheiten, wo er monatelang untätig herumsaß. Jessel fühlte sich ziellos und empfand sich von der ausgedehnten Militärbürokratie nicht hinreichend gewürdigt. In seinem Tagebucheintrag vom 1. April 1944 hieß es einfach: „Das Ende eines völlig vergeudeten Jahres."[40]

Jessels Schicksal änderte sich, als er den Befehl erhielt, sich beim nachrichtendienstlichen Trainingszentrum des Militärs in Camp Ritchie in der Nähe von Hagerstown in Maryland zu melden. Jessel war einer von 2.200 neuen deutsch-jüdischen Flüchtlingen, die der Einrichtung wegen ihrer Kenntnis europäischer Sprachen und der deutschen Kultur zugewiesen worden waren. Die Armee hatte erkannt, dass die „Ritchie Boys" geborene Vernehmer waren, Aktivposten der Spionageabwehr und intuitive Spezialisten der Kriegsführung. Man betraute sie mit hochgradig heiklen und gefährlichen Aufträgen.[41] Jessels Kommandeur in Camp Ritchie, General Banfill, sagte ihm lachend bei einem Abendessen in Deutschland nach dem Krieg:

---

38 Jessel, *A Travelogue*, 88.

39 Jessel, *A Travelogue*, 89.

40 Jessel, *A Travelogue*, 111.

41 Zu den Biographien einiger bekannter deutsch-jüdischer Flüchtlinge, die in der US-Armee dienten, siehe den preisgekrönten Dokumentarfilm THE RITCHIE BOYS (2004) in der Regie von Christian Bauer.

„Ich wusste immer, dass es etwas gibt, was wir mit diesen Juden („Kikes")[42] anfangen können."[43] Jessel nahm diese Bemerkung locker hin. Nachdem er im September 1944 den Kurs absolviert hatte, wurde Jessel für die restliche Dauer des Krieges vorläufig als Leutnant berufen.

Im November 1944 landete Jessel schließlich in Frankreich, rechtzeitig, um am endgültigen Einmarsch in sein Heimatland Deutschland teilzunehmen. Jessel spezialisierte sich darauf, deutsche Nachrichtendienstoffiziere zu verhörenm, und war daran beteiligt, Kriegsgefangene zu überwachen. Sein Tagebucheintrag vom 12. Februar 1945 bietet einen interessanten Einblick in die Denkweise einiger „typisch" deutscher Offiziere:

> „,Leute im Rheinland sagen, die Städte seien wegen der Verfolgung der Juden zerstört worden.' ... Mitgehört im Offiziersquartier, das mit Abhörgeräten verwanzt war. Ein kriegsgefangener Hauptmann: ,Man sagt, dass sie drei Millionen Juden umgebracht haben.' Sanitätsoffizier: ,Ich habe gehört, vier Millionen.' Der Hauptmann: ,Das kann ich nicht glauben.'"[44]

Jessel erhielt am 7. April 1945 seinen letzten Kriegsbefehl und trat als Nachrichtendienstoffizier General Pattons Dritter Armee bei. Er erlebte seine Heimatstadt Frankfurt in Trümmern, doch weder er noch seine Familie empfanden irgendein Bedauern. „Jetzt können diejenigen, die Hitler wollten, sich beim Führer für alles bedanken", schrieb Jessels Mutter. „Es hätte keinen Grund gegeben, die Städte zu zerstören, wenn diese Bestien ihre Köpfe nicht so weit hinausgestreckt hätten."[45]

Jessels Aufgabe intensivierte sich noch mehr mit der deutschen Niederlage, als er und die anderen „Ritchie Boys" damit begannen, die „übervollen Kriegsgefangenenlager" in Bayern zu überprüfen und die Kriegsgefangenen zu verhören.[46] Jessel war so überwältigt von der schieren Anzahl an Häftlingen, dass er die einfachen Soldaten unter den Kriegsgefangenen anwies, ihre persönlichen Lebensläufe selbst auf der Schreibmaschine zu tippen.[47] Verbittert vom Zweckdenken und der historischen Amnesie seiner Landsleute, schrieb Jessel am 8. Mai 1945, dem Tag, an dem der Krieg endete, an seine

---

42 Anmerkung der Übersetzerin: „Kikes" ist abwertend, ein Schimpfwort für Juden.

43 Jessel, *A Travelogue*, 215.

44 Jessel, *A Travelogue*, 121. In Jessels Einträgen klingen die bemerkenswerten Protokolle nach, die von Sönke Neitzel und Harald Welzer veröffentlicht wurden: *Soldaten. Protokolle vom Kämpfen, Töten, Sterben* (Frankfurt am Main: Fischer, 2011).

45 Jessel, *A Travelogue*, 130.

46 Jessel, *A Travelogue*, 135.

47 Jessel, *A Travelogue*, 135.

Mutter, „dass die Nazis verschwunden sind, so sehr, dass niemand mehr weiß, wer überhaupt jemals ein Nazi war. Nur Feiglinge sind übrig, aber das war zu erwarten.“[48] Jessels Militärstrafverfolgungsbehörde, seine CIC-Einheit, nahm einige berüchtigte Nazis in Gewahrsam, darunter SS-General Ernst Kaltenbrunner, den Leiter des Reichsicherheitshauptamtes; Julius Streicher, den wüst antisemitischen Herausgeber des *Stürmer*; Ernst Bohle, den Leiter der NSDAP-Behörde, die dafür verantwortlich war, deutsche Staatsbürger im Ausland einzusetzen, um die Außenpolitik zu beeinflussen, und Staatssekretär im Auswärtigen Amt; Professor Karl Haushofer, der Wissenschaftler, der Hitlers „teutonische Version von Geopolitik“ beeinflusst hatte; außerdem Mitglieder der Dokumentenfälschungseinheit der Abwehr (der deutschen Nachrichtendienstorganisation).[49] Während dieses Marathons an Verhören, von denen die meisten zu den Gerichtsprozessen des Militärtribunals in Nürnberg beitrugen, brachten Jessel und sein Team im Juni 1945 eine Woche mit Wernher von Brauns Raketenteam zu. Ein paar Tage später brach Jessel zu dem Einsatz auf, der den sowjetischen Gefechtsbefehl zutage brachte. Daraufhin wurde er am 16. Juni 1945 zum Oberleutnant befördert, seine goldene Eintrittskarte in die nachrichtendienstliche Truppe seiner Wahl.

Jessel wechselte, nachdem ein Freund ihn dazu aufgefordert hatte, für den verbleibenden Rest des Jahres 1945 zur Wirtschaftsabteilung der Field Intelligence Agency, Technical (FIAT).[50] Die FIAT katalogisierte, evaluierte und verbreitete Informationen zur deutschen Forschung und Technik für interessierte Kreise in der Regierung und der Privatindustrie. Diese Position brachte Jessel zurück nach Frankfurt, wo er damit begann, seine ehemaligen Klassenkameraden aufzuspüren, und wo er den Großteil von *Spurensuche 1945* schrieb. Jessel genoss die Auszeit und das niedrige Arbeitspensum, sein Ziel war es jedoch, der Strategic Services Unit (SSU) beizutreten, dem noch existierenden Überbleibsel der Office of Strategic Services (OSS) und Kernstück des zukünftigen Geheimdienstes, der Central Intelligence Agency (CIA). Jessel profitierte von seinem Ansehen, dass er sich als derjenige Offizier erworben hatte, der die versteckten sowjetischen Geheimdokumente entdeckt hatte, und trat im Februar 1946 in die SSU ein. Er blieb bis 1963 bei der CIA. Wieder kamen Jessel seine Herkunft und sein angeborener Skeptizismus zugute, als

---

48 Jessel, *A Travelogue*, 134.

49 Jessel, *A Travelogue*, 136-140.

50 Anmerkung der Übersetzerin: Die Field Information Agency, Technical (FIAT) war eine der Einrichtungen der Alliierten, die gegen Ende des Krieges sowie danach den Entwicklungsstand der deutschen Forschung und Entwicklung in den Naturwissenschaften und der Technik ermittelten. Bis 1948 gab die FIAT mehrere Schriftenreihen heraus. Einige davon haben den Serientitel *FIAT-Reports, FIAT-Reviews* oder *Field Information Agency, Technical Reports*.

unzählige ehemalige Honoratioren der Achsenmächte in Erscheinung traten, um sich bei den Amerikanern einzuschmeicheln, welche nach nachrichtendienstlichen Informationen über das sich ausdehnende sowjetische Zielobjekt gierten. „Die Rivalitäten unter den Geheimdiensten ließen Tür und Tor offen für nachrichtendienstliche Schwindler auf einem lukrativen Markt", schrieb Jessel, „ein Thema, auf das ich mich bei der CIA spezialisierte."[51]

Kurz nachdem Jessel in die SSU eingetreten war, begegnete er der Liebe seines Lebens, Cynthia Jacobson, die in der streng vertraulichen Abteilung X-2 (Spionageabwehr) arbeitete. Das Werben um sie erstreckte sich über die Jahre 1946 und 1947. Jessel scherzte darüber, dass er während dieser Zeit nie hatte erfahren dürfen, womit sie sich in ihrer täglichen Arbeit befasste. Die beiden heirateten im Sommer 1947 in Heidelberg und blieben bis 1949 in Deutschland und Österreich. Das Paar ging dann in die USA zurück und Jessel setzte seine Karriere bei der CIA fort. Dort übte er verschiedene Funktionen aus, zu denen auch die Verwaltung nachrichtendienstlicher Systeme gehörte. Jessel entdeckte seine Leidenschaft für Informationstechnologien und schrieb sich sogar auf Kosten der CIA in der wirtschaftswissenschaftlichen Fakultät in Harvard ein. Jessel ging für ein Projekt der CIA eine Geschäftspartnerschaft mit IBM ein und entschied sich schließlich dazu, „über den Tellerrand" hinaus zu schauen und in den privatwirtschaftlichen Sektor zu wechseln. 1963 nahm er eine Vollzeitstelle bei IBM an.[52] Die Jessels zogen nach White Plains, New York, und schließlich nach Boulder, Colorado, wo Walter im März 1979 in den Ruhestand trat. Jessel, der Zeit seines Lebens Naturliebhaber war, brachte die nächsten dreißig Jahre damit zu, sich für zahlreiche Anliegen des Umweltschutzes einzusetzen. Walter Jessel starb im April 2008 im Alter von 95 Jahren.[53] Cynthia Jessel starb im Dezember 2014 im Alter von 91 Jahren.[54] Die beiden waren 61 Jahre verheiratet.

***

Walter Jessel war vollkommen professionell, aber die Realität des Lebens inmitten der Trümmer seiner Heimatstadt und die Nachrichten über das Schicksal nicht nur der deutschen Juden, sondern der europäischen Juden insgesamt, lasteten schwer auf ihm. Jessel verbrachte 1945 Monate damit, die

---

51 Jessel, *A Travelogue*, 216.

52 Jessel, *A Travelogue*, 77.

53 "Walter Jessel spent his life fighting for change", *Daily Camera*, 15. April 2008, https://www.dailycamera.com/2009/08/16/walter-jessel-spent-life-fighting-for-change/ (letzter Zugriff 21.9.2019).

54 "Cynthia Jessel, 1923–2014", *Daily Camera*, 15. Dezember 2014, https://www.legacy.com/obituaries/dailycamera/obituary.aspx?pid=173460769 (letzter Zugriff 21.9.2019).

verantwortlichen Personen zu verhören, und begann die willensschwachen Deutschen fast genauso zu verabscheuen wie die echten Nazis. Er brachte seine Sicht in der Einleitung zu *Spurensuche 1945* zum Ausdruck:

> „Frankfurts Trümmer waren die logische äußerliche Folge des mentalen und moralischen Verfalls seiner Bewohner – eines Verfalls, dessen Anfangsstadien ich als Junge miterlebt hatte und der mich dazu gezwungen hatte, Deutschland zu verlassen."[55]

Jessels Eltern warnten ihn davor, die früheren Freunde und Nachbarn der Familie, einschließlich derer, die sich von den Jessels abgewandt hatten, weil sie Juden waren, zu hart zu beurteilen. Jessels Vater schrieb Walter, dass ihr Nachbar Held tatsächlich „eine anständige Person" sei, und er sich darauf besinnen solle, dass Held eben nur ein Mensch sei, „so dass *wir* keine Ungerechtigkeit begehen".[56] Kurz nachdem er sich auf der Stelle bei der Field Intelligence Agency, Technical (FIAT) in Frankfurt eingearbeitet hatte, erfuhr Jessel, dass seine Tante, die Schwester seines Vaters, die sich geweigert hatte, Deutschland zu verlassen, in einem Todeslager in Polen ums Leben gekommen war. Weil er dachte, dass sein Vater in seinem angeschlagenen Gesundheitszustand die Wahrheit nicht ertragen könne, sagte Jessel ihm, dass sie in einem jüdischen Altersheim, vermutlich in Theresienstadt, gestorben sei. Er hielt diese Lüge aufrecht, bis er 1949 nach Amerika zurückging.

Die Field Intelligence Agency, Technical (FIAT) löste sich im November 1945 auf, etwa vier Monate, bevor Jessel in die Strategic Services Unit (SSU) eintrat. Jessel beschloss, die Zwischenzeit dafür zu nutzen, nach seinen überlebenden Klassenkameraden oder deren Familien zu suchen und die Frage anzusprechen, die ihn seit seiner Emigration beschäftigte: „Würden sich Angehörige anderer Nationen, wenn sie in dieselbe Situation gebracht worden wären wie die Deutschen während des Hitlerregimes, genauso verhalten haben?"[57] Jessel zitiert Ilse Rossert[58], die Frau des einzigen Klassenkameraden, der sich dem Regime offen widersetzte, mit einer ähnlichen Frage, die für das Buch wesentlich ist: „Was hielt die Deutschen zwölf Jahre lang davon ab, das Naziregime von der Erdoberfläche zu fegen?"[59]

Jessel hinterließ seiner Familie das Originalmanuskript von *Spurensuche 1945* und fügte einige Kapitel in seine Memoiren von 1996 ein, aber in der

---

55 Jessel, *Spurensuche 1945*, S. 31. .
56 Jessel, *A Travelogue*, S. 151. Hervorhebung im Original.
57 Jessel, *Spurensuche 1945*, S. 232.
58 Anmerkung der Übersetzerin: Mit richtigem Namen Ilse Renner.
59 Jessel, *Spurensuche 1945,* S. 232.

Version von 1996 änderte er einige Namen.[60] Dies führt mich zu der Annahme, dass er die Identitäten seiner Gesprächspartner schützen wollte für den Fall, dass *Spurensuche 1945* kurz nach dem Krieg veröffentlicht worden wäre. Jessel fürchtete wahrscheinlich Konsequenzen für seine Gesprächspartner, entweder von Seiten des OMGUS (Office of the Military Government, United States), der amerikanischen Militärregierung oder von verbitterten ehemaligen Nazis, je nachdem, welche Ansichten seine Gesprächspartner zum Ausdruck brachten. Nachdem er das Manuskript jahrzehntelang im Bücherregal hatte liegen lassen, löste es eine starke Reaktion bei Jessel aus, als er in den 1990er Jahren seine Erinnerungen wieder zur Hand nahm: „Das nach einem halben Jahrhundert wieder zu lesen, bewegt mich tief, und ich tauche wieder ein in die Schrecken der Jahre 1944 und 1945 und die diesen Jahren vorausgegangenen Ereignisse – bis zu dem Punkt, dass ich nicht allzu gut schlafe. Ich lege dem Leser nahe, das dies keine Bettlektüre ist, aber so war es wirklich.“[61] Jessel erklärte außerdem seiner Familie den Grund dafür, dass er in seinem Originalmanuskript seine jüdischen Klassenkameraden nicht einbezogen hatte: „Die acht, die emigrierten, mich selbst eingeschlossen, wussten, wer der Feind war; in Deutschland hätten uns Zwangsarbeit und Tod erwartet.“ Jessel schrieb, dass „unsere Schicksale nicht mit denen der Klassenkameraden verglichen werden können, die wir zurückließen – und die genauso jung, gebildet und anpassungsfähig waren.“[62] Er deutete damit an, dass, wenn es den jüdischen Schülers des Abiturjahrgangs 1931 möglich war, Deutschland zu verlassen und erfolgreich zu sein, die nicht-jüdischen Klassenkameraden dies auch hätten tun können. Doch sie entschieden sich, dazubleiben. Jessel brachte in Erfahrung, dass die meisten seiner jüdischen Klassenkameraden interessanterweise auch amerikanische Soldaten geworden waren.

Seine Tagebucheintragungen ordnete Jessel im Wesentlichen in der Handlungsstruktur von *Spurensuche 1945* an, indem er jeden Klassenkameraden oder dessen überlebende Familie mit einer Charakterskizze von „Dr. Erding“ einführte, dem Pseudonym für Paul Olbrich, Jessels Klassenlehrer an der Musterschule. Die Leser werden zweifellos davon schockiert sein, wie persönlich und oft allzu kritisch Olbrichs Skizzen erscheinen, wenn man sie mit dem modernen amerikanischen Bildungssystem vergleicht. Können Sie sich vorstellen, dass Ihr High-School-Lehrer sich über körperliche Behinderungen, religiöse Erziehung und das Verhältnis zu tyrannischen Eltern als Teil einer

---

[60] Anmerkung der Übersetzerin: In seinen Memoiren, *A Travelogue through a Twentieth-Century Life*, aus dem Jahre 1996, verwendete Jessel die richtigen Namen.

[61] Jessel, *A Travelogue*, 194.

[62] Jessel, *A Travelogue*, 205.

offiziellen Beurteilung äußert? Dieses strukturierende Element ist für Jessels Bericht ziemlich wirksam. Nachdem der Leser die vom Klassenlehrer wahrgenommene Persönlichkeit eines von Jessels Klassenkameraden zur Kenntnis genommen hat, entscheidet er, ob die betreffende Person den Erwartungen entspricht oder ob sie sich während des Dritten Reichs auf unerwartete Weise verhielt. Die Ergebnisse sind oft überraschend.

In seinen Memoiren aus dem Jahre 1996 gab Jessel eine Bestandaufnahme der Monate, die er damit zubrachte, *Spurensuche 1945* zu schreiben. Er notierte, dass er „nicht damit gerechnet hatte, immerhin elf der zwölf Klassenkameraden, die in Deutschland geblieben waren, ausfindig zu machen. Das war das Ergebnis: sechs von ihnen hatte ich lebend angetroffen, zwei waren tot, drei wurden vermisst."[63] Man kann sich vorstellen, wie Jessel, der Fragesteller, sich mit jedem Einzelnen hinsetzt und seine Klassenkameraden mit pointierten Fragen und geduldigem Zuhören durch die faszinierenden Details ihres Lebens während der letzten zwölf Jahre führt. Ob er sich mit dem deutschen Offizier unterhält, der in PeMüs Büro sitzt und sich über „die biologische Vernichtung meines Volkes"[64] beklagt, oder ob er das reuelose nationalistische Gefasel seines alten Freundes Horst Eigen über sich ergehen lässt, Jessel lässt seine Gesprächspartner ihre Geschichte ohne Unterbrechung und schroffe moralische Beurteilung erzählen. Das Ergebnis ist dieses beeindruckende historische Dokument, das unter den unmittelbaren Nachwirkungen des besiegten Deutschlands entstanden ist. Jessel beschrieb die Entbehrungen, denen die durchschnittlichen Deutschen ausgesetzt sind, ihre Beschämung, ihre Prahlereien und die fast durchgängige Abwehr von Schuld oder Verantwortung. Er achtete darauf, seine Gesprächspartner nachdrücklich nach Auschwitz und ihrem Wissen über die Konzentrationslager zu befragen, aber die meisten von ihnen antworteten reflexartig mit einer Variation von „Was konnten wir denn tun?". Der von Jessel am meisten bewunderte Klassenkamerad war Arnulf Krauth[65]: „Der Einzige in meinem Abiturjahrgang von 1931, der sich den Nazis widersetzte und dabei sein Leben und das seiner Frau riskierte."[66] Krauth starb am 2. Mai 1945 im Gewahrsam der Nazis, nur wenige Tage, bevor der Krieg endete. Jessel räumte gegen Ende seines Manuskripts ein, dass seine Klasse „keine[n] vollständige[n] Querschnitt der Deutschen [darstellt], auf deren Motiven zu handeln oder nicht zu handeln ein fundiertes Urteil sich stützen mag."[67] Ich denke jedoch, dass die Leser mir darin zustimmen werden,

---

[63] Jessel, *A Travelogue*, S. 205.
[64] Jessel, *Spurensuche 1945*, S. 38.
[65] Anmerkung der Übersetzerin: Zum Schicksal von Arnulf Krauth s. S. 196 in diesem Buch.
[66] Jessel, *A Travelogue*, S. 194.
[67] Jessel, *Spurensuche 1945*, S. 232.

dass Jessel Einsichten von unschätzbarem Wert bietet über durchschnittliche Deutsche, die im Schatten des Dritten Reichs lebten. „Sie waren Opfer von zwei Dingen", schrieb Jessel, „der sekundären Wirkung des Naziterrors und ihrer Bereitschaft, sich davon einschüchtern zu lassen."[68]

Spurensuche 1945 war nicht dafür bestimmt, in einer Schreibtischschublade liegen zu bleiben. Jessel gab 1946 einige Kapitel seinen Eltern zu lesen, da sie viele der darin beschriebenen Familien kannten. Jessels Mutter schrieb: „Mir gefällt dein einfacher, schlichter Stil." Sie fand den Besuch bei Olbrich äußerst bewegend: „Man spürt wirklich, dass sie ihr Leben beendet hätten, wenn du an dem Tag nicht bei ihnen aufgetaucht wärest." Sie stimmte zu, dass Krauths „Schicksal unerträglich ist und hervorragend beschrieben". Wie jede Mutter, die ihr Kind liebt, ermutigte Bertha Jessel ihren Sohn: „Ich glaube, dass dein Buch gedruckt wird. Es beschreibt die Lebensbedingungen in Deutschland und die Denkweise der Deutschen gut. … Aber sei nicht enttäuscht, wenn es nicht gedruckt wird."[69] Im Frühjahr 1946 bot Walter sein Manuskript mit Unterstützung einiger Freunde aus der Zeitungsbranche in New York an. Er erhielt weitgehend positive Resonanz und ein paar Komplimente, aber kein konkretes Angebot. Jessels Kollege vom *Hartford Courant* schrieb ihm im Mai 1946, der Chefredakteur des *Harper's Magazine* habe *Spurensuche 1945* wegen „Papierknappheit" und einem „schwindenden Interesse an Deutschland" abgelehnt.[70] Andere wollten, das Jessel eine „Liebesgeschichte" einbaute.[71] Jessel beschloss, die Veröffentlichung seines Manuskripts nicht weiterzuverfolgen und gab sich damit zufrieden, *Spurensuche 1945* zusammen mit *A Travelogue through a Twentieth-Century Life* seinen Kindern zu überlassen.

Ich bin Michael Neufeld dankbar, dass er mich auf Walter Jessel aufmerksam gemacht hat, ich danke Jessels Familie dafür, dass sie mir Zugang zu seinen Schriften gegeben hat, Michael Berenbaum und David Michelson von Academic Studies Press, dass sie eingewilligt haben, diese außergewöhnlichen Memoiren zu publizieren.

Brian E. Crim

---

68 Jessel, *Spurensuche 1945*, S. 232.
69 Jessel, *A Travelogue*, S. 206.
70 Jessel, *A Travelogue*, S. 207.
71 Jessel, *A Travelogue*, S. 209.

„… es kann euch nicht gleichgültig sein, dass ein politisches und moralisches Krebsgeschwür dieser Art heranwächst“

1. Oktober 1945[1]

Das I.G.-Farben-Hochhaus mit seinen sechshundert Räumen ist wahrscheinlich das imposanteste nicht zerbombte Bauwerk, das es heute in Deutschland gibt. Es wurde 1930 fertig gestellt. Als das I.G.-Farben-Hochhaus erbaut wurde – eilig in Tag- und Nachtarbeit –, drohte mein Vater, der seinen Nachtschlaf nachdrücklich schätzte, den I.G.-Farben-Konzern wegen Störung der Nachtruhe zu verklagen. Wir wohnten zwei Straßenzüge davon entfernt.[2]

Es hätte eines überdurchschnittlich guten Hellsehers bedurft, um vorauszusehen, dass dasselbe Gebäude fünfzehn Jahre später einmal das Hauptquartier der amerikanischen Streitkräfte in Europa werden würde, und dass ich als Offizier des amerikanischen Militärs in einem seiner die Produktivität anregenden Angestelltenbüros einen Schreibtisch haben würde.

Ich hatte meine Heimatstadt und Deutschland verlassen, kurz nachdem ich 1931 das Abitur abgelegt hatte, und ich hatte nicht das Bedürfnis verspürt, dorthin zurückzukehren. Nachdem sich jetzt jedoch der Kreis meiner persönlichen Lebensgeschichte geschlossen hatte, konnte ich der Stadt nicht länger den Rücken kehren und so tun, als ob ich sie nie gekannt hätte. Für die meisten Bewohner würde ich ein Fremder sein, für manche ein Feind, und für andere ein vor langer Zeit verlorener Freund. Frankfurts Trümmer waren die logische äußerliche Folge des mentalen und moralischen Verfalls seiner Bewohner – eines Verfalls, dessen Anfangsstadien ich als Junge miterlebt hatte und der mich dazu gezwungen hatte, Deutschland zu verlassen.

Ein Freund, ein deutscher Autor, der jetzt in den Vereinigten Staaten lebte und arbeitete, hatte mir einen Brief geschrieben. Darin stand:

---

1 Sofern nicht ausdrücklich anders vermerkt, wurden alle Fußnoten zu diesem Text von der Übersetzerin hinzugefügt. – Offenbar hat Walter Jessel sein Manuskript im März 1946 fertig gestellt. Seine Spurensuche nach den ehemaligen Mitschülern und Lehrern hatte er im Dezember 1945 abgeschlossen. Das Ziel des Autors war es, den Bericht zu veröffentlichen. Durch seine New Yorker Agentin ließ er das Manuskript verschiedenen Zeitungen und Verlagen anbieten. Doch dies blieb erfolglos. Zu Lebzeiten von Walter Jessel wurde das Manuskript nicht veröffentlicht.

2 Im Frankfurter Adressbuch von 1938 findet sich die Adresse der Familie von Walter unter dem Namen seines Vaters verzeichnet: Julius Jessel, Reuterweg 53, III. Stock.

> „Ich habe immer eine Trennlinie gezogen zwischen den Deutschen und ihrer Regierung. Lassen wir jetzt nicht die Menschen für etwas bezahlen, an dem sie sich nur unter Druck beteiligt hatten? Schreib mir, was Deine Eindrücke sind. Sag mir, ob Du nicht doch meine feste Überzeugung teilst, dass alle Menschen, wenn man sie in dieselbe Situation bringen würde wie die Deutschen, genauso handeln würden."

Das war eine Herausforderung. Es entsprach der Herausforderung durch die genau entgegengesetzte Position. Nach dieser waren alle Deutschen schuldig. Deutschland müsse deshalb wirtschaftlich geschwächt werden, um zu verhindern, dass es noch einmal eine solche Aggression ausübt.

Mein Freund war durch seine Erinnerung an die einfachen Leute aus der Vor-Nazizeit und seine Sympathie für die Deutschen zu seiner Auffassung gelangt. Diejenigen, welche das andere Extrem vertraten, standen unter dem Eindruck zweier von den Deutschen ausgelöster Aggressionskriege und deren Schrecken. Letzten Endes würde der Verlauf der Geschichte über diese Kontroverse zu entscheiden haben. Würden einstweilen die Hoffnungen, Motive und Schicksale von ein paar Deutschen, die die Nazizeit miterlebt hatten, nicht schon darauf hindeuten, wie die Antwort ausfallen wird?

***

Etwa drei Wochen, nachdem Patton durch die Stadt gefegt war, kam ich im April 1945 erstmals wieder nach Frankfurt.[3] Es war ein angenehmer Frühlingstag. Die Obstbäume blühten entlang der Bundesstraße von Mainz nach Frankfurt. Als der Jeep die Stadt erreichte, schien ihre vertraute Silhouette unverändert. Dann fuhren wir in die Stadt hinein.

Frankfurt war ein Trümmerhaufen, der nach Verwesung roch. Die Bürgersteige in der Innenstadt waren mit Backsteinen, zerbrochenem Glas und Schmutz übersät, Gras und Unkraut hatten darauf zu sprießen begonnen. Es gab gerade so viel Raum, dass sich der Verkehr hindurchschlängeln konnte.

Mitten in dem Verkehr, der die Gerätschaften des Krieges für den letzten Akt weiter nach Osten transportierte, liefen die Frankfurter umher. Eine

[3] George S. Patton Jr. (1885–1945) war General der amerikanischen Armee. Als Befehlshaber der Dritten Armee leitete er den siegreichen Vormarsch der amerikanischen Truppen in Frankreich nach dem D-Day und in Deutschland. Als Gouverneur der amerikanischen Besatzungsmacht in Bayern, der unter anderem mit der Entnazifizierung betraut war, war er umstritten. Ihm wurde vorgeworfen, dass unter seiner Handhabung der Entnazifizierung etliche Mitglieder der NSDAP ihre Posten behielten. Im September 1945 entband General Dwight D. Eisenhower ihn von seinen Aufgaben. Patton starb am 21. Dezember 1945 an den Folgen eines Autounfalls in Heidelberg.

gebückte alte Frau trug ein schweres Bündel mit ihrem Hab und Gut auf dem Rücken. Ein gut angezogener Mann hob einen Zigarettenstummel auf, den ein Soldat aus dem vor mir fahrenden Jeep weggeworfen hatte. Eine Frau in einem Pelzmantel stand auf einem Trümmerhaufen, wo zuvor vielleicht ihr Haus gestanden hatte, und zog etwas heraus, das nach einem Ofenrohr aussah. Eine andere Frau trug einen Eimer Wasser, den sie an einem Hydranten gefüllt hatte, in ihren Keller, aus dem auf Straßenhöhe ein Ofenrohr herausragte. Andere Passanten liefen entlang, die Augen zu Boden gerichtet, oder sie starrten auf die Zerstörung, so als ob ihnen die Energie fehlte, die Trümmer jemals wegzuräumen. Lediglich in einer Seitenstraße räumten Menschen jeden Alters eine aus Holz und Gesteinsbrocken bestehende Panzersperre aus dem Weg, die niemandem den Weg versperrt hatte.

Ich dachte an den Film THINGS TO COME (WAS KOMMEN WIRD) von H. G. Wells. Tatsächlich war es so gekommen. Diese Menschen waren entzivilisierte Höhlenbewohner. Ich fuhr mit meinem Jeep an den Straßenzügen mit den Wohnhäusern vorbei, wo meine Familie einmal gelebt hatte – alles war verbrannt und zerstört. Das Opernhaus, „Dem Wahren, Schoenen, Guten“ gewidmet, war ein leeres Steingerippe. Instinktiv blickte ich an der Ecke des Opernplatzes nach oben, wo früher eine große Uhr im Turm eines Geschäftsgebäudes mir endlose Male angezeigt hatte, dass ich wieder einmal zu spät zur Schule kommen würde. Es gab dort kein Gebäude, keinen Turm mehr über dem zweiten Stock. Die historische Altstadt mit ihren mittelalterlichen Fachwerkhäusern und verschlungenen Gassen war so platt wie Teile des Stadtzentrums von London nach den deutschen Luftangriffen im Blitzkrieg 1940/41. Auf dem Römerberg, wo einst die Kaiser gekrönt worden waren, war ein großes Becken aufgestellt worden, das als Reservoir zum Feuerlöschen diente. Vom alten Römer stand nur noch die Fassade. Sie schien dem Zusammensturz gefährlich nahe. Der Glockenturm des Doms stand noch, aber der Rest des Bauwerks war ausgebrannt. Goethes Geburtshaus am Rand der Altstadt war ein einziger Trümmerhaufen. Wo einmal der Eingang gewesen war, stand jetzt ordentlich aufgestellt ein Schild, auf dem stand: „Baudenkmal – Allen Armeeangehörigen ist der Zutritt verboten.“ Die Paulskirche, wo deutsche Liberale 1848 eine demokratische Verfassung verabschiedet hatten, war ein hohles Gerippe, auf dessen Turmspitze ein Kreuz schlaff herunterhing.

Die Nazis hatten auf ihrem Rückzug sämtliche über den Main führende Brücken gesprengt. Eine alte Fußgängerbrücke, die in der Mitte von einem Pfeiler gestützt wurde, ragte mit einem Ende ins Wasser, während das andere Ende im schrägen Winkel in die Luft zeigte.[4] Eine Brücke flussabwärts, die schnell von Ingenieuren repariert worden war, trug den Verkehr unserer

4 Er meint den Eisernen Steg.

Militärfahrzeuge. Frankfurts Stadtbewohner standen in langen Schlangen entlang der beiden Flussufer, um auf einen großen Frachtkahn zu gelangen, der langsam über den Main hin und her pendelte. Sie griffen jetzt auf dieselben Transportmittel zurück, mit denen man vor Urzeiten, vor dem Bau der mittelalterlichen Brücken, den Fluss überquert hatte.

Ich fuhr durch die zerstörten Straßen, in denen ich dreizehn Jahre lang auf meinem Schulweg viermal täglich daran mitgewirkt hatte, das Straßenpflaster abzunutzen. Das Schulgebäude war zur Hälfte eingestürzt, und es war unbelebt. Ich fragte mich, was in den letzten vierzehn Jahren wohl aus meinen Schulkameraden geworden war. Sie durften erstmals an Wahlen teilnehmen, als einige Jahre nach dem Ende unserer Schulzeit die Zeit gekommen war, eine persönliche Entscheidung zu treffen.[5] Was hatten sie in diesen vierzehn Jahren gemacht?

Meine Neugier hatte wenig mit sentimentalen Erinnerungen an die Schulzeit zu tun. Die hatte ich nicht. Aber wie meine ehemaligen Mitschüler während der letzten vierzehn Jahre gelebt hatten, wäre aufschlussreich. Ob sie für die Nazis gekämpft hatten, ob sie sich ihnen unterworfen hatten, ob sie sich ihnen widersetzt oder sie von innen heraus bekämpft hatten oder ob sie das Land verlassen hatten, waren einige der Möglichkeiten, wie die Deutschen auf die Naziherrschaft hätten reagieren können. Wäre das Schicksal dieser Jungen nicht symbolisch für den Weg vieler anderer? Würde es nicht widerspiegeln, wie im Krieg die materiellen und die intellektuellen Kräfte ausgeschöpft wurden? Würde ihr Lebensweg einen Weg weisen, uns eine Lektion für die Zukunft erteilen, sowohl für unsere als auch für die Zukunft der Deutschen?

Im März 1931 machte unsere aus zwanzig Schülern bestehende Schulklasse an der Musterschule Abitur.[6] Ein Reform-Real-Gymnasium entspricht einer amerikanischen High School ohne Mädchen, dafür mit Junior College und viel Fremdsprachenunterricht. Wir waren damals achtzehn Jahre alt. Unsere Abiturzeugnisse wurden uns vom „Chef", dem Oberstudiendirektor Peter Müller, abgekürzt PeMü, vor der versammelten Schülerschaft ausgehändigt.[7] Er war um die 45 und wie ein Kugelblitz, der mit dreißig Stunden-

5 Das Wahlalter lag in der Weimarer Republik bei 20 Jahren.

6 Walter Jessel ging auf die Frankfurter Musterschule und legte dort 1931 das Abitur ab. Im englischen Originalmanuskript verwendet er jedoch einen für Frankfurt nicht nachweisbaren fiktiven Schulnamen (Friedrich-Ebert-Realgymnasium). In der deutschen Übersetzung wird der tatsächliche Name seines Gymnasiums verwendet.

7 Im englischen Originalmanuskript hat Walter Jessel die Identität seiner Lehrer und Mitschüler hinter fiktiven Namen verborgen. In der deutschen Übersetzung werden, soweit nachweisbar, die echten Namen verwendet.
Oberstudiendirektor Dr. Peter Müller war von 1923 bis 1937 Direktor der Musterschule. Im August 1937 wurde ihm von den Nationalsozialisten aus politischen Gründen die Leitung der Schule entzogen. Auszüge aus seiner Abschiedsrede sind

kilometern Geschwindigkeit durch die Korridore flitzte. Lehrer und Schüler zollten ihm Respekt für seine Entschlossenheit, mit der er alles erkämpfte, was die Schule benötigte. Man sah ihn nie ohne Zigarre.

PeMü verabschiedete uns mit einer ernsthaften Abschiedsrede, in der er von unserer Verantwortung sprach, von den Kämpfen und Freuden, die uns in der Welt draußen erwarteten. Das Schicksal unseres Vaterlandes, sagte er, dessen Rechte und Prestige in einer modernen friedlichen Welt, läge in den Händen unserer Generation. Dann sangen wir ohne sonderliche Begeisterung „Deutschland, Deutschland über alles" und zerstoben in alle Winde. Vier Monate später erreichte Deutschland die Talsohle der Großen Depression.

Soweit ich weiß, hat es nie ein Klassentreffen gegeben, und auch keinen Versuch, miteinander in Kontakt zu bleiben. Unsere Interessen, unsere persönlichen Beziehungen, unsere Ideale und bald auch unser Zugehörigkeitsgefühl waren zentrifugal.

***

Im September 1945 wurde ich von meinen Aufgaben in Bayern entbunden und auf einen nicht allzu anstrengenden Job im Frankfurter Hauptquartier versetzt.[8] Nunmehr konnte ich darauf hoffen, dass einige der Männer, die ich finden und sprechen wollte, aus dem Kriegsgefangenenlager, oder wohin auch immer die letzten Zuckungen des Hitlerregimes sie zerstreut hatten, zurückgekehrt sein würden.

Damals in den zwanziger Jahren hatten wir auf der Musterschule einen Zeichenlehrer, dessen Namen ich vergessen habe, weil wir ihn nur unter dem Spitznamen „Mussolini" kannten.[9] Er gab sein Bestes, seinem Spitznamen zu entsprechen. Er hatte einen Stiernacken und war ein starrköpfiger Mann mit gewaltiger Stimme. Seine Lippen waren vorspringend wie die des Duce, und er benahm sich unverblümt. Wenn ihm die Zeichenskizze eines Schülers nicht gefiel, nahm er sie und riss sie in Stücke. Ich hatte kaum Konflikte mit

---

abgedruckt in: Dieter Kallus und Eberhard Aulmann (Hrsg.), *Musterschule 1803-2003. Festschrift zum 200jährigen Bestehen des Gymnasiums in Frankfurt am Main*, Frankfurt am Main 2003, S. 82. Siehe auch den Bericht des ehemaligen Musterschülers Dr. Helmut Mann, „Skizzen aus der Musterschule 1931 bis 1938", in: ebd., S. 97.

8 In Bayern war Walter Jessel damit betraut, Gefangene in den amerikanischen Kriegsgefangenenlagern zu überprüfen und zu verhören. Siehe Vorwort von Brian E. Crim.

9 Es muss sich um Heinrich Schäfer-Simmern handeln. Über ihn berichtet Dr. Helmut Mann: „Heinrich Schäfer-Simmern, hochgeschätzter Zeichenlehrer, machte aus seiner kritischen Einstellung kein Hehl. Er wurde 1938 aus dem Schuldienst entlassen, nachdem er von einer Studienreise nach Amerika nicht zurückgekehrt war." Dr. Helmut Mann, „Skizzen aus der Musterschule 1931 bis 1938", a.a.O., S. 97.

ihm, weil meine zweidimensionalen Kritzeleien nie sein Interesse erregten und weil ich seinen Unterricht schwänzte, so oft ich konnte. „Mussolini" war Sozialist mit einer speziellen Abneigung gegen Bankleute, und er bestand darauf, dass alle dies wussten. „Kurzkopf", wandte er sich an einen von uns mit dessen Spitznamen: „Wirst du auch Bankier wie dein alter Herr? Ich sag dir, du und deine kapitalistische Clique, ihr werdet Deutschlands Untergang sein."

„Nur ein kapitalistischer Bankier, Herr Lehrer", antwortete „Kurzkopf".

Eines schönen Sommertages im Jahre 1939 begegnete ich „Mussolini" im Central Park in New York. Ein Dutzend schlecht gekleideter Jugendlicher im durchschnittlichen Alter von zehn Jahren saßen mit Zeichenblock und Stiften um ihn herum. Sie hatten sich auf dem Rasen und den Felsbrocken ausgebreitet, der Skyline der 59sten Straße zugewandt, und zeichneten. „Mussolini" ging zwischen ihnen umher. Als ich ihn aus kurzer Entfernung dabei beobachtete, wie er die Zeichnung eines Jungen nahm und in Stücke riss, hatte ich keinen Zweifel mehr an seiner Identität. Ich stellte mich hinter seinen breiten Rücken, als er gerade dabei war, seinen Schülern mit schwerem deutschen Akzent Anweisungen zu geben: „Malt nicht, was ihr seht, malt, was ihr dazu denkt." („Don't sketch vot you see, sketch vot it makes you sink.") Diesen Satz kannte ich gut.

Er drehte sich um und erkannte mich: „Wollen Sie mitmachen? Sie könnten eine Menge lernen. Hier entsteht echte Kunst."

Er wandte sich von seiner Zeichenklasse ab und erzählte mir, dass er Deutschland im Jahr zuvor verlassen hatte. „Keine Chance, gegen sie anzukommen. Ich musste mich fortmachen. Sonst hätten sie mich aufgehängt. Außerdem haben amerikanische Kinder viel mehr Talent. Vor allem die hier von der Lower East Side und der Bronx. Iren, Juden, Neger – wunderbar."

Er zog einige Arbeiten seiner Schüler aus seiner Aktentasche hervor: Zeichnungen und mit Wasserfarben gemalte Bilder. Ich sagte, dass sein Unterricht vor zehn Jahren erfolglos geblieben war, und dass ich immer noch nichts von Kunst verstünde. Ob er irgendwas von PeMü gehört hätte.

„Er hat 1937 den Schuldienst quittiert. Ein guter Mann. Kapitalist zwar, aber anständig. Katholisch, aber aufgeschlossen. Er konnte die Nazi-Rotte nicht mehr ertragen und hat sich mit der Hälfte seiner Bezüge pensionieren lassen. Dann hat er für einen Verlag gearbeitet. Nur Korrekturlesen und so etwas. Er wird keine einzige Zeile schreiben. Was machen Sie im Central Park? Sind Sie auf dem Nachhauseweg? Wo wohnen Sie? Ich werde mich bei Ihnen melden. Muss jetzt zurück an die Arbeit."

***

Das war das einzige, was ich seit 1931 über PeMü erfahren hatte.

Im Oktober 1945 hatte Frankfurts Kommunalwesen sich etwas erholt. Für maßgebliche Nutzer gab es beispielsweise einen Telefondienst. Um PeMü ausfindig zu machen, lag es nahe, das Schulamt anzurufen.

Ich wählte die Nummer des Rathauses und ließ mich mit der Abteilung verbinden.

„Müller, Schulamt."

„Sind Sie Oberstudiendirektor Peter Müller, der ehemalige Schulleiter der Musterschule?"

„Ja, das bin ich."

Ich nannte ihm meinen Namen und meine Abiturklasse.

„Ich muss Sie unbedingt sehen" sagte PeMü. „Kommen Sie gleich hierher. Sie sind Amerikaner, nicht wahr? Sind Sie in der amerikanischen Armee? Haben Sie bei der Militärregierung etwas mit dem Schulwesen zu tun? Mein Büro ist in der Nähe des Hauptbahnhofs", sagte er und gab mir die Adresse.

Ich versuchte, so gut ich konnte zu antworten, ohne dabei außer Atem zu geraten. Nein, ich hätte nichts mit dem Schulwesen zu tun, nicht einmal mit der Militärregierung.

„Welchen Posten haben Sie im Schulamt?", fragte ich.

„Ich bin der Leiter", sagte er.

Ich sagte ihm, ich würde sofort zu ihm kommen.

Ein handgeschriebenes Schild neben dem Eingang verwies auf das „Frankfurter Schulamt". Das Gebäude war ziemlich modern, aus rotem Backstein, mit großen Fenstern und einem Flachdach. Nur eine Hälfte des Gebäudes stand noch, die andere bestand aus Trümmern und der herausgerissenen Innenausstattung der ehemaligen Büroräume. Im ersten Stock hing ein zertrümmerter Schreibtisch mit einer Seite über einem verbogenen Stahlträger. Die Toilette im zweiten Stock sah intakt aus.

PeMü hatte sein Büro im ersten Stock. Er saß im Mantel hinter dem Schreibtisch und telefonierte. Ein Besucher saß ihm gegenüber. Die Schreibtischlampe brannte. Das große Fenster, in dem das Fensterglas fehlte, war mit Brettern zugenagelt. Etwas Licht drang durch ein klaffendes Loch in der Decke in den Raum. Große Stücke des Verputzes fehlten an den Wänden.

PeMü hatte sich kaum verändert. Sein Haar war ein wenig grauer, und seine Kleidung schien ihm etwas zu groß zu sein. Er zwinkerte mir mit dem bekannten jugendlichen Augenzwinkern zu, während er das Telefongespräch beendete. Er war aus dem Raum gerufen worden. Nachdem er mich kurz seinem Besucher vorgestellt hatte, dessen Namen er genuschelt hatte, stürmte er mit wehendem Mantel durch den Raum und durch die Tür hinaus.

Ich hatte den Namen des Mannes nicht verstanden, aber seine Profession musste mir nicht extra genannt werden. Er trug die hohen Schaftstiefel der deutschen Armee, dazu einen ungepflegten Zivilanzug. Sein Haar war so kurz geschoren wie in den Karikaturen deutscher Offiziere, und sein Gesicht hatte slawische Züge. Als ich eintrat, hatte ich den Eindruck, dass er zugleich schrumpfte und steif wurde, sofern dies physisch möglich ist. Er saß in einem Sessel, was ihm keine militärische Haltung einzunehmen erlaubte.

Ich fragte ihn, ob er in Frankfurt zuhause sei.

„Nein", sagte er, „ich bin Ostpreuße. Ich habe es gerade aus der russischen Besatzungszone herausgeschafft."

Ich fragte ihn, warum er dort weggegangen sei. Er antwortete mir mit einem bitteren Lachen:

„Warum ich von dort weg bin? Das will ich Ihnen erzählen. Bis vor zwei Monaten war ich Oberst in der Armee. Nach 38 Dienstjahren wurde ich dann in einem Ihrer Gefangenenlager entlassen und machte mich auf den Weg nach Hause – illegal natürlich. Ich habe kein Zuhause mehr. Erst haben die Russen es genommen, um es dann den Polen zu geben. Ich habe meine Leute schließlich in Zwickau in Sachsen gefunden. Sie leben dort alle in unbeschreiblichem Elend. Ich hab es von dort weg geschafft und bin hier hergekommen, um zu sehen, ob ein ehrlicher Mann in Deutschland noch sein Leben bestreiten kann."

Dann ließ er sich gehen und fing an, von Vergewaltigungen, Hunger, Beschlagnahmung von Eigentum zu erzählen – Bedingungen, von denen er behauptete, er habe sie in der russischen Besatzungszone erlebt. Es war seine persönliche Geschichte – wovon würde seine siebzigjährige Schwiegermutter nun leben? Ihre staatliche Pension sei nun gesperrt. Und was ist mit seiner Frau, die von den Russen in eine Arbeitsbrigade gezwungen worden sei, die nun die Trümmer in Zwickau wegräumen sollten? Und was sei mit der obdachlosen Familie seines kommandierenden Generals, die ihr Eigentum verloren hatte, nachdem dieser in russische Kriegsgefangenschaft gekommen sei? Dann fing er an, das Schicksal seines besiegten Landes zu beklagen:

„Die Polen und Tschechen haben zehn Millionen Deutsche aus den östlichen Provinzen vertrieben. Diese Menschen befinden sich nun zusammengedrängt in der russischen Besatzungszone. Im kommenden Winter werden sie verhungern – zumindest die Kinder. Das ist die biologische Vernichtung meines Volkes. Es ist eine schreckliche Ungerechtigkeit."

Er hatte sich gehenlassen, und dass ich mich weigerte, den Teil seiner Rede von der „biologischen Vernichtung" und der „Ungerechtigkeit" zu akzeptieren, traf ihn hart. Ich sagte, die Fakten seien in diesem Fall eindeutig: ein Europa, das durch Deutschlands Krieg seine wirtschaftliche Substanz verloren hatte, ein Deutschland, das sich nicht länger an den Lebensgrundlagen anderer Länder bereichern konnte, und eine siegreiche Welt, die darauf bestand, dass die Opfer gegenüber den Aggressoren rehabilitiert würden.

Der ehemalige deutsche Oberst erwiderte nichts. Er saß in seinem Sessel, steif, mit rotem Gesicht, und starrte mich nicht allzu freundlich an. Ich realisierte, dass er es bereute, dieses Gespräch überhaupt begonnen und dabei einen Teil seiner Selbstkontrolle verloren zu haben. Offensichtlich hatten die vergangenen turbulenten Monate, in denen er durch von Russen und Polen besetztes Gebiet gewandert war, und das Schicksal seiner Familie Spuren hinterlassen, die sich auf seine Fassung auswirkten. Seine jetzige Lage war nicht rosig. Ich fragte mich, was er wohl von Müller wollte.

Er setzte noch einmal an auf eine Weise, die ihm vermutlich vernünftiger schien:

„Ich habe nach unserem Sieg im Westen mehrere Jahre in Frankreich verbracht", sagte er in ruhigem Ton. „Wir haben Frankreich nicht verhungern lassen. Tatsächlich hatten die Franzosen das Potenzial ihres Bodens nur wenig ausgenutzt. Wir haben neue Methoden eingeführt und einen Großteil des französischen Bodens unterpflügt."

„Und das haben sie auch mit vielen Franzosen gemacht."

„Ich verstehe nicht, was Sie meinen. Die Franzosen importierten fast all ihre Nahrungsmittel aus Nordafrika. Ohne uns wären sie verhungert."

Ich konnte ihm immer noch nicht zustimmen. Selbstverständlich hätten die Franzosen auch gerne weiterhin „fast alle" ihre Nahrungsmittel aus Nordafrika importiert, wenn die Deutschen sie von vornherein in Frieden gelassen hätten.

Bei diesem und vielen weiteren Gesprächen, die ich mit deutschen Berufssoldaten führte, wurde mir deutlich, dass der Gedanke an das Verbrecherische eines Angriffskrieges ihnen völlig fremd war. Die deutschen Berufssoldaten verstehen sich selbst als aufrechte Männer mit unanfechtbarem Charakter, die die Regeln des Bodenkrieges haargenau befolgen und nur diejenigen töten, die ihrem Militäreinsatz im Weg standen. Sie ziehen eine scharfe Trennlinie zwischen sich selbst und den bösen Nazis, die morden und stehlen, weil sie kriminell sind. Sich selbst sehen sie frei von jeglicher Verantwortung. Sie taten nur ihre Pflicht, zuerst, indem sie die Wehrmacht aufgebaut haben, dann, indem sie in einem Krieg kämpften, den ihre politischen Befehlsgeber erklärt hatten, und schließlich, indem sie bis zum bitteren Ende durchhielten. Kriege hat es immer gegeben und Kriege wird es immer geben, und es gibt keinen Grund, warum die Techniker des Krieges, die Offiziere, in irgendeiner Weise dafür verantwortlich gemacht werden sollten. Die Offiziere hätten das politische Regime immer abgelehnt. Aber wenn das Vaterland sie rief, damit sie ihrer patriotischen Pflicht nachkommen, um zu kämpfen und zu sterben, hätten sie nicht über Politik streiten können.

PeMü kam wieder ins Zimmer zurück und hörte den letzten Teil der Unterhaltung besorgt mit an. Der Besucher merkte, dass seine Auffassung nicht mit Wohlwollen aufgenommen wurde, sprang aus seinem Sessel auf, machte eine militärische Verbeugung aus der Hüfte und sagte, er würde draußen warten.

Der ehemalige deutsche Oberst zog die Tür hinter sich zu, und PeMü setzte sich vor mir auf die Kante seines Schreibtischs.

„Nehmen Sie das nicht zu ernst", sagte er. „Er ist einer der vielen, die sich auf die Lehrerstellen bewerben und die ich täglich wegschicken muss. Er glaubt, dass es das einzige sei, was er jetzt tun könne. Mit seiner Ausbildung könnte er wahrscheinlich ganz gut Mathe und Physik unterrichten. Aber das kommt natürlich nicht in Frage, obwohl er niemals Parteimitglied war. Hat er die Beherrschung verloren?

„Das würde ich nicht sagen. Doch gemessen an der üblichen Selbstbeherrschung des deutschen Berufsoffiziers wurde er ziemlich lebhaft."

„Das ist verständlich", sagte PeMü. „Er hat einige tragische Dinge erlebt. Seine Frau und seine drei Kinder sind letztes Jahr zwischen die Frontlinien der Amerikaner und der Deutschen geraten. Seine Kinder wurden getötet, seine Frau leicht verletzt. Darin gipfelte die Tragödie des Zusammenbruchs seiner ganzen Welt, und jetzt ist er verzweifelt. Nichts, was er in der Zukunft unternimmt, würde mich überraschen."

„Warum glaubt er, dass er unter den Bestimmungen der amerikanischen Besatzung unterrichten kann?"

„Das ist nicht schwer zu begreifen. Ich habe schon erwähnt, dass er ein Mann mit Bildung ist. Er glaubt, dass deutsche Jugendliche nach zwölf Jahren, in denen sie zu Verbrechen und Vorurteilen erzogen wurden, jetzt umerzogen werden müssen, damit sie des guten Rufes der Deutschen wieder Wert sind. Damit sie Charakter und Rückgrat haben, um Widrigkeiten zu widerstehen und das Ansehen Deutschlands zu rehabilitieren. Auf der Basis dieser Überzeugung hat er sich als Deutscher an mich gewandt, damit ich ihn als Lehrer einsetze. Wenn ich seine Bewerbung ablehne, was ich tun muss, wird er mich als Verräter betrachten."

Die Geschichte des Obersts hatte unseren Gesprächsaustausch über persönliche Dinge aufgehalten. Ich machte PeMü das Kompliment, dass er immer noch so jugendlich und tatkräftig aussah – unverändert nach vierzehn Jahren.

„Ich nehme immer noch zwei Stufen auf einmal", sagte er lachend. Dann setzte er sich wieder hinter seinen Schreibtisch. Er rauchte eine abscheuliche Zigarrenmarke, und als ich einige Havannas hervorzog, die aus dem PX[10] stammten, strahlte er:

---

10 PX steht für „Post Exchange" oder „Army Exchange Service". Die PX-Läden dienten der Versorgung der US-Armee. Ausschließlich Angehörige der amerikanischen

„Das Dumme ist nur, dass ich die morgen aufgebraucht habe. Können Sie mehr davon besorgen? – Es ist etwas kalt hier drin, nicht wahr? Selbst jetzt muss ich meinen Mantel anbehalten. Ich glaube nicht, dass wir diesen Winter irgendwas repariert oder beheizt bekommen werden. Diese Super-Klimaanlage in der Decke ist ein wenig des Guten zu viel. Es wird mir wahrscheinlich schwer fallen, hier drin zu arbeiten, wenn es erst richtig kalt wird."

„Sie sind also zurück in Frankfurt", fuhr er fort. „Sie sind nicht der einzige von meinen ehemaligen Schülern, der in amerikanischer Militäruniform wieder zurückgekommen ist. Was hatte ich doch gesagt, als Sie Abitur machten? Etwas in der Richtung, dass die junge Generation dem Vaterland ihren Stempel aufdrücken werde. Ich gebe zu, dass ich es zwar so nicht gemeint hatte. Aber Sie hatten recht, absolut."[11]

Er legte eine Pause ein und lehnte sich nach vorn:

„Ich hatte all diese Jahre ein britisches Infanteriegewehr zuhause. Mit 250 Pfund Munition. Aber ich frage Sie: Hätte ich allein einen Umsturz herbeiführen können?"

Ich gab ihm zu verstehen, dass etwas Widerstand durchaus hilfreich gewesen wäre.

„Wo hatten Sie Ihr Gewehr aufbewahrt?"

„Auf meinem Dachboden in Kronberg. Ich hatte es ziemlich gut versteckt. Aber zum Glück haben sie mein Haus nie durchsucht. Sie wussten nicht, dass ich dorthin rausgezogen bin, oder?"

„Nein, das wusste ich nicht."

„Ich bin 1939 umgezogen. Ein paar Monate vor Kriegsausbruch. Ich wusste, dass es ein Luftkrieg werden würde, und es war völlig klar, dass Frankfurt letztendlich ein Angriffsziel werden würde. Also bin ich raus."

Kronberg, PeMüs neuer Wohnort, ist ein kleiner Kurort in den hügeligen, bewaldeten Gebirgszügen des Taunus nördlich von Frankfurt. Er hatte sich einen netten Ort ausgesucht, um den Krieg zu überstehen. Auf diese Weise hat er sein gesamtes Eigentum gerettet, seine Bibliothek und seinen Lebensstandard.

„Was haben Sie all die Jahre gemacht, nachdem Sie sich hatten pensionieren lassen?"

Streitkräfte durften dort einkaufen. In den PX-Läden wurden amerikanische Waren zu günstigen Preisen angeboten, die von der Regierung in Washington subventioniert wurden. In Frankfurt am Main existierte auf dem Grundstück des heutigen Polizeipräsidiums an der Eschersheimer Landstraße, Ecke Adickesallee ein solcher PX-Laden, der sich im Laufe der Jahre zu einem PX-Einkaufszentrum ausweitete.

11 „Sie hatten recht." Womit? Der Bezug ist nicht ganz klar. Damit, dass der Abiturient weggegangen ist? Damit, dass er die Seiten gewechselt hat und nun in amerikanischer Uniform zurückgekommen ist?

„Um es kurz zu fassen: Ich habe für einen Verlag in Frankfurt gearbeitet, der neben seinem Quantum an Naziliteratur ein paar ziemlich gute Bücher herausgebracht hat. Das hat mir viel Zeit gelassen, und so habe ich ein paar Erzählungen geschrieben. Weil sie den Nazis nicht gefallen hätten, mussten sie zusammen mit meinem Gewehr bis zum Ende des tausendjährigen Reiches auf dem Dachboden versteckt bleiben. Jetzt kümmere ich mich darum, dass sie publiziert werden. Was sonst noch? Ja, ich bin etwas Ski gelaufen auf den Hügeln und Wegen hinter meinem Haus. Und ich habe Äpfel gezüchtet."

Um letztere Leistung zu unterstreichen, holte er eine kleine Tüte Äpfel aus seinem Schreibtisch und deutete auf den Apfel, den ich nehmen sollte. Es war der köstlichste Apfel, den ich je gegessen hatte, wie ich ihm voller Begeisterung sagte.

„Sie sehen", sagte er, „es gibt sogar während des Krieges sinnvolle Beschäftigungen."

Ich erkundigte mich nach seiner Familie.

„Danke der Nachfrage, meiner Frau geht es gut", sagte er. „Sie ist vielleicht etwas nervöser als vor fünfzehn Jahren. Mein Sohn befindet sich noch in Kriegsgefangenschaft in einem Eurer Lager. Aber wir haben Nachricht von ihm und sind nicht in Sorge. Leider kann er Englisch. Die Lagerleitung beschäftigt ihn als Dolmetscher und will ihn nicht entlassen."

Mit einer Handbewegung zum vernagelten Fenster fragte er dann:

„Und wie gefällt Ihnen Ihre Heimatstadt?"

„Etwas demoliert", sagte ich.

„Wissen Sie", erwiderte PeMü, „die Bombardierung von Frankfurt am 22. März 1944 war das eindrucksvollste Spektakel, das ich je gesehen habe. Wir haben es von unserem Balkon aus mit angesehen. Die Suchscheinwerfer, die den Himmel durchstreiften, der Lärm der Flugzeuge, der dumpfe Einschlag der Bomben, dann die Feuer – es hätte Dantes Beschreibungskunst in den Schatten gestellt. Wir waren uns schrecklich bewusst über die Höllenqualen und den Tod dort unten – das begreifen Sie alles – aber immer, wenn ein Suchscheinwerfer eines eurer Flugzeuge einfing, haben wir für eure Jungs da oben gebetet. Allerdings hätte ich mir gewünscht – ich hoffe, Sie verzeihen es mir, wenn ich das sage – dass ihr mehr Industriebetriebe getroffen hättet und weniger Wohngegenden. Vor allem die Altstadt – das ist ein trauriger Verlust."

Ich sagte, sein Wunsch sei gewiss von den Strategen des Luftkriegs geteilt worden, deren Ziel darin bestand, durch die Zerstörung von Kriegspotential den Sieg so schnell wie möglich herbeizuführen.

Aber PeMü brauchte keine Lektion darüber, wie diese Art von Kriegsführung begonnen hatte und worin ihr Nachteil bestand:

„Manchmal, wenn eine Nacht ruhig vorbei ging", sagte er, „ohne dass Flugzeuge vorüberflogen, saß ich da und horchte und fragte mich, was sie wohl aufgehalten hatte. Ich erzähle Ihnen das nicht, um einen guten Eindruck bei Ihnen zu machen. Glauben Sie mir, darum geht es mir wirklich nicht. Meine Frau wird Ihnen bestätigen, dass das stimmt. Wir waren uns auch im Klaren darüber, dass nur eine militärische Niederlage uns von der Tyrannei befreien würde. Und wir wussten, dass die Zerstörung unseres Landes umso geringer ausfiele, je eher die Niederlage käme. Ich sage Ihnen jedoch ehrlich, dass ich für eure alliierten Staatsmänner, die mit Hitler Flottenverträge abschlossen, Handelsverträge und Nichtangriffspakte, genauso viel Verachtung empfinde wie für den verstorbenen Adolf selbst."

Er lehnte sich zurück und zog an seiner Zigarre.

„Jedenfalls stehen wir jetzt vor den Trümmern und müssen sie wieder aufbauen", fuhr er mit leiser Stimme fort. „Meine Aufgabe sind die Schulen. Die Schulen, die keine Trümmerhaufen sind, wurden entweder von euren Truppen beschlagnahmt oder von der Stadtverwaltung als Büroräume beansprucht. Dann wurde uns durch die Militärregierung kurzfristig die persönliche Anordnung von General Eisenhower überbracht, dass wir den Schulbetrieb zum 1. Oktober aufnehmen sollten. Wir haben am 1. Oktober die Schulen wiedereröffnet, und meinen Unterlagen entnehme ich, dass alle Kinder unter vierzehn Jahren nun zur Schule gehen. Na ja, nicht ganz. Wir haben insgesamt 16.000 schulpflichtige Kinder, und bis jetzt haben wir 9.000 von ihnen in Schulen untergebracht. Die Militärregierung hat versprochen, dass die Truppen aus zehn Schulgebäuden ausziehen würden. Tatsächlich wurde uns bis jetzt nur ein Schulgebäude zurückgegeben. Die Stadt hat uns acht weitere Schulgebäude versprochen. Sie haben uns vier gegeben. Also geben wir Schulunterricht in Schichten. Zwei am Morgen, zwei am Nachmittag. Damit bleiben die Kinder für zwei, drei Stunden am Tag in der Schule. Das ist immerhin genug Zeit, dass die Lehrer Hausaufgaben aufgeben können."

Aber das waren noch nicht alle Schwierigkeiten, die PeMü hatte. Die Militärregierung war bis jetzt noch nicht in der Lage gewesen, ihm genügend Baumaterial zuzuweisen, um die Schulen wieder in Stand zu setzen. Sie hatten ihn um Angaben gebeten, wie viele tausend Backsteine, Tonnen Zement, Quadratmeter Dachpappe und Glas er benötigte.

„Sie lieben statistische Daten" sagte er. „Jeden Tag muss ich neue einreichen. Was den Bedarf angeht, so musste ich die Information praktisch über Nacht einreichen. Das Wohnungsamt hätte Wochen dafür gebraucht, um das auszurechnen. Ich habe so gut geschätzt wie ich konnte – ich hoffe, Sie werden das nie überprüfen. Ich fürchte, ich werde meine Baumaterialien nicht so schnell bekommen, wie sie von mir die Angaben bekommen haben."

PeMü fügte hinzu, dass bisher noch keine Kohle geliefert worden sei, und dass auch für den Winter keine in Aussicht stand. Er fragte sich, wie lange die Schulen wohl geöffnet bleiben würden. Im November und Dezember wird es unmöglich sein, die Kinder dazu zu bringen, dass sie still sitzen und lernen.

„Wenn die Tinte auf ihren Schultischen einfriert, müssen wir sie wieder nach Hause schicken. Ihre Mütter sind jetzt draußen im Wald, um genügend Brennholz zu sammeln, damit sie wenigstens die Küche beheizen können. Falls dass misslingt, müssen sie den Winter im Bett verbringen."

Ich fragte ihn, welche Maßnahmen getroffen worden seien, um die Fünfzehn- bis Achtzehnjährigen in der Schule unterzubringen.

„Sie sind das echte Problem", antwortete er. „Wir haben weder die Räume noch die Lehrer, um sie in der Schule unterzubringen. Aber wir hoffen, dass wir nächstes Frühjahr so weit sein werden. Für diese Altersgruppe gibt es wenig Arbeit in der Stadt. Aber ich glaube nicht, dass sie die Arbeit annehmen würden, wenn es welche gäbe. Sie streunen auf den Straßen umher. Sie begreifen, dass sie auf dem Schwarzmarkt gut verdienen können. Dazu kommt der Diebstahl, um den Schwarzmarkt zu beliefern. Ungehinderte Kriminalität scheint in dieser gesamten Altersgruppe eher die Regel als die Ausnahme zu sein. Meiner Ansicht nach ist es ein düsteres Bild. Wahrscheinlich ist es euch Amerikanern egal, ob diese Leute ungebildet bleiben, aber es kann euch nicht gleichgültig sein, dass ein politisches und moralisches Krebsgeschwür dieser Art heranwächst. Denn es ist zu ansteckend."

Er sah auf seine Armbanduhr.

„Entschuldigen Sie mich bitte", sagte er hastig, „ich will diesen Oberst nicht länger draußen warten lassen. Ich bin gleich wieder da." Er eilte davon.

Genau in diesem Moment klingelte das Telefon. Ich nahm den Hörer ab und antwortete an PeMüs Stelle. Ein Offizier der Militärregierung, der in gebrochenem Deutsch etwas zu artikulieren versuchte, war am Apparat. Ich wechselte ins Englische und sagte ihm, dass Müller gerade aus dem Zimmer gegangen sei. Ob ich ihm etwas ausrichten könnte?

„Ja", sagte der Anrufer. „Sagen Sie ihm bitte, dass wir eine Tabelle mit allen verfügbaren Lehrern brauchen, abzüglich all derer, die vor dem 1. Mai 1937 der Partei beigetreten sind. Wir hätten die Information gerne bis morgen früh."

Als PeMü wieder ins Zimmer zurück kam, berichtete ich ihm von dem Anruf.

„Also, diesmal bin ich vorbereitet."

Er zog eine Akte aus seinem Schreibtisch, mit Blättern von Papier, die mit akkuraten Spalten voller Zahlen gefüllt waren.

„Das ist die Lage der Lehrer betreffend", sagte er. „In den Schulen auf dem Land muss ich neunzig Prozent der Lehrer entlassen, weil sie vor dem

1. Mai 1937 Parteimitglieder waren. In Frankfurt sind es fünfzig Prozent. Das hat damit zu tun, dass die Lehrer in den kleinen Dörfern zu den wenigen gehörten, die etwas Bildung und Einfluss hatten. Die Partei hat als erstes sie unter Druck gesetzt. Sie waren im Ganzen vielleicht keine unfreiwilligen Opfer. Das weiß ich nicht. Aber ich glaube nicht an eure Methode, Menschen nach Kategorien und ohne Überprüfung des Einzelfalls aus dem Dienst zu entlassen. Ich glaube auch nicht, dass das euren Prinzipien entspricht. Sehen Sie, ich bin derjenige, der die Entlassungen vornehmen muss. Und das ist ziemlich hart in Fällen, in denen es der Vergangenheit des Einzelnen nach zu urteilen nicht gerechtfertigt ist. Ich versichere Ihnen, dass in den Fällen, wo es sich um echte Nazis handelt, mich niemand dazu antreiben muss, sie zu entlassen, egal wie sehr sie heute kriechen und jammern."

Ich erinnerte ihn daran, dass die Schwierigkeit darin bestand, dass die Militärregierung einen eindeutigen Maßstab brauchte, nach dem sie verfahren konnte. Andernfalls würde sie persönlicher Einflussnahme und Bestechung Tür und Tor öffnen.

PeMü stimmte mir zu, war aber der Meinung, dass deutschen Beamten und Kommissionen, denen die Militärregierung vertraute und die von ihr eingesetzt worden waren, genug Ermessensspielraum gegeben werden sollte, so dass sie die Fälle selbst beurteilen können, anstatt dass man nach starren Kategorien verfahren muss.

„Schauen Sie, neulich war ein Mann bei mir, der seine Stelle als Lehrer wiederhaben wollte. Er war gerade aus einem Kriegsgefangenenlager gekommen, wo er eingesperrt war. Ich sagte zu ihm, ‚wie schön, ich freue mich, dass Sie wieder zurück sind. Waren Sie vor 1937 Parteimitglied?' Er sagte, ‚ja, war ich.' ‚Es tut mir leid', erwiderte ich, ‚in dem Fall können Sie nicht wiedereingestellt werden.' Der Mann lief rot an und erzählte mir Folgendes: ‚Vor zehn Jahren, als ich aus der Universität kam und mich um eine Stelle als Lehrer bewarb, stand ich in genauso einem Raum wie diesem, und da saß ein Beamter hinter dem Schreibtisch, genau wie Sie jetzt. Ich sagte, dass ich eine Stelle als Lehrer wollte. Er antwortete, dass sei schön, Lehrer würden gebraucht, und ob ich Mitglied in der Partei sei. Nein, antwortete ich ihm, sei ich nicht. Daraufhin sagte er mir, es täte ihm leid. In dem Fall können Sie nicht in unseren Schulen unterrichten.' Also habe ich die dreieinhalb Mark monatlich gezahlt, bin in die verdammte Partei eingetreten, und habe meine Arbeit erledigt, ohne die Partei weiter zu beachten. Und jetzt? Dasselbe umgekehrt.' Ich konnte nichts daran ändern."

PeMü nannte die Fälle von zwei seiner engsten Freunde, Lehrern, von denen er wusste, dass sie gegen die Nazis eingestellt waren. All die Kriegsjahre hindurch hatte er sich unbefangen mit ihnen über seine Ansichten ausgetauscht und sie in ihrer Zuversicht bestärkt, dass die Nazis besiegt würden.

Sie waren Parteimitglieder geworden, weil es ihnen von Nutzen war, und nun musste PeMü sie hinauswerfen. Er betrachtete das maßgebliche Datum – Parteimitgliedschaft vor dem 1. Mai 1937 – als willkürlich. Zu dem Zeitpunkt hatten sich einige Parteimitglieder der ersten Stunde bereits wieder von den Ideen und der Politik der Nazis abgewandt. Ihnen würde nun die Ausübung des Lehrerberufs verwehrt sein. Demgegenüber hätten Lehrer, die erst danach der Partei beigetreten waren, manche davon sogar erst in den vierziger Jahren, aufgrund des bisher Geschehenen wissen müssen, mit welchem Pack von Gangstern sie sich einließen. Diejenigen aber dürfe er nun einstellen.

PeMü deutete mit seiner Zigarre gebieterisch in meine Richtung:

„Kategorien und Verallgemeinerungen sind immer ungerecht. Der schlimmste Fehler unter den jetzigen Regeln, der mir bekannt ist, betrifft den VDA."

Das war eine komplizierte Angelegenheit. Der VDA – Verein für das Deutschtum im Ausland – war bis zur Nazizeit eine Kulturorganisation, die das Deutschtum in den deutschen Schulen im Ausland förderte und der in der Regel von Lehrern organisiert wurde, die sich ehrenamtlich für diese undankbare Aufgabe engagierten.[12] Dann benutzten die Nazis den VDA als Instrument ihrer Fünften Kolonne, während offiziell der Status des VDA als Kulturorganisation beibehalten wurde. Jetzt mussten alle Lehrer, die je Geld für den VDA gesammelt hatten, ob vor oder während der Nazizeit, aus dem Dienst entlassen werden, ganz gleich ob sie überzeugte Nazis gewesen waren oder Gegner der Nazis. PeMü war ziemlich aufgebracht wegen dieses speziellen Beispiels für das, was er als „willkürliche Maßstäbe" bezeichnete. Er war der Auffassung, dass so die Zahl zuverlässiger Lehrer unnötig vermindert würde.

Ich fragte ihn, was unternommen würde, um die durch die Denazifizierung entstandene Lücke zu füllen.

„Wir haben mit einem verkürzten Lehrerausbildungsprogramm begonnen, um im nächsten Herbst junges Blut in unsere Schulen zu bekommen. Aber wir sollten es nicht als gegeben annehmen, dass diejenigen, die wir für diese Ausbildung auswählen, echte Missionare im Dienste der Demokratie werden."

Er nahm einen Stapel Papiere von seinem Schreibtisch.

„Sehen Sie das hier? Das sind Bewerbungen ehemaliger Parteimitglieder, die um Wiedereinstellung in den Dienst bitten. Ich muss sie alle ablehnen. Dabei bräuchte ich sie dringend, sie oder jeden anderen mit einer Lehrer-

---

[12] Der VDA war 1880 als „Deutscher Schulverein" gegründet worden. Er ist ideologisch der völkischen Bewegung zuzurechnen. Ab 1933 trug er den Namen „Volksbund für das Deutschtum im Ausland". Die Nazis benutzten den VDA nicht nur, um die nationalsozialistische Ideologie zu befördern, sondern auch zu Spionagezwecken. 1945 wurde der Verein von den Alliierten verboten. 1955 erfolgte die Neugründung unter dem Namen „Verein für das Deutschtum im Ausland".

ausbildung. Wir haben nicht einmal genügend Personal, um die Stellen an den Grundschulen zu besetzen, nachdem wir jetzt wieder Grundschulunterricht anbieten.[13] Ich wüsste gerne, was das größere Risiko ist: Dass wir einige fragwürdige Gestalten haben, die zumindest Unterricht geben – wir könnten sie ganz gut unter Kontrolle halten. Oder dass die Kinder ihre Bildung auf den Straßen von Frankfurt bekommen? Wenn die Leute, die eure Denazifizierungsgesetze schreiben, dieses Problem wirklich durchdacht haben und meinen, dass sie darauf eine Antwort haben, dann soll es mir recht sein. Dann lassen Sie uns denazifizieren. Ich persönlich halte das für eine Mordsverantwortung." Er hob die Akte mit den Lehrerstatistiken von seinem Schreibtisch: „Vielleicht wird das ins Gewicht fallen."

PeMü zündete sich eine weitere Zigarre an und streifte mit seinem Finger durch den Stapel an Bewerbungen: „Noch etwas. Wie viele Gedanken haben sich eure Gesetzgeber, die mit der Denazifizierung befasst sind, über Folgendes gemacht: Sie entlassen Parteimitglieder aus dem Schuldienst und aus anderen Führungspositionen. Ausgezeichnet. Leider haben die meisten von ihnen einiges intellektuelles Ansehen – und sei es negativ –, sonst wären sie nicht in diese Positionen gelangt. Schafft ihr auf diese Weise nicht die Keimzelle für eine fanatische, uneinsichtige Opposition gegen jegliche vernünftige, moderate Entwicklung in Deutschland? Wie lange werdet ihr bei uns bleiben, um solcherart Bewegung in Schach zu halten? Wahrscheinlich gerade nur so lang, dass diese Opposition reifen und aufblühen kann, und dann müssen wir uns wieder alleine damit herumschlagen. Vielleicht haben eure Leute das ja gut durchdacht. Das kann ich nicht beurteilen. Ich hoffe es. Ich glaube immer noch, dass es eine riesige Verantwortung ist."

Ich fragte PeMü, ob er denn überhaupt nicht wolle, dass Nazis aus ihren Positionen entfernt werden.

„Natürlich will ich das", erwiderte er. „So lange wir dabei weniger kategorisch vorgehen, sondern vernünftiger, und solange es vor allem auch nur darum geht."

Er lachte.

„Ich hatte nicht vor, Ihnen an einem einzigen Tag all meine Sorgen zu schildern", sagte er. „Bitte sehen Sie es mir nach. Es ist mir schwergefallen, unter den Nazis die ganze Zeit meinen Mund zu halten – deshalb gab ich meinen Posten auf. Es ist doppelt so schwer, den Mund zu halten, wenn man mit Vertretern einer demokratischen Nation spricht. Ich habe diese

---

[13] Am 1. Oktober 1945 wurde in der amerikanischen Besatzungszone für ungefähr 500.000 Kinder der Grundschulunterricht in 500 Grundschulen wieder eröffnet. Siehe: https://www.stadtgeschichte-ffm.de/de/info-und-service/frankfurter-geschichte/stadtchronik/1945 (letzter Zugriff 20. November 2019).

Gedanken, über die ich mit Ihnen gesprochen habe, in einem Memorandum an die Militärregierung aufgeschrieben. Ich hoffe, dass das Memorandum berücksichtigt wird."

Ich kam auf meine Neugier auf das Schicksal meiner Schulkameraden zu sprechen. Er wusste sehr wenig darüber, was aus ihnen geworden war.

„Ich wünschte, wir hätten noch unsere Schulakten. Wir hatten ziemlich gute Akten. Die Unterlagen über Ihre Klasse enthielten zum Beispiel den Lebenslauf jedes Schülers. Ich weiß nicht, ob Sie sich daran erinnern, aber das war eine Voraussetzung für das Abitur. Darin musste man auch seine Zukunftspläne und Ambitionen umreißen. Dann gab es auch eine charakterliche Beurteilung über jeden von Ihnen, die von dem Lehrer geschrieben wurde, der Sie alle am besten kannte."

Es wäre tatsächlich großartig gewesen, wenn ich ausgehend von diesen Unterlagen die Suche nach meinen Schulkameraden hätte aufnehmen können. Ich fragte PeMü, was mit den Unterlagen geschehen war.

„Als die Luftangriffe begannen, dachte die Schule, dass die Akten in den angeblich brandschutzsicheren Stadtarchiven besser aufgehoben seien. Ich fürchte, die Archive haben bei dem Luftangriff am 22. März 1944 schweren Schaden genommen. Jedenfalls sind die Unterlagen verloren."

„Wer hat unsere Charakterbeurteilungen geschrieben?"

„Für Ihre Klasse war es, glaube ich, Paul Olbrich", gab PeMü zur Antwort.

Paul Olbrich hat uns Fremdsprachenunterricht erteilt.[14] Ich konnte mich mühelos an ihn erinnern. Er war ein herausragender Philologe, der in seinem Fach internationales Ansehen hatte. PeMü berichtete mir, dass Olbrich Anfang des Jahres einen Schlaganfall erlitten hatte und dass sein Gesundheitszustand wahrscheinlich nicht sehr gut sei. Ich würde ihn in Gedern finden, sechzig Kilometer nördlich von Frankfurt. Vor zwei Jahren, als das Schulgebäude der Musterschule zum ersten Mal von Bomben getroffen wurde, hatte man die verbleibende Schülerschaft und ein paar Lehrer in diesen kleinen Ort evakuiert, um, so gut es ging, weiterhin Schulunterricht abhalten zu können.[15] Olbrich, der in Frankfurt vollständig ausgebombt worden war, war mit dabei.

---

14 Es handelte sich hier um den Englisch- und Französischlehrer Paul Olbrich, Walter Jessels Klassenlehrer. Dr. Helmut Mann, der 1939 an der Musterschule Abitur machte, erinnert sich daran, dass Paul Olbrich einem seiner jüdischen Mitschüler zu Hause Englischunterricht erteilte, um ihn bei der Vorbereitung auf die Emigration zu unterstützen. „Wäre das bekannt geworden", schreibt Mann, „hätten Olbrich ernste Folgen erwartet." (Dr. Helmut Mann, „Skizzen aus der Musterschule 1931 bis 1938", in: Kallus/Aulmann (Hrsg.), *Musterschule 1803–2003*, a.a.O., S. 93.)

15 Im englischsprachigen Manuskript verwendet Jessel einen anderen Ortsnamen. Nachdem das Gebäude der Musterschule durch mehrere Luftangriffe in den Jahren 1943/44

„Sie wissen, welchen großen Anteil Olbrich vor allem an Ihrer Klasse nahm“, fuhr PeMü fort. „Ich wäre nicht überrascht, wenn er sich an jeden von Ihnen im Detail erinnern könnte.“

Ich sagte PeMü, dass ich vorhätte, Olbrich zu finden, und dass ich bald nach Gedern fahren würde. Waren indessen in der Schule selbst keinerlei Unterlagen zurückgeblieben?

„Es könnte sein, dass da noch welche sind“, sagte er. „Ich werde mich für Sie danach erkundigen. Kommen Sie in ein paar Tagen wieder.“

Als ich die Tür hinter mir schloss, warteten draußen fünf Männer in einer Warteschlange auf ihn. Drei von ihnen trugen noch teilweise eine deutsche Militäruniform. Wahrscheinlich waren es Bewerber um Lehrerstellen. Wahrscheinlich auch Parteimitglieder.

---

schwer beschädigt worden war, wurden im Februar 1944 die Klassen 1 bis 4 jedoch nachweislich nach Gedern in Oberhessen evakuiert. (OStD Reinhold Auel (Hrsg.), 175 Jahre Musterschule 1803–1978, Frankfurt am Main, 1978, S. 7.)

„Wissen Sie, ich verachte die Deutschen“

8. Oktober 1945

Als ich zwei Tage später wieder in PeMüs Büro kam, war der Raum von Lärm und Staub erfüllt. Jemand hämmerte von oben drüber an der Decke drauflos. PeMü hatte sich und seinen Schreibtisch von dem herumfliegenden Schmutz mit Zeitungspapier der *Frankfurter Rundschau* abgeschirmt.

„Das ist der beste Zweck, dem dieses Blatt je gedient hat“, sagte er.

Und dann, mit einer Bewegung zur Decke:

„Ich musste für diesen Lärm ein paar ihrer wertvollen Zigarren opfern, damit ich dieses Loch an der Decke gestopft bekomme. Sie bekommen heutzutage keine Handwerker, wenn Sie ihnen bloß Geld geben.“

Ökonomen werden wahrscheinlich bald wissenschaftliche Abhandlungen über die tieferliegenden Gründe für die Substitution von Rauch für Geld schreiben. Das ist ein faszinierendes Thema.

PeMü wedelte mir triumphierend mit einem schwarzen Buch entgegen.

„Die Suche in der Schule hat sich gelohnt“, sagte er. „Hier ist eine Liste aller Schüler der Musterschule des Schuljahres 1930/1931.

Die Liste, akkurat in Sütterlinschrift, enthielt die Namen aller Schüler, ihr Geburtsdatum und den Geburtsort, die Namen ihrer Eltern, deren Berufe und die Adressen. Ich sah die Liste durch. Nur die Hälfte der Namen hörte sich bekannt an. Ich bezweifelte, dass ich mich an irgendetwas über diese Männer würde erinnern können, bevor ich sie wiedersah.

Allerdings war es ein guter Anfang. Die Adressen waren fünfzehn Jahre alt, und wenn man den Frankfurter Mittelwert anwandte, konnte man davon ausgehen, dass nur noch die Hälfte der Häuser stehen würde. Aber vielleicht könnte ich von Nachbarn, Polizeirevieren, dem Postamt erste Hinweise bekommen.

Von den zwanzig Schülern in unserer Klasse hatten acht Deutschland verlassen. Zwölf müssten sich ausfindig machen lassen. PeMü empfahl mir einen jungen Mann im Alter von achtzehn Jahren, der wahrscheinlich bereit wäre, mir bei diesem zeitaufwendigen Unternehmen zu helfen. Sein Name war Hans Schmitt. PeMü hatte ihn bei gleichermaßen komplizierten Aufträgen herangezogen, die für das Schulamt zu erledigen gewesen waren, und hielt ihn für intelligent und tatkräftig. Ich würde ihn in einem Keller in der Jahnstraße finden.

***

Als ich es durch die großen Straßen der Stadt geschafft hatte und Schmitt fand, war es dunkel geworden. Die Straßenbahnen waren zum Bersten gefüllt mit Menschen, die auf dem Nachhauseweg waren. Trümmer häuften sich immer noch auf den Bürgersteigen, aber ein enger Weg war entlang der Häuser frei geräumt worden. In einigen Häusern befanden sich Geschäfte, die geöffnet hatten. Grobes Mauerwerk aus Backstein mit ungefähr einem Quadratmeter Fensterfläche hatte die prächtigen Schaufenster ersetzt. Postkarten und Bilder von Frankfurt, wie es einmal war, kunstloses Holzhandwerk, Modeschmuck, Taschen aus Kunstleder, Hüte wurden zum Verkauf angeboten. Die Preise, vor allem für das, was als „Kunst" durchgehen konnte, waren hoch. Landschaftsmalereien, die sogar der ungeübte Betrachter als dilettantischen Blödsinn erkennen konnte, kosteten Hunderte von Mark. Verlockungen für Leute, die bereit waren, ihre Geldmittel, die sie anders nicht anlegen konnten, in „bleibende Werte" zu investieren.

In einem Haus, von dem außer den Mauern nichts mehr zu stehen schien, war ein Fenster im dritten Stock erleuchtet. An der Ecke sprach eine Prostituierte mit zwei angetrunkenen Soldaten. Eine Vielzahl handgeschriebener Schilder an den Eingängen eines Gebäudes verwies auf Geschäftsleute, die ein paar brauchbare Büroräume gefunden hatten. Es gab ein intaktes Treppenhaus, das zu den Büroräumen führte. Ein Fotograf, ein Geschäft für Radioreparaturen, ein Schneider (man möge seinen eigenen Stoff mitbringen), ein Mann, der Federhalter reparierte, teilten sich die mehr oder weniger beschädigten Geschäftsräume im Haus.

Ich passierte den Eschenheimer Turm, einen mittelalterlichen Turm mit dicken Mauern, der einst zu Frankfurts Stadtbefestigungsanlagen gehört hatte, als die Stadt noch von Mauern umgeben war. Das Bauwerk war unverändert, obwohl alles drum herum fast vollständig zerstört war. Der Turm ist rund – vielleicht war die Wucht der Bomben durch seine Form abgewehrt worden. Das würde erklären, warum in Industriegebieten, welche die volle Wucht der strategischen Bombenangriffe abbekommen hatte, eine große Anzahl an Schornsteinen stehen geblieben war.

Dort, wo die Eckhäuser vollständig zerstört worden waren, befanden sich Straßenschilder, sorgfältig auf Augenhöhe eingebettet in die Haufen aus Stein und Ziegeln. Die Adresse, unter der ich Schmitt finden sollte, war solch ein Trümmerhaufen an einer Straßenecke. Nicht mal eine Hauswand stand dort noch. Eine der Säulen aus Stein, die den Hauseingang gebildet hatten, stand noch aufrecht. Sie trug die Hausnummer, die in ordentlichen weißen Buchstaben auf ein blaues Schild aus Emaille eingraviert war. Das schmiedeeiserne Tor hing schlaff an einem Scharnier.

Licht drang aus dem Kellerfenster, das sich dreißig Zentimeter über der Straßenoberfläche befand. Ein großes weißes Schild und die Buchstaben

L.S.R. – Luftschutzraum – wies um die Eingangssäule herum auf eine enge Treppe, die nach unten führte. Als ich an die Tür klopfte, öffnete ein dunkelhaariger, rotbackiger Junge. Es war Hans Schmitt, der junge Mann, den PeMü mir empfohlen hatte.

Ich sagte ihm, warum ich gekommen sei, und er bat mich hinein. Wir traten hinter eine schwere Eisentür in einen Flur. Dessen dicke Betonwände unterteilten vier kleine Zellen, die keine Tür hatten. Schmitt führte mich in eine dieser Zellen. Ein kleiner Tisch, zwei Stühle und eine deutsche Armeepritsche waren die einzigen Möbel darin.

Wir setzten uns, und ich bot ihm eine Zigarette an. „Nein, danke", sagte er, „ich rauche nicht."

„Nehmen Sie sie für einen Ihrer Freunde", drängte ich ihn.

„Nein, danke, ich habe dafür wirklich keine Verwendung", gab er zur Antwort. „Wir können froh sein, dass wir diesen Raum haben. Vor dem Bombenangriff haben wir oben gewohnt. Der Vermieter hat seine Familie aufs Land evakuiert. Als der Krieg vorbei war, wollte er uns erst rauswerfen und selbst einziehen, aber dann er hat er es sich zu unserem Glück anders überlegt."

Schmitt war erst vor zwei Monaten aus einem amerikanischen Kriegsgefangenenlager zurückgekommen. Im Herbst 1944 hatte ihn der deutsche Arbeitsdienst in die Tschechoslowakei geschickt. Dort sollte er „Festungen" graben. Er holte sich eine Erkältung, aus der eine Lungenentzündung wurde. Aufgrund der schlechten medizinischen Behandlung durch die Deutschen habe er einen Lungenflügel verloren und sei nun völlig arbeitsunfähig.

„Jetzt haben die Amerikaner alle Zahlungen eingestellt, und wir wissen nicht, wovon wir leben sollen. Meine Mutter ist krank, und meine beiden Schwestern sind zu jung, um arbeiten zu gehen. Mein Vater ist vor fünf Jahren gestorben."

Ich sagte Schmitt, dass die Zahlungen sicherlich nur vorübergehend eingestellt worden seien. Außerdem sei er, nach dem, was Direktor PeMü über ihn gesagt hatte, schlau genug, um in der Zwischenzeit seinen Lebensunterhalt bestreiten zu können. Daraufhin hörte er sich bereitwillig die Einzelheiten der Spurensuche an, mit der ich ihn beauftragen wollte. Er kannte sich aus mit den Polizeimelde- und Postzustellungsämtern, wo man vielleicht Informationen über den Verbleib meiner Klassenkameraden während der letzten vierzehn Jahre finden könnte. Er sagte, dass er ein Fahrrad besitze und ziemlich schnell Ergebnisse beibringen könne.

„Wissen Sie, ich verachte die Deutschen", sagte er plötzlich.

„Tun Sie das?"

„Ja. Sie sind nicht glücklich, wenn sie sich nicht gegenseitig die Kehle aufschlitzen können."

„Oder, falls es ihnen misslingt, die Kehlen der anderen."

„Das nehme ich an. Aber sehen Sie, jetzt sagen sie, sie seien Bayern oder Hessen oder Schwaben. Ihr Amerikaner seid immer Amerikaner, und die Briten sind immer britisch. Warum also nicht auch wir Deutschen?

„Warum nicht Europäer?" fragte ich.

„Aber – daran habe ich nie gedacht."

Es war schwer, den Grund für diesen unvermittelten patriotischen Ausbruch herauszufinden. Der junge Mann besaß genügend angeborene Intelligenz, um sich unabhängig seine Meinung zu bilden, und er bestand darauf, dass seine Auffassung ihm nicht von Goebbels nahegelegt worden sei. Ich fragte ihn nach den politischen Auffassungen und Rassevorstellungen, die ihm in der Schule beigebracht worden seien.

„Ach, dieser Unsinn", entgegnete er. „Ich glaube nicht, dass es mehr als fünf Schüler in unserer Klasse gab, die das geglaubt haben. Wir haben unsere Hausaufgaben gemacht, so dass wir Noten bekamen, die ausreichten, um zu bestehen. Nur um durchzukommen. Ich mochte den Lehrer, der uns in Rasselehre unterrichtete. Einmal behielt er mich nach dem Unterricht zurück. Ich dachte, er wollte mich bestrafen, weil ich während des Unterrichts laut war. Aber er wollte mit mir reden. Er sagte mir, ich solle kein Wort von dem glauben, was er im Unterricht sagte. Dann gab er mir ein kleines, mit der Schreibmaschine geschriebenes Flugblatt. Ich sollte es am Abend lesen und ihm am nächsten Tag wieder zurückgeben. Es war sehr kurz. Zwei Sachen enthielt es. Die Rede eines Ihrer Präsidenten – ich erinnere mich noch an seinen Namen: Lincoln, so hieß er doch? Das andere war etwas über die Französische Revolution. Über die Menschenrechte. Aber das war der einzige von meinen Lehrer, der je so was gemacht hat."

Trotz des Idealismus seiner Lehrer machten ein paar einfache Fragen deutlich, dass Schmitts politische Kenntnisse katastrophal waren. Er glaubte, dass Japan seit 1941 gegen die Russen gekämpft habe, wie auch gegen die westlichen Mächte. Er war sich sicher, dass die Vereinigten Staaten Deutschland zuerst den Krieg erklärt hatten – und er hatte nie verstanden, warum. Die Fakten überraschten ihn sehr. Er glaubte, dass die Kommunisten böse seien. Von ihren positiven Zielen hatte er nicht die geringste Ahnung. Ob es stimme, dass Amerika voller Gangster sei, und dass man die Straße nicht überqueren konnte, ohne von einem Thompson-Maschinengewehr niedergemäht zu werden? Und war Roosevelt nicht genauso ein Diktator wie Hitler? Das hatte ihm ein amerikanischer Soldat mal gesagt. Die Zerstörung Russlands durch die deutschen Armeen war Schmitt völlig neu. Er glaubte, dass die Deutschen in den westlichen Provinzen Russlands wirksame industrielle Entwicklungsarbeit geleistet hätten. Dass die befreiten europäischen Länder genauso wenig Nahrungsmittel und Kohle hatten wie

Deutschland, überraschte ihn. Er dachte, dass nach ihrem Sieg dort Milch und Honig fließen würden.

Ich fragte ihn, ob er und seine Kumpanen in der Schule ihren Lehrern und Hitlerjugendleitern geglaubt hätten, dass Deutschland am Ende siegen würde.

Er lachte: „Ob wir ihnen geglaubt haben? Wir haben gar nichts geglaubt. Wie hätten wir glauben sollen, dass wir den Krieg gewinnen, während der Himmel voller Flugzeuge war, die aus Amerika kamen und mein Haus in Schutt und Asche legten? So dumm waren wir nicht. Nach Stalingrad war es aus. Das einzige, was zählte, war, dass man nicht getötet wurde, bevor der Krieg zu Ende war."

„Haben Sie die ausländischen Radiosender gehört?"

„Nur manchmal" sagte er. „Alle behaupteten, sie würden lügen, also glaubten wir ihnen auch nicht. Und jetzt sagen die Leute, dass man kein Wort glauben könne, das in den Zeitungen stünde. Ich lese keine Zeitung. Das wäre Zeitverschwendung. Ich glaube nichts, bevor ich es nicht sehe."

„Und was sehen und glauben Sie?"

Schmitt lehnte sich über den Tisch und flüsterte:

„Ich sehe, dass meine jüngste Schwester, die acht Jahre alt ist, mit einem Stück Wurst zurückkommt, das unter der Theke des Metzgers lag, von wo sie es gestohlen hat. Und wir sind zu hungrig, als dass wir sie mit dem Stück Wurst zurückschicken und dafür verhauen würden. Und ich sehe meine andere Schwester, die jetzt vierzehn Jahre alt ist und auf den Straßen von Ihren Soldaten angesprochen wird. Sie findet das toll und malt sich jetzt die Lippen an. Ich verhaue sie. Dann hatte ich meine Freunde. Sie glauben, ich sei verrückt, weil ich mich ihnen nicht anschließe und von den Amerikanern Zigaretten stehle oder sie darum anbettle. Sie sagen, dass ich für hundert Zigaretten meine Familie zwei Monate lang ernähren könnte. Ich sehe auch meine Mutter hier in ihrem Krankenbett liegen. Ich hätte gerne einen guten Arzt und ein bisschen Bequemlichkeit für sie. Ich wünschte, wir könnten aus diesem Loch raus. Ich weiß, dass viele Leute nicht einmal ein Dach über dem Kopf haben, aber trotzdem wünschte ich mir, dass wir es etwas besser hätten als ein Maulwurf. Alle sagen, dass die Amerikaner alles Essen, das sie nicht brauchen, wegwerfen und uns verbieten, es zu nehmen. Und als ich mich bei der Militärregierung wegen meiner Invalidenrente erkundigen wollte, war niemand zu sprechen. Sie hatten alle zu tun, und der deutsche Übersetzer hat mich rausgeworfen. Das ist es, was ich sehe. Und das ist genug."

Ich wollte Schmitt ein paar amerikanische Zeitschriften zu lesen geben – ich hatte sowohl ein Exemplar der TIMES und eines der Newsweek in meiner Tasche. Doch leider verstand er kein Englisch. Die Ausgabe der TIMES enthielt einen äußerst kritischen Bericht über unsere Militärregierung in Deutschland, und ich übersetzte für ihn ein paar Absätze daraus.

Er saß mit offenem Mund da.

„Das dürfen sie drucken?“ keuchte er. „Ohne dafür ins Gefängnis zu wandern?“

Ich musste ihm den ganzen Bericht Wort für Wort übersetzen, während er die gedruckten Zeilen verfolgte. „Das ist unglaublich“, sagte er.

Das sei der Grund dafür, dass er den neuen Zeitungen glauben könne, sagte ich ihm, zumindest den Zeitungen, die voll und ganz von Amerikanern veröffentlicht werden. Ich hatte zwar ein paar intellektuelle Vorbehalte, als ich dies äußerte, aber schließlich musste Schmitts Umerziehung, eine langwierige und schwierige Aufgabe, irgendwo beginnen.

Nachdem ich ihn instruiert hatte, wie er mir Nachrichten von den Ergebnissen seiner Detektivarbeit schicken könnte, verließ ich den Luftschutzbunker und machte mich auf zu der luxuriösen Kantine hinter dem Hauptquartier im I.G.-Farben-Gebäude, wo „noch nie so viele so viel für so wenig bekommen haben“, wie ein Freund einmal gesagt hatte.

„Warum macht ihr kein koloniales Herrschaftsgebiet aus uns?"

14. Oktober 1945

Ich wählte einen trüben Tag für meine Fahrt nach Gedern, um Olbrich zu besuchen. Es war streckenweise nebelig auf der Fahrt, und die Straßen waren rutschig. Ein leichter herbstlicher Nieselregen befeuchtete die Fahrbahn und vermischte sich mit dem Staub zu einer geleeartigen Substanz. Diese Straßenverhältnisse veranlassten sogar unsere G.I.-Fahrer, langsam zu fahren.[16]

Ich hatte Olbrich seit 1931 einmal gesehen. Wir waren uns 1936 in der Schweiz begegnet. Er fuhr gelegentlich dorthin, „um Luft zu schnappen von der Gefängnisluft in Deutschland." Damals gab er mir eine ernste Warnung.

„Sagen Sie allen, die Sie kennen, dass das einzige, wofür wir heute die deutsche Jugend erziehen, der Krieg ist. Die Jugendlichen lernen nichts mehr für die Friedenszeit. Die Nachmittage und Sonntage verbringen sie damit, auf ihren Bäuchen durch den Wald zu kriechen und Krieg zu spielen. Wenn sie dann, ohne Hausaufgaben gemacht zu haben, in den Unterricht kommen, bringen sie eine Entschuldigung ihres Hitlerjugendführers mit, dass sie mit körperlicher Ertüchtigung befasst waren. Auf intellektuellem Gebiet werden sie absichtlich verdummt. Das Führerprinzip ist an die Stelle individuellen Denkens und individueller Entscheidungen getreten. Für diese Jugend gibt es keine Hoffnung. Es wird Krieg geben."

Als ich ihm damals vorschlug, er solle Deutschland verlassen, wies er diesen Gedanken von sich. Sein Platz sei bei den Schülern, sagte er, um wenigstens in einzelnen Fällen der offiziellen Nicht-Erziehung so viel entgegenzusetzen, wie er nur konnte. Später lehnte er, wie ich hörte, einen Lehrstuhl in Philologie ab, der ihm an einem amerikanischen College angeboten worden war. Seine Gründe dafür waren wohl unverändert geblieben.

Olbrich war derjenige, der die Weimarer Republik für uns lebendig gemacht hatte. Wahrscheinlich war es seinem Einfluss zu verdanken, dass ich von der tatsächlichen Schwäche der Weimarer Republik keine klare Vorstellung hatte, solange ich zur Schule ging. Sein Fremdsprachenunterricht war nicht auf Grammatik und Syntax begrenzt – sondern er schloss die Philosophie und die Staatskunde jener Länder ein, deren Sprachen wir

---

[16] G.I. – eigentlich eine Abkürzung für „Government Issue" oder „Ground Infantry" – ist die Bezeichnung für Soldaten der amerikanischen Armee und Luftwaffe.

lernten. Olbrich war viel gereist. Sein fachliches Wissen wurde durch seine Menschenkenntnis ausbalanciert. Als er uns (auf Französisch) von einem französischen Privatier erzählte, der sich mit fünfundvierzig Jahren mit bescheidenem Komfort in einem kleinen Ort niedergelassen hatte, um sein Leben zu genießen, sprach er voller Neid, nicht mit teutonischer Verachtung. Als er die Geschichte der Französischen Revolution durchnahm (ebenfalls auf Französisch), wies er mit Stolz auf die Tatsache hin, dass auch Deutschland eine liberale Tradition hatte, die vor allem durch französisches Denken entstanden war, und er verfolgte den Einfluss der französischen, englischen, amerikanischen Verfassungsideen auf die Gestalter der Weimarer Verfassung von 1919.

Als Schüler und Bewunderer der parlamentarischen Praxis und Tradition Englands hielt er uns einen Vortrag über einige der Mängel der Weimarer Verfassung. Er war der Auffassung, dass der Versuch, allen Seiten gerecht zu werden, der hauptsächliche Nachteil der Verfassung sei. Die proportionale Vertretung (das Verhältniswahlrecht) brachte allen Parteien, ob klein oder groß, ehrlich oder übergeschnappt, gleiche Chancen bei der Wählerschaft und keiner Partei eine brauchbare Mehrheit, um regierungsfähig zu sein. Koalitionen bedeuteten Kompromiss auf den Parteiplattformen, bis nur wenige Punkte des Parteiprogramms übrig blieben. Koalitionen bedeuteten, dass die Minderheit sich nicht wirklich dem Willen der Mehrheit fügte, sondern eine Macht behielt, oft eine entscheidende, die unverhältnismäßig war gegenüber dem Wählerwillen. Olbrich bevorzugte ein Zweiparteiensystem. Er lehrte uns den Begriff „die loyale Opposition seiner Majestät“ als oberstes Prinzip fairen Verhaltens in einer Demokratie.

Politische Lethargie, vor allem bei denjenigen, die gegen Radikalismus an beiden Enden des politischen Spektrums eingestellt waren, war ein weiterer Einwand, den Olbrich vorbrachte. Er war der Auffassung, dass jeder Bürger nicht nur das Recht, sondern auch die Pflicht hatte, sich an Wahlen zu beteiligen. Er schlug vor, Enthaltung an der Wahlurne mit einem Bußgeld zu bestrafen.

Aber für unseren Fremdsprachenlehrer waren das nur Kritikpunkte, es war keine grundsätzliche Ablehnung der Weimarer Verfassung. Er dachte, dass sich dies mit der Zeit schon einspielen würde. Schließlich war Deutschlands Demokratie noch jung. Er sah wahrscheinlich in uns, in unserer ganzen Generation, die Menschen, die die Demokratie in einen lebendigen Organismus verwandeln würden, nachdem wir uns von unserem nationalistischen Erbe befreit hätten, das im Ersten Weltkrieg gegipfelt hatte. Er tat sein Bestes, um den Schüleraustausch mit Frankreich und England zu fördern, so dass wir in direkten Kontakt mit den Menschen kommen könnten, deren Sprachen er uns beibrachte.

Die hervorstechende persönliche Tragik in Olbrichs Leben war die, dass er selbst keine Kinder hatte. Ihre Zuneigung lenkten er und seine Frau er auf seine Schüler, von denen nicht alle intelligent genug waren, um seine Fähigkeiten zu schätzen. Seine Wohnung mit der riesigen Bibliothek stand uns immer offen.[17] Dort legte er die Autorität des Lehrers ab und wurde zum guten Freund.

Natürlich war Olbrich nicht der einzige Typus des Lehrers, mit dem wir es zu tun hatten. In Moderner Geschichte wurden wir von einem Mann unterrichtet, der unaufhörlich über „die Lüge über Deutschlands Kriegsschuld“ und das „Diktat von Versailles“ wetterte. Unser Geographielehrer machte Professor Haushofers *Zeitschrift für Geopolitik* zur Pflichtlektüre. Beide Lehrer verachteten die Weimarer Republik, der sie ihr Einkommen verdankten, unverhohlen, obwohl sie Verfassungstreue geschworen hatten. Als einige der entschlosseneren Demokraten unter uns Schülern sich bei Olbrich beschwerten, dass dies ein regelwidriger Zustand sei, pries er die Weimarer Republik für ihre Toleranz, die der Opposition uneingeschränkte freie Meinungsäußerung gestattete. Er war davon überzeugt, dass diese Großzügigkeit sich im Endeffekt zugunsten der Republik auswirken würde. Wahrheit und Fortschritt würden sich gegenüber politischer Reaktion und Hass umso schneller in den Köpfen aller Deutscher durchsetzen, wenn niemand einen Vorwand erhielte, um gegen die Unterdrückung der freien Meinungsäußerung zu protestieren.

Ich erinnere mich nicht mehr in Einzelheiten daran, wer von uns Schülern welcher Auffassung war. Wahrscheinlich ließen einzelne Schüler es zu, sich von dem Lehrer beeinflussen zu lassen, dessen Ansichten dem am nächsten waren, was sie zuhause hörten.

Ich dachte über Olbrich nach, der bei den verhassten Nazis geblieben war, weil er hoffte, so könne er einige Köpfe retten, die die Nazis vergiften wollten. Doch schon drei Jahre vor Kriegsausbruch sagte er mir, dass er seinen Kampf verloren habe. Aber er blieb auf seinem Posten. In gewisser Hinsicht fürchtete ich mich davor, ihn wiederzusehen.

***

Als ich in Gedern ankam, erkundigte ich mich auf dem Bürgermeisteramt nach Olbrichs Adresse. Er wohnte im Haus eines Ladenbesitzers aus dem Ort. Ein Junge draußen vor dem Amt sagte mir, er wisse genau, wo das sei. Er kletterte neben mich auf den Vordersitz meines Jeeps und fuhr an den Ortsbewohnern vorbei wie ein General, der seine Truppen einer Musterung

[17] Im Frankfurter Adressbuch von 1938 findet sich folgender Eintrag: Paul Olbrich, Oberstudienrat, Holzhausenstraße 11.

unterzog. Kaum waren wir an unserem Ziel angekommen, rannte er davon. Es war kurz nach Mittag.

Eine Frau im Erdgeschoss wies mir die Richtung zu Olbrichs Zimmer im ersten Stock. Ich stieg die enge Treppe hinauf und klopfte. Olbrich öffnete die Tür und starrte mich an. Dann stammelte er meinen Namen, fiel beinahe auf seinen Stuhl, der ein paar Schritte entfernt stand, und verbarg seinen Kopf in seinen Händen. Ich kann mich nicht mehr genau erinnern, was ich daraufhin tat – ich glaube, ich stand neben ihm und klopfte ihm auf die Schultern. Es war nicht nötig, irgendwas zu sagen.

Er war furchtbar gealtert. Er war in seinen Fünfzigern, aber er sah wie siebzig aus. Anscheinend hatte er gerade auf seinem Stuhl gedöst, als ich geklopft hatte. Er war in Hemdsärmeln und trug Pantoffeln. Ein Buch lag geöffnet vor ihm auf dem Tisch – die Bibel. Außerdem gab es eine Schreibmaschine, einen ungeordneten Haufen Papiere und noch mehr Bücher. Dies war sein Schlafzimmer. Jeder Zentimeter des Raums war mit Möbelstücken gefüllt, die er vermutlich aus seiner Wohnung in Frankfurt gerettet hatte. Er hatte keinen richtigen Schrank für seine Kleidung und die seiner Frau – die Kleidungsstücke hingen an Nägeln entlang der Wand. Sein Stuhl war ein Schaukelstuhl – ich meinte, seinen Lieblingsstuhl aus seiner früheren Wohnung wiederzuerkennen.

Olbrichs Haar war grau und dünn. Sein Kragen schien fünf Zentimeter zu weit. Als er wieder aufblickte, sah ich tiefe Falten in seinem Gesicht, Falten der Bitterkeit, nicht der Weisheit.

Plötzlich wurde er lebhaft:

„Sie müssen mich einen Moment entschuldigen, damit ich mein Sakko anziehen und meine Frau rufen kann. Wissen Sie, Sie sind der Erste, der uns hier besuchen kommt. Das ist ein enormes Ereignis für uns. Sie haben doch Zeit, eine Weile zu bleiben?"

Ich versicherte ihm, dass ich Zeit mitgebracht hätte, und er führte mich über den Flur in eine kleine Küche, die ihm auch als Wohnzimmer diente. Er brachte seinen Schaukelstuhl aus dem anderen Zimmer und bestand darauf, dass ich darin Platz nahm – „Sie müssen von Ihrer langen Fahrt müde sein."

Die Küche war sogar noch kleiner als das Schlafzimmer. Auch sie war überladen mit Möbeln, und der Geruch von gekochten Kartoffeln hing in der Luft. Das Fenster war fest verschlossen, wahrscheinlich um die Wärme zu bewahren, die Frau Olbrich durch das Kochen des Mittagessens erzeugt hatte. Geschirr stapelte sich im Spülbecken. Äpfel und Pflaumen in einer Schale waren offenkundig das einzig Essbare. Auf einem Bücherregal an der Wand standen dicke Bände englischer und französischer Wörterbücher.

Olbrich kam zurück, er trug nun ein Jackett und Schuhe, und sein Haar war gekämmt.

„Meine Frau wird gleich wieder da sein. Sie steht wahrscheinlich in irgendeiner Warteschlange um Essen an. Ich habe den Jungen von unten nach ihr geschickt. Vor ein paar Tagen haben wir gerade über unsere Schüler von der Musterschule gesprochen, und sie hat sich gefragt, ob einer von ihnen uns wohl jemals ausfindig machen wird. Sehen Sie nur, wie arm wir jetzt sind. Aber die Armut macht mir nichts aus – verstehen Sie mich bitte nicht falsch. Ich habe bei dem Bombenangriff vom 22. März im letzten Jahr meine gesamte Bibliothek verloren. Sie werden sich erinnern, dass sie aus ungefähr 3.000 Bänden bestand. Das war ein schrecklicher Verlust. Kurz vor dem Bombenangriff gelang es mir, ein paar Sachen hierher zu bringen – alles, was ich retten konnte, sehen Sie in diesen zwei Zimmern. Aber die Bibliothek ist verloren. Sie vermisse ich am meisten. Alles andere kann ich verschmerzen. Wissen Sie, ich hatte letzten Januar einen Schlaganfall. Aber der Arzt hat mir gesagt, dass es mir ein paar Jahre lang gut gehen wird, wenn ich Aufregung vermeide. Ich bin überrascht, dass ich keinen zweiten Schlaganfall bekommen habe, als ich Sie in der Tür stehen sah."

Er sprach schnell und aufgeregt. Dann folgte eine Flut von Fragen: wo ich die letzten zehn Jahre verbracht hatte, wie schnell ich zum Offizier in der amerikanischen Armee befördert worden war, wo ich im Krieg gekämpft hatte, was die überkreuzten Gewehre auf meinem Revers zu bedeuten hatten, ob die amerikanische Armee so schrecklich wie die deutsche sei und so weiter.

Ich konnte kaum mit seinem Tempo Schritt halten. Als er seine Frau die Treppe raufkommen hörte, eilte er nach draußen, und ich hörte, wie er ihr sagte, sie solle sich nicht aufregen, aber es gäbe einen Besucher, den sie sicherlich gerne sehen wollte. Sie rief: „Nun, wer ist es?" und betrat hastig die Küche. Es war schrecklich peinlich, weil Frau Olbrich mich einen kurzen Augenblick lang ansah, bevor sie ihren Kopf auf ihre Arme fallen ließ und laut zu schluchzen begann. Ihr Mann klopfte ihr auf die Schultern.

Einen Moment lang überlegte ich, ob das wohl gespielt war. Aber diesen Gedanken verwarf ich sofort wieder. Sie entschuldigte sich, dass sie so hysterisch reagiert habe.

„Sie müssen verstehen – wir waren so lange von allem abgeschnitten. Dieser schreckliche Krieg. Von niemandem eine Nachricht."

Sie wischte sich die Tränen aus dem Gesicht und versuchte zu lächeln. Aber da lag ein Ausdruck vorwurfsvoller Bitterkeit in ihrem Gesicht, den sie nicht überwinden konnte. Sie wirkte blass und erschöpft. Ihr blondes Haar war unordentlich; einige Strähnen fielen ihr über das Gesicht.

„Sehen Sie, was mit uns geschehen ist. Ist es nicht furchtbar, wie wir jetzt leben? Sie erinnern sich an unsere wunderschöne Wohnung in Frankfurt, nicht wahr? Jetzt sind wir furchtbar arm. Ich kann Ihnen nicht mal eine Tasse Kaffee anbieten – wir haben keinen Kaffee."

Ich erwiderte, dass sie jetzt doch welchen hätte, weil ich ihnen ein Pfund Kaffee mitgebracht hätte – direkt aus den Vereinigten Staaten mit der Paketpost geschickt.

„Großartig", sagte sie, „die Gäste bringen ihren eigenen Kaffee mit. Ich habe noch etwas Milch übrig, aber Zucker haben wir seit Monaten nicht gesehen."

„Machen Sie sich keine Gedanken wegen des Zuckers", sagte ich, „ich freue mich, dass Sie beide am Leben sind und ein Dach über dem Kopf haben. Ich war mir nicht sicher, ob ich damit überhaupt rechnen konnte, nachdem ich die Trümmer des Hauses gesehen habe, in dem Sie in Frankfurt gewohnt hatten."

„Sie haben völlig recht", warf Olbrich ein. „Frauen sind so oberflächlich. Ich weiß, dass wir arm sind und dass wir nicht mal mehr einen Gast bewirten können. Das ist wirklich das schlimmste Anzeichen dafür, dass wir arm sind. Aber wir sind durchgekommen. Eines Tages werden wieder Bücher gedruckt werden, und vielleicht können wir dann ein oder zwei davon kaufen. Das Schlimmste ist vorbei."

„Heute morgen hast du etwas anderes gesagt", entgegnete sie, und ein durch und durch mutloser Ausdruck bildete sich auf ihrem Gesicht ab.

„Nun", sagte er, „man gerät leicht in schlechte Stimmung". Er wandte sich zu mir: „Ich war heute morgen sehr deprimiert, und ich fürchte, dass ich dies meiner Frau gesagt habe. Dann haben wir ein wenig in der Bibel gelesen – es steht alles darin für denjenigen, der zu lesen versteht. Das hat uns geholfen. Ich glaube, wir haben die deprimierte Stimmung jetzt überwunden."

Die Art, wie die beiden sich ansahen, machte mich nachdenklich. Die depressive Stimmung am Morgen, der hysterische Empfang, die Betonung ihrer Armut, der Trost, den sie der Bibel entnahmen. Es wurde zwar nicht ausgesprochen, aber ich vermutete, dass dieses Gesamtbild auf Selbstmordabsichten hinauslief. Ich müsste mein gesamtes Arsenal an optimistischsten Argumenten vorbringen, um diesen Menschen Hoffnung zu geben.

Objektiv gesehen, waren die Lebensverhältnisse der beiden im Vergleich zu denen in der Stadt nicht schlecht. Sie hatten zwei Zimmer, in denen sich Fensterscheiben befanden, und einen Küchenherd, der sie wärmte. Sie hatten die Möbel, die sie brauchten – es war auch keine Wohnfläche mehr übrig, wo noch mehr Möbel hätten hineingezwängt werden können. Sie lebten auf dem Land, und der Mangel an Nahrungsmitteln konnte hier kein so großes Problem sein wie in der Stadt.

Doch was diesen letzten Punkt betraf, korrigierten sie mich. Es war eine Geduldsprobe, von den Bauern etwas Essbares zu bekommen. Sie konnten ihnen nichts zum Tausch anbieten – die Bauern wollten kein Geld. Frau Olbrich baute auf einem kleinen Stück Land etwas Gemüse an. Es war viel

Arbeit, und nach seinem Schlaganfall war ihr Mann ihr keine Hilfe mehr. Sie musste sich außerdem immer in den Warteschlangen um Lebensmittel anstellen und den Haushalt in Ordnung halten. Bis vor ein paar Tagen hatte sie einigen G.I.s, die in dem Ort stationiert waren, Deutschunterricht gegeben. Jetzt waren sie abgezogen worden.

Derweil gab Olbrich einigen Deutschen, die für die Militärregierung arbeiteten, Englischunterricht. Die Schule funktionierte nicht. Und er bezweifelte, ob er in seinem gesundheitlichen Zustand je wieder würde unterrichten können. Er erhielt eine Pension.

Mir wurde klar, dass die Verzweiflung der beiden bei weitem nicht so sehr ihren tatsächlichen physischen Lebensumständen geschuldet war wie dem relativen Verlust ihres Status und ihrer Perspektive auf die Gegenwart. Irgendwie hatten sie unter der Naziherrschaft durchgehalten in der Hoffnung auf eine bessere Welt, die danach kommen würde. Jetzt, ein halbes Jahr nach dem Zusammenbruch, mussten sie wahrscheinlich feststellen, dass ihr reduzierter Lebensstandard bleiben würde. So weit sie sehen konnten, schien die bessere Welt die Absicht zu haben, nicht nur die Nazis, sondern alle Deutschen auszuschließen.

Ich fragte Olbrich nach den Einzelheiten seiner pessimistischen Zukunftsprognose. Als er zu erläutern begann, glichen sein Gesichtsausdruck und seine Gesten denen eines gejagten Mannes, er hatte seine frühere souveräne Ausstrahlung verloren.

„Deutschland hat bewiesen, dass es unfähig ist, sich alleine zu regieren. Wir werden auf lange Zeit hinaus auswärtige Beratung und Führung brauchen. Ich glaube, dass die meisten Deutschen dies begrüßen würden. Aber was passiert tatsächlich?“

Olbrich zögerte. Vielleicht überlegte er, wie offen er sich äußern sollte. Ich bat ihn, fortzufahren und die Dinge ungeniert auszusprechen.

„Einverstanden“, erwiderte er. „Ich hoffe nur, dass Sie mir etwas Positives zu sagen haben. Ich sehne mich nach etwas Ermutigung. So sehe ich im Augenblick unsere Situation: Ihr habt das ursprüngliche Deutschland in fünf Teile aufgespalten. Es gibt vier Besatzungszonen, und unsere Brotkammer wurde an die Polen abgetreten. Die Franzosen wollen das Ruhrgebiet und das Rheinland für immer, so wie die Polen jetzt Schlesien und Pommern haben. Ihr habt uns in Potsdam versprochen, dass es irgendeine Art deutsche Einheit geben soll, so dass wir leben können, aber davon merkt man keine Spur. Ihr sagt auch, dass wir mehr exportieren sollen, um wettzumachen, dass ihr unsere östliche Brotkammer den Polen gegeben habt. Das bedeutet, dass wir wahrscheinlich mehr werden exportieren müssen als vor dem Krieg. Die Briten wollen auch mehr exportieren als vor dem Krieg, so wie auch ihr Amerikaner dies wollt. An wen? – Zudem demontiert ihr Fabrikanlagen, die wir zu friedlichen Produktionszwecken hätten umwandeln können. Ihr sprecht von unserer Stahlindustrie, so als ob die geringste Produktionsmenge unseren Bedarf decken könnte. Habt ihr nicht die Zerstörung überall gesehen? Keine einzige wichtige Brücke ist noch intakt. Ganze Städte müssen wiederaufgebaut werden. Unsere Industriebetriebe sind kaputt. Und ihr wollt, dass wir gerade so viel produzieren, wie es zu einer Zeit ausreichend war, als es noch kaum Fabriken, Straßen oder Brücken gab. Abgesehen davon, wie sieht es mit dem restlichen Europa aus? Braucht man dort keinen Stahl?"

Olbrich sprach aufgeregt. Er hatte eine gut trainierte, dröhnende Stimme, die zu mächtig war für die kleine Küche, in der wir saßen. Seine Frau erinnerte ihn daran, was der Arzt gesagt hatte – dass er sich nicht aufregen solle. Er fuhr fort:

„Meine Frau hat recht. Ich muss vernünftig bleiben. Warum soll ich mich außerdem bei Ihnen beschweren – schließlich haben Sie ja wohl nicht all diese Gesetze und Verträge geschrieben. Sie sind nur zufällig der erste Mensch von der anderen Seite, mit dem ich sprechen kann. Mein Problem ist einfach, dass ich es nicht verstehe. Deutschland hat schließlich immer einen großen Beitrag zur europäischen Wirtschaft geleistet. Wenn Sie Deutschland durch Zersplitterung und Demontage zerstören, wird ganz Europa der Verlierer sein. Lassen Sie Deutschland auf keinen Fall mehr sich selbst regieren. Behalten Sie Deutschland unter Kontrolle. Aber lassen Sie uns arbeiten! Ermöglichen Sie es uns, dass wir uns sanieren. Also gut, machen Sie uns meinetwegen völlig abhängig vom Import und Export. Sorgen Sie dafür, dass wir keinen Ersatz für Güter herstellen, die wir anderswo kaufen können. Verbieten Sie uns meinetwegen importierte Rohmaterialien anzuhäufen. Aber machen Sie Europa zu einer integrierten Einheit, und vielleicht wird dann der alte Kontinent sogar ein Lebenszeichen von sich geben."

Ich sagte Olbrich, dass man angefangen habe, solche Belange voranzubringen, wenn zwar auch nicht so sehr von Seiten der Vereinigten Staaten, aber doch von Seiten der befreiten und neutralen Länder und von Großbritannien. Das war ihm neu. Er war darüber verzweifelt, ob die Vernunft in Europa die Oberhand gewinnen würde.

„Ich bin froh, dass Sie mir das gesagt haben. Ich habe so viele Freunde in Frankreich und England – wenn ich ihnen nur wegen dieser Dinge schreiben könnte. Für mich sah es danach aus, als ob eine Welle des Nationalismus, der unsere Nazis in den Schatten stellt, Europa überfluten würde."

Frau Olbrich kochte unterdessen Kaffee. Sein Duft unterbrach die politische Analyse ihres Mannes, und er äußerte sich über das Wunder, echten Bohnenkaffee zu bekommen. Ich hatte nicht gewusst, dass der Duft von Kaffee so viel bedeuten könnte – sowohl seine Frau als auch er schienen etwas von ihrer angestauten Bitterkeit verloren zu haben.

Doch die Pause hielt nur kurz an. „Können Sie mir die Zuerkennung der Gebiete an Polen erklären?“ fuhr Olbrich fort. „Nach dem Potsdamer Abkommen ist das noch nicht endgültig. Es handelt sich nur um eine administrative Vereinbarung, die gilt, bis ein Friedensabkommen geschlossen wird. Zwischenzeitlich vertreiben die Polen alle Deutschen aus den von ihnen ‚verwalteten' Gebieten. Es werden so viele Flüchtlinge aus dem Osten hier erwartet, dass die Bevölkerung unseres Landkreises sich verdoppeln wird. Das Land wirft schon jetzt nicht genug ab, um die umgebenden Städte zu versorgen. Es wird schrecklich werden.“

Ich erklärte ihm, dass sogar jetzt Nahrung nach Deutschland importiert würde, um dem Land bis zur nächsten Ernte über den Mangel an Nahrung hinwegzuhelfen, und dass für die Lieferungen keine umgehende Rückzahlung erwartet würde. Er antwortete mit einer Frage, die er eigentlich direkt den amerikanischen Wählern hätte stellen können:

„Diese Ernte und die nächste, wie auch die übernächste wird nicht ausreichen, uns vor dem Verhungern zu bewahren. Habt ihr vor, uns auf unbestimmte Zeit zu ernähren, ohne dass ihr dafür eine Gegenleistung erwartet?“

Olbrich lehnte sich ein wenig triumphierend zurück. Seine Frau brachte den Kaffee. Sie stellte Tassen und Untertassen hin, von denen kein Teil zueinander passte. Sie entschuldigte sich übermäßig dafür – ihr eigenes Geschirr war in Frankfurt kaputt gegangen, und es war heutzutage praktisch unmöglich, an Porzellan zu kommen.

Olbrich war zu gut informiert und zu weit gereist, als dass man ihn mit allgemeinen Bekundungen guter Absichten und angeborenem Optimismus hätte besänftigen können. Es hatte keinen Sinn ihm gegenüber so zu tun, als ob unsere Deutschland- und Europapolitik völlig einheitlich und mit den anderen Siegermächten gänzlich abgestimmt sei. Ich erläuterte ihm frei heraus die unterschiedlichen miteinander konkurrierenden Vorstellungen, die es in den Vereinigten Staaten hinsichtlich Deutschlands Zukunft gab. Er hatte von dem Morgenthau-Plan gehört, der Deutschlands Umwandlung in einen Agrarstaat vorsah. Weniger bekannt war ihm die Tatsache, dass die erklärte Politik unseres Außenministeriums in wirtschaftlicher Hinsicht weniger radikal war. Und er wusste auch nichts von der Debatte über die französischen Ansprüche auf das Ruhrgebiet und das Rheinland. Ich erinnerte ihn außerdem daran, dass unsere Politik immer auf ein gewisses Maß an Unterstützung durch die öffentliche Meinung der amerikanischen Bevölkerung angewiesen war, und dass die öffentliche Meinung mehrheitlich sogar den bestgemeinten deutschen Ambitionen immer noch ablehnend gegenüber stand.

„Ja, ich weiß“, sagte er. „Eure öffentliche Meinung bewegt sich nur langsam. Ich bin schon einmal daran verzweifelt, als sie Jahre brauchten, um die Gefahr zu erkennen, die der Nationalsozialismus für die ganze Welt darstellte. Als sie es schließlich verstanden hatten, war es fast schon zu spät. Jetzt nehmen sie sich Zeit, bis ihnen auffällt, dass das Chaos in Europa ebenso gefährlich ist. Unterdessen geht Europa den Bach runter."

Olbrich geriet wieder in Aufregung. Sein Gesicht lief rot an und fast schrie er:

„Warum macht ihr in Gottes Namen kein koloniales Herrschaftsgebiet aus uns? Wir würden eine gute Kolonie für euch abgeben! Dann hättet ihr immerhin ein Interesse an unserer Produktion sowie an der Ausbeutung unserer Ressourcen und unserer Arbeitskraft. Wir können uns nicht selbst regieren, ich glaube auch nicht, dass wir uns selbst regieren wollen. Behandelt uns wie die Philippinen oder Indien oder Rhodesien und nicht wie eine Kolonie von Leprakranken. Wissen Sie, was ich am dringendsten brauche? Eine Flagge, zu der ich aufschauen kann. Ein Ideal, für das ich leben kann. Warum errichtet ihr in Deutschland nicht das amerikanische Sternenbanner, die ‚Stars and Stripes' – und zwar nicht als vorübergehende Besatzung, sondern als dauerhafte Staatsführung?"

Nochmals musste ich auf die öffentliche Meinung zurückkommen. Ich erklärte ihm, dass die Amerikaner Europa nicht „kolonisieren" wollten. Vielmehr hofften sie darauf, dass die europäischen Länder, einschließlich Deutschlands, demokratische und nachbarschaftliche Verhältnisse einführen werden, was den Frieden garantieren würde.

„Wie naiv", rief er aus. „Das ist typisch amerikanisch. Es macht mir Angst. Was mich noch mehr beängstigt, ist, wie die Amerikaner letztendlich die folgende entscheidende Frage beantworten werden: Wie viel genau steht für die Vereinigten Staaten in Europa auf dem Spiel? Ich sage folgendes voraus: Wenn hier die Verwirrung anhält, wenn hier der Verdacht weiter bestehen bleibt, dass ihr Amerikaner euch früher oder später aus Europa zurückziehen werdet, dann werden die Deutschen sich mehr und mehr dem Osten zuwenden. Ich fürchte, dass bei den nächsten Wahlen schon einen großer Anstieg der für die Kommunisten abgegebenen Wählerstimmen zu verzeichnen sein wird. Das heißt, eine kommunistische Mehrheit wird dafür stimmen, dass Deutschland ein Teil der Sowjetunion wird. Werden Sie das verhindern?"

Ich entgegnete Olbrich, dass die kommunistischen Parteien in den von Russland besetzten Gebieten bisher nicht sehr erfolgreich waren. Ich fügte hinzu, dass es dem deutschen Anliegen nicht gut täte, wenn die Deutschen vor den Amerikanern die russische Fahne wedeln würden, denn gute Beziehungen wären für uns von viel grundlegenderer Bedeutung als das Schicksal Deutschlands.

„Das ist ja alles sehr schön", beharrte er. „Aber die Russen wollen die Macht über den gesamten europäischen Kontinent bekommen. Habt ihr kein Interesse daran, das zu verhindern?"

Mit diesen zwei Sätzen hatte er die grundlegende Überzeugung einer Mehrheit der Deutschen heute angesprochen, und zugleich deren größte Angst. Diese bestand erstens darin, dass Russland sich weiter nach Westeuropa ausdehnen will, und zweitens, dass die Vereinigten Staaten von Amerika sich dieser Entwicklung nicht widersetzen würden. Ich musste weit ausholen, um seine Ansichten auf den aktuellen Stand zu bringen, und ich bezweifle, dass es mir gelang, ihn zu überzeugen. Ich versuchte, ihm die russische Außenpolitik vor dem Hintergrund der Zerstörung ihres Landes zu erklären – ein Gesichtspunkt, den die Deutschen beharrlich übersahen. Die Russen sehnten sich danach, ihr zerstörtes Land wiederaufzubauen und schnell ihre eigenen gewaltigen Ressourcen zu entwickeln, und sie hatten ein vielleicht übertriebenes Bedürfnis nach Sicherheit. Olbrich hingegen beurteilte Russland noch immer nach den weltrevolutionären Zielen der Dritten Internationale. Er wollte nicht glauben, dass Russland sich in irgendeiner Weise von diesen Zielen verabschiedet hatte. Er sah es auch für gegeben an, dass die Elbe und die Werra die Grenzlinien zwischen den östlichen und den westlichen Einflusssphären markierten, und dass die beiden Flüsse nicht nur temporäre Grenzlinien der Besatzungszonen wären.

„Ich bin froh, dass Sie hierher gekommen sind", sagte er. „Ich möchte gerne glauben, dass es stimmt, was sie sagen. Vielleicht gibt es ein wenig Hoffnung. Wohlgemerkt bin ich nicht der Einzige mit diesem Gefühl der Verunsicherung. Diese Verunsicherung bringt Kommunisten hervor. Die Leute sagen sich: Schaut, die Amerikaner ziehen ab. Alles, was sie wollen, ist nach Hause zu gehen. Eines Tages werden alle weg sein, und dann kommen die Russen. Wenn wir jetzt der kommunistischen Partei beitreten, werden wir besser dran sein. So funktioniert in Deutschland Politik. Ich muss sie nicht an all die Leute erinnern, die 1933 für alle Optionen vorbereitet waren – mit einer Mitgliedskarte sowohl für die kommunistische und die nationalsozialistische Partei."

Tatsächlich musste ich nicht daran erinnert werden. Die deutsche politische Meinung wurde immer in weiten Teilen davon bestimmt, was sich auszuzahlen versprach. Es gab keinen Grund anzunehmen, dass sich daran grundlegend etwas zugunsten echter Demokratie verändert hätte.

Ich machte Olbrich ein Kompliment über sein Verständnis der Wechselwirkung zwischen amerikanischer Außenpolitik und öffentlicher Meinung. Schließlich hatte er mehrere Jahre nicht auf Tuchfühlung mit den internationalen Angelegenheiten stehen können.

„Ich hatte ein Radio", sagte er.

An der Wand war ein kleines Regal angebracht. Darüber baumelte ein Stück grüner Draht mit einem Stecker, eine Antenne.

„Wo ist es?", erkundigte ich mich.

„Nun, sehen Sie, wir hatten öfters einige eurer Soldaten hier bei uns zuhause. Sie fühlten sich hier wohl, meine Frau brachte ihnen Deutsch bei, vor allem das Vokabular, das sie brauchten, um sich mit jungen Frauen zu unterhalten. Wir haben sie gern hier gesehen. Einer von ihnen fragte uns, ob er unser kleines Radiogerät ausleihen könnte. Es war ein Radio Marke Emerson, das meine Frau auf ihrer letzten Reise kurz vor dem Krieg aus den Vereinigten Staaten mitgebracht hatte. Also, diese Jungs sind abgezogen. Wahrscheinlich mussten sie sich eilen, sonst hätte der Soldat das Radio zurückgebracht. Daran habe ich keinen Zweifel."

Etwas anderes, das ich zuvor nicht bemerkt hatte, war ein kleines Schild, etwa in der Größe des Deckblatts einer Zeitschrift, das an die Innenseite der Küchentür geheftet war. Es war auf Englisch in Olbrichs Handschrift geschrieben, und darauf stand in etwa:

„Die wenigen Gegenstände, die Sie in diesen zwei Zimmern sehen, ist alles, was ein deutscher Nazigegner aus seiner Wohnung in der Stadt retten konnte. Er heißt Sie willkommen, weil Sie seine Befreier sind. Bitte behandeln Sie ihn und sein Eigentum so, wie sie Ihre Nachbarn zuhause behandeln würden."

Olbrich nahm einen Schluck von seinem Kaffee. Ich tat so, als ob ich das Schild nicht bemerkt hätte. Es war mir zu peinlich, darüber eine Bemerkung zu machen, oder über den Verlust seines Radios, das während der Jahre der Finsternis sein einziger Kontakt mit Menschen gewesen war, deren Sieg er herbeigesehnt hatte.

Es war natürlich, dass Olbrich zuerst über seine gegenwärtigen Ängste und dann über die Vergangenheit sprechen wollte. Ich erinnerte ihn an unsere Begegnung 1936 und daran, dass er da den Krieg vorausgesehen hatte. Während sich dieses Ereignis klar in meinem Gedächtnis eingeprägt hatte, hatte er es vergessen. Er erinnerte sich natürlich an die Begegnung, aber er war überrascht zu hören, dass er diese Warnung ausgesprochen hatte.

„Daran sehen Sie, wie sehr ich mich in der Zwischenzeit terrorisiert fühlte. Ich muss einen Rest von Mut gehabt haben, als ich Ihnen gegenüber diese Warnung aussprach, zu einem Zeitpunkt, als die Nazis erst drei Jahre an der Macht waren. Die Methoden, die unsere Tyrannen anwandten, um unsere Jugend auf das Blutbad vorzubereiten, beschäftigten mich unentwegt. Aber ich wollte meine Stelle behalten. Ich wollte die Gelegenheit haben, wenigstens ein paar Köpfe zu beeinflussen. Natürlich stand ich ein paar Male kurz davor, rausgeworfen zu werden. Doch im Großen und Ganzen spielte ich die „Heil Hitler"-Begrüßungsspiele zur Zufriedenheit der Nazis mit."

„Meinen Sie, dass es richtig war, die Spiele der Nazis, wie sie das nennen, mitzuspielen?", fragte ich. „Wäre es nicht besser gewesen, Sie hätten Ihr Gewicht in die andere Waagschale geworfen?"

„Darüber habe ich gründlich nachgedacht, als mir 1938 eine Professur an einem eurer Colleges angeboten wurde. Ich habe damals entschieden – und ich glaube immer noch, zu Recht –, dass mein Platz hier ist. Mir ist klar, wie unendlich viel besser ich heute dran wäre, hätte ich damals diese Professur angenommen. Aber ich konnte keine andere Entscheidung treffen. Sie müssen verstehen, warum. Als Lehrer habe ich immer danach gestrebt, auf die intelligentesten meiner Schüler einen Einfluss zu haben, der weiter reichte, als sie nur in Englisch und Französisch zu unterrichten. Ich wollte in erster Linie, dass sie Menschen werden, und in zweiter Linie Deutsche. Ich wollte, dass sie einige der gemeinsamen Elemente der westlichen Zivilisation verinnerlichen, so dass sie diese im Ganzen schätzen anstatt dass sie dieser Verherrlichung alles Deutschen folgten. Also, mit oder ohne die Nazis, diese Aufgabe blieb immer dieselbe. Während die Nazis an der Macht waren, musste ich vorsichtig sein, welche Schüler ich unter meine Fittiche nahm. Aber falls ich wenigstens zu einem gewissen Grad erfolgreich war, dann gibt es heute ein paar Deutsche mehr, die fähig sind, unser Land wiederaufzubauen, als es ohne mich gäbe. Deshalb glaube ich, dass es richtig war, das ich auf meiner Stelle geblieben bin, welchen Pakt auch immer ich mit dem Teufel dafür schließen musste."

Übrigens hatte dieser Pakt mit dem Teufel nicht die Parteimitgliedschaft eingeschlossen.

Er sah mich eindringlich an und erwartete Anerkennung. Ich machte kein Geheimnis daraus, dass mich seine Motive beeindruckten. Gleichzeitig fragte ich mich, ob Olbrich sich nicht klar machte, welche Kompromisse er mit dem Schulsystem der Nazis eingegangen war. Ich hatte keinen Grund, an seiner Aufrichtigkeit zu zweifeln. Vielleicht gibt es so etwas wie ehrliches Rationalisieren. Die Trennlinie lässt sich schwer ausmachen.

Olbrichs Zusammenstöße mit den Nazis waren Bagatellen. Einmal, als er während des Krieges vor seinen Schülern sprach, pries er am Ende nur Deutschland und nicht Hitler. Ein Raunen ging durch die Reihen, und Olbrich sah sich schon in den Kerker geworfen. Aber es passierte nichts. Der Widerstand gegen das Naziregime ging gerade soweit, dass man mit „Guten Morgen" grüßte anstatt mit „Heil Hitler". Das zu tun, so glaubten die Leute zumindest, war mit schwerem persönlichen Risiko behaftet. Mehr konnte man nicht riskieren.

In Olbrichs Fall ging es jedoch nicht darum. Er wollte es bewusst vermeiden, mit den Nazis anzuecken, da dies seine Entlassung hätte zur Folge haben können. Denn er glaubte, er müsse eine Mission erfüllen, für die seine Stelle als Lehrer essentiell war.

„Ich war sicher, dass Deutschland letztendlich besiegt werden würde", argumentierte er. „Davon war ich sogar schon zehn Jahre zuvor überzeugt, als ihr noch immer Neutralitätsgesetze verabschiedet habt. Schon da habe ich über den Krieg hinaus geschaut. Heute ist die Niederlage bereits Geschichte, und Deutschland existiert noch immer. Und wenn Sie es auf das Wesentliche zuspitzen, auf das es heute ankommt, dann ist es immer noch dasselbe, worauf es in den zwanziger Jahren ankam, unter den Nazis und während des Krieges – nämlich die Jugend so zu beeinflussen, dass sich in ihren Köpfen Frieden und Zivilisation einprägen. Bloß, dass ich heute zu alt bin, um mich daran zu beteiligen. Wir leben in einer entscheidenden Zeit, weil wir jetzt ganz von vorne anfangen müssen. Und ich bin deshalb in solche Verzweiflung geraten, weil wir von euch keine Hilfe bekommen. Ich habe viel von eurer ‚Re-Education' gehört und gelesen, die ihr für Deutschland plant. Eure Absichten sind ausgezeichnet. Aber dann habt ihr anscheinend vergessen, dass Menschen, die nicht genug zu essen haben, kein Zuhause und keine Hoffnung auf ein mehr oder weniger bescheidenes Leben, und die vor allem keinen Glauben haben, nur für Radikalisierung empfängliche Subjekte sind, nicht für ‚Re-Education'."

Olbrich hatte eine immense stimmliche Kraft. Er legte all seine Kraft in das Wort „Glaube". Es erschütterte fast das Zimmer.

***

Frau Olbrich hatte der Rede ihres Mannes still zugehört. Jetzt mischte sie sich ein. Ob ich jemand von meinen früheren Mitschülern gesehen hätte?

Ich skizzierte mein Vorhaben, meine Klassenkameraden zu finden. Dann sprachen wir anhand der Namensliste kurz über jeden einzelnen. Ein ehemaliger Schüler namens Fritz Kern hatte Olbrich drei Jahre zuvor von der russischen Front geschrieben. Professor Alfred Krauth, Vater eines anderen Schülers, hatte ihn 1942 besucht und ihm seine Andresse dagelassen. Aus irgendeinem Grund war der Vater allen Fragen nach seinem Sohn Arnulf, meinem Klassenkameraden, ausgewichen.[18] Alle anderen hatte Olbrich zum selben Zeitpunkt wie ich – 1931 – aus den Augen verloren.

Seine Erinnerung an den Familienhintergrund und die Entwicklung jedes einzelnen Jungen war noch lebendig. Er erinnerte sich daran, dass er in der Zeit des Abiturs die charakterlichen Beurteilungen für unsere Schulklasse geschrieben hatte. Ich fragte ihn, ob es ihm schwer fiele, diese Beurteilungen zu rekonstruieren. Nein, sagte er, tatsächlich bestünde jetzt kein Grund mehr, Nachsicht zu üben oder diplomatisch zu sein. Er würde sie mir schicken.

Frau Olbrich war damit beschäftigt, den Küchenherd für das Abendessen anzuheizen. Sie bestand darauf, ich solle zum Essen bleiben, aber ich überzeugte sie davon, dass ich einen anderen Termin in Frankfurt hatte.

---

[18] Zum Schicksal von Arnulf Krauth, s. S. 196.

Nachdem ich den beiden versprochen hatte, dass ich sie über die Ergebnisse meiner Suche auf dem Laufenden halten würde, machte ich mich auf den Weg.

„Wer hätte gedacht, dass es so enden könnte?“

21. Oktober 1945

In seiner ersten Nachricht berichtete Schmitt, dass Horst Eigen[19] nach Auskunft seiner früheren Nachbarn im Krieg ums Leben gekommen sei. Es hieß, dass seine Frau und seine Eltern in einem kleinen Dorf auf den Hügeln südöstlich von Frankfurt lebten.

Es war Sonntag, und der Jeep wurde zu „Freizeitaktivitäten“ entliehen. Das war kein Vorwand. Wenn man die zerstörte Stadt verließ, um eine Fahrt ins Grüne zu machen, durch unbeschädigtes Gebiet, war das Balsam für das Nervensystem. Selbst der eingefleischteste Zyniker, der kein Interesse an Deutschland hatte und genug Pluspunkte gesammelt hat, um am nächsten Tag wieder in die USA abzureisen, würde das zugeben.

Der Kontrast ist phantastisch. Ich begann freier zu atmen und gewann etwas von meinem angeborenen Optimismus zurück, als ich die letzten Krater der vorstädtischen Naturparks von Frankfurt hinter mir ließ. Die ländliche Gegend südöstlich von Frankfurt ist nicht reich. Die Bauernhäuser sind alt, nicht groß und nicht gut in Schuss. Die Landstraßen sind eng und in schlechtem Zustand. Selbst in ihren besten Sonntagskleidern machen die Menschen keinen reichen Eindruck wie in anderen Teilen Deutschlands. Aber immerhin hatten diese Menschen, die hier auf dem Land lebten, sich die Grundlagen ihrer Existenz bewahrt. Selbst nachdem sie den zerstörerischsten Krieg der Geschichte verloren hatten, machten sie den Eindruck, als ob es ihnen besser ginge als beispielsweise einem Bauern im französischen Argonne.

Wenn man durch ein Dorf fährt, sucht das Auge unwillkürlich nach Beweisen für die Zerstörung. Ich stieß schließlich auf Zerstörung – Teile der mittelalterlichen Festungen, die vielleicht während des Dreißigjährigen Kriegs erobert und danach wahrscheinlich nie wieder aufgebaut worden waren.

Auf der gegenüberliegenden Straßenseite saß ein rotgesichtiger Bauer Pfeife rauchend auf einem Stuhl vor seinem Haus und sann über die Welt nach. Ich fragte ihn nach dem Weg. Seine Beschreibung war etwas umständlich, ausgenommen seiner Meinung, dass ich es nicht durch den Schlamm schaffen würde. Ich fragte ihn, wie es denn im Dorf aussieht. Ganz gut, sagte er, dort hätte sich in den vergangenen fünfzig Jahren, soweit er sich erinnern könnte, nichts geändert. Nur die Ausländer seien lästig. Sie würden scharenweise nachts durch das Dorf streifen, stehlend und raubend. Aber

19 Olbrichs Beurteilung zu Horst Eigen folgt auf S. 83.

der Ortspolizist hätte von den Amerikanern nun eine Waffe bekommen, vielleicht könne er sie damit aufhalten. Das Dorf habe nicht genügend Häuser und Benzin, um die Ernte einzubringen, sagte er, aber irgendwie kämen sie klar damit. Er war aufgebracht über die Pläne, über die die Leute sprechen würden. Demnach sollten Tausende von deutschen Flüchtlingen aus dem Osten hier im Landkreis angesiedelt werden. Es gab keinen Platz für sie. Den zur Verfügung stehenden Platz hätten schon die Menschen besetzt, die während des Krieges aus den Städten hierher evakuiert worden sind.

Ungeachtet der Vorhersage des Bauern schaffte es der Jeep glorreich über die verschmutzten Landstraßen. Fast überall in dem von uns besetzten deutschen Gebiet veranlasst der Anblick dieses Wunderfahrzeugs die Menschen dazu, in Deckung zu gehen, anstatt es zu bewundern. Am Ziel unserer Fahrt jedoch schien der Jeep ein Novum zu sein. Ein Dutzend verblüffter Jugendlicher hatte sich um den Jeep herum versammelt, und sie staunten noch mehr, als ich mit ihnen in ihrem deutschen Dialekt zu sprechen begann. Ein Junge zeigte mir bereitwillig den Weg zu dem Haus, in dem die Eigens lebten. Er lenkte mich auf eine fast rechtwinklige Anhöhe, abwechselnd über Steinpflaster und verschmutzte Höfe. Der Jeep röhrte in niedrigem Gang, und der Vierradantrieb war ebenfalls niedrig geschaltet. Bissige Hunde, die an ihren Ketten zerrten, bellten sich heiser; Gänse und Schweine zerstreuten sich in höchster Geschwindigkeit; in den Miniaturfachwerkhäusern wurde es lebendig, mit den Gesichtern aller Bewohner hinter den Fenstern: der Jeep schien zu ahnen, dass der Ruf der Vereinigten Staaten als Weltmacht auf dem Spiel stand, und schaffte es die Anhöhe hinauf.

Unterdessen erzählte mir mein Begleiter von den Eigens. Sie waren Städter, die hier nicht wirklich hingehörten. Flüchtlinge, sagte er verächtlich. Sie halten sich für zu gut für die harte Landarbeit. Sie lebten erst seit zwei Jahren hier, und je eher sie wieder dahin zurückkehrten, woher sie kamen, desto besser.

Die Eigens lebten in einer Villa unmittelbar außerhalb des Dorfes. Das Haus war größer und besser gebaut als die meisten Bauernhäuser, es lag hinter Gebüsch versteckt inmitten eines großen Gartens. Es war wahrscheinlich von einem pensionierten Beamten oder Geschäftsmann erbaut worden, der sich dieses kleine Dorf ausgesucht hatte, um dort, weit weg von den Sorgen der Welt, seinen Lebensabend zu verbringen.

Ich entließ meinen Lotsen mit einer Stange Kaugummi. Er betrachtete sie von allen Seiten, ohne zu wissen, was er damit anfangen sollte. Und das nach sechs Monaten amerikanischer Besatzung, dachte ich. Das war hier also hinterste Provinz.

Die Klingel am Eingang funktionierte nicht. Durch das Fenster neben der Tür hörte ich das Geklapper von Töpfen und Pfannen. Ich nahm den

Gesichtsausdruck eines Bestatters an und machte mich darauf gefasst, der Witwe von Horst Eigen gegenüber zu treten.

Eine junge, blonde deutsche Schönheit, mit einem Kind auf dem Arm, öffnete die Tür und beäugte mich misstrauisch.

„Sind Sie Frau Eigen?"

„Ja."

„Frau Horst Eigen?"

„Ja."

„Darf ich mit Ihnen über Ihren Mann sprechen?"

Sie führte mich in ein großes Schlafzimmer, das mit so vielen Möbeln vollgestopft war, die in drei Zimmer gepasst hätten. Kleidung und Taschen waren über Betten und Sessel verstreut.

„Was ist mit meinem Mann?"

„Nun, ich bin mit ihm vor fünfzehn Jahren in die Schule gegangen, und ich habe gehört, dass er im Krieg gefallen ist."

„Oh, nein", sagte sie. „Horst war nie im Krieg. Vielleicht suchen Sie nach einem seiner Brüder. Beide sind an der russischen Front gefallen."

Dann klärten wir anhand der Jahre, die ihr Mann und ich gemeinsam an der Musterschule verbracht hatten, die Identität ihres Mannes und meine ab. Sie hatte einige unserer Schulkameraden an der Universität in Marburg kennengelernt, wo sowohl sie als auch Horst studiert hatten.

Ich entschuldigte mich für meinen Irrtum. Sie war nicht beleidigt. Wie ich meinen Weg zu ihnen in die Wildnis gefunden hätte? Ich berichtete ihr von dem Jungen, der mir den Weg gezeigt hatte, und von dem, was er über die Eigens gesagt hatte.

„Ja", sagte sie, „die Dorfbewohner sind nicht allzu freundlich. Tatsächlich müssen wir jetzt in ein anderes Haus ziehen. Da werden wir sogar noch weniger Raum zur Verfügung haben als hier. Es ist schwierig, all unsere Sachen dorthin zu bringen. Wir haben all diese Möbel aus Frankfurt gerettet, als wir vor zwei Jahren evakuiert wurden. Das war gut, denn unser Haus wurde ein paar Monate später zerstört. Das einzige, was wir jetzt mit den Möbeln anfangen können, ist, dass wir sie bei den Bauern gegen Lebensmittel eintauschen. Ich wünschte, wir könnten wieder in die Stadt zurückziehen. Aber Horst hat noch keine Wohnung gefunden."

Ich fragte sie, wo er war. Er war Arzt und arbeitete in einem Krankenhaus nördlich von Frankfurt, wo Tuberkulosekranke behandelt wurden. Er arbeitete dort nun schon seit ein paar Jahren, und in der ganzen Zeit konnte er nur alle zwei Wochen für einen Tag oder zwei zu ihnen zu Besuch kommen.

„Könnten Sie ihm vielleicht dabei behilflich sein, eine Wohnung für uns zu finden", fragte sie. „Amerikaner haben heutzutage so viel Einfluss. Ich wäre so gerne mit den Kindern bei ihm."

Ein etwa fünfjähriges Mädchen mit blonden Zöpfen trat ins Zimmer. Das Mädchen machte auf Aufforderung der Mutter einen Knicks. Der Junge, den Frau Eigen auf dem Arm trug, war ungefähr ein Jahr jünger. Er kam zu mir und machte einen Diener. Die Mutter entschuldigte sich für einen Moment – draußen kochte die Milch über. Ich sprach mit den Kindern.

Der Junge vertraute mir an, dass seine Mami ihm gesagt habe, er solle nicht mehr „Heil Hitler“ sagen. Ich fragte ihn nach dem Grund.

„Das ist jetzt verboten“, sagte er. „Unser Führer ist tot.“

Seine Schwester errötete, hielt sich die Hand vor den Mund und rannte raus, wahrscheinlich um ihrer Mutter alles zu erzählen. Als Frau Eigen zurückkam, wiederholte ich lachend die Worte ihres Sohnes. Es war ihr anscheinend peinlich. Vielleicht dachte sie, dass die Worte ihres Sohnes die Entnazifizierung ihrer Familie beeinträchtigt hatten. Ich fragte sie scherzhaft, in welch frühem Alter sie ihren Kindern beigebracht hatte, „Heil Hitler“ zu sagen. Aber sie erkannte nicht den Scherz in meiner Frage:

„Ich musste es ihnen früh beibringen. Schließlich war ich Führerin im Bund Deutscher Mädel.“

Das war die Organisation, die am besten bekannt war für ihren Vorrat an unverheirateten Frauen für die SS. Frau Eigen insistierte, dass das eine schreckliche Übertreibung sei. Die Organisation hatte auch andere Aufgaben. Sie hatte an ihrem Posten dort nur deshalb festgehalten, weil sie glaubte, dass sie so wenigstens in geringem Maße die Verfassung und die Moral der Mädchen aufrechterhalten konnte, die ihr unterstanden. Sie sagte, dass sie Himmlers extreme Politik nicht befürwortet hatte, die nur von wenigen brutalen Frauen in Führungspositionen vertreten worden war.

„Horst und ich, wir waren Idealisten. Wir waren jung, und was Hitler wollte, erschien uns so großartig für Deutschland“, sagte sie. „Wer hätte gedacht, dass es so enden könnte?“

Ich erfuhr von ihr, dass die Straße, die durch Aschaffenburg führte, nicht so matschig war wie die, auf der ich gekommen war. Ich verabschiedete mich von ihr und den Kindern und versprach, dass ich Horst bald besuchen würde.

Als ich Aschaffenburg erreichte, war es vorbei mit meiner Erleichterung, dass ich der Zerstörung für eine Weile entkommen war. Eine Fabrik in Trümmern am Rande der Stadt wies mir den Weg. Der Fabrikhof war mit rostigem Schrott übersät. Verbogene rostige Stahlbalken, die einmal das Dach getragen hatten, ragten ziellos in den Himmel. Ähnlich verhielt es sich ein paar hundert Meter die Straße weiter mit einem Luftabwehrgeschütz. Kinder spielten damit. In der Stadt selbst, so tot wie sie schien, wimmelte es von Menschen. Sie eilten die ungesicherten Straßen entlang, beladen mit Holzbündeln, Leiterwagen hinter sich her ziehend – und lasen dabei unentwegt ein paar Dinge auf: ein paar Klumpen Kohle, die von einem Lastwagen heruntergefallen waren, den Zigarettenstummel eines G.I.s, Pferdemist.

Wer hätte gedacht, dass es so enden könnte?

„Wir werden am Ende siegen"

*„**Paul Göttsching** wurde nie Teil der Klassengemeinschaft, der er spät hinzugetreten war. Eine schwere körperliche Behinderung (ein Klumpfuß) schloss ihn vom Sportunterricht aus und wurde ausschlaggebend für die Entwicklung seines Verstandes und seines Charakters. Er wurde krankhaft sensibel, war beleidigt, wenn jemand auch nur beiläufig auf sein verkümmertes Bein schaute. Gleichzeitig verlangte er seinem Körper Leistungen ab, die nur ein normal entwickelter Junge hätte unternehmen sollen, und lehnte jede Rücksichtnahme ab, die ihm aufgrund seiner Behinderung entgegengebracht wurde. Durch die wenigen Male, die ich mit seiner Familie Kontakt hatte, gewann ich den Eindruck, dass dort die Hauptschuld für Pauls Unvermögen lag, seelisches Gleichgewicht zu finden. Sein Vater war ein typischer mittelständischer Beamter, ein Tyrann seiner Familie. Pauls körperlicher Unterlegenheitskomplex muss durch Fehlerziehung in seiner frühen Kindheit verstärkt worden sein. Aufgrund dessen bildete sich ein exzentrischer, zügelloser, unharmonischer Charakter aus, der unermüdlich um Erfolg und Anerkennung kämpfte. Aber seine Einstellung blieb feindselig, selbst wenn er den Applaus bekam, den er ersehnte.*
Trotz seines Talents und seiner bemerkenswerten Energien bin ich pessimistisch, welchen künftigen Lebensweg Göttsching einschlagen wird. Er wird sich gezwungen sehen, auf irgendeinem Gebiet, auf dem er sich voll ausdrücken und auf dem er Anerkennung finden kann, nach Kompensation zu suchen für das Leid, das er in seiner Jugend erfahren hat. Seine geistige Entwicklung erinnert an Lord Byron und Wilhelm II. – oder Joseph Goebbels."

Olbrich

23. Oktober 1945

Schmitt hatte Paul Göttschings Eltern in Bad Soden ausfindig gemacht, einem kleinen, etwas ausgedienten Kurort am Fuße des Taunus nordwestlich von Frankfurt. Man brauchte weniger als eine halbe Stunde, um mit dem Jeep dorthin zu gelangen.

Es war abends, und alle städtischen Ämter hatten geschlossen. Ich fand einen Polizisten, der am Bahnhof Dienst hatte und den Schlüssel zum Einwohnermeldeamt beschaffte. Ja, die Göttschings lebten hier seit März 1944, wahrscheinlich seit dem Bombenangriff auf Frankfurt. Paul Göttsching? Nein, er war hier nicht gemeldet.

Ich fuhr zu der Adresse, die der Polizist mir gegeben hatte, durch einen Park mit hochgewachsenen Eichen hindurch. Der Park konnte sich eines Springbrunnens rühmen, ebenso einiger Statuen und einer Konzertmuschel, wo zwei Kriege zuvor eine Militärkapelle die Offiziere der kaiserlichen Armee und deren Damen sowie kränkelnde, wohlhabende Bürger der Stadt Frankfurt unterhalten hatte. Nicht mal deren Geister belebten jetzt die Umgebung. Im Augenblick waren die warmen Heilquellen von Bad Soden nutzlos.

Lichter brannten im ersten Stock eines mittelgroßen Wohnhauses, in dem die Göttschings wohnten. Das Tor unten war verriegelt, und erst mal reagierte niemand auf das Klingeln. Dann öffnete eine grauhaarige Frau das Fenster und erkundigte sich, wer da unten stünde.

Es war Frau Göttsching. Zwischen dem Fenster und dem Eingangstor entspann sich eine laute Unterhaltung, bis ich sie davon überzeugen konnte, mich hereinzulassen, um die Unterhaltung drinnen führen. Sie zögerte nochmals, als sie zum Eingangstor kam und sah, dass ich eine Uniform trug.

„Ein Amerikaner?", sagte sie. „Ich wusste nicht, dass Paul mit Amerikanern zur Schule gegangen ist."

Frau Göttsching war gerade dabei gewesen, Gerste zu rösten. Ein strenger Geruch, der ein wenig an Kaffee erinnerte, lag in der Luft, als ich die Wohnung betrat. Sie führte mich in ein großes, spärlich möbliertes Zimmer. Ein unbeheizter Ofen stand in der Ecke und ließ das Zimmer noch kälter wirken, als es tatsächlich war.

„Sie suchen Paul?", fragte Frau Göttsching. „Er wird vermisst. Zuletzt schrieb er uns aus Danzig. Der Brief war vom 20. Februar 1945. Seitdem haben wir kein Wort mehr von ihm gehört."

Während der gesamten Unterhaltung, die nun über ihren vermissten Sohn folgte, ließ Frau Göttsching, eine hagere, gebückte Frau um die 65, nicht ein einziges Mal ihr freundliches Lächeln von ihrem Gesicht verschwinden. Ich glaube nicht, dass es eine Maske war. Es war in ihrer Familie, unter ihren Kindern und Enkeln, so viel Tragisches passiert, dass sie daran gewöhnt, vielleicht sogar unfähig war, ein Gefühl nach außen zu zeigen. Das gibt es in Deutschland und überall in Europa heutzutage oft. Anscheinend können Menschen nur bis zu einem gewissen Grad Tränen vergießen.

Nach Auskunft seiner Mutter war Paul Göttsching Bibliothekar geworden. Er litt an einem Klumpfuß – eine Behinderung, die in der Schulzeit psychologische Auswirkungen gehabt hatte. Die meisten von uns hatten sich Mühe gegeben, so zu tun, als ob sie seine Behinderung nicht bemerkten. Er war ein ruhiger Typ, lernbegierig, aber nicht auf arrogante Weise, und er interessierte sich sehr für den lutherischen Glauben. Ich hatte es als selbstverständlich angenommen, dass er Pfarrer werden würde.

Frau Göttsching sagte jedoch, dass Paul sich wegen seiner Behinderung davor gefürchtet hätte, den Beruf des Pfarrers zu ergreifen. Er wollte nicht zum Altar humpeln – dieses Bild hatte er immer vor sich. Aus dem gleichen Grund wollte er auch nicht Lehrer werden, sein zweiter Berufswunsch. Er studierte Philologie und absolvierte eine Ausbildung zum Bibliothekar.

Nachdem er ein Jahr als Bibliothekar in der Frankfurter Stadtbibliothek gearbeitet hatte, nahm er eine Stelle in Berlin an, und ein paar Jahre später wurde er Leiter der Bibliothek der Stadt Danzig.

War Paul ein Anhänger des Nationalsozialismus?

Frau Göttsching lächelte weiter, aber sie zögerte ein wenig. Vielleicht dachte sie, dass ich wegen einer politischen Ermittlung gekommen wäre.

„Ja", sagte sie schließlich. „Er war Parteimitglied. Er ist der Partei früh beigetreten – 1932, glaube ich. Er war ein großer Idealist. Aber mit der Zeit, und auf alle Fälle zum Ende hin, war er deswegen ziemlich verbittert. Manchmal schrieb er in seinen Briefen von den eisernen Besen, die wir brauchen würden, wenn wir den Krieg gewonnen hätten, um in der Partei aufzuräumen."

Paul hatte ein Mädchen aus Berlin geheiratet – eine Lehrerin –, mit der er zwei Kinder hatte. Das ältere Kind war jetzt sechs Jahre alt. Es war keine glückliche Ehe, und wären Anfang des Jahres nicht die fürchterlichen Ereignisse im Osten Deutschlands dazwischen gekommen, hätte er seine Scheidung eingereicht. Frau Göttsching hatte gerade Nachricht erhalten, dass ihre Schwiegertochter und die beiden Kinder sich nach Schleswig-Holstein – von den Briten besetztes Gebiet – hatten retten können. Sie waren im Februar an Bord eines Minenräumboots aus Gotenhafen geflüchtet – dem von Polen erbauten baltischen Hafen, vor 1939 und nach 1945 bekannt unter dem Namen Gdynia.

Und Paul?

Frau Göttsching zuckte kaum merklich mit den Schultern. Als die Russen im Januar ihre folgenschwere Offensive entfesselten, sagte sie, war der Posten des Bibliotheksleiters nicht mehr so wichtig. Seinen Briefen zufolge hatte es Paul übernommen, sich um die Flüchtlinge zu kümmern, die zu Hunderttausenden nach Westen strömten, um der gefürchteten russischen Armee zu entkommen. Er schrieb, dass er so lange bleiben würde, wie man noch etwas für diese Menschen tun konnte. Er riet seinen Eltern auch, zu Hause zu bleiben, ganz gleich, welche Armee sie überrollen würde. Das Elend, schrieb er, das er sah, vor allem was alte Menschen und Kinder betraf, war verheerend.

„Was glauben Sie, ist mit ihm passiert?", fragte ich.

„Er wird umgekommen sein. Einige Flüchtlinge sagen, dass alle Parteimitglieder von den Russen nach Osten getrieben worden sind. Ich weiß es nicht. Aber ich bin mir sicher, dass er jetzt nicht mehr am Leben ist."

Sie nahm ein Familienfoto von der Wand. Zwei Paare und fünf Kinder waren darauf zu sehen. Ich erkannte Paul in einem der Männer. Der andere trug Uniform – ein deutscher Oberleutnant.

„Das ist mein anderer Sohn", sagte Frau Göttsching. „Er ist vor ein paar Wochen aus einem Kriegsgefangenenlager hierher gekommen. Aber er hielt es nicht aus, einfach tatenlos hier zu sitzen, ohne Nachricht von seiner Frau und seinen drei Kindern. Sie sind alle auf diesem Bild. Das hier sind Pauls Kinder, und das die Kinder von Wilhelm.[20] Wilhelm hatte seine Familie von Berlin nach Pommern evakuiert. Wir haben seit Januar nichts mehr von ihnen gehört. Ich weiß nicht, wie er sich durch die russische Besatzungszone schlagen wird und was er essen wird. Aber er musste sich einfach auf den Weg machen."

„Haben Sie ein paar von Pauls Briefen?", erkundigte ich mich.

„Oh ja", sagte sie. „Das Haus ist voll davon."

Ich bat sie, so freundlich zu sein und mir einige der Briefe rauszusuchen, die Pauls Vorstellungen über Deutschland und den Krieg wiedergäben. Sie versprach dies zu tun, aber es würde ein paar Tage dauern, weil das Zimmer so kalt sei, weil die Briefe so durcheinander wären und sie immer schlechter sehen könnte. Vielleicht würde ihr Mann ihr dabei helfen können.

„Wo ist Ihr Mann?" fragte ich.

„Er ist wegen seiner Wunde zum Arzt gegangen. Am Tag, als die Amerikaner nach Bad Soden kamen, wurde er durch die einzige Artilleriegranate verletzt, die auf den Ort abgefeuert wurde. Ein Splitter traf ihn am Rücken. Das gab ihm etwas anderes, über das er klagen kann."

Ich sagte, dass mir dies leidtäte, und erkundigte mich, wie lange sie schon in Bad Soden lebten.

„Seit wir in Frankfurt ausgebombt wurden. Wir haben alles in dem großen Terrorangriff verloren. Wir mussten uns diese Dinge hier leihen" – und sie zeigte auf den Geschirrschrank, eine Couch, Tisch und Stühle.[21] „Alles was wir haben, ist die kleine Pension meines Mannes. Wissen Sie, er war Postbeamter. Wenn wir für die fünf Kinder unserer beiden Söhne aufkommen müssen, weiß ich nicht, was aus uns wird." Sie lächelte noch immer.

Ich bedankte mich bei Frau Göttsching für die Umstände, die sie sich wegen Pauls Briefen machen wollte, und sagte ihr, dass ich in ein paar Tagen zurückkäme.

---

[20] Es lässt sich nicht feststellen, ob Wilhelm der richtige Name des Bruders ist.

[21] Die nationalsozialistische Presse bezeichnete die Luftangriffe der Alliierten als „Terrorangriffe". Dieser Begriff wurde von der Bevölkerung übernommen.

27. Oktober 1945

Der ehemalige Postbeamte Göttsching schien mich zu erwarten, als ich nach ein paar Tagen wiederkam, um seine Frau zu besuchen. Sie lag krank im Bett, doch er schien sich keine großen Sorgen um sie zu machen. Er sagte, dass mit allen Frauen immer irgendetwas nicht stimmte.

Pauls Vater war fast siebzig. Er schielte etwas, trug eine Brille mit dicken Gläsern, einen Kragen, der mal steif gewesen war, einen abgewetzten Anzug, und er hatte kurzgeschorenes graues Haar. Hollywood hätte ihn in der Rolle des typischen, engstirnigen deutschen Bürokraten mit niedrigem Dienstgrad besetzt – genau das, was er war.

Ich musste mit diesem Mann keine langen politischen Gespräche führen, um seine Gesinnung zu kennen. So liebenswürdig er jetzt auch war, so sehr es ihn auch zu interessieren schien, dass ich nach alten „Schulfreunden" suchte, so genau erkannte ich in ihm und seinesgleichen diejenigen, die die Naziherrschaft am stärksten unterstützt hatten. Alles, was er vorzubringen hatte, waren ein paar Entschuldigungen: – Niemand hätte gedacht, dass die Nazis solch eine Verbrecherbande wären, wie es sich nun gezeigt hatte; – Waren ihre ursprünglichen Prinzipien nicht durchaus bewundernswert? – Hatten sie nicht die Arbeitslosigkeit beseitigt, wie sie versprochen hatten? – und so weiter. Die geistigen Einschränkungen dieses Mannes standen ihm ins Gesicht geschrieben. Mit ihm zu sprechen hätte mich fast um meine Beherrschung gebracht. Ich konnte ihn überhaupt nicht leiden.

Ich bat ihn um einige von Pauls Briefen. Er ging, um nach seiner Frau zu sehen, und kam mit drei Blättern Papier zurück. Die Briefe datierten von irgendwann im Jahre 1943. Nicht einer davon enthielt auch nur einen Hinweis darauf, dass Friedrich eine politische Meinung hatte. Darin ging es lediglich um familiäre Probleme: die Ernährungslage, die Schwierigkeiten beim Transportieren von Möbeln, was er seinen Kindern geschenkt hatte und ähnliches. Nicht ein Wort von den „eisernen Besen", mit denen man die Partei säubern musste, nachdem der Krieg gewonnen war, oder irgendeines der Dinge, von denen ihr Sohn ihr geschrieben hatte, wie mir seine Mutter berichtete hatte.

Pauls Vater sagte, dass es so viele Briefe gäbe, die überall im Haus verstreut wären, dass es Frau Göttsching schwer fiel, vor allem mit ihren schlechten Augen, die Briefe rauszusuchen, die ich wollte, aber er glaubte, dass diese Briefe hier ziemlich charakteristisch wären. Es war offensichtlich, dass die beiden sehr sorgfältig Briefe herausgesucht hatten, aus denen man nicht auf Pauls Gesinnung schließen konnte.

Am darauffolgenden Tag besuchte ich Horst Eigen in dem Krankenhaus, in dem er arbeitete. Er und Paul Göttsching waren zur Schulzeit miteinander befreundet gewesen, und ich war neugierig, ob sie miteinander in Kontakt geblieben waren. Ja, sagte Eigen, tatsächlich hätte er auch noch einige Briefe, die Paul ihm geschrieben hatte.

Pauls Briefe an Horst waren etwas aufschlussreicher. Sie waren in Danzig geschrieben worden und datierten vom Juli 1943, Oktober 1943 und August 1944. Der Anlass dieser Briefe waren Glückwünsche zum Geburtstag oder Antworten auf Horsts Glückwünsche. Folgendes habe ich in einem Brief vom 29. Juli 1943 gefunden, den Paul vier Tage, nachdem Mussolini in Italien seines Amtes enthoben worden war, geschrieben hatte.

> „... Du hast dir eine verdammt heiße Zeit für deinen Geburtstag ausgesucht. Das alte Europa kämpft einen verzweifelten Kampf. In militärischer Hinsicht scheint der Luftkrieg entscheidend zu sein. Sie versuchen, uns für Verhandlungen weich zu machen. Das bedeutet, dass wir uns trotz allen Leides und aller Zerstörung aus der Luft unangreifbar machen. Meine besondere Hoffnung liegt in dieser Hinsicht bei unserer alten Vaterstadt – Frankfurt. Andere Dinge, die in diesen Tagen die Seele belasten, kann man kaum zu Papier bringen. Es ist gut, dass unsere Überzeugungen uns mit einem unzerstörbaren Gegengewicht gegen lähmende Erkenntnisse versorgen, gegen den einen oder anderen Paukenschlag, wie etwa das Explodieren des Faschismus von innen und unter dem Eindruck des Bombenterrors, wie auch gegen andere bedrückende Gedanken. Geben wir uns diesen Überzeugungen hin, auf Gedeih und Verderb, und erhalten wir uns unsere Hoffnungen ..."

Der nächste Brief datierte vom 20. Oktober 1943. Er war nach dem ersten großen Bombenangriff auf Frankfurt geschrieben worden. (Der Bombenangriff der aus achthundert Flugzeugen bestehenden Royal Air Force, bei dem die Frankfurter Innenstadt zerstört wurde, fand jedoch erst am 22. März 1944 statt.)

> „Aus der Distanz habe ich an der Zerstörung unserer Vaterstadt schmerzlich Anteil genommen. In meinem Herzen habe ich daraus Konsequenzen gezogen, die nicht einmal das Allergeringste mit unserer stark englisch-westlich-kosmopolitisch-infizierten Erziehung in der Schule zu tun haben. Ich bin sicher, dass auch du erkannt haben wirst, dass diese Bombenangriffe unseren Widerstandswillen stärken und unser tief verwurzeltes Vertrauen auf den Sieg steigern. Trotz alledem, und nun umso mehr ... Vielleicht nehmen sie mich bei der Fliegerabwehr in der Heimatflak auf ..."

Der letzte Brief, den Horst von seinem Freund erhalten hatte, war am 8. August 1944 geschrieben worden.

> „... Ich hatte wenig Zeit, um zu schreiben, weil die Leute für die Sicherheit des Vaterlandes mobilisiert werden, über die Erfordernisse des totalen Krieges hinaus. 200.000 Männer zwischen 15 und 65 Jahren werden an wichtigen Stellen im östlichen Grenzgebiet Befestigungsanlagen graben. Um das zu erreichen, werden alle anderen Tätigkeiten um achtzig Prozent vermindert. Ich habe mich zweimal freiwillig dazu gemeldet, aber bis jetzt habe ich den Befehl erhalten, in Danzig zu bleiben. Anstatt dessen habe ich der Luftabwehr der Heimatflak meine Dienste angetragen. Demnach wird sich die buchstäbliche Lebenskraft unseres Volkes der Verteidigung unseres Vaterlandes widmen – und wir werden nie zusammenbrechen. ... Ich werde mich nicht an meinen persönlichen Pessimismus verlieren. Aber wenn der Tod mich ereilt, wird über Leben und Tod hinaus mein Testament bleiben: Wir werden am Ende siegen, und alle, die mich lieben, sollen diesen Glauben nie verlieren. Du wirst mich sicher richtig verstehen, wenn ich Dich darum bitte, meinen Eltern dies mitzuteilen, wenn es erforderlich wird. Durch die Bande unserer gemeinsamen Ideale werde ich immer mit Dir vereint bleiben ...“

Es hilft, dass die Russen mit Deutschen, die Pauls Ideale hatten, wenig Zeit verschwendeten.

„Meine Motive waren rein materialistischer Art“

*„**Horst Eigen** ist der typische Sohn aus der großen Familie eines hohen Beamten. Er hat Selbstkontrolle und Disziplin als Vorbild vor sich gesehen. Ein früh entwickeltes, starkes Pflicht- und Verantwortungsgefühl minderte seine freie Entwicklung. Sein glückliches Familienleben brachte auf der gefühlsmäßigen Ebene eine gewisse Sanftheit und ein Bedürfnis nach Zuneigung in ihm hervor. Seine Intelligenz war überdurchschnittlich, blieb aber unauffällig. Eigen entwickelte Charakterzüge der Introvertiertheit, da er erkannte, dass seine bewusste, vernunftgeleitete Selbstkontrolle ihn entmutigte.“*

Olbrich

28. Oktober 1945

Horst Eigens Krankenhaus für Tuberkulosepatienten lag in der Nähe von Königstein. Eine Bekannte, eine junge amerikanische Zivilistin, die bei der amerikanischen Militärregierung angestellt war, begleitete mich auf dieser Fahrt. Zuhause in den USA hatte sie für eine Zeitung gearbeitet, und der menschliche Aspekt der Besatzung interessierte sie ungemein. Außerhalb des I.G.-Farben-Gebäudes, der amerikanischen Hauptverwaltung, und der von Stacheldraht umzäunten Anlage, in der das amerikanische Personal untergebracht war, hatte sie kaum etwas von Deutschland gesehen, und sie war auch wenigen Deutschen begegnet. Ihre Deutschkenntnisse waren nur mittelmäßig und sie war zu gehemmt, um ihre Sprachkenntnisse ganz alleine zu erproben.

Nebel lag über dem Tal, als der Jeep die gerade, steile Straße in das waldreiche Gebirge erklomm. Wir erreichten den Gipfel und ließen den Nebel hinter uns zurück. Vor uns lag Königstein. Den Ort überragte eine mittelalterliche Burg, seit zweihundertfünfzig Jahren eine Ruine – aus diesem Grund eine angenehm wirkende Ruine. Oberhalb ragte der von Tannen bedeckte Feldberg empor. Die Aussicht auf die Ansammlung alter Häuser in Königstein, die sich dort unten aneinanderschmiegten, wurde durch große steinerne Baracken direkt vor uns entstellt. Wir fuhren in den Ort und hielten, um uns nach dem Weg zum Krankenhaus zu erkundigen. Erst die vierte Person, die wir ansprachen, konnte uns den Weg erklären. Die anderen waren „selbst fremd hier“ – Evakuierte aus der Stadt.

Nachdem wir den Ort verlassen hatten, erreichten wir die Anhöhe. Die Blätter waren von den Bäumen gefallen und breiteten einen schmutzig-braunen Teppich im Wald aus. In Deutschland ist der Herbst kein so farbenfreudiges Spektakel wie in Neuengland.

Nun hatte sich auch im Tal der Nebel gelichtet. Von der Landstraße konnten wir einen herrlichen Blick über die Wiesen genießen, die sich sanft zur Stadt Frankfurt hin neigten. Ich erinnerte mich aus meiner Kindheit an diesen Anblick: Das silberne Band des Mains erstreckte sich in der Ferne, darüber die Hügellandschaft, die Schornsteine des Industriegebiets im Vorort Höchst, die Silhouette der hohen Gebäude in Frankfurt: das Opernhaus, das Schauspielhaus, der Dom, die Kirchen. Der Anblick war tatsächlich unverändert. Aus der Ferne, durch den Nebeldunst, blieb die Zerstörung unsichtbar. Aber mein Verstand ließ mich das fehlende Element nicht vergessen: die Ruine des ausgebombten Opernhauses, der ausgebrannte Dom, das zerstörte Schauspielhaus, die freistehenden Brandmauern, die Trümmerberge.

Ich konnte den Anblick auch nicht genießen, ohne mir dabei über die ruinierten und zerrütteten Gemüter der Männer und Frauen bewusst zu sein, die sich diesen Zusammenbruch selbst eingebrockt hatten – sie würden schwerer wieder aufzubauen sein als die realen Ruinen. Aus der Distanz betrachtet, verklärt durch den Schleier eines oberflächlichen persönlichen Erscheinungsbildes und einstudierten guten Benehmens, ließen sich die ruinierten Gemüter schwer ausmachen.

Wir fuhren langsam die Landstraße entlang. Ich redete mit meiner Freundin über den unmittelbaren Zusammenhang, den ich zwischen dem Verfall des Verstandes der Menschen sah, die den anti-zivilisatorischen, anti-westlichen und anti-christlichen Nationalsozialismus gebilligt hatten, und dem materiellen Ruin einer Zivilisation, die diesen Menschen deswegen nicht mehr gehörte. Sie hörte interessiert zu und zeigte sich beeindruckt vom Anblick der zauberhaften Landschaft.

Wir fanden das Krankenhaus seitlich der bewaldeten Anhöhe mit Blick auf das Tal gelegen. Es war ein großes, modernes Backsteingebäude mit überdachten, nach Süden ausgerichteten Balkons. Eine junge Krankenschwester am Empfang sagte uns, sie würde Dr. Eigen holen.

Wir gingen über makellose Flure ins Wartezimmer. Nach unserer Fahrt mit dem Jeep durch die Kälte waren wir froh, dass das Wartezimmer beheizt war. Krankenhäuser zählten zu den wenigen Einrichtungen in Deutschland, die in diesem Winter Heizkohle hatten.

Dr. Horst Eigen betrat das Wartezimmer. Er hatte von seiner Frau gehört, dass ich nach ihm suchte, und war nicht überrascht, mich zu sehen. Er trug einen weißen Arztkittel, aus dessen Brusttasche ein Stethoskop hing. Er war einer der wenigen Männer, die ich auch nach dieser langen Zeit überall wiedererkannt hätte. Seine scharfen, blassen Gesichtszüge unterstrichen seine ausgemergelte Statur von einem Meter achtundneunzig, und sein freundlicher Charakter kam in seiner leisen, warmen Stimme zum Ausdruck. Ich erinnerte mich an ihn als einen ruhigen, zurückhaltenden Jungen mit einem liebenswerten Sinn für Humor und einem verzehrenden Interesse an den Angelegenheiten der ehemaligen deutschen Kolonien in Südwestafrika.

Horst führte uns in sein Zimmer. Er hatte Dienst und benachrichtigte die Telefonistin, wo man ihn erreichen könne. Das Zimmer war fast so überladen mit Möbeln wie das Zimmer seiner Frau in Riesbach. Er sagte, dies sei der vorzeigbarere Teil seines früheren Haushalts in Frankfurt. Es gab mehrere Sessel, eine Couch, einen modernen und einen antiken Schreibtisch, zwei oder drei Lampen. Die Anordnung erinnerte mich an einen Möbelladen zuhause. Bilder von Südwestafrika schmückten die Wände. Sein Interesse an diesem Land bestand anscheinend ungeschmälert. Ich fragte ihn, ob er mal dort gewesen sei.

„Zweimal", sagte er. „Ich bin dort geboren, aber meine Eltern brachten mich nach Deutschland, kurz bevor 1914 der Krieg ausbrach. Da war ich ein Jahr alt. Nachdem wir 1931 Abitur gemacht hatten, begann ich Zahnmedizin zu studieren. Nach einem Semester an der Universität nahm ich ein Schiff nach Südwestafrika. Mein Onkel lebt noch dort."

Nach dem Ende des Ersten Weltkriegs war die ehemalige deutsche Kolonie Teil der südafrikanischen Union geworden. Horst redete noch immer so von dem Gebiet, wie ein englischer Kolonialist über Rhodesien reden würde.

Er lud uns ein, Platz zu nehmen, und entschuldigte sich, dass er keinen Wein hätte, den er uns anbieten könnte. Ich bot ihm eine Zigarette an, aber er lehnte ab. Das Zimmer musste dringend gelüftet werden. Ein süßlicher Geruch hatte sich darin verbreitet, so als ob dort jemand eine Woche lang bei geschlossenen Fenstern genächtigt hatte. Da Horst eine Zigarette abgelehnt hatte, steckte ich die Zigaretten wieder weg. Meine Freundin hingegen, die es sich in einem Clubsessel bequem gemacht hatte, empfand wahrscheinlich so sehr wie ich, dass die Luft in dem Zimmer dringend erneuert werden musste, und begann zu rauchen. Sie beobachtete uns abwechselnd, bereit für welchen Konflikt auch immer, der sich entzünden würde.

Horst sprach von seiner Reise nach Südafrika. Er hatte vier Monate lang bei seinem Onkel gewohnt und war so viel er konnte durch die Region gereist. Er wäre gerne geblieben und hätte sich dort niedergelassen, aber dann entschied er sich dafür, erst sein Studium der Zahnmedizin abzuschließen. Als er nach Deutschland zurückkam, stellte er fest, dass er sich eine Magenerkrankung zugezogen hatte. Das verzögerte den Abschluss seines Studiums und hatte später zur Folge, dass er nicht zum Militär eingezogen wurde.

Nachdem er 1937 sein Studium abgeschlossen hatte, wurde er bei einer Reihe von Zahnärzten Assistent. Dann kam der Krieg. Die Deutschen waren der Ansicht, dass sie nicht so viele Ärzte hätten, wie sie benötigten, und boten Zahnärzten die Möglichkeit, ein Medizinstudium zu absolvieren. Horst ergriff diese Gelegenheit.

In seinem Medizinstudium begann Eigen damit, sich auf Probleme der Tuberkulose zu spezialisieren. Im Verlauf eines Forschungsprojekts steckte er sich mit einer Lungenkrankheit an. Das machte ihn endgültig untauglich für den Militärdienst, und nachdem er 1942 seine Approbation als Arzt erworben hatte, nahm er eine Stelle in dem Krankenhaus an, wo wir ihn jetzt besuchten.

Damit war ich auf den laufenden Stand gebracht, was den äußerlichen Verlauf von Horsts Leben nach dem Abitur betraf. Die Ambitionen und Ideen, die er in dieser Lebensphase entwickelte, waren jedoch interessanter. Ich knüpfte daran an, was vor vierzehn Jahren seine Interessen waren: Deutschlands Kolonien. Er war ein glühender Anhänger der Theorie gewesen, derzufolge Deutschland, genauso wie die anderen westlichen Nationen, Anspruch auf ein Kolonialreich hatte, dass Deutschland Rohstoffe benötigte und auf die dortigen Märkte angewiesen war, dass Deutschland einen Anspruch auf einen Platz in der Sonne hatte und dass die Entente nach dem letzten Krieg unrechtmäßig Deutschlands überseeische Besitztümer gestohlen hatte.

Er lächelte nur, als ich ihn an seine früheren Ansichten erinnerte.

„Du reibst es mir unter die Nase", sagte er. „Schließlich haben wir gerade wieder einen Krieg verloren, und ich kann dir versichern, dass unsere nationalen Ambitionen nun abgeschwächt sind. Wir wollen, dass Deutschland niemals wieder eine mächtige Nation wird. Gebt uns irgendeine Art wirtschaftlicher Einheit und lasst uns dann wie die Schweizer oder die Schweden leben. Sie sind keine Weltmacht und leben genauso gut."

Allerdings würde er, fügte er hinzu, wenn er gesund genug dazu wäre, immer noch gerne nach Südafrika gehen und ein loyaler südafrikanischer Staatsbürger werden. Er war der Meinung, dass Deutschland am Ende sei.

Seine langen Glieder hatte er über Sessel und Couch ausgestreckt, während er über den Krieg sprach. Er strahlte die Distanziertheit und Objektivität eines Mannes aus, der nicht am Krieg teilgenommen hatte. Sowieso, sagte er, sei er gegen den Krieg gewesen. Deshalb hatte er auch einen höchst bemerkenswerten Zeitpunkt in der Geschichte des Nationalsozialismus gewählt, um in die NSDAP einzutreten – eine Woche vor dem Abschluss des deutsch-sowjetischen Nichtangriffspaktes – in der letzten Augustwoche des Jahres 1939.

Meine persönliche Erinnerung an jene Woche schoss mir durch den Kopf. Ich arbeitete damals für ein Nachrichtenmagazin in New York. Als am 24. August die Nachricht vom Nichtangriffspakt zwischen Nazideutschland und den Sowjets über den Fernschreiber kam, schien die Welt und alle Hoffnung sich in Stücke aufzulösen. Unsere Autoren und Redakteure sahen bleich und verbittert aus. Es wurde kaum ein Wort gesprochen. Alle arbeiteten blindwütig. Die Lichter des Friedens verdunkelten sich. Dies war ein dramatischerer Moment als zehn Tage später, als sie erloschen. Zuerst hatten nur die Deutschen die Meldung bekannt gegeben, und es blieb noch etwas Hoffnung, dass Moskau die Nachricht dementieren würde. Der „Communist Daily Worker" war ratlos und schwenkte sodann auf eine triumphierende „anti-imperialistische" Linie um. Am Tag, an dem die Zeitung diese Kehrtwende vollzogen hatte, brach ein Freund im Auftrag des US-Außenministeriums mit dem Schiff nach Europa auf. Als wir die Tageszeitungen durchsahen, wussten wir, dass zu dem Zeitpunkt, wenn sein Schiff auf der anderen Seite des Atlantiks anlegen würde, der europäische Kontinent im Krieg sein würde. Ob Russland sich an dem Angriff auf den Westen beteiligen würde?

In dieser fürchterlichen, verheerendsten Woche beschloss Horst Eigen, der nationalsozialistischen Partei beizutreten. Seine Gründe dafür waren folgende:

„Bis der Pakt mit Russland abgeschlossen wurde", sagte er, „befürchtete ich, dass Hitler uns in einen Krieg treiben würde. Dann wurde dieser Nichtangriffspakt unterzeichnet. Auf einen Schlag schienen damit Deutschlands nationale Ziele gesichert – und zwar ohne Krieg. Was konnten die Briten nun tun? Wir waren uns sicher, dass die Polen kampflos kapitulieren würden und dass die Briten dabei zusehen würden, genauso wie zuvor, als wir uns die Tschechoslowakei nahmen. Ich habe damals mit meinem Vater die Lage besprochen. Er beeinflusste mich, der Partei beizutreten. Deutschland habe nun seine Rolle in der Welt etabliert, sagte er. Das verdankte Deutschland der meisterhaften Diplomatie der nationalsozialistischen Partei. Wir könnten unsere Dankbarkeit zum Ausdruck bringen, indem wir der Partei beitreten. Nach diesem Gespräch beantragten mein Vater und ich also die Parteimitgliedschaft. Ich wurde aufgenommen, aber sein Antrag wurde wegen seines Alters abgelehnt. Heute habe ich Schwierigkeiten, während er die Privilegien derer genießt, die nie der Partei beigetreten sind."

„Der Krieg kam trotzdem", fuhr Horst in ruhigem Ton fort. „Das war ein herber Schlag. Vater und ich überlegten eine Weile, ob wir unseren Antrag auf Parteimitgliedschaft zurückziehen sollten, aber dass wäre ein gefährlicher Schritt gewesen. Dann kamen die blitzartigen Feldzüge des Jahres 1940, und der Krieg schien gewonnen. Wieder waren wir davon überzeugt, dass Hitlers Politik richtig war. Doch ob richtig oder falsch, wir fühlten uns seiner Politik verpflichtet, und von da an glaubten wir fest an den Sieg."

Ich fragte Horst, wann er seine optimistische Einstellung zu verlieren begann.

„Nicht bevor unsere Truppen vollends aus Russland verdrängt worden waren“, sagte er. „Ich wusste von Freunden, dass an der Propaganda über die Geheimwaffen wirklich etwas dran war und dass eine weltbewegende Erfindung tatsächlich im Entstehen war. Solange unser eigenes Territorium noch intakt war, dachte ich, dass wir den Kriegsverlauf umdrehen könnten.“

„Nehmen wir mal an, dass ihr die Atombombe entwickelt hättet“, sagte ich. „Hättest du ihren Einsatz zum Beispiel gegen England befürwortet?“

„Selbstverständlich“, antwortete er. „Es wäre das einzige Mittel gewesen, das uns den Sieg gebracht hätte. Ihr habt die Bombe gegen Japan eingesetzt, obwohl ihr selbst zugebt, dass ihr den Sieg praktisch in den Händen hieltet. Wie viel mehr wäre es für uns gerechtfertigt gewesen, die Atombombe zu einem Zeitpunkt einzusetzen, als wir Gefahr liefen, den Kampf zu verlieren. Übrigens glaube ich, dass ein oder zwei Bomben ausgereicht hätten, um den Krieg zu beenden.“

Für jemanden, der den Krieg generell ablehne, sei dieses Argument etwas brutal, wandte ich ein. Aber das verwarf er. Krieg sei Krieg, und es sei nur natürlich, dass die deutsche Nation ihn gewinnen wollte.

Er verfiel auf den üblichen oberflächlichen, nationalen Trick, dass er seine persönlichen Überzeugungen mit dem gleichsetzte, was er für die kollektiven Ziele des Volkes hielt. Ich warf ein, dass keinesfalls alle Deutschen den Krieg gewinnen wollten, und dass ich vielen Deutschen begegnet sei, die einen deutschen Sieg mehr fürchteten als eine deutsche Niederlage.

Horst schien dieser Gedanke nicht zu behagen. Draußen schritt der Nachmittag voran. Er stand auf, stieg über die Couch und schaltete eine Schreibtischlampe an. Das Licht beließ die Hälfte des Raums im Halbdunkel. Nachdem er wieder Platz genommen hatte, war er nachdenklich und bedächtig.

„Ich fürchte, du hast recht“, sagte er. „Tatsächlich gibt es meiner Ansicht nach keine andere moderne Nation, die so wenig echtes Nationalgefühl hat wie die deutsche. Die einzigen Deutschen, die ihr Vaterland wirklich schätzen, sind die, die in Übersee leben.“

Er hatte zwar nur vier Monate in Südafrika zugebracht hatte, wo er diesen Eindruck gewonnen hatte, doch mich faszinierte diese Auffassung. Es war eine gute Erklärung für die Leichtigkeit, mit der der Nationalsozialismus seine fünfte Kolonne hatte entwickeln können. Doch wenn innerhalb Deutschlands ein stark ausgeprägtes Nationalgefühl fehlte, was war dann für den starken Rückhalt des extremen Nationalismus bei den Deutschen verantwortlich?

„Du solltest den extremen Nationalismus nicht mit echtem Nationalgefühl verwechseln“, erwiderte Horst. „Die Propaganda, der wir ausgesetzt waren, war sehr schlau. Sie vermittelte uns, dass wir ein überlegenes Volk seien, dazu bestimmt, andere Länder zu beherrschen. Sie versprach uns die guten Dinge des Lebens, mit Lebensraum, um unsere Rasse zu entwickeln und auszudehnen und damit wir unsere neue Welt errichten können. Das war Nationalismus. Es wurde verkündet, dass wir gewaltsam vorangehen müssten, weil die Welt uns diese Ansprüche verweigerte. Das war extrem. Doch angenommen, du hättest einem einfachen deutschen Arbeiter die Gelegenheit angeboten, seine Familie in die Vereinigten Staaten zu bringen, oder nach Südamerika oder nach Kanada, um dort sein Glück zu versuchen, er wäre gegangen. Weil das Nationalgefühl fehlte."

„Was war denn deine eigene Haltung zum extremen Nationalismus?", fragte ich Horst.

„Darauf komme ich gleich zu sprechen", sagte er. Dann zeigte er auf die drei Briefe von Paul Göttsching auf dem Tisch, die er für mich aus dem Schreibtisch gezogen hatte. „Da ist ein Mann, der Nationalgefühl besaß, der von unseren nationalistischen Zielen überzeugt war und bis zum Ende dafür kämpfte. Aber ich glaube, es gab nur wenige wie ihn. Du findest diesen Typus in der Mittelschicht, unter Lehrern und Beamten und den Gebildeten mit geringem Vermögen. Aber was die Massen betrifft – schau dich nur um. Deutsche Frauen bevorzugen amerikanische Soldaten. Der Werwolf war ein völliger Fehlschlag.[22] Ich habe noch nicht von subversiven Handlungen solcher Art gehört, auf die wir Deutschen überall in Europa trafen. Sollte der Nationalismus nicht dann am stärksten in Erscheinung treten, wenn das Land unter fremder Besatzung steht? Nun, frage ich dich, wo ist er? Ehrlich gesagt, schäme ich mich für meine Leute, besonders für unsere Frauen. Aber ich bin froh, dass wir Frieden und Ruhe haben."

„Wenn aufrichtiges Nationalgefühl tatsächlich so einen geringen Anteil am deutschen Wesen hat", fragte ich ihn, „was war dann der Grund, dass die Menschen so bereitwillig die Nazis unterstützen?"

Eigen sagte, er würde das mit Bezug auf sich selbst beantworten.

„Um ehrlich zu dir zu sein: meine Motive waren rein materialistischer Art. Erstens hoffte ich, dass wir unsere Kolonien zurückbekämen, weil ich dorthin wollte. Außerdem stärkte das Programm der NSDAP die Familie. Ich habe vor sechs Jahren geheiratet. Ohne finanzielle Unterstützung hätte ich

[22] Die Organisation Werwolf war eine nationalsozialistische Freischärler-Bewegung, die im September 1944 von Heinrich Himmler ins Leben gerufen wurde. Sie sollte in den von Deutschland besetzten Gebieten und hinter den feindlichen Linien Sabotage und Gewaltakte verüben und die örtliche Bevölkerung davon abbringen, mit den Besatzungsmächten zu kollaborieren. Unter der deutschen Bevölkerung und den Angehörigen der Wehrmacht fand sie nur geringes Echo. Wenige Tage vor Kriegsende, nachdem Hitler Selbstmord begangen hatte, verbot der NS-General Karl Dönitz die Aktionen des Werwolf als illegale Kampftätigkeit.

weder heiraten, noch Kinder großziehen können. Schließlich war ich noch im Medizinstudium. Aber selbst ein Arzt nach abgeschlossenem Studium musste ungeheuer darum kämpfen, sich über Wasser zu halten, solange er sich noch keinen Namen gemacht hatte. Das hat unsere Regierung erkannt. Daher wurde 1943 verfügt, dass junge Ärzte eine beträchtliche Lohnerhöhung erhalten sollten. Es hätte für uns kein stärkeres Argument geben können, die Partei und den Krieg zu unterstützen. Dieser Krieg schien unsere einzige Möglichkeit zur Veränderung zu sein. Nach dem letzten Krieg hatten wir eine Wirtschaftskrise nach der anderen. Kaum war die Partei an der Macht, verbesserte sich die Situation. Unsere Arbeitslosigkeit schwand langsam. Unser Lebensstandard stieg. Die Leute verdienten mehr, gaben mehr aus und lebten besser. Sie gründeten Familien. Das ist immer ein Zeichen für Optimismus. Ich glaube, dort musst du nach den Gründen suchen, wegen derer die Menschen das nationalsozialistische Regime unterstützt haben, nicht den offiziellen nationalistischen Reden und Pamphleten. Natürlich wurden wir belogen. Heute sind wir uns darüber im Klaren. Die Propaganda war hervorragend."

Teilweise leuchtete Eigens Theorie ein. Er verwechselte jedoch die hervorragende Wirksamkeit der Propaganda mit dem blinden Vergnügen, mit dem die deutschen Massen, er selbst eingeschlossen, die Propaganda geglaubt hatten.

„War eure Propaganda tatsächlich so hervorragend", fragte ich, „dass ihr die Nebenprodukte eures materialistischen Nationalismus übersehen habt – die Konzentrationslager, das Abschlachten von Millionen Menschen, die Aufhebung des Rechts?"

„Es ist seltsam", sagte er. „Ihr Amerikaner glaubt immer, dass man uns wöchentlich auf begleiteten Touren durch unsere Konzentrationslager geführt hätte. Wir wussten natürlich, dass es sie gab. Aber ich schwöre dir bei Gott, dass alles, was ich über die Konzentrationslager wusste, darin bestand, dass sie Orte seien, an denen die Kritiker unserer nationalen Ziele für ein paar Monate zu harter Arbeit eingesetzt wurden, damit sie sich beruhigten. Diejenigen, die aus dem Konzentrationslager zurückkamen, nachdem sie ihre Zeit dort abgesessen hatten, sprachen kein Wort darüber."

„Du wusstest jedoch, dass das Recht und die Menschenrechte abgeschafft wurden, nicht wahr?"

„Ja, das wusste ich. Das war im Krieg nur selbstverständlich. Und wir befanden uns seit 1933 in einer Art von Krieg."

„Nehmen wir an", sagte ich, „die Nazis hätten dir angesichts deiner politischen Zuverlässigkeit eine Stelle als Mediziner in, sagen wir, Auschwitz gegeben, und du wärest dort Zeuge der Vernichtung geworden. Kannst du mir sagen, wie sich das auf dich ausgewirkt hätte?"

„Ich glaube, das kann ich sagen“, erwiderte er. „Ich hätte nichts daran ändern können. Ich war ein kleiner Mann in einem großen Apparat. In einer solch schrecklichen Situation wäre ich ein kleiner Mann gewesen. Außerdem hätte ich nicht das Risiko eingehen können, etwas zu sagen. Meine Familie geht vor.“

Bei der Erwähnung von Auschwitz wurde meine Begleiterin in ihrem Clubsessel munter. Sie beobachtete uns jedoch weiterhin schweigend.

Eigen war sehr ernsthaft auf meine Fragen eingegangen. Ich sagte ihm, dass mich seine Offenheit beindruckte:

„Bei allem, was ihr Amerikaner tut und über die Deutschen sagt“, warf er ein, „vergesst ihr einfach, dass der Instinkt des Menschen zur Selbsterhaltung immer noch sein stärkstes Motiv ist.“

Ich sagte ihm, dass der Instinkt zur Selbsterhaltung offensichtlich keine Rolle gespielt hatte, als die Deutschen begierig nach dem Lockmittel der Nazis, dem Versprechen eines besseren Lebens, geschnappt hatten, das ihnen als Gegenleistung geboten wurde für ihre stillschweigende Billigung einer Herrschaft des Unrechts, der Erpressung, der Beraubung und des Mordes. Er zuckte mit den Achseln und sah mich an, wie er als Arzt einen hoffnungslos kranken Patienten ansehen würde, für den jede Hilfe zu spät kommt. „Du willst uns nicht verstehen“, sagte er. Damit war dieser Teil unserer Unterhaltung beendet.

Ich stellte ihm einige Fragen zur Gesundheitslage in Deutschland. Er war nicht der Ansicht, dass die Tuberkulose außer Kontrolle gerate. Wenn die gegenwärtige Nahrungsmittelzuteilung in der amerikanischen Besatzungszone beibehalten werden könne, rechnete er nicht mit einem katastrophalen Anstieg an Tuberkuloseerkrankungen. Und er glaubte auch nicht, dass unsere gut ernährten amerikanischen Truppen in Gefahr seien, sich mit Tuberkulose anzustecken.

Dann kam er auf persönlichere, dringlichere Probleme zu sprechen.

„Wir hatten hier letzten Monat eine amerikanische Untersuchungskommission“, sagte er. „Sie sprachen mit allen unseren Ärzten. Ich konnte zu ihrer Zufriedenheit beweisen, dass ich kein Parteiaktivist war, sondern lediglich ein nominelles Parteimitglied. Daher erteilten sie mir eine vorläufige Zulassung als Arzt, und ich darf zum Lohn eines einfachen Arbeiters praktizieren. Aber unserem Chefarzt, einem hervorragenden Lungenspezialisten, wurde von der Kommission die Zulassung entzogen. Zwei Tage später fanden wir ihn tot draußen im Wald. Er hatte sich selbst eine Morphiumspritze verabreicht. Der Mann war erst im Juni dieses Jahres zu uns gekommen. Unseren vorherigen Chefarzt haben die Russen getötet.“

Ich erkundigte mich, wie das passiert sei.

„Möglich, dass es Rache war", sagte Horst. „Wir hatten russische Hilfskräfte hier im Krankenhaus eingestellt. Deutsche Hilfe war rar, weißt du. Unser Chefarzt war zu den Fremden nicht allzu freundlich. Ein paar Wochen, nachdem die Amerikaner gekommen waren, saß er eines abends mit einem seiner Assistenten auf der Terrasse seines Hauses gegenüber, auf der anderen Straßenseite. Plötzlich tauchten fünf bewaffnete Russen auf. Sie schrien: Hände hoch. Der Assistenzarzt hob seine Hände und blieb unverletzt. Aber der Chefarzt versuchte ins Haus zu gelangen. Er schlüpfte durch die Eingangstür und schlug sie zu. Einer der Russen feuerte eine Salve aus seiner Maschinenpistole durch die Tür und tötete ihn, als er versuchte, nach oben zu rennen."

Das Krankenhaus führte nun seinen Betrieb ohne einen Chefarzt, und es lief nicht allzu schlecht, wie Horst stolz einräumte.

Plötzlich wurde er ernst. Er nahm seine langen Beine von der Couch und beugte sich zu mir.

„Schau", sagte er, „du bist nun bei den Amerikanern. Vielleicht kannst du mir aus diesem Chaos heraushelfen. Ich kann von diesem lächerlichen Gehalt, das sie mir jetzt bezahlen, nicht leben. Ich bin meiner Frau und meinen Kindern ein annehmbares Leben schuldig. Glaubst du, dass sie mir diese Sache mit der Parteimitgliedschaft für den Rest meines Lebens zur Last legen werden?"

Ich überprüfte mein Bedürfnis, ihm seine Frage klar zu bejahen. Zur Antwort gab ich ihm, dass der Bedarf an Ärzten mit seiner Fachausrichtung jetzt nur allzu offensichtlich sei, und er solle sich gedulden, bis er belohnt werde. Aber damit war er nicht ganz zufrieden:

„Der Leiter dieser Kommission war ein amerikanischer Hauptmann – Smith war, glaube ich, sein Name. Kennst du ihn zufällig? Könntest du vielleicht mit ihm sprechen, so dass ich meine volle Zulassung als Arzt zurückbekomme? Du weißt, dass ich kein Parteiaktivist war!"

Es war nun an mir, ein gleichmütiges und überlegenes Lächeln an den Tag zu legen:

„Horst", sagte ich, „du weißt, dass das amerikanische Militär ein sehr großer Apparat ist. Ich bin nur ein kleiner Mann darin. Es gibt nichts, was ich tun könnte."

Er sah mich kleinlaut an, ohne dass er es mir, zumindest danach zu urteilen, was äußerlich erkennbar war, übel nahm.

Meine Begleiterin und ich standen auf, um uns zu verabschieden. Er begleitete uns höflich durch die Flure des Krankenhauses bis nach draußen in die Nacht, zu unserem Jeep.

„Sei vorsichtig, wenn du rückwärts durch diese Einfahrt fährst", sagte er, als der Motor startete. „Die Straße ist hier sehr steil. Und komm wieder. Du wirst doch wiederkommen, wenn ich erst meine Familie hierhergebracht habe? Meine Frau und ich würden uns so gerne wieder mit dir unterhalten. Du bist gerne Ski gefahren, nicht wahr? Wir müssen dir unsere Fotos aus den Bergen zeigen. Wir haben keinen Winter ausgelassen, ohne Ski zu fahren, nicht einmal den letzten. Auf Wiedersehen."

Meine amerikanische Begleiterin schien nachdenklich, als wir abfuhren.

„Was ein reizender Mensch", sagte sie. „Es tut mir leid, dass ich nicht der gesamten Unterhaltung folgen konnte. Ich muss wirklich besser Deutsch lernen. Du hast dich etwas aufgeregt, nicht wahr? Und warum musstest du Auschwitz erwähnen? Schließlich hatte er nichts damit zu tun, oder?"

„Er hat es nur gemacht, weil es sonst niemand in der Stadt gab, der dazu in der Lage gewesen wäre“

*„**Heinz Dietz** ist das einzige Kind reicher Eltern. Er wurde nach neunzehn Jahren kinderloser Ehe geboren. Schon als Junge ließ er Züge von Senilität erkennen: er fühlte sich sichtlich unbehaglich in seiner Umgebung, von der er glaubte, dass sie ihm auf Schritt und Tritt feindlich gesinnt war, und war ihr gegenüber immer argwöhnisch. Er bediente sich seiner überdurchschnittlichen Intelligenz, um diesen vermeintlichen Widersacher auf indirekte Weise und mit List und Tücke schlau zu bekämpfen. Ohne Sinn für Humor, fehlte ihm die spielerische Frische und Unbekümmertheit eines gesunden Kindes. Er war verlässlich und pflichtbewusst, aber starrsinnig, rechthaberisch und schwer zu überzeugen. Sein Verhalten war immer sorgfältig vorbedacht, nie impulsiv.*
Für Dietz' Kameraden war seine sarkastische Bosheit am abstoßendsten. Sie war nicht die Folge eines verwöhnten Charakters, sondern seiner senilen Weltsicht. Er ist ein asozialer Egoist, der mit übertriebener Vorsicht seine eigene Position retten und absichern will.“

Olbrich

4. November 1945

Die Geschichte von Heinz Dietz ist ziemlich verworren. Ich setzte sie aus Teilen eines Besuchs auf dem Polizeirevier zusammen, den Schilderungen seiner Frau und der Auskunft aus einem Kriegsgefangenenlager, von wo er sich in der letzten Oktoberwoche unerlaubt abgesetzt hatte. Ich fand ihn nicht.

Nach den Erkenntnissen von Schmitt hatte Dietz als Arzt in Bad Orb gelebt, einem kleinen Kurort mit kohlensäurehaltigen Heilquellen, die angeblich die Schmerzen der Rheumaleidenden lindern, auf den Anhöhen östlich von Frankfurt. Eine Dienstreise ins bayerische Hauptquartier am 1. November bot mir eine erste Gelegenheit, mich nach Dietz zu erkundigen. Es war Mittag, als unser braunolivfarbiger Dienstwagen den ruhigen, mittelalterlichen Ort erreichte, und der Oberst, mit dem ich fuhr, war hungrig. Ich setzte ihn vor dem ausladenden modernen Kurhaus ab, wo die Zweite Bewaffnete Division ihr Offizierskasino eingerichtet hatte.

Zuerst ging ich ins Rathaus. Entweder das Bürgermeisteramt oder die Polizei würden Dietz' aktuelle Adresse haben. Auf der Straßenseite gegenüber dem ehrwürdigen alten Gebäude war ein modernes Café in einen Club des Roten Kreuzes umgewandelt worden. Heiße Swing Musik strömte aus einem Verstärker über den Platz und fand in den umgebenden Bergen seinen Widerhall. G.I.s gaben auf dem Parkplatz einem halben Dutzend rotbackiger, begeisterter deutscher Jungen Anfängerunterricht im Baseballspiel.

Als ich das Polizeirevier betrat, war dort ein lauter Streit im Gange. Er wurde von einem älteren dicken Mann mit einem Schnurbart im Stile Wilhelms II. unterbrochen, der sich hinter dem größten Schreibtisch in dem geräumigen Raum erhob. Mit einer tiefen Bassstimme stellte er sich als Polizeipräsident vor. Als ich ihn fragte, ob er mir irgendeine Information über Heinz Dietz geben könnte, forderte er alle Anwesenden mit Ausnahme eines anderen Polizeibeamten auf, den Raum zu verlassen. Auf diese Weise war Diskretion gewährleistet, obwohl die Geste des Chefs zweifellos mehr dazu geeignet war, seine Untergebenen und Besucher zu beeindrucken.

Nachdem der Raum leer war, nahm der Polizeipräsident eine Zigarette an. Er saß wichtigtuerisch hinter seinem Schreibtisch und sagte mir mit gedämpfter Stimme, dass die ihm unterstellten Einsatzkräfte den Befehl hätten, Heinz Dietz, einen amerikanischen Kriegsgefangenen, auf der Stelle zu verhaften, sobald sie seiner ansichtig würden. Ein anderer amerikanischer Offizier, der Kommandeur des Kriegsgefangenenlagers, sei erst vor wenigen Tagen bei ihm gewesen. Dietz war aus dem Kriegsgefangenenlager verschwunden, in dem er als Arzt eingesetzt war.

„Wir haben mit seiner Frau gesprochen", sagte der Polizeipräsident. „Sie lebt mit ihren Kindern oben auf dem Berg in dem Sanatorium, das sie betrieben haben. Sie bestreitet, dass sie etwas von seiner Flucht weiß. Natürlich glauben wir ihr nicht. Wenn Dietz hier auftaucht, kriegen wir ihn."

Das Bestreben des Polizeipräsidenten, Dietz zu verhaften, schien durch mehr als nur die Tatsache begründet zu sein, dass Heinz aus einem amerikanischen Kriegsgefangenenlager entkommen war. Ich fragte ihn nach Dietz' politischer Gesinnung.

Aus der Schulzeit erinnerte ich mich daran, dass dieser ruhige, ziemlich dicke, lethargische und unsportliche junge Mann kommunistische Tendenzen entwickelt hatte. Er kam aus einer reichen Familie, mit der er sich nie verstand, und wir betrachteten seine kommunistischen Anschauungen generell als eine Reaktion auf seine Familiensituation. Er sprach sehr selten darüber, mit Ausnahme einiger ziemlich hintersinniger Bemerkungen während der politischen Diskussionen, die oft im Zusammenhang mit dem Geschichtsunterricht entstanden. Ich kann mich nicht an Einzelheiten seiner damaligen Einstellung erinnern. Wir alle hatten es aufgegeben, aus ihm schlau zu werden. Er war allgemein unbeliebt.

Für den Polizeipräsidenten war Dietz' frühere kommunistische Gesinnung überraschend. Er hielt ihn für einen Naziagitator. Während der letzten zwölf Jahre hatte Dietz mit Unterbrechungen in Bad Orb gelebt, und im Städtchen sah man ihn als Parteiaktivisten. Seit Beginn des Hitlerregimes hatte er auf Reichsparteitagen Nazireden gehalten, sagte der Polizeipräsident. „Deshalb freuen wir uns, den Amerikanern dabei zu helfen, ihn wieder einzufangen. Wir kommen in diesem Ort gut ohne ihn aus."

Das große Haus, in dem ich Frau Dietz finden würde, hatte Heinz von seinen Eltern geerbt, erklärte der Polizeipräsident. Er hatte es in ein kleines Sanatorium verwandelt, das ihm, dem Arzt und Eigentümer, ein hübsches Einkommen einbrachte. Der Polizeipräsident führte mich nach draußen, um mir zu zeigen, wie ich zu dem Haus gelangen konnte.

Aus der Distanz wirkte die im viktorianischen Stil erbaute Villa verlassen. Sie war von einem verwilderten Garten umgeben, der lange nicht von Gartenhacke und Sichel berührt worden war. Die meisten Fenster hatten geschlossene Fensterläden, und im Nieselregen, der eingesetzt hatte, sah das Sanatorium aus wie der Ort, von dem Charles Addams die Einfälle für seine Cartoons im *New Yorker* nimmt.[23]

Ich konnte den Eingang nicht finden. Da trat ein etwa zehnjähriges Mädchen mit Zöpfen, die als Double von Margaret O'Brien hätte auftreten können, mit einer kleinen Milchkanne durch eine Seitenpforte.[24] Das Mädchen erklärte mir, dass ich um das Haus herum zu der kleinen Tür dahinter gehen müsste, da die Tür am Vordereingang zugenagelt war. Das Mädchen hieß Ilse Dietz, sie beantwortete meine Fragen.[25] Ihre Mutter sei im Haus. Ihre zwei jüngeren Brüder auch. Sie selbst ginge Milch holen.

Ich traf Frau Dietz an, als sie gerade damit beschäftigt war, den Boden zu wischen. Sie war um die Dreißig. Ihre dicken Brillengläser verbargen einen intel-

---

23 Charles Samuel Addams (1912–1988) war ein amerikanischer Comic-Zeichner, der für seinen schwarzen Humor und seine makabren Figuren bekannt war. Seine Comics erschienen regelmäßig im *New Yorker*. Im Laufe seines Lebens zeichnete er über 1300 Comics.

24 Margaret O'Brien (eigentlich Angela Maxine O'Brien) (geb. 1937) ist eine amerikanische Schauspielerin. Sie war in den 1940er Jahren ein führender Kinderstar in Hollywood. Für ihre Rolle in Vincente Minellis Film MEET ME IN SAINT LOUIS (1944) gewann sie einen Oscar als herausragender Kinderstar. Berühmt wurde sie durch ihre Rolle in JOURNEY FOR MARGARET (1942). Darin spielte sie ein verwaistes Mädchen namens Margaret White, das zusammen mit seinem Bruder Peter während eines Bombenangriffs der Deutschen auf London einen amerikanischen Journalisten und seine Ehefrau trifft. Das Ehepaar adoptiert die Kinder und bringt sie schließlich nach Amerika.

25 Es ließ sich nicht feststellen, ob Ilse der richtige Name der Tochter ist.

ligenten, aber glanzlosen Gesichtsausdruck. Am Fenster aßen die beiden kleinen Kinder Haferbrei. Oder genauer gesagt, sie schmierten ihn sich über das Gesicht.

Es war kein sehr günstiger Zeitpunkt für Frau Dietz, aber ich hatte auch nicht vor, lange zu bleiben. Ich sagte weder etwas über die Flucht ihres Mannes aus dem Kriegsgefangenenlager, noch über meinen Besuch beim Polizeipräsidenten, sondern erklärte nur, woher ich ihren Mann kannte. Ob er zu Hause sei?

„Nein" sagte sie. „Heinz ist noch in Kriegsgefangenschaft. Sein Kriegsgefangenenlager ist in der Nähe von Aschaffenburg. Er ist als Arzt dort, und sie lassen ihn nicht gehen."

Sie erwähnte die Flucht nicht und auch nicht die Nachforschung der Polizei in ihrem Haus. Ihr Verhalten ließ auch nicht erkennen, ob sie sich um ihren Mann sorgte.

„Vielleicht werde ich die Gelegenheit haben, mit ihm in seinem Kriegsgefangenenlager zu sprechen", schlug ich vor. Sie erwiderte nichts, um mich von dem Vorhaben abzubringen.

Sie erzählte mir ein paar Einzelheiten über Heinz. Er hatte Medizin studiert und während des gesamten Krieges als Arzt praktiziert. Erst im Februar 1945 wurde es als Gefreiter zum Militär einberufen. Davor war er „UK gestellt" – 4F – wegen seines schlechten Gesundheitszustandes.[26] Frau Dietz sagte etwas von einer Magenerkrankung.

Warum er nicht aus der Kriegsgefangenschaft entlassen werden könne, wollte Frau Dietz wissen. Fast alle Kriegsgefangenen seien nach Hause geschickt worden, nur ihr Mann nicht. Ich sagte, dass es wahrscheinlich an Ärzten mangele, die die deutschen Gefangenen medizinisch versorgen könnten, und dass sein Dienst daher unentbehrlich sei. Sie zuckte mit den Achseln. Warum man für diese Arbeit keine Nazi-Ärzte heranziehen würde? Ihr Mann habe nie der Partei angehört, sagte sie, und er sei immer gegen den Nationalsozialismus gewesen.

Von einem Schreibtisch nahm Frau Dietz einen Stapel Papiere, Abschriften eines Gesuchs mit mehreren Anhängen für die Freilassung ihres Mannes.

„Ich habe diese Unterlagen vor zwei Wochen zu Heinz' Lagerkommandant gebracht", sagte sie. Sie blätterte durch die Papiere: „Das sind Bescheinigungen von den Polizeibehörden. Ich bin in drei Städte gefahren, um sie zu besorgen. Sie beweisen, dass mein Mann kein Nazi war, nicht wahr?"

Es waren nur zwei Bescheinigungen, und keine davon aus Bad Orb, wo sie schließlich die längste Zeit während des Naziregimes verbracht hatten. Ich fragte sie, was in der dritten Stadt geschehen sei.

---

26 „UK-Stellung" steht für „Unabkömmlich-Stellung", das heißt, er war vom Militärdienst freigestellt.

„Der Polizeipräsident dort war Kommunist", sagte sie, wobei sie den Begriff wie ein Schimpfwort benutzte. „Er weigerte sich, mir die Bescheinigung für Heinz zu geben. Er war mal Heinz' Patient. Vielleicht hatte er persönliche Gründe, von denen ich nichts weiß."

Noch immer sagte ich nichts über Bad Orb und den Bericht über die frühen Naziaktivitäten ihres Mannes. Erst wollte ich noch mehr Informationen über Heinz' Kriegsgefangenenlager sammeln.

Die Jungen waren immer noch damit beschäftigt, das Essen zu rühren und zu verschmieren. Als ich aufstand, um mich zu verabschieden, brachte Frau Dietz die beiden dazu, sich zu verbeugen, so tief, dass die Stirn fast ihre Knie berührte. Sie schien erleichtert, dass ich keine weiteren Fragen stellte. Die kleine Ilse Dietz kam mit der Milch zurück, als ich gerade durch den Garten ging. Sie knickste und lächelte wie eine junge Dame.

***

Am folgenden Wochenende fuhr ich durch die Trümmer von Aschaffenburg. Ein Polizist, den ich nach dem Weg zum Kriegsgefangenlager fragte, wo Dietz eingesperrt gewesen war, sagte mir, dass die Zerstörung der Stadt größtenteils nicht den Bombenangriffen geschuldet war, sondern der Artillerie. Nazis, die bis zuletzt kämpften, waren dafür verantwortlich, weil sie letzten April versucht hatten, die Stadt gegen General Pattons Panzer zu verteidigen. Es kursierte das Gerücht, dass der Nazi-Offizier, der den Befehl gegeben hatte, Widerstand zu leisten, nun Kriegsgefangener der Alliierten sei. Der Polizist sagte, dass die Bevölkerung ihn öffentlich hängen wollte, inmitten der Trümmer, die er verschuldet hatte.

Ich passierte die provisorische Brücke über den Main, der Ausschilderung nach „mit den besten Empfehlungen der Ingenieure" der so-und-so-vielsten Einheit. Am Ende der Straße gab es eine Geschwindigkeitsbegrenzung. Auf Schildern stand: „Immer mit der Ruhe, unsere Krankenhäuser sind voll belegt. Das medizinische Bataillon soundso." Etwas weiter wies ein deutsches Schild zu einem „Kriegsgefangenenlager". Es war das Lager, nach dem ich suchte. Offenbar hatten die Deutschen es als Gefangenenlager für Alliierte benutzt, bevor wir es übernahmen.

Es war ein kleines Lager mit nur zwanzig Baracken. Gefangene reinigten die Straße des Lagers und nahmen blitzschnell Haltung an, als ich in Richtung des Büros ging. Die einzigen Orte, an denen Deutsche immer noch ihr bestes militärisches Benehmen zeigen können, sind die Kriegsgefangenenlager.

Ein Feldwebel im Büro erklärte mir, dass in diesem Lager verletzte deutsche Kriegsgefangene untergebracht seien, die aus den USA zurückgebracht worden waren, um entlassen zu werden. Daher der Bedarf an Ärzten.

Als ich mich nach Dietz erkundigte, sagte der Feldwebel, dass der Dolmetscher am besten mit dem Fall vertraut sei. Er ließ ihn rufen.

Der Dolmetscher war ein nordischer deutscher Riese, der ursprünglich im Afrika Korps gedient hatte, und der die Zeit, die er in einem Kriegsgefangenenlager in den USA zugebracht hatte, dazu genutzt hatte, Englisch zu lernen. Er zog Dietz' Akte aus dem Regal.

„Ich verstehe nicht, warum er ausgebrochen ist", sagte er. „Vielleicht ist er durchgedreht."

In der Akte befand sich die Petition, die ich in Bad Orb gesehen hatte. Sie war einen Tag, bevor Dietz geflohen war, von einer höheren Hauptverwaltung mit einem negativen Bescheid an das Lager zurückgeschickt worden. In dem Bescheid stand jedoch auch, dass eine Entlassung bald stattfinden würde. Der Dolmetscher zeigte mir eine Liste der Gefangenen, die entlassen werden sollten. Darauf stand auch Dietz' Name. Die Liste war fünf Tage, nachdem das Gesuch abgelehnt worden war, ausgestellt. Sie war gerade eingetroffen. Der Ausbruch aus dem Kriegsgefangenenlager machte die Entlassung freilich ungültig.

Der Rest von Dietz' Papieren bestand aus seinem deutschen Militärausweis, einer Anzahl gedruckter Werbebroschüren für sein Sanatorium und seinem Gesundheitszeugnis, das vom 20. August 1945 datierte. Darin stand, dass Heinz Dietz aus einem Fenster gestürzt sei und dabei einen Schädelbruch erlitten hatte. Der Dolmetscher hatte dafür keine Erklärung. Dietz war erst im September im Kriegsgefangenenlager angekommen.

„Dr. Dietz war sehr unbeliebt bei den Gefangenen", sagte der Dolmetscher.

„Warum?"

„Er behandelte täglich Hunderte Patienten. Von ihnen musste er zwanzig am Tag auswählen, die er für gesund genug hielt, dass sie in Arbeitstrupps im Lager eingeteilt werden konnten. Das verübelten sie ihm. Außerdem war seine Behandlung der Männer grob und nicht einfühlsam."

Als wir auf weitere Einzelheiten seiner Flucht zu sprechen kamen, erinnerte sich der Dolmetscher daran, dass es kurz davor Schwierigkeiten wegen Passierschein-Privilegien gegeben hatte, die das deutsche ärztliche Personal genoss, darunter auch Dietz. Die Passierscheine, welche die Gefangenen dazu berechtigten, sich einmal in der Woche in einem Radius von dreißig Kilometern zu entfernen, wurden von dem Kommandanten wieder eingezogen, wenn der Inhaber eines Passierscheins nicht zurückkehrte. Einen Tag später berief Dietz eine Versammlung seines ärztlichen Personals ein. Er wies eindringlich darauf hin, dass sie dringend im Lager gebraucht würden. Eine Flucht aus dem Kriegsgefangenenlager sei vergleichbar mit der Fahnenflucht zu Kriegszeiten. Es stelle auch einen nicht zu tolerierenden Missbrauch der Armbinde des Roten Kreuzes dar, die sie alle so stolz trügen. Er, Dietz, würde bei allen zukünftigen Fällen einer Flucht gegenüber dem amerikanischen Lagerkommandanten für strenge Strafen plädieren.

Weniger als zwei Wochen nach dieser Versammlung verschwand Dietz – ungeachtet der Armbinde des Roten Kreuzes und alledem – während eines abendlichen Kontrollgangs durch die Baracken.

Im Lager war nichts weiter bekannt. Ich verließ das Kriegsgefangenenlager und fuhr Richtung Norden, zurück nach Bad Orb.

***

Frau Dietz war überrascht, mich so schnell wiederzusehen. Sie bereitete gerade das Mittagessen für ihre Kinder zu. Alle drei saßen um den Tisch. Die kleine Ilse befestigte das Lätzchen ihres jüngsten Bruders. Ich wartete und sah mir ein paar deutsche, zwei Jahre alte Illustrierten mit Bildern von der siegreichen Wehrmacht in Russland an.

Nachdem ihre Kinder gegessen hatten, setzte sich Frau Dietz zu mir. Sie versuchte, überaus überrascht zu wirken über die Nachricht von dem Ausbruch ihres Mannes aus dem Kriegsgefangenenlager. Ich gab ihr zu verstehen, dass es nicht sehr nett von ihr war, so zu tun, als hätte sie nichts davon gewusst. Schließlich sei ich kein Ermittlungsbeamter, sondern ein ehemaliger Schulkamerad ihres Mannes. Sie erwiderte, sie sei argwöhnisch gewesen, als ich sie das erste Mal besucht hätte, und habe deshalb nichts von Heinz' Flucht erwähnt. Tatsächlich mache sie sich große Sorgen um ihn. Aber sie wisse nichts über seinen Verbleib.

Ihr Gesichtsausdruck ließ immer noch nicht erkennen, dass sie sich Sorgen machte. Als Frau, deren Mann vor einer Woche spurlos verschwunden war, war sie das Vorbild an Selbstkontrolle und Sorglosigkeit. Ich berichtete ihr von meinem Besuch in Heinz' Kriegsgefangenenlager, von dem abgelehnten Gesuch um seine Entlassung und von der Tatsache, dass er heute ein freier Mann wäre, wenn er nicht geflohen wäre. Vielleicht würde der Lagerkommandant immer noch erwägen, ihn zu entlassen, suggerierte ich, wenn er sich umgehend stellen würde. Frau Dietz bestand weiterhin darauf, dass sie von ihrem Mann absolut keine Nachricht habe und nicht wisse, wie sie sich mit ihm in Verbindung setzen könne, um ihn zu benachrichtigen.

Meine nächste Niederlage wurde mir durch die selbstbeherrschte, lächelnde kleine Ilse zugefügt. Ich fragte sie, wann sie ihren Vati zum letzten Mal gesehen hatte. „Mutti wird sich daran erinnern", antwortete sie höflich.

„Sie glauben mir nicht", sagte Frau Dietz. „Ich habe die Kinder vor zwei Wochen ins Kriegsgefangenenlager mitgenommen, damit sie ihn sehen. Danach habe ich von ihm eine Postkarte erhalten, und das ist alles."

Ich kam wieder auf Frau Dietz' Gesuch zu sprechen und erkundigte mich, warum sie von der Polizei in Bad Orb keine Bescheinigung erhalten hätte, welche die gegen die Nazis gerichtete Gesinnung ihres Mannes bestätigte.

„Ich wusste, dass sie sie mir nicht geben würden. Wir sind hier nicht sehr beliebt. Heinz hielt einmal ein paar Reden für die Partei. Nichts Politisches, verstehen Sie, nur Historisches. Er hat es nur gemacht, weil es sonst niemand in der Stadt gab, der dazu in der Lage gewesen wäre."

Die Atmosphäre unseres Gesprächs war nun fast feindselig. Frau Dietz schien darauf bedacht, dass wir zu einem besseren gegenseitigen Verständnis kommen. Als ich das Gesundheitszeugnis in der Akte ihres Mannes erwähnte, in dem von seinem Sturz aus dem Fenster die Rede war, bot sie eine vollständige Erklärung dafür an.

„Ich werde Ihnen beweisen, dass mein Mann auf der Seite der Alliierten stand", sagte sie.

Nach dem deutschen Zusammenbruch wurde Dietz, ein Kriegsgefangener, Arzt in dem Krankenhaus für verletzte deutsche Kriegsgefangene im nahe gelegenen Gelnhausen. Eines Nachts entkamen drei Gefangene. Es war ihnen gelungen, ein Motorrad zu verstecken, Zivilkleidung und genug Benzin, mit dem sie ziemlich weit kommen konnten. Aufgrund des herrschenden allgemeinen Durcheinanders zwischen den Besatzungszonen und sogar zwischen den verschiedenen Armeeeinheiten wäre ihnen die Flucht wahrscheinlich gelungen – wenn es Dietz nicht gegeben hätte. Er folgte ihnen in einem Krankenwagen zusammen mit einem anderen deutschen Kriegsgefangenen und stellte sie. Auf der Rückfahrt ins Krankenhaus stieß der Krankenwagen mit einem Lastwagen zusammen und Dietz wurde dabei verletzt. Alle wurden irgendwie ins Krankenhaus zurückgebracht und Dietz kam in ärztliche Behandlung. Die drei Geflüchteten wurden in Haft genommen.

Für einen Mann, der auf Naziparteitagen „historische" Reden gehalten hatte, hatte Dietz merkwürdig gehandelt. Hätte er als deutscher Patriot weit über seine Pflicht hinaus, wie auch immer man diese unter den gegebenen Umständen hätte definieren wollen, solch große Mühen auf sich genommen, um die geflohenen Kriegsgefangenen zu ergreifen? Ich fragte Frau Dietz, was sie meinte, aus welchem Grund ihr Mann die drei Flüchtigen verfolgt hätte. Sie sagte, er haben den amerikanischen Besatzern beweisen wollen, dass er ihr Vertrauen verdiente.

Kurze Zeit darauf bekam Dietz in seinem Krankenhausbett Drohbriefe von seinen Mitgefangenen. Die drei frustrierten Entflohenen ließen ihn wissen, dass sie ihn umbringen würden, sobald es ihm wieder besser ginge. Der andere Deutsche, der Dietz dabei geholfen hatte, die Flüchtigen zu fangen, erhielt ähnliche Drohungen. Eines Nachts floh der andere. Dietz war sehr beängstigt.

Er hatte so große Angst, dass er eines Nachts, bevor es ihm wieder so gut ging, dass er aus dem Krankenhaus hätte entlassen werden können, seinerseits einen Fluchtversuch unternahm. Sein Zimmer lag im ersten Stock. Er versuchte an einem Abflussrohr, das sich neben seinem Fenster befand, hinabzuklettern. Jedoch war er zu schwach, um sich daran festzuhalten. Er rutschte ab und erlitt einen Schädelbruch. Das war die Geschichte seines „Fenstersturzes".

Die Drohbriefe, fuhr Frau Dietz fort, hörten dann auf. Anscheinend glaubten die drei Entflohenen, dass Dietz genügend bestraft worden sei. Kaum, dass es ihm wieder gut genug ging, bewarb er sich um die Stelle des Lagerarztes in dem Kriegsgefangenenlager in der Nähe von Aschaffenburg und bekam sie auch.

Frau Dietz' Darstellung seines Aufenthalts dort bestätigte, was der Dolmetscher im Kriegsgefangenenlager berichtet hatte. Sie fügte hinzu, dass die Unbeliebtheit ihres Mannes ihm Morddrohungen seiner deutschen Patienten eingebracht hatte.

Heinz' Passierschein-Privileg war ihm gerade entzogen worden, als Frau Dietz ihn zum letzten Mal besuchte. Er erzählte ihr von einer Unterredung mit dem Kommandanten des Kriegsgefangenenlagers, bei der er versucht hatte, das Privileg wieder zu erwirken. Als Argument zitierte er die Genfer Flüchtlingskonvention (die alle deutschen Kriegsgefangenen anscheinend auswendig gelernt hatten). Frau Dietz zufolge hatte der Kommandant zur Antwort gegeben: „Sie vergessen, dass Sie bedingungslos kapituliert haben", und verweigerte Dietz die Rückgabe des Passierscheins. Frau Dietz erklärte, dass ihr Mann aufgrund dieser Antwort und der Tatsache, dass er das Kriegsgefangenenlager nicht mehr verlassen durfte, äußerst deprimiert war.

„Wohin, meinen Sie, ist Ihr Mann gegangen?", fragte ich Frau Dietz schließlich.

„Vielleicht in eine andere Besatzungszone", sagte sie. „Wir haben ein paar Verwandte in der russischen Besatzungszone und auch in der französischen. Ich weiß nicht, wohin er sonst gegangen sein könnte."

Soviel konnte ich über das Schicksal von Heinz Dietz in Erfahrung bringen. Als die Nazis, und nicht die Kommunisten, wie er es bevorzugt hätte, in Deutschland die Macht erlangt hatten, sicherte er seine Position ab, indem er für die NSDAP Reden hielt. Nach dem Zusammenbruch vollzog er eine prompte Kehrtwende und wurde, um den Siegern gefällig zu sein, zum Informanten gegen seine deutschen Mitgefangenen. Doch der Zug war abgefahren, und er hatte ihn verpasst. Irgendwo in der russischen oder der französischen Besatzungszone, wo sein Hintergrund nicht überprüft werden kann, wird er sich jetzt dabei anstrengen, seinem nächsten Chef gefällig zu sein.

„Und ihr in Amerika habt Neutralität verordnet“

*„**Franz Schmidt-Knatz** ist das einzige Kind aus einer äußerst unglücklichen Ehe. Emotional war er seiner Mutter verbunden, aber mental und vor allem in künstlerischer Hinsicht war der Einfluss seines Vaters maßgeblich. Aufgrund seiner Labilität und Sensibilität verschloss er sich vor der äußeren Welt und erschwerte sein Verhältnis zu ihr. Eine gute, aber keine außergewöhnliche Intelligenz führte ihn sowohl zu Unsicherheit als auch zu Arroganz. Er ist für das Jurastudium begabt – das Metier seines Vaters –, aber nicht fähig, hohes juristisches Ansehen zu erlangen. Er sollte juristischer Berater eines großen Unternehmens werden, wo er in der Stille seines Büros arbeiten kann. Letztendlich ist Schmidt-Knatz einsam. Er ist ein ausgesprochener Skeptiker, aber keine Persönlichkeit, weil es ihm an Entschlussfähigkeit fehlt.“*

Olbrich

11. November 1945

Schmitt schickte eine triumphierende Nachricht mit Franz Schmidt-Knatz’ genauer Adresse in Weilburg an der Lahn. Das Frankfurter Postamt hatte sie mitgeteilt. Seine Karteien über die Aufenthaltsorte derjenigen, deren Wohnungen von der amerikanischen Besatzungsmacht beschlagnahmt worden waren, waren vollständig. Franz Schmidt-Knatz hatte in der Nähe des I.G.-Farben-Gebäudes gewohnt, innerhalb des jetzigen amerikanischen Geländes mit seinen mehr als fünfzig Häuserzeilen bestehend aus Wohnhäusern, die jetzt mit Stacheldraht abgezäunt waren und von Militärpolizisten bewacht wurden.

Um einige der Bergdörfer mit ihren engen, mit Kopfsteinpflaster gepflasterten Straßen zu umfahren, fuhr ich einen Teil der Strecke auf Hitlers luxuriöser Autobahn in Richtung Norden. Ich erinnerte mich plötzlich daran, dass ich schon einmal auf einem Stück dieser Autobahn gefahren war, Anfang des Jahres 1938, als sie gerade fertig gestellt worden war. Ich war damals auf dem Weg zu einem kurzen Besuch in Frankfurt. Ein jüdischer Geschäftsmann wollte mir mündlich ein paar Nachrichten an seinen Sohn in den Vereinigten Staaten überbringen, die man nicht der von der Gestapo zensierten Post anvertrauen konnte. Seine Geschäftsräume waren für ein vertrauliches Gespräch nicht geeignet. Einige seiner Angestellten agierten als Informanten der NSDAP – er glaubte, sie hätten ein Mikrofon in seinem

Privatbüro installiert. Deshalb lud er mich dazu ein, mit ihm durch die unbefahrene und mikrofonlose ländliche Gegend zu fahren – entlang dieses Autobahnstücks, um genau zu sein.

„Ist das nicht eine wunderbare Autostraße?", rief er aus. „Ich wollte, dass Sie das sehen. Ich kann jetzt in sieben Stunden nach Berlin fahren. Hitler hat ein paar eindrucksvolle Dinge für Deutschland getan. Die Wirtschaft läuft gut. Die Leute haben wieder Geld zum Ausgeben. Wenn sie nur mit diesem anti-jüdischen Unsinn aufhören würden. Schließlich bin ich ein ebenso guter Deutscher wie all seine Anhänger."

Ein Jahr später erhielt seine Familie von der Verwaltung des Konzentrationslagers Buchenwald eine Urne mit seiner Asche zum Kauf angeboten. Danach verließ die Familie Deutschland.

In der Nähe von Bad Nauheim fuhr ich von der Autobahn ab und nahm die schlechten und kurvigen Landstraßen über die Anhöhen nach Westen. Nach einigen Kilometern verließ ich die Landstraße, um mir das unterirdische Hauptquartier anzusehen, das sich in meilenweiten Gängen unter dem alten Schloss Ziegenberg erstreckte.[27] Ein Frankfurter Architekt hatte mir davon erzählt. „Ich habe es gefunden", hatte er gesagt. „Die Mauern sind einen Meter dick, die Decke drei Meter. Wir gossen so viel Zement in dieses Bauwerk hinein, dass es gereicht hätte, um 10.000 Ein- und Zweifamilienhäuser zu bauen." Der Bau war 1939 begonnen worden, und man munkelte damals, dass Ziegenberg Hitler als Führerhauptquartier dienen sollte, hatte der Architekt berichtet.

Vier durch Bomben zerstörte Bauernhäuser markierten den Eingang zu diesem Gelände. Auf einer Anhöhe lagen die verkohlten Ruinen des Schlosses. Bombenkrater und versengte Bäume umgaben es. Ein etwa vierzehnjähriger Junge erbot sich, mich herumzuführen. Das Schloss, sagte er, war weniger als einen Monat, bevor die Amerikaner die Gegend eroberten, bombardiert worden. Das Schloss und die unterirdischen Anlagen waren damals das Hauptquartier von Kesselring, dem Nachfolger des Oberbefehlshabers Rundstedt an der Westfront.[28] Die Bombardierung fand kurz

[27] Gemeint ist hier das Führerhauptquartier Adlerhorst, ein Bunkerkomplex, der 1939–1940 in Langenhain-Ziegenberg nach den Plänen des Architekten Albert Speer für Adolf Hitler und seinen militärischen Stab erbaut wurde. In unmittelbarer Nähe des Schlosses Kransberg, in den hügeligen Wäldern des Taunus, entstanden umfangreiche Anlage mit getarnten und unterbunkerten Bauten. Im September 1944 wurde von hier aus die Ardennenoffensive durch Generalfeldmarschall Rundstedt geleitet. Das Schloss wurde im März 1945 durch amerikanische Jagdbomber weitgehend zerstört.

[28] Albert Kesselring (1885–1960) war ein deutscher Heeres- und Luftwaffenoffizier. Im Zweiten Weltkrieg hatte er diverse Führungspositionen inne, seit März 1945 hatte er den Befehl über die Westfront. 1947 wurde er von einem britischen Militärgericht als Kriegsverbrecher zum Tode verurteilt, wenige Monate später jedoch zu lebenslanger Haft begnadigt.

nach Mittag statt, während Kesselring und sein Stab im Schloss zu Mittag aßen. „Tief fliegende Yabos“ (Jagdbomber), sagte der Junge mit ehrfürchtiger Stimme. „Aber sie haben Kesselring nicht erwischt.“ Wir waren die Anhöhe um die Krater herum zum Schlosshof hinaufgelaufen. Der Junge zeigte mir die schwere Falltür aus Stahl, durch die Kesselring und sein Stab hinab in den unterirdischen Bunker in Sicherheit ausgewichen waren, als die Bomben niedergingen. „Woher wussten die Amerikaner, wann Kesselring da oben Mittag aß?“, wunderte sich der Junge.

Vom Schloss waren nur die verkohlten Mauern stehengeblieben. Ein Lüster ragte aus den Trümmern dazwischen hervor. Im Hof fotografierten zwei Amerikaner sich gegenseitig vor dem Hintergrund einer steinernen Bank, auf die das Wahrzeichen des Schlosses, ein Ziegenkopf, gemeißelt war. Von der Rampe hatte man einen herrlichen Blick über die grünen bewaldeten Hügel im Süden. Wenn man sich umsah, fand man keine Hinweise auf die unterirdischen Anlagen in der Landschaft.

Mein Begleiter führte mich über eine enge Steintreppe von der Rampe hinunter und dann in den unterirdischen Gang. Mit einer Taschenlampe gingen wir mehrere hundert Meter den Gang entlang. Die Räume zu beiden Seiten waren zum Teil noch immer möbliert. In einem Raum lagen Reste von Geräten auf den Regalen. In einem anderen stand ein einsamer moderner Kühlschrank. Deutsche Schilder verwiesen auf ein Kino und zum Signalzentrum.

Als wir den Gang durch einen anderen Eingang verließen, weidete draußen ein Schäfer seine Schafe friedlich auf den sonnenbeschienen Feldern. Sein Hund schnüffelte an einem 500-Pfund schweren Blindgänger, der niemand zu stören schien.

„Bevor die Amerikaner kamen“, sagte der Schäfer, „durfte man sich diesem Ort keine zwei Kilometer nähern. Überall standen SS und Armeewachen, die bis an die Zähne bewaffnet waren. Jetzt kann man hier gut weiden. Ich hoffe, Sie werden alle die Bastarde aufhängen, die von hier aus Krieg geführt haben. Das hat das einfache Volk hier in der Gegend immer gedacht.“

Ich konnte es mir nicht verkneifen, seine letzte Bemerkung zu hinterfragen. Das „einfache Volk“ in dieser speziellen Region war sogar schon vor fünfzehn Jahren als fanatische Nazis bekannt. „Das waren die Jungen“, erklärte der Schäfer. „Ich bin jetzt 68. Ich habe ihnen immer gesagt, dass sie damit nicht ungestraft davon kommen würden. Gott hat uns die zehn Gebote gegeben, damit wir sie befolgen. Jetzt bestraft sie Gott. Sie haben es verdient.“

Mein Begleiter und ich gingen zum Jeep zurück. Als wir an einigen der harmlos aussehenden Bauernhäuser im Tal vorbeigingen, sah ich, dass deren Mauern aus einem Meter dicken Beton bestanden. „Hier wohnten die Stabshelferinnen“, erklärte der Junge in der Nähe eines Gebäudes, das von außen wie ein gewöhnlicher Schuppen aussah. Eine Bombe hatte in einer Ecke eine Einbuchtung im Beton hinterlassen. „Sie waren hier sicher", sagte der Junge. „Es war ihnen egal, was mit unseren Häusern passierte. Sehen Sie sich das an."

War das die Geburt einer Legende? Mit der Zeit würde das Haus des Jungen wieder aufgebaut werden. Moos würde in den unterirdischen Gängen von Hitlers Hauptquartier wachsen, wo seine Generäle ihren Krieg im Westen verloren hatten. Touristen würden zu der Bank mit dem eingravierten Ziegenkopf strömen und sich dort fotografieren lassen. Und die Geschichten des Jungen würden besser werden, je älter er wurde. Eine Anmerkung für den Baedeker: der Ziegenberg ist drei Sterne wert.

Ein paar Zigaretten „für seinen Vater" erbat sich mein junger Begleiter als Lohn. Ich lenkte meinen Jeep wieder auf die Anhöhen, durch die Dörfer, die in ihrer Sonntagsruhe vor mir lagen. Ein Begräbniszug brachte mich zum Anhalten. Der Priester gab die langsame Gangart vor, gefolgt von dem Sarg, der von Dorfleuten mit Zylindern auf dem Kopf getragen wurde. Das ganze Dorf schien zusammen gekommen zu sein. Hinter der Familie des Verstorbenen gingen die Männer, gekleidet in Fracks und glänzenden Zylindern, gefolgt von den Frauen und Kindern in schwarzer Trauerkleidung. Der Trauerzug bog ab, die Anhöhe hinauf zum Friedhof.

Dann, nach einem Stück gerader Landstraße durch gepflegtes Waldgebiet, gelangte ich nach Weilburg. In der Nähe des mittelalterlichen Turmes, der den Zugang in die Altstadt markierte, zeigte mir ein Paar, das gerade seinen Sonntagnachmittagsspaziergang machte, den Weg zu der Adresse, wo Franz Schmidt-Knatz wohnte. Das schlichte zweistöckige Haus war rundherum mit Dachziegeln bedeckt, genug, dass man davon die Dächer vieler Häuser in Frankfurt für den Winter reparieren könnte, dachte ich. Eine Frau im Erdgeschoss verwies mich nach oben. Es gab keine Klingel. Nachdem ich eine Weile angeklopft hatte, öffnete mir ein alter Mann die Tür einen Spalt weit, gerade weit genug, um miteinander sprechen zu können, aber nicht weit genug, dass man hätte eintreten können. „Was wollen Sie?", erkundigte er sich auf Englisch.

Ich sagte, dass ich Franz Schmidt-Knatz sprechen wollte.

„Er ist nicht hier", sagte der alte Mann. „Was wollen Sie von ihm?"

Ich erklärte, dass ich weder von der Gestapo käme noch von sonst einer Organisation, und dass ich weder ihm noch Franz Angst einjagen wolle. Er knurrte: „Man kann heutzutage nicht wissen, wer kommt."

Die Stimme eines Mannes aus dem Inneren der Wohnung fragte, wer an der Tür sei. „Ein Amerikaner, der dich sprechen will", sagte der alte Mann mit lauter Stimme auf Deutsch.

Franz Schmidt-Knatz trat an die Tür. Er schien größer zu sein als vor fünfzehn Jahren, jedoch ging er gebeugt, als ob er vermeiden wolle, dass er mit seinem Kopf gegen die niedrige Decke stieß. Seine Wangen waren eingefallen, und sein Hemdkragen war mehrere Zentimeter zu weit. Eine Goldrandbrille und zurücktretendes blondes Haar verliehen ihm ein intellektuelles Aussehen.

Er erkannte mich sofort und hieß mich herzlich willkommen. „Bitte entschuldige meinen Schwiegervater", sagte er. „Er wusste nicht, wer du bist. Amerikaner machen ihm so viel Angst wie zuvor die Gestapo."

Franz bat mich in die Wohnung, wo eine junge Frau einem kleinen blonden Jungen von etwa fünf Jahren dabei half, seinen Mantel anzuziehen. Franz stellte mir seine Frau und sein Kind vor. Er erklärte, dass er hier draußen in Weilburg bei seinen Schwiegereltern leben würde, seit seine Wohnung in Frankfurt von den Amerikanern konfisziert worden sei.

„Geh alleine mit dem Jungen raus", sagte Franz zu seiner Frau.

„Wolltest du gerade weggehen? Ich wollte deine Pläne nicht durcheinander bringen", sagte ich.

„Nun ja, da ist eine Theatergruppe in den Stadt, die für Kinder Schneewittchen aufführt. Aber ich bleibe lieber hier und unterhalte mich mit dir", sagte Franz.

Ich fragte, ob ich stattdessen nicht zur Theateraufführung mitkommen könnte – es gäbe nach der Aufführung noch Zeit, um sich zu unterhalten. Natürlich, sagten sie, ich könne sie gerne begleiten.

Das Stück wurde in einem Tanzsaal aufgeführt, der an eine Gaststätte angrenzte. Ein Ende des Saales war in eine Bühne umfunktioniert worden. Franz erklärte, dass das Stadttheater von den Amerikanern übernommen worden war, um die Truppen zu unterhalten. Als wir ankamen, war der Saal bereits überfüllt. Es war bitterkalt. Kinder aller Altersgruppen, gekleidet in ihre besten und dicksten Wintersachen, waren in Begleitung ihrer Eltern gekommen, und alle waren so angezogen, dass sie zwei Stunden Unterhaltung in kalter Umgebung überstehen würden.

Der Leiter der Theatergruppe bestand darauf, uns die besten Plätze im Saal zu geben, in der ersten Reihe. Das war von Vorteil, denn in den Reihen hinter uns waren die Stuhlreihen so dicht aneinander gestellt, dass die Beine der Erwachsenen eng eingezwängt waren. Nur die Kinder saßen bequem.

Der Nachteil der ersten Reihe bestand jedoch darin, dass Franz' Sohn aus dieser kurzen Entfernung zur Bühne nur wenige der beabsichtigten Illusionen aufnehmen konnte. Er, wie wahrscheinlich auch alle anderen, vergaß die eisigen Temperaturen im Saal, als das Theaterstück begann. Es gab nur ein karges Bühnenbild, alles war nur aufs Einfachste improvisiert. Der Thron der bösen Königin bestand aus einem einfachen Sessel in einer Holzkiste, über den ein sehr schmutziger Teppich gelegt war. Die Holzkiste wurde später als Schneewittchens Sarg benutzt. „Aber das ist doch kein Spiegel", rief Schmidt-Knatz Junior laut. Auf die Oberfläche des Handspiegels, den die Königin vielfach konsultierte, um zu ermitteln, wer die Schönste im ganzen Land sei, waren offensichtlich ihre Dialoge geschrieben.

Die Reaktionen des Publikums waren laut und direkt. Der Plan der Königin, Schneewittchen umbringen zu lassen, löste Wogen der Entrüstung aus. Aber der Höhepunkt des Theaterstücks kam im dritten Akt. Schneewittchen hatte das Haus der Zwerge betreten. Es war leer, sieben kleine Teller und Becher standen auf einem kleinen Tisch, um den sieben kleine Klappstühle gestellt waren, die aus einem Luftschutzbunker stammten. Schneewittchen sagte, dass sie schrecklich hungrig und durstig sei und sich versucht fühle, von dem guten Essen auf den sieben kleinen Tellern zu essen und aus den sieben kleinen Bechern zu trinken. Franz' Sohn, der auf seinen Stuhl gestiegen war, kommentierte, dass in Wirklichkeit kein Essen auf den Tellern war, sondern lediglich ein Stück Brot auf einem Teller. Aber Schneewittchen hatte Gewissensbisse. „Das ist Diebstahl", sagte sie zu sich selbst, „und ich sollte nicht stehlen." Das Publikum brach in lautes Lachen aus. Aus allen Ecken brüllten Kinder: „Nur zu, Schneewittchen. Iss, wenn du hungrig bist."

Franz' Sohn zog seine Mutter durch die engen Straßen, nachdem wir das Gewimmel und Gejohle in der Halle hinter uns gelassen hatten, und nahm sie in Beschlag mit Fragen zu Schneewittchen und den sieben Zwergen. Franz und ich folgten ihnen und begannen uns gegenseitig über die letzten fünfzehn Jahre zu berichten.

Schmidt-Knatz' Vater war Rechtsanwalt und stammte aus einer bekannten alten Frankfurter Familie. Auch Franz hatte Jura studiert und 1938 seine Zulassung als Anwalt erhalten.[29] Obwohl er, wie er sagte, nicht die geringste Sympathie für das Vorgehen und die Ziele der Nazis empfand, wurde er 1937 Parteimitglied. Er hatte viel Zeit in sein Jurastudium investiert und war nicht bereit, seine Mühen nun wegen einer „albernen Formalität" wegzuwerfen. Er hätte seinen Beruf nicht ausüben können, wenn er der Partei nicht beigetreten wäre.

Es war irgendwie leicht, schnell mit Schmidt-Knatz warm zu werden. Während der Schulzeit hatte ich ihn für einen Snob gehalten. Damals hatte er

---

[29] Franz Ludwig Schmidt-Knatz (1913–2002) war Jurist in Frankfurt am Main und von 1966–1996 Präsident der Polytechnischen Gesellschaft. 1980 verlieh die Goethe-Universität die Ehrensenator-Würde. Im selben Jahr erhielt er das Bundesverdienstkreuz 1. Klasse. Für sein ehrenamtliches Engagement in etlichen Frankfurter Stiftungen hat ihn die Stadt Frankfurt 1984 mit der Ehrenplakette ausgezeichnet. Schmidt-Knatz stammte aus einer Juristenfamilie, die seit mehreren Generationen in Frankfurt ansässig war. Sein Vater war der Justizrat Friedrich Schmidt-Knatz. Er war Justiziar des Landesbruderrats der Bekennenden Kirche, Dante-Übersetzer und Deutscher Tennismeister.

viel mit den Söhnen der wohlhabenden und einflussreichen Familien in unserer Klasse zu tun. Jetzt konnte ich keine Spur von Snobismus bei ihm entdecken. Er war ein intelligenter Mann. Er war menschlich. – Nach Auskunft mehrerer Personen in Frankfurt hatten er und seine Familie dies mehrfach unter Beweis gestellt, als es darum ging, einem Verfolgten zu helfen, und sie hatten dafür das Risiko persönlicher Gefährdung auf sich genommen. Ich erlebte ihn als gutmütigen, unvoreingenommenen Mann.

Enttäuschend war jedoch die Tatsache, dass in Deutschland selbst gutmütige Menschenfreunde mit offenem Geist nicht bekennende Widerständler gegen die Nazis geworden waren, die ihr Leben zum Wohle der Menschheit aufs Spiel setzten. Aus ihnen waren Skeptiker geworden, keine Aktivisten. Nicht nur das – sie waren zu widerstandslosen, wenn auch widerwilligen Zahnrädern in der Nazi-Maschinerie geworden. Schmidt-Knatz war Offizier in der deutschen Armee gewesen. Da ich ihn als einstigen Freund sah, konnte ich mich nicht an die eigentliche Tatsache gewöhnen, dass lediglich der Waffenstillstand, kein Frieden, vor wenigen Monaten seinen Status als Feind unterbrochen, nicht beendet hatte. Ich war mir zutiefst bewusst über die doppelte Persönlichkeit – einerseits zu seinem Rudel gehörend und andererseits als Individuum, dessen Fehler verzeihlich sind. Ich stand dem menschlichen Individuum gegenüber, aber versuchte das Ausmaß seiner Bindung an das Rudel zu ermessen.

Wir erreichten das Haus, in dem Schmidt-Knatz wohnte. Franz' Schwiegervater sagte, er habe im Wohnzimmer ein Holzfeuer für uns gemacht. Franz' Frau entschuldigte sich, dass sie keinen Kaffee hätte. Aber sie könne Tee kochen. Sie war der Meinung, dass ihr Sohn ein übermäßiges Interesse an den Rangabzeichen auf meiner amerikanischen Uniform zeigte, und nahm ihn mit sich in die Küche.

Franz und ich setzten uns hin. Es war ein gemütliches und bequemes Zimmer mit schweren Möbeln aus dem neunzehnten Jahrhundert. Angrenzend daran befand sich ein Arbeitszimmer von beträchtlicher Größe, in dem sich Bücher aneinander reihten.

„Das ist nicht meine Bibliothek", sagte Franz. „Ich musste alle meine Bücher in der beschlagnahmten Wohnung in Frankfurt zurücklassen."

Er beklagte sich nicht – er stellte lediglich die Tatsache als unvermeidlich fest. Er war skeptisch gegenüber meiner Beteuerung, dass er sein Eigentum am Ende zurückerhalten würde. Dann sprach er über den Krieg.

„Ich hatte sechs Jahre davon", sagte er. „Wir haben im August 1939 geheiratet. Ein paar Wochen später erhielt ich meinen Einberufungsbefehl. Muss ich dir beweisen, dass ich nicht in den Krieg gehen wollte?"

Schmidt-Knatz sagte rundheraus, dass er nie an die deutsche Sache geglaubt habe. Er tat jedoch, was von ihm verlangt wurde, und 1941 wurde er an die Front geschickt. Er sagte, dass er zu keiner Zeit an den deutschen Sieg geglaubt habe, weder nach dem raschen Polenfeldzug noch nach dem erfolgreichen Blitzkrieg im Westen. Er war weit gereist. Seine Familie hatte viele Freunde in England und den USA, und er wusste es besser. Dennoch war er auf dem Papier ein guter deutscher Offizier. Nach kurzer Zeit, die er bei einer Etappeneinheit der Flakartillerie verbracht hatte, wurde er für die Infanterie umgeschult. Dort blieb er bis zum Ende des Krieges und stieg zum Rang eines Hauptmanns auf. Er erlebte den Krieg in Russland, auf dem Balkan und in Italien, er war eine kurze Zeit lang mit der deutschen Besatzungsarmee in Frankreich und floh am Ende vor den Russen in die Sicherheit eines amerikanischen Kriegsgefangenenlagers. Er hatte nicht die Absicht gehabt, für den Führer, das Vaterland oder für sonst irgendjemand zu sterben. Er sagte, dass er aus keinem besonderen Grund dabei geblieben ist, lediglich wegen seiner Männer, die viel Vertrauen in ihn und seine Überlebensphilosophie zu setzen schienen.

„Sag mir ehrlich, Franz", fragte ich ihn, „was hast du gedacht, als du mich in amerikanischer Uniform sahst?"

„Ehrlich gesagt", antwortete er, „beneide ich dich. Du wusstest, dass du gegen eine böse Sache kämpfst. Ich war in einem Apparat gefangen, der mich dazu zwang, für ihn zu kämpfen. Jetzt wünschte ich, ich hätte früh genug den Mut gehabt, mich dir anzuschließen."

Das war eine ziemlich entwaffnende Aussage gegenüber jemandem, der gekommen war, um herauszufinden, welche mentalen Wendebewegungen die Unterstützer von Deutschlands Krieg nun durchlebten.

Freilich hatte Schmidt-Knatz' den Alliierten zugeneigte Gesinnung eine Grenze. Ein deutscher kommunistischer Herausgeber der *Frankfurter Rundschau*, einer von den Amerikanern genehmigten deutschen Zeitung, hatte gerade in einer Kolumne alle deutschen Soldaten und Offiziere als Mörder und Diebe gebrandmarkt.[30] Das schmerzte. Es veranlasste Schmidt-Knatz dazu, unsere Informationsdienste zu kritisieren, „die einem nichts zu lesen und zu hören anbieten als dieses Zeug über die Konzentrationslager und Kriegsverbrechen auf fremdem Territorium."

„Meine Einheit hat nirgendwo Zivilisten Leid angetan", behauptete Schmidt-Knatz steif und fest. Ein ganzes Jahr lang kämpften wir gegen

---

30 Die *Frankfurter Rundschau* war die erste Tageszeitung in der Amerikanischen Besatzungszone. Sie erschien seit dem 1. August 1945. US-General Robert A. McClure hatte am 31. Juli 1945 die Lizenz zur Herausgabe der *Frankfurter Rundschau* an ein Herausgebergremium übergeben, dem Emil Carlebach, Hans Etzkorn, Wilhelm Karl Gerst, Otto Grossmann, Wilhelm Knothe, Paul Rodemann und Arno Rudert angehörten. Drei der ursprünglichen Herausgeber, Emil Carlebach, Otto Grossmann und Arno Rudert, waren Kommunisten.

jugoslawische Partisanen, die meine Division von 15.000 auf 2.000 Mann reduzierten. Zurückhaltung war nicht leicht. Aber wir benahmen uns wie Soldaten. Ich weiß verdammt gut, was die SS getan hat. Aber ihr solltet nicht die Wehrmacht für das kriminelle Verhalten der SS verantwortlich machen."

Ich sagte ihm, dass er sich, was die Welt außerhalb Deutschlands betrifft, an die Tatsache gewöhnen solle, dass man der Auffassung sei, dass alle Deutschen für denselben Führer gekämpft hatten. Er stimmte zu, dass nun Deutschland als Ganzes die Konsequenzen für all die Verbrechen und für den Krieg als solchen tragen müsse. Er war jedoch der Meinung, dass das nicht ganz gerecht sei:

„Du sagst, dass wir für das Hitlerregime verantwortlich waren und dafür, dass wir es nicht beseitigt haben. Aber wie steht es mit dem Rest der Welt? 1936 besuchten uns Freunde aus England in Frankfurt, und wir sprachen über die Situation. Ich sagte ihnen, sie sollten aufpassen, weil Hitler einen Krieg vorbereite. Anstatt mit ihm Flottenverträge auszuhandeln, sollten sie lieber Flugzeuge bauen. Überhaupt hat die ganze Welt Hitler damals auf Augenhöhe behandelt. Anstatt ins Rheinland einzumarschieren, als Hitler die Wehrpflicht einführte und den Friedensvertrag in Stücke riss, führten die Franzosen bezahlte Feiertage für ihre Arbeiter ein. Und ihr in Amerika habt Neutralität verordnet. Ribbentrop hat das auf seine Weise interpretiert – nämlich als grünes Licht für seine aggressive Außenpolitik."[31]

Ich gestand Schmidt-Knatz zu, dass bis zum Ausbruch des Krieges die Politik der Alliierten den Krieg unabdingbar machte – angesichts der unbeugsamen Absichten Deutschlands –, weil sie ihn um jeden Preis vermeiden wollten. „Aber nehmen wir an", sagte ich, „die alliierten Mächte hätten aktiv eingegriffen und damit Deutschland das Recht verweigert, seine eigenen inneren Angelegenheiten und seine Außenpolitik souverän bestimmen zu können – hätte das nicht alle Deutsche zu Nazis gemacht?"

Schmidt-Knatz meinte, dass dies eine sekundäre Gefahr gewesen wäre im Vergleich zu der weitaus größeren Gefahr eines unkontrollierten Militarismus der Nazis. „Außerdem", fuhr er fort, „unterschätzt du die Zahl der Deutschen, die eine Intervention begrüßt hätten, und die sich dadurch ermutigt gefühlt hätten, sich den Nazis zu widersetzen. Sie fühlten sich von der Welt verlassen und ergaben sich dem Terror. Derweil schickten die ausländischen Mächte ihre Diplomaten zu den Nürnberger Parteitagen. Es stimmt, dass wir den Krieg verloren haben und dass deshalb unsere Kriegsverbrecher vor Gericht gestellt werden. Aber wir sind nicht alleine schuld."

---

31 Joachim von Ribbentrop (1893–1946) war ab 1938 Reichsminister des Auswärtigen. Er wurde im Nürnberger Prozess gegen 24 NS-Hauptkriegsverbrecher schuldig gesprochen und zum Tode verurteilt. Am 16. Oktober 1946 wurde er hingerichtet.

„Glaubst du nicht", erwiderte ich, „dass jedes Volk in erster Linie selbst für die Zusammensetzung und das Verhalten seiner Regierung verantwortlich ist? Andere Nationen erkennen heute, dass sie diese Verantwortung teilen müssen. Das wird in der Charta der Vereinten Nationen ziemlich deutlich anerkannt. Darin ist vorgesehen, aggressiven Absichten entgegenzuwirken, bevor sie sich entfesseln können."

„Das kommt fünfzehn Jahre zu spät", sagte Schmidt-Knatz. Aber er stimmte zu, dass das deutsche Volk als Ganzes sich hatte täuschen lassen und die Naziherrschaft stillschweigend gebilligt hatte. „Als moderne politische Gesellschaft waren wir nicht reif genug. Ich fürchte, wir sind heute sogar noch weniger reif."

Zwangsläufig warf Schmidt-Knatz die Frage auf, ob andere moderne Nationen die politische Reife erreicht hätten, um in einer Situation wie der, der Deutschland 1933 gegenüber stand, Widerstand zu leisten. Ich sagte, dass ich meinen Optimismus in dieser Hinsicht vor allem aus der Tatsache bezog, dass der bei weitem größere Teil der Menschheit in dem Krieg, den wir gerade hinter uns hatten, Kains ewige Frage bejahend beantwortet hatte.

Franz nannte mich einen Idealisten. Als wir die Liste der führenden Nationen durchgingen, die sich Deutschland entgegengestellt hatten, und deren Motive anschauten, aus denen sie in den Krieg eingetreten waren, stellte ich fest, dass Schmidt-Knatz' Bewunderung für Großbritannien grenzenlos war. Nicht, weil Großbritannien wegen der Freiheit Polens und um seinen vertraglichen Verpflichtungen nachzukommen in den Krieg eingetreten war, sondern wegen seiner Entschlossenheit, ein großes Imperium zu bleiben. „Die Ironie besteht darin", sagte er, „dass die Briten den Krieg und ihr Imperium nicht an uns verloren haben, sondern an die Vereinigten Staaten." Er war der Ansicht, dass die Vereinigten Staaten erst in den Krieg eingetreten sind, als sie durch den Verlust der britischen Flotte bedroht waren. Russland, meinte Schmidt-Knatz, habe nur gekämpft, weil Hitler so dumm gewesen sei, das Land anzugreifen. Die Betrachtung von Vergangenheit und Gegenwart wurde von Schmidt-Knatz' dogmatischer Überzeugung bestimmt, wonach ausschließlich der Standpunkt und die Absichten der Macht für den Verlauf der Geschichte verantwortlich seien.

„Ich gebe dir ein Beispiel", sagte er. „Ihr habt Thüringen und Sachsen erobert. Aber ihr habt nicht die Stärke besessen, sie zu behalten. Die Russen hatten ihre bewaffnete Macht in der Nähe konzentriert, und ihr musstet dieses Gebiet verlassen."

Diese Geschichte hatte ich schon oft gehört. Die Annahme der Deutschen im letzten Sommer, dass die Alliierten sofort mit der Roten Armee in Streit geraten würden, war nicht der einzige Grund, der zu dieser weit verbreiteten Meinung beitrug. Um einen Massenexodus der Deutschen aus diesen Gebieten zu verhindern, wurde deren Übergabe unter russische Kontrolle, die bereits Monate zuvor vereinbart worden war, vor der deutschen Bevölkerung geheim gehalten. Die Übergabe kam dann als Überraschung für die Deutschen und wurde im Allgemeinen als Zeichen für die militärische Schwäche der Amerikaner angesehen. Die Geschichten über Grenzbefestigungen auf beiden Seiten der neuen Demarkationslinie waren nur eine logische Folge dieser Gerüchteküche.

Es war nicht leicht, Schmidt-Knatz von den einfachen Tatsachen zu überzeugen. Er dachte in Begriffen von Panzern, Flugzeugen und Divisionen. Dass Staatsmänner in der Lage waren, sich miteinander abzustimmen und Kompromisse zu schließen in Angelegenheiten, welche die nationale Stärke betrafen, und dass solche Vereinbarungen und Kompromisse dann eingehalten und erfüllt werden könnten, war ein Gedanke, der ihm fremd war.

Die Tatsache, dass wir alle, ausgenommen der Besatzungstruppen, abzogen, machte Eindruck auf ihn. Das Ausmaß dieser Truppenbewegung war ihm weitgehend unbekannt, und er hatte den Verdacht, dass wir mit unserer offenen Bekanntgabe der Bewegungen des Truppenabzugs nicht die ganze Wahrheit sagten. Dann wollte er wissen, ob wir Europa den russischen Expansionsbestrebungen überlassen würden.

So wie bei vielen relativ gut informierten Deutschen, mit denen ich gesprochen hatte, drehte sich auch bei ihm die Deutung der amerikanisch-russischen Beziehungen wieder im Kreis. Dass wir Truppen hier stationiert hatten, bedeutete für ihn, dass wir beabsichtigten, die Russen zu bekämpfen. Dass wir unsere Truppen nach Hause schickten, zeigte ihm unser Desinteresse an den europäischen Angelegenheiten. Dass das Gegenteil, nämlich Vereinbarungen an die Stelle der Zurschaustellung militärischer Macht treten könnten, stieß bei ihm auf Skepsis. Franz warf mir erneut vor, ein blinder Idealist zu sein.

Unterdessen war Frau Schmidt-Knatz mit einem Tablett mit Tee und Plätzchen zurückgekommen. Nachdem sie uns eingeschenkt hatte, setzte sie sich hin und hörte unserem Gespräch zu. Mit ihrem Kopfnicken unterstrich sie die Argumente ihres Mannes, und fügte der ruhigen, fast resignierten Stimme ihres Mannes ein Element argumentativer Aufgeregtheit hinzu.

Frau Schmidt-Knatz dachte, sie müsse sich dafür entschuldigen, dass die Plätzchen keinen Zucker enthielten. Abgesehen von solchem Luxus wie Zucker war es sehr schwer, für den Jungen und für sie beide genug Essen zu besorgen. Franz sagte, dass er aus der deutschen Armee und der amerikanischen Gefangenschaft als ziemlich gut genährter Mann gekommen sei. Seitdem er wieder zuhause war, hatte er 25 Pfund verloren.

„Ihr seid nicht weit entfernt von den Bauernhöfen in der Gegend“, sagte ich. „Könnt ihr dort nicht erbetteln, was ihr benötigt?“

„Diese Bauern sind hart", sagte Schmidt-Knatz. „Geld beeindruckt sie nicht. Und wir haben keine Kleidung oder Zigaretten, die wir tauschen könnten."

Schmidt-Knatz war über den Egoismus der Bauern verbittert. Ihre eigenen Nahrungsstandards hatten die Bauern nicht reduziert. Sie wussten, dass sie eine starke Verhandlungsposition hatten und nutzten sie in vollen Zügen aus. Im Krieg und unter der Niederlage hatten sie vergleichsweise wenig gelitten, und sie hatten sich ihren nationalen Egoismus bewahrt. Franz hatte oft mitangehört, wie sie die Militärregierung und die neuen deutschen Beamten offen kritisierten. Unter Hitler sei es letztendlich besser gewesen, sagten sie. Die Tatsache, dass einhergehend mit dem politischen Zusammenbruch auch die deutsche Wirtschaft zusammengebrochen war, war ihnen bisher entgangen.

Wir unterhielten uns über einige unserer ehemaligen Klassenkameraden, die ich getroffen hatte oder die ich besuchen wollte.

„Erinnerst du Dich an Ardo Rouselle?", fragte Schmidt-Knatz.

„Ardo", der Sohn eines Bankiers, hatte unsere Klasse vier Jahre vor dem Abitur verlassen, und ich hatte ihn aus den Augen verloren. Schmidt-Knatz hatte ihn vor kurzem gesehen.

„Er hat im Krieg nicht so viel Glück gehabt wie du und ich", sagte er. „Er wurde an der Ostfront verletzt – das letzte Mal ziemlich schlimm. Er erlitt einen Beindurchschuss. Jetzt geht er auf Krücken. Weißt du, was er jetzt macht?"

Ich nahm an, dass er wohl in irgendeiner Funktion im Bankwesen beschäftigt sei.

„Du hast recht. Er verdient jetzt auch viel Geld. Er fuhr hin und her zwischen dem Börsenhandel in Hamburg, München und Frankfurt und nutzte dabei die Kurschwankungen aus. Wenn die Aktien der I.G. Farben in Hamburg zehn Punkte teurer gehandelt werden als in Frankfurt, kauft er sie auf und bringt sie mit dem Zug nach Hamburg."

„Angesichts der gegenwärtigen Reisebedingungen im Bahnverkehr wird das kein reines Vergnügen sein."

„Genau das ist der Punkt. Als versehrter Kriegsveteran hat er einen speziellen Behindertenausweis, was ihm die Fahrt in einem reservierten Abteil erlaubt. Er sagt, dass das normalerweise ziemlich komfortabel ist."

Ich fragte Schmidt-Knatz, ob diese Art Geschäfte legal seien. Er glaubte nicht, dass dies der Fall sei. „Ardos Vater war in der Partei aktiv", sagte er. „Ihm wurde verboten, sein Geschäft fortzuführen. Also macht Ardo weiter. Er sagt, er müsse ja auf irgendeine Weise Geld verdienen."

Was für eine groteske Vorstellung. Der Sohn eines Nazi-Bankiers, der von der Besatzungsregierung zur Geschäftsaufgabe gedrängt worden war, machte sich seine Kriegsverletzung zunutze, um auf illegale Weise aus den Kursschwankungen der Aktien börsennotierter Unternehmen, wie den I.G. Farben, die von den Alliierten aufgelöst worden waren, Profit zu schlagen.

„Es gibt jetzt eine Menge Leute, die von solchen Profiten aus Papiergeld leben. Schwarzmarkt, Börsenspekulationen, alle Arten zwielichtiger Geschäfte. Es ist nicht schwer, reich zu werden. Doch von all den Markstücken in Deutschland kann ich mir auf dem Bauernhof hier unten im Tal kein Pfund Butter kaufen. Ich glaube, unsere Währung wird nicht mehr lange existieren. Die Leute hier in der Gegend horten eure alliierten Markscheine, weil sie glauben, dass diese vom Dollar gestützt werden."

Plötzlich stürmte der junge Schmidt-Knatz in den Raum und führte einen gewaltsamen Themenwechsel herbei. „Schneewittchen war gar nicht tot, als es in dem Sarg lag", rief er aus. „Es hat die ganze Zeit gelacht. Ich habe es gesehen."

Es war Zeit für mich zu gehen. Ich wünschte Schmidt-Knatz Erfolg bei seinem Papierkrieg um seine Wiederzulassung als Anwalt trotz Parteimitgliedschaft.

„Was ich sogar noch lieber hätte als das, wäre ein Visum nach Brasilien", sagte er beim Abschied.

„Er wagte es sogar, dem Gauleiter persönlich zu schreiben"

*„**Otto Hahners** kindliche Umgebung war die eines geistig engen, anständigen, farblosen, kunstlosen Kleinhändlers. Trotz beträchtlichem materiellem Wohlstand rief dieser kleinbürgerliche Einfluss bei Otto eine etwas ängstliche Unsicherheit und Frustration hervor sowie ein Bedürfnis nach Führung und Autorität. Er hatte eine mittlere Intelligenz, deshalb fühlte sich dieser durchschnittliche Junge in der Masse durchschnittlicher Menschen am wohlsten. Er kam stetig voran, indem er Konflikten und wichtigen, unabhängigen Entscheidungen auswich. Unter einer starken Führung wäre er in der Lage gewesen, beträchtliche Energien zu entfalten, jedoch keine Initiative. Seine tadellose, aufrechte Anständigkeit hatte er nicht aufgrund seiner Erfahrung erlangt, sie ist vielmehr das Ergebnis eines frustrierten Charakters."*

Olbrich

15. November 1945

Schmitts Spurensuche blieb weiterhin erfolgreich. Er brachte mir die Adresse von Otto Hahner – der erste unter den Klassekameraden, der noch in Frankfurt lebte. Seine Wohnung befand sich in der Mendelssohnstraße. Zur Hitlerzeit hieß sie vermutlich Göring- oder Goebbels-Straße.[32] Es war eine zweifelhafte Ehre für einen alten Nicht-Arier wie Mendelssohn, dass er nun seine Straße zurückbekommen hatte, nachdem ihre Häuser zerstört und das Leben darin vernichtet worden war. Vielleicht wäre es besser für die Stadt gewesen, wenn sie einige der nach Nazis benannten Straßen so belassen hätte, als ständige Erinnerung an die Raserei, die die Nazis über die Stadt gebracht hatten – und die Zerstörung, die sie verursacht hatten.

Ich lief lange durch die Dunkelheit Frankfurts, während ich versuchte, mich an Otto Hahner zu erinnern. Ich stellte mir einen kleinen, drahtigen, recht intelligenten Jungen vor. Der Nationalsozialismus wird seinen Vorstellungen bis zu unserem Abitur fremd gewesen sein. Dessen war ich mir sicher. Ich konnte mir nicht vorstellen, dass er alles darum gegeben hätte, brutal zu sein, oder dass er Brutalität gebilligt hätte.

Aus einem Grund kannte ich Hahner besser als meine anderen Klassenkameraden. 1926 waren wir beide in einem vierwöchigen Pfadfinderlager

---

[32] Tatsächlich hieß die Straße von 1938–1945 Joseph-Haydn-Straße.

in Frankreich zusammen gewesen, das von idealistischen französischen und deutschen Lehrern als Experiment praktischer Aussöhnung organisiert worden war.[33]

Einzelheiten aus diesem Pfadfinderlager, die lange im halbbewussten Dämmerzustand verloren gewesen waren, tauchten nun in meiner Erinnerung auf. Wir waren damals dreizehn Jahre alt. Französische und deutsche Jungen schlugen zusammen im Wald von Compiègne Zelte auf, in der Nähe des Ortes, wo 1918 (und 1940) der Waffenstillstand geschlossen wurde. Wir spielten Fußball, lernten viel Französisch und schlossen internationale Freundschaft, die, wie wir schworen, für immer halten würde. Mag sein, dass unsere Väter in demselben Wald gegeneinander gekämpft und sich gegenseitig getötet hatten, aber wir, die neue, mutige Generation von Demokraten, würden nicht zulassen, dass so etwas im Zeitalter des Völkerbundes wieder geschehen würde.

Wir wanderten zu dem Monument, das beim Waffenstillstand zu Ehren des französischen Sieges errichtet worden war – es zeigte einen deutschen Adler, dem von einem französischen Schwert die Kehle durchtrennt worden war. Damals dachte ich, glaube ich, dass der darin ausgedrückte Gedanke zwar verdienstvoll, aber vielleicht zu intensiv zum Ausdruck gebracht wurde. Ich befürchtete, dass einige meiner Pfadfinderkameraden beim Anblick dieses Sinnbildes womöglich Rachegedanken entwickeln könnten. Was ihre Reaktionen waren, weiß ich nicht. Unsere französischen Begleiter sagten, dass sie das Monument verabscheuten.

Irgendwie gelang es Hahner und mir, nach Paris zu fahren. Unser Französisch war mittelmäßig. Nach einem Monat mit französischen Jungen im Wald von Compiègne enthielt es Elemente des Pariser Jargons. Die französische Hauptstadt machte einen überwältigenden Eindruck auf uns. Wir fuhren mit der Métro, stiegen auf den Eiffelturm und waren vom Leben auf den Boulevards fasziniert.

Nur einmal verloren wir einen Moment lang unseren Glauben an die deutsch-französische Aussöhnung: Wir wollten wegen eines Ausblicks auf die Stadt und auf die prächtigen Boulevards, die am Étoile zusammenliefen, auf den Triumphbogen klettern. Unten am Tor, in der Nähe der ewigen Flamme für den Unbekannten Französischen Soldaten, hielt uns ein Wachmann an. Es war ein Kriegsveteran mit nur einem Arm, einem Orden über der

---

[33] Studienfahrten nach England und Frankreich gehörten in der Musterschule in den 1920er Jahren zum pädagogischen Programm. Die Studienfahrten, die bereits seit 1909 durchgeführt wurden, sind Beleg für die Modernität der Musterschule. S. Ute Loiero, „Modernität ist unsere Tradition. Die Goldenen Jahre der Musterschule", in: Kallus und Aulmann (Hrsg.), *Musterschule 1803–2003. Festschrift zum 200jährigen Bestehen des Gymnasiums in Frankfurt am Main*, a.a.O. S. 55; S. 63.

Brust und einem mächtigen Schnurrbart. Er warf einen Blick auf uns und bellte: „Zu jung." Der Triumphbogen blieb uns verschlossen.

Auf meinem Weg zu Otto Hahner kam ich am Frankfurter Hauptbahnhof vorbei, einst Deutschlands größter Bahnhof und der Stolz der Stadt. In der Dunkelheit sah er so aus, als ob nicht viel mit ihm passiert sei. G.I.s schlenderten umher, Menschenmengen gingen hinein und kamen heraus, so als ob er noch der große Verkehrsknotenpunkt wäre. Aber das Gepäck der Reisenden verriet die heutige Zeit. Eine schäbig gekleidete Frau, die wie sechzig aussah, trug einen voluminösen Rucksack und eine große Stofftasche. Das Gewicht schien fast zu schwer zu sein, aber ihr hageres Gesicht brachte nicht die Erwartung zum Ausdruck, dass sie Hilfe erwartete. Ein Mann um die vierzig trug ein in Papier eingewickeltes Bündel – gehortetes Essen dem Anschein nach. Ein Junge trug den Seesack eines G.I.s. Dafür würde er als Gegenleistung eine Zigarette bekommen. Ein entlassener deutscher Soldat in einer zerschlissenen, schmutzig-grauen Uniform hatte sich sein Kochgeschirr um die Schultern geschlungen und trug sein Bündel und Decken. Er trat aus dem Bahnhof heraus und sah sich ausdruckslos um, anscheinend wusste er nicht, wohin er gehen sollte. Zwei deutsche Mädchen schlenderten Arm in Arm an ihm vorbei, Kaugummi kauend wie Kühe in einem Stall das Heu, in der Absicht, dass sie von amerikanischen Soldaten bemerkt würden.

Ich ging weiter bis zur Mendelssohnstraße. Der schmale Lichtkegel meiner Taschenlampe hob auf groteske Weise Teile der Zerstörung hervor, die die Dunkelheit verbergen wollte, und vergrößerte sie. Im zweiten Stock eines Hauses, dessen Vorderwand fehlte, hing ein Lüster an der Decke, mit seinen Leuchtbirnen am Platz. Nebenan stand nur noch das Treppenhaus. Im ersten Stock schien ein Gaszähler auf den Mann des Gasversorgungsunternehmens zu warten, der den monatlichen Verbrauch abliest. Im nächsten Haus hing eine rostige Badewanne über dem teilweise demolierten Fußboden.

Ich fand das Haus, wo Hahner wohnte. Die Häuser auf beiden Seiten der Straße waren zu Trümmern gebombt. Sein Haus war schwer beschädigt. Soweit ich sehen konnte, war keine Fensterscheibe intakt. Die Fensterrahmen waren mit Karton, Holz oder einer Art Ersatzglas gefüllt. Die Treppenlichter funktionierten. Sie waren zum Schutz vor Bombenangriffen noch in dunklem Blau gestrichen. Nach einer Weile reagierte eine junge, schlanke, brünette Frau auf die Türklingel – Hahners Frau. Sie schien verwundert, dass ein Amerikaner am Abend vorbeikam und nach ihrem Mann fragte. Als ich meinen Namen nannte, öffnete sich eine Tür in der Wohnung und Otto kam heraus.

„Meine Güte, was für eine Überraschung", rief er aus. „Komm rein – ich finde es prima, dass du bei uns vorbeischaust."

Otto Hahner war dick geworden. Das Drahtige seiner Jugend war verschwunden. Seine geringe Körpergröße, sein glattes, akkurat gescheiteltes, teilweise graues Haar, sein gestreifter Geschäftsanzug mit einer silbernen Uhrkette über der Weste ließen ihnen als einen wohlhabenden Vertreter der deutschen Mittelschicht erscheinen. Aber die Blässe in seinem Gesicht und der verunsicherte, starre Blick seiner Augen straften den Eindruck seines Wohlbefindens Lügen.

Sie baten mich in ein angenehm eingerichtetes Zimmer, dessen Eindruck jedoch durch den Karton in einem der Fenster und einer grob reparierten und unverputzten Decke getrübt wurde. Die Möbel, ebenso wie Ottos äußeres Erscheinungsbild, vermittelten den Eindruck von Reichtum, ohne dass dies jedoch gänzlich gelang. Es schien alles zu neu und zu markant, um wirklich behaglich zu sein.

Ottos Frau sagte, der Anlass verlange nach einer Flasche Rheinwein: „Wir haben sie gerade aus der französischen Zone geschmuggelt."

Sie ging aus dem Zimmer und kam mit einer staubbedeckten Flasche Rüdesheimer Riesling Jahrgang 1925 zurück. So stand es auf dem Etikett. Aus einem glänzend polierten modernen Schrank mit abgerundeten Ecken kamen drei schöne Weingläser zum Vorschein. Otto öffnete die Flasche und füllte feierlich unsere Gläser.

Ich holte ein paar Zigaretten heraus. Otto nahm eine davon mit einer absichtsvoll langsamen Bewegung, so als ob er mit Gold hantierte. Er sagte: „Ich bin so frei." Eine gute Übersetzung davon wäre: „Gestatte mir, dass ich eine davon nehme." Eine bessere Übersetzung: „Du weißt verdammt gut, dass ich seit Monaten keine gute Zigarette hatte, und ich wäre ein Trottel, wenn ich mir diese Chance entgehen ließe. Ich hoffe, du lässt das ganze Päckchen da." Neun von zehn Deutschen würden, wenn man ihnen eine Zigarette anbietet, sagen: „Ich bin so frei."

Dann kam die peinliche Pause, als wir alle drei darüber nachdachten, worauf wir passender Weise anstoßen könnten. Die Deutschen wählten normalerweise etwas Spezifischeres als „Glückliche Tage". Frau Hahner sagte schließlich feierlich: „Auf Friede auf Erden." Wir stimmten alle zu. Ich bin kein Kenner von Rheinwein, aber ich tat meine Pflicht als Gast und äußerte passende Worte der Anerkennung.

Als ich mich anschickte, sie nach ihrem Leben während der letzten vierzehn Jahre zu fragen, fiel mir auf, wie bereitwillig sie waren, darauf zu antworten. Otto und seine Frau wechselten sich eifrig gegenseitig ab, als sie auf die Vergangenheit zurückschauten, als ob sie lange auf eine Gelegenheit gewartet hätten, ihr Herz auszuschütten – oder zumindest ihr Gewissen zu rechtfertigen angesichts der Behauptungen von der deutschen Schuld, die, wie sie es vielleicht empfunden haben werden, ich vertrat.

Nachdem er die Schule abgeschlossen hatte, hatte Hahner eine Weile in einer Fabrik gearbeitet, dann begann er Ingenieurwesen zu studieren. Er hatte gerade sein Diplom erhalten, als er zum Militär eingezogen wurde, um während des Polenfeldzugs die Westfront zu verteidigen. Seine Einheit war eine von Pferden gezogene Artillerie-Truppe, und als 1940 der Überraschungsangriff auf Frankreich erfolgte, wurden er und seine Einheit von den mächtigen und siegreichen Panzern weit hinter der Front abgehängt.

„Das einzige Mal, als wir an die Front gelangten, war ich ein Artilleriebeobachter. Es war in der Nähe von Montmédy, und die Franzosen gönnten uns wunderbare Propaganda über Lautsprecher. Sie spielten ‚Parlez-moi d'amour' für uns. Ein schönes Lied. Ich muss die Schallplatte für dich kaufen, Liebchen", sagte er zu seiner Frau.

„Wie wirkte die Propaganda?", fragte ich.

„Oh, naja. Wir waren amüsiert. Wir dachten, der Krieg sei so gut wie vorbei."

Nach der französischen Kapitulation wurde Hahners Einheit in einem französischen Dorf stationiert und mit Besatzungsaufgaben betraut. Er wurde Offizier. Das Leben war angenehm, und mit der Dorfbevölkerung kam man gut aus. Vor allem Hahner, der Französisch konnte und die Menschen mochte, die es sprachen.

„Bist du nach Paris gekommen?", fragte ich.

„Ja, aber nur einmal", antwortete er. „Seit 1926 war ich nicht dort gewesen."

Er erinnerte sich an unsere gemeinsame Reise in die französische Hauptstadt. Der Zwischenfall am Triumphbogen, die schroffe Zurückweisung des Wachmanns, der uns daran hinderte, hinaufzusteigen, war in seinem Gedächtnis so lebendig geblieben wie in meinem. Nur, dass er ihn – vielleicht unmittelbar, vielleicht mit der Zeit – als absichtsvolle Feindseligkeit seitens des Wachmanns interpretierte, weil dieser erkannt hatte, dass wir deutsche Jungen waren.

Ich fragte Otto, ob er auf den Triumphbogen gestiegen sei, als er 1940 in Paris war.

„Das habe ich bewusst getan", sagte er. „Ich war ziemlich froh, dass diesmal kein französischer Wachmann davor stand, um mich daran zu hindern!"

Hahner war bemüht – aufrichtig, glaube ich – sich an seine politischen Vorstellungen aus der Zeit – dem Frühjahr 1944[34] – zu erinnern. Er war Offizier in der Wehrmacht. Bis jetzt war der Krieg ziemlich gut verlaufen.

[34] Anmerkung des Herausgebers der amerikanischen Ausgabe, Brian E. Crim: Dem Kontext nach zu urteilen, meint Jessel wahrscheinlich 1940 oder 1941, nicht 1944.

Er hoffte, dass die neue deutsche Ordnung nun Europa einen würde, und dass die restliche Welt ihren Widerstand aufgeben würde, nachdem sie sah, dass es funktionierte. Er hoffte auch, dass nun, nachdem Deutschland seine außenpolitischen Ziele erreicht hatte, die extremeren Naziführer entlassen würde.

Im Mai 1941 wurde Ottos Einheit von Frankreich nach Stettin verlegt, vielleicht um Norwegen zu bewachen, meinte er. Von einem möglichen Krieg gegen Russland war die Rede, aber dies wurde als verrückter Unsinn betrachtet. Dann hatte er einen Unfall. Er fiel auf unrühmliche Weise, bei weitem nicht nah am Feind. Seine Verletzungen waren dennoch schwer und nichtsdestotrotz durch den Krieg verursacht – weil er ohne den Krieg nie auf einem Pferd hätte reiten müssen, sagte Otto.

Hahner gab mir dann eine fünfzehnminütige, detaillierte Beschreibung seiner Wunden, von dem Heilungsprozess, dem Charakter seiner Ärzte, dem Standort und den Vorzügen der jeweiligen Militärkrankenhäuser, in denen er nach dem Unfall insgesamt vier Monate verbrachte. Nachdem er entlassen worden war, wurde er als kriegsunfähig nach Hause geschickt, nach dem deutschen Äquivalent von 4F eingestuft, und heiratete. Der Unfall mag zwar schmerzhaft gewesen sein, aber er rettete ihn vor der Teilnahme am Russlandfeldzug. Er glaubte nun ernsthaft, dass dies der persönlichen Intervention seines Schutzengels zu verdanken gewesen ist.

Seine Frau nickte zustimmend zu dieser angemessenen Beurteilung von Pferden, Gott und dem Russlandfeldzug.

„Ihr seid seit vier Jahren verheiratet?“, sagte ich.

„Ja, fast.“

„Habt ihr Kinder?“

„Nein. Das war unser großer Kummer. Aber jetzt glauben wir, es ist besser so.“

Ich sah mich im Zimmer um. „Ihr werdet froh sein, dass ihr eure Sachen über die Bombenangriffe hindurch gerettet habt“, bemerkte ich.

Ihre Gesichter hellten sich auf. „Ich hatte fast alle unsere Möbel in einem kleinen Dorf am linken Rheinufer versteckt“, sagte er.

„Das ist auf französischem Gebiet, nicht wahr? Wie habt ihr sie hierher zurückgeholt?“

„Wir haben sie zurück, das ist die Hauptsache“, sagte Frau Hahner. „Jemand ist mitten in der Nacht mit einem Lastwagen losgefahren. Wie er über die Grenze gekommen ist, ist sein Betriebsgeheimnis. Vielleicht sind die Wachmänner nach Mitternacht schläfrig. Wenn du eine Chance wie diese bekommst, stellst du keine Fragen.“

„Wir sind reich, sehr reich, Walter“, fügte Otto hinzu. „Nur wenige Leute in Frankfurt haben ihre Sachen noch.“

„Mit Ausnahme hiervon, sehen Sie“, sagte Frau Hahner, und zeigte auf den Schrank in der Ecke. „Das Schloss wurde aufgebrochen. Und man bekommt dieser Tage nichts repariert. Es ist wirklich schrecklich, wie die Leute heute mit schönen Möbelstücken umgehen. Kennst du nicht jemanden, Otto, der das Schloss reparieren könnte? Es ist so ein schöner Schrank. Vielleicht kannst du für ein paar Zigaretten einen Schreiner bekommen?“

Die Zigaretten waren zweifellos meinetwegen erwähnt worden. Otto schien es peinlich, wie sehr der leichte Schaden, den ihr Schrank genommen hatte, seine Frau beschäftigte. „Sieh mal, Liebchen“, sagte er, „wir sollten wirklich froh darüber sein, dass wir ihn überhaupt haben.“

Wir kamen auf die Kriegsjahre zurück. Hahner sagte, dass er nach seiner Entlassung aus dem Krankenhaus und dem Militär kaum Schwierigkeiten hatte, eine Stelle zu finden.

„Warst du Mitglied der NSDAP?“, fragte ich ihn.

„Ja“, sagte er. „Ich bin beigetreten, als ich noch im Ingenieursstudium war. Die Industrie wurde damals mit Bestellungen zur Wiederbewaffnung überhäuft, und es gab ausgezeichnete Berufsaussichten. Ich musste in der Partei sein. Sonst wären mir solche Berufschancen verschlossen geblieben.“

Hahner wurde Ingenieur in einem Chemiebetrieb. Seine Arbeit mit Schwefelsäure wurde geschätzt. Nach einem Jahr wurde er 1942 als Beauftragter einer industrieweiten Koordinierungskommission ernannt. Diese Kommissionen wurden in Albert Speers Rüstungsministerium eingerichtet. Sie sollten die deutschen Industrieverfahren standardisieren und die Produktion steigern.

„Solange der Maschinenbau wettbewerblich organisiert war“, erklärte Hahner, „stellte jeder Hersteller seine Maschinen nach seinen eigenen Vorgaben her, so dass nur seine eigenen Ersatzteile benutzt werden konnten und er auf diese Weise nur in die eigene Tasche wirtschaftete. Unsere Kommissionen wurden eingerichtet, um diesen wettbewerblichen Missbrauch zu untersuchen und zu verhindern und die Kriegsproduktion fachgerecht auf den Weg zu bringen.“

„War all das nicht lange vor Kriegsausbruch organisiert worden?“

„Keinesfalls“, sagte Hahner. „Die Industriellen sahen den Krieg als gutes Geschäft und wollten all ihre realen oder scheinbaren Wettbewerbsvorteile aufrechterhalten. Es gab viel Gejammer, als wir dies unterbunden haben. Echte Massenproduktion kam erst 1943 und 1944 in Gang.“

„Wie erklärst du dir das?“

„Ich bin nur ein kleiner Mann. Ich kann das nicht verstehen. Vielleicht dachten die Bosse, die das alles planten, 1940 genauso wie ich, dass der Krieg so gut wie vorbei war.“

Im August 1944 wurde Hahner klar, dass der Krieg nicht vorüber war. Er wurde erneut eingezogen, diesmal als Verwaltungsoffizier einer stationären

Artillerieeinheit an der Ostfront. Er war wieder in Stettin verortet, und als die Kapitulation kam, retteten er und sein befehlshabender Offizier sich, indem sie mit einem Dienstwagen in britische Gefangenschaft flohen. Die Briten entließen ihn im Juli.

Otto füllte unsere Gläser auf. Er sagte, dass er nicht gerne an die Zeit im Kriegsgefangenenlager denke. Aber er war sich darüber im Klaren, dass er Glück gehabt hatte, so schnell aus der Kriegsgefangenschaft entlassen zu werden. Gerüchten nach wurden andere Kriegsgefangene zur Zwangsarbeit nach Frankreich, Holland und Belgien geschickt.

Frau Hahner sah ihren Mann mit ernstem Blick an: „Ich weiß nicht, was aus uns geworden wäre, wenn er nicht im Juli zurückgekommen wäre", sagte sie zu mir. „Meine Mutter und ich waren beide krank. Meine Mutter liegt noch im Bett. Wir hatten niemand, der sich um uns kümmerte. Gott war gut zu uns."

„Was machst du jetzt?", fragte ich Hahner.

Er zuckte die Achseln. „Meine Firma hat keine Verwendung für mich", sagte er. Dafür gab es mehrere Gründe: Erstens waren Kriegsverträge bis zum Zusammenbruch das Hauptgeschäft des Betriebs. Jetzt operierte der Betrieb nur bei etwa fünf Prozent seiner Kapazität, er stellte pharmazeutische Produkte her. Für Chemie-Ingenieure gab es praktisch keine Arbeit. Außerdem stand im Betriebsplan, dass er die meiste Zeit, bevor er wieder zum Militär einberufen wurde, in Speers Koordinierungskommission zugebracht hatte, nicht im Betrieb. Ottos NSDAP-Mitgliedschaft spielte in der Diskussion keine Rolle, wahrscheinlich, so nahm er an, weil die anderen Argumente schon ausreichten. In Anbetracht seines in der Vergangenheit geleisteten Dienstes war das Unternehmen jedoch so großzügig, ihm bis Ende 1945 sein Gehalt weiter zu zahlen. Dessen angesammelte Kriegsprofite machten dies möglich.

„Hast du versucht, eine andere Stelle zu finden?"

„Ich habe an die für den Rhein zuständige Flussgebietskommission geschrieben. Sie untersteht nun den Amerikanern. Sie suchen nach Ingenieuren. Ich habe eine knappe Antwort erhalten: ‚Wir haben keinen Bedarf an Ihren Diensten.' Wahrscheinlich wegen meiner Parteimitgliedschaft."

Ich sagte, dass dies durchaus der Grund dafür sein kann, dass eine von Amerikanern kontrollierte Behörde ihn nicht einstellt.

„Ja, aber erkennt ihr Amerikaner denn nicht, dass jeder, der irgendeine Art bedeutender Position innehatte, Parteimitglied sein musste? Wie wollt ihr dieses Land leiten ohne all diese Leute?"

Ich sagte, dass ich das nicht wisse, aber das unsere Beamten anscheinend der Auffassung seien, dass es besser sei, etwas Chaos zu riskieren, als Nazis zu vertrauen.

„Aber wir waren keine Nazis", erklärte er. „Die meisten von uns waren Karteigenossen, keine Parteigenossen. Ich habe die Nazis niemals unterstützt. Ihre Exzesse waren mir zuwider."

„Es ist schrecklich ungerecht", sagte Frau Hahner mit leiser, resignierter Stimme. Otto lehnte sich zurück und schaute ins Leere. Seine geröteten Wangen nahmen wieder ihre vorige Blässe an.

Nun war es an Frau Hahner, sich über die ungerechten Verurteilungen von Nazis zu empören.

„Bevor wir geheiratet haben, hatte ich eine Stelle beim deutschen Arbeitsdienst", sagte sie. „Ich sah den Nazi-Schwindel von innen. Unsere Vorgesetzten waren junge Bengel, die dem Militärdienst aus dem Weg gingen und vor den Arbeitern patriotische Reden hielten, aber selbst nie ihre kostbare Haut dem Feindbeschuss aussetzten. Sie behandelten uns wie Dreck. Ich gebe Ihnen ein Beispiel. Im vorletzten Winter wurden die Fenster in unserem Büro bei einem Luftangriff zertrümmert. Wir konnten sie nicht gleich repariert bekommen, deshalb zogen drei von uns Mädchen in ein anderes Büro am Ende des Flurs, wo einer dieser Jungs seinen Schreibtisch hatte. Als er um elf Uhr morgens wie üblich mit einem Kater auftauchte, warf er uns einfach raus. Wir sagten ihm, dass es in unserem Büro zu kalt sei, um darin zu arbeiten. Aber er sagte nur: ‚Wenn es euch nicht gefällt, werden wir Arbeit für euch in einer Flugzeugfabrik finden.' Am Ende konnte ich es nicht mehr aushalten und bat um meine Entlassung. Das war letztes Jahr. Mein Mann war wieder weg in der Armee. Zuerst wollten sie mich nicht gehen lassen. Dann zwangen sie mich dazu, in einer Fabrik zu arbeiten, die Kugellager fertigte. Ich wurde krank. Mein Mann versuchte alles, um meine Entlassung zu erwirken. Er wagte es sogar, dem Gauleiter persönlich zu schreiben. Du hast doch den Brief, Otto? Er enthielt ein paar freimütige Äußerungen über den deutschen Arbeitsdienst. Aber es nutzte nichts. Sie sehen, die Leute in den Konzentrationslagern waren nicht die einzigen, die unter den Nazis gelitten haben. Leute wie wir haben auch unter ihnen gelitten."

Ich bat nicht darum, Ottos Brief zu sehen. Ohne ihn gesehen zu haben, war ich mir ziemlich sicher, dass die „freimütigen Äußerungen über den deutschen Arbeitsdienst" bestenfalls vorsichtige Anspielungen waren. Doch Otto und seine Frau waren zweifellos aufrichtig, wenn sie sich zu den Opfern des Naziregimes zählten.

Sie sahen mich erwartungsvoll an, auf Worte der Zustimmung und des Verständnisses hoffend. Ich fühlte mich nicht in der Lage, sie davon zu überzeugen, dass die Welt das, was sie erlitten hatten, wohl kaum auf dieselbe Stufe stellen würde mit dem, was die wahren Opfer des Nationalsozialismus erleiden mussten – diejenigen, die gelitten haben, weil sie nie das Recht aufgaben, sich dagegen aufzulehnen. Ich versuchte, ihnen begreiflich zu machen, dass sie, wie die Mehrheit der Deutschen, zur Kriegsanstrengung der Nazis beigetragen hatten. Otto, indem er mehr und bessere Schwefelsäure für hochgradig schwefelsäurehaltige Sprengstoffe herstellte, und seine Frau, indem sie für die Behörde arbeitete, die den deutschen Arbeitsdienst fügsam und funktionstüchtig hielt. Ich fragte mich, ob sie erwarteten, dass die Welt ihren Anteil an Deutschlands Kampf, die Welt zu unterwerfen, übersehen würde.

„Aber das war unsere Aufgabe und Pflicht als Deutsche. Was hätten wir sonst tun sollen?“

Es wäre sinnlos gewesen, wenn ich versucht hätte, darauf zu antworten.

Um das Schweigen zu überwinden, dass entstanden war, tranken wir Wein und zündeten uns eine weitere Zigarette an.

Otto stellte ein paar Fragen über andere Klassenkameraden, und fragte nach mir. Dann sprachen wir über seine Zukunftspläne.

„Es hat keinen Sinn, über Pläne zu sprechen“, sagte Otto. „Ich werde keine Stelle als Ingenieur in der chemischen Industrie finden. Unsere Industrie ist tot. Amerika und England sind einen ernstzunehmenden Konkurrenten auf dem Weltmarkt los. Deshalb werden die Betriebe, die die Bombenangriffe überlebt haben, jetzt als Reparationen demontiert.“

Demnach waren für Otto Hahner Reparationen in Form von Betrieben nichts anderes als ein Mittel der amerikanischen und britischen Industrie, die Weltmärkte zu dominieren. Sein Verstand blieb dem einfachen Gedanken fest verschlossen, dass die durch die deutsche Armee absichtlich verursachte industrielle Verwüstung Europas, der durch Deutschland verursachte Schaden auch von Deutschland bis an die Grenze seiner möglichen Belastbarkeit beglichen werden muss. Wieder sah ich mich mit etwas konfrontiert, was mehr war als nur ein lästiger Wortwechsel. Wenn ein Deutscher dabei ist, die Konsequenzen der Kapitulation von seiner eigenen Verantwortung losgelöst verstandesmäßig zu erklären, dann wird sich kein Aufgebot an Tatsachen und Zahlen dagegen durchsetzen. Denn die individuelle Rechtfertigung ist nur ein Nebenprodukt des grundlegenden Gedankengebäudes, das auf einem halb bewussten Erfassen der eigenen Schuld besteht, und einer bewussten Verweigerung, diese anzuerkennen. Keine Widerlegung auch nur einer einzigen, absichtlich missdeuteten, missverstandenen, verdrehten Gedankenfolge, die manch ein Deutscher jetzt produziert, um zu einer oberflächlichen, aber lebbaren Harmonie mit seinem eigenen Gewissen zu gelangen, wird eine Kerbe in seinem grundlegenden Gedankengebäude hervorrufen. Da kann nur der Druck der Geschichte, der Kapitulation, der Besatzung, fremder Anleitung als Lehrmeister fungieren.

Otto redete weiter über seine Zukunft. „Ich weiß nicht, was als nächstes kommt. Wir haben etwas Geld gespart – ich nehme an, dass wir davon eine Weile leben können.“

Die Wohlstand ausstrahlende silberne Uhrkette über seiner Weste schien im Einverständnis zu glänzen. Otto lehnte sich zurück und nippte an seinem Glas. Seine Frau sah ängstlich aus, besorgt und resigniert.

„Sieh mal, Otto", sagte ich. „Frankfurt ist eine Stadt in Trümmern. Sie wegzuräumen und die Stadt wieder aufzubauen, wird Tausende Menschen auf Jahre hin beschäftigen. Hast du dir mal überlegt, ins Baugewerbe zu wechseln?"

„Ich bin ausschließlich als Chemie-Ingenieur ausgebildet", antwortete Otto. „Ich müsste ganz von vorne anfangen. Wahrscheinlich als einfacher ungelernter Arbeiter. Wenn meine Ersparnisse aufgebraucht sind. Kann sein, dass ich das tun muss. Aber jetzt? Ich warte ab und werde mal sehen. Ich bin mir sicher, fast alle – auch die Arbeiter – haben während des Krieges etwas angespart, mit Überstunden, hohen Löhnen und ohne Gelegenheit, etwas auszugeben. Mein Bankberater hat mir gesagt, dass der durchschnittliche deutsche Arbeiter wahrscheinlich eintausend bis zweitausend Mark auf dem Bankkonto hat. Er hat es nicht eilig, mehr zu verdienen. Die Kosten für die Lebensmittelrationen haben sich kaum erhöht. Sonst gibt es praktisch nichts, was man kaufen kann. Außer auf dem Schwarzmarkt. Also für die Arbeiter, wie für mich, gibt es wirklich keinen Grund, für irgendetwas arbeiten zu gehen. Dann ist da noch ein weiterer Punkt. Wie lange wird unsere Währung stabil bleiben? Irgendetwas muss unternommen werden, um sie mit dem bisschen, was uns als Vermögen geblieben ist, in Einklang zu bringen. Wir glauben, dass es eine Wertminderung geben wird. Das Beste ist also, dass wir unsere Ersparnisse jetzt ausgeben oder, wie wir es machen, dass wir von ihnen leben. Das heißt, wir können uns nach den fürchterlichen Strapazen während sechs Jahren Krieg für unsere Ersparnisse wenigstens etwas Freizeit leisten und uns auf ihnen ausruhen."

Hahner hatte eine vernünftige Begründung geliefert für die allgemeine Apathie der Deutschen – gegenüber dem gesellschaftlichen wie auch gegenüber ihrem privaten Leben –, von der alle Beobachter berichteten. Wenn er recht hatte, könnte man daraus schließen, dass die Deutschen insgesamt keinen gemeinschaftlichen Enthusiasmus besitzen, ihr Land wieder aufzubauen, was ihnen einen Anreiz gäbe zu arbeiten, selbst wenn die Art der Tätigkeit nicht unbedingt der Ausbildung und dem gesellschaftlichen Status einer Person entspricht. Nächster Gedanke: Wenn die deutschen Arbeitskräfte durch eine Entwertung der Währung, die ihre Ersparnisse vernichtet, und durch drohenden Hunger dazu gezwungen werden müssen, eine Arbeit aufzunehmen, welche Hoffnung bleibt da für Deutschland als vernünftige politische und wirtschaftliche Gemeinschaft, die schließlich darauf basiert, dass der durchschnittliche Mensch sie haben will, sowie auf seiner Bereitschaft, dafür ein paar persönliche Opfer zu bringen?

Ich dachte, dass Otto Hahner und seine Frau schon mutlos genug waren, ohne dass ich ihnen die weiteren Konsequenzen ihrer Einstellung vor Augen halten musste.

Er hatte den Schwarzmarkt erwähnt, und so fragte ich ihn danach.

„Möchtest du ihn sehen?", fragte Otto. „Ich hatte vor, morgen in die Innenstadt zu gehen, um zu versuchen, ein Geschäft abzuschließen. Meine Schwiegermutter ist ziemlich krank, weißt du, und wir glauben nicht, dass sie noch viel wird laufen können. Sie hat ein Paar Schuhe, das ich vielleicht gegen etwas Kaffee tauschen kann."

Ich verabredete mich mit Otto für den nächsten Tag nachmittags am Hauptbahnhof. Der Schwarzmarkt befand sich in einer Seitenstraße dort in der Nähe. Dann ging ich.

***

Otto wartete auf mich am nächsten Tag nachmittags zum verabredeten Zeitpunkt auf dem Platz vor dem Hauptbahnhof. Das Kunstleder seiner kleinen braunen Aktentasche wölbte sich, wie ich annahm, über den Schuhen seiner Schwiegermutter.

Wir wichen den schnell über den Platz fahrenden Jeeps und Lastwagen aus. Ein großes Geschäft, jetzt ein PX – Post Exchange – wurde von Kindern umlagert. Sie bettelten amerikanische Soldaten um Schokolade, Zigaretten und Kaugummi an, wenn diese vollbepackt mit diesen Schätzen auf den Armen und in den Taschen aus dem Geschäft kamen. Weiter unten in der Straße sahen wir eine Menschenansammlung, wie auf dem Columbus Circle in New York, nur ohne die Sonntagsredner.

Männer und Frauen, manche von ihnen schäbig angezogen, andere gut gekleidet, gingen langsam umher, sprachen hier verstohlen mit jemandem und gesellten sich dort zu einer anderen Gruppe. Fast alle trugen Aktentaschen oder Tornister, aber es wurde keine Ware gezeigt.

Otto sagte, dass die Artikel nicht wirklich an Ort und Stelle getauscht würden. „Es ist eine Terminbörse. Man vereinbart einen Handel oder Tausch hier und verabredet einen Zeitpunkt und Ort, wo der Tausch dann tatsächlich stattfindet. Das macht es für die Polizei und eure Militärpolizei etwas schwieriger."

Einige der Händler hatten die rot-weißen polnischen Militärabzeichen an ihren Revers. Andere trugen die dunkelblau gefärbte amerikanische Armeekleidung, die UNRRA[35] den „Displaced Persons" gegeben hatte. Aber

---

[35] UNRRA ist die Abkürzung für „United Nations Relief and Rehabilition Administration". UNRRA war das internationale Hilfswerk der Vereinten Nationen, in dem sich 44 Nationen zusammengeschlossen hatten, mit den Vereinigten Staaten als dominanter

die meisten Schwarzmarkthändler waren deutsche Zivilisten. An einer Straßenecke stand ein deutscher Polizist, bewaffnet mit einem Gummiknüppel.

Otto schien einen der Händler zu kennen. Er ließ mich stehen und überquerte die Straße, um mit ihm zu sprechen. Während ich wartete, kam ein Junge von ungefähr zwölf Jahren auf mich zu und zeigte mir einen gut erhaltenen, zwölfeinhalb Zentimeter langen Dolch der Hitlerjugend mit einem eingravierten schwarzen Hakenkreuz auf rot-weißem Hintergrund am Dolchgriff. Er bot ihn mir für zwei Päckchen Zigaretten zum Kauf an.

„Sieh mal den Polizisten da drüben", sagte ich zu ihm. „Wenn er dich mit diesem Dolch sieht, steckt er dich ins Gefängnis."

„Er wird mich nicht sehen", sagte der Junge. „Ein Päckchen Zigaretten? Ja?"

Ich stand vor einem Dilemma. Erstens hätte der Junge für den Besitz eines solchen Dolches verhaftet werden müssen. Zweitens, wenn er ein potentielles Werwolf-Mitglied war, würde er seine Mordwaffe nicht für ein Päckchen Zigaretten verkaufen. Drittens, wie dem auch sei, ich wollte nicht, dass der Junde den Dolch behielt. Der Handel wurde abgeschlossen. Der Junge verschwand.

Ein Mann hatte dem Tauschhandel zugesehen. Jetzt kam er zu mir hinüber und sagte: „Zigaretten", während er mit einem Fünfzigmarkschein der Alliierten vor mir wedelte. Mehrere andere Leute bemerkten dies und traten langsam zu uns hinzu. Ich fragte den Mann, warum er bereit wäre, so viel Geld für blauen Rauch auszugeben. Er sagte:

„Was kann ich sonst damit machen? Ich habe genug Geld. Für diese fünfzig Mark kann ich so viel Essen kaufen, wie ich auf der Lebensmittelkarte meiner Familie in einem Monat bekomme. Aber das ist nicht genug zu essen. Den Rest kann ich für Zigaretten bekommen. Denn das ist das, was die Bauern verlangen."

Der Polizist hatte die Menschenansammlung beobachtet. Nun kam er langsam näher. Vielleicht dachte er, dass ich Hilfe brauchte. Unterdessen redeten alle durcheinander und steigerten den Preis für Zigaretten in die Höhe. Ein Tabakhändler wäre hier nützlicher gewesen. Die Menge bemerkte den Polizisten nicht. Außer einem Mann. Er sagte:

„Diese Bullen. Wenn sie nicht genug zu rauchen haben, inszenieren sie eine Razzia auf dem Markt und konfiszieren unsere Zigaretten. Dann rauchen sie einige davon oder verkaufen sie weiter."

Repräsentant. UNRRA war 1943 gegründet worden. 1945 wurde das Hilfswerk den Vereinten Nationen eingegliedert. Es operierte in Europa bis Ende 1946, in Ostasien bis zum Frühjahr 1947.

Die Menge zerstreute sich, als ich kein Interesse zeigte. Nur der Mann, der anfangs mit dem Fünfzigmarkschein zu mir rüber gekommen war, hielt mir den Schein beharrlich unter die Nase. Als Otto mit seinem Bekannten vom Schwarzmarkt zurückkam, verschwand er widerwillig.

Otto sagte, dass er ein halbes Pfund Kaffee für die Schuhe seiner Schwiegermutter bekommen habe. Er schien ziemlich zufrieden mit dem Tauschhandel. Ein Pfund Kaffee, sagte er, werde für zweihundert Mark gehandelt, und die Schuhe, die wirklich nicht in sehr gutem Zustand waren, seien schätzungsweise die Hälfte wert.

Ottos Bekannter sagte, dass Zucker für vierzig Mark das Pfund gehandelt werde, Zigaretten für 40 bis 70 Mark für ein Päckchen, und die von den Alliierten ausgegebene Deutsche Mark werde für zwei Deutsche Mark pro Stück gehandelt.

„Woher kommen die Zigaretten und der Kaffee und der Zucker?"

Er sah mich verlegen an. „Von den Amis natürlich. Auch von den Polen. Und von Jugendlichen, die das Zeug wahrscheinlich stehlen. Wenn Sie eine halbe Stunde eher hier gewesen wären, hätten Sie sehen können, wie ein Jeep vorfuhr. Ein Soldat hatte zwanzig Kartons Zigaretten dabei. Er verlangte dafür 5.000 Mark in Alliierten Banknoten (500 Dollar). Ein halbe Minute später war er wieder verschwunden. Er fuhr um die Ecke. Einer der Händler hier ging zu ihm hinüber, und die Abwicklung des Geschäfts wurde vollzogen."

Die von den Alliierten ausgestellten Banknoten seien aus zwei Gründen begehrt, sagte er. Erstens bestehe der Aberglaube, dass die von den Alliierten ausgestellten Banknoten ihren Wert behielten, wenn die Deutsche Mark an Wert verlieren würde. Die Leute glaubten nämlich, dass die von den Alliierten ausgegebene Mark an den Wert des Dollars gebunden sei. Zweitens und noch wichtiger sei, dass amerikanische Soldaten ausschließlich die Banknoten der Alliierten im Tausch für Zigaretten, Kaffee und so weiter annehmen, weil ihre Geldinstitute keine von Deutschen ausgegebene Währung annehmen.

Zwei Militärpolizisten mit weißen Helmen und weißen Gürteln kamen an unserer Gruppe vorbei und hörten einen Moment lang der Unterhaltung zu. Vielleicht verstanden sie etwas Deutsch. Kurz darauf trat ein Soldat zu uns hinzu. Er hörte auch eine Weile lang zu, dann sagte er:

„Können Sie mir helfen, Sir? Ich spreche kein Deutsch. Ich möchte einen Fotoapparat, einen guten, verstehen Sie? Eine Leica oder etwas Vergleichbares. Ich kann dafür mit Zigaretten bezahlen."

Ich musste ihn enttäuschen. Dann sagte Otto, dass er sich auch von einer polnischen „Displaced Person" eine zusätzliche Lebensmittelkarte gekauft hatte. Das hatte ihn 25 Mark gekostet. Das Essen, das er sich dafür kaufen könnte, würde ihn etwa drei Mark kosten. Die Lebensmittelkarten waren nicht auf den Namen des Besitzers ausgestellt und es wurde reger Handel mit ihnen getrieben. Anscheinend waren nicht nur „Displaced Persons“ in der Lage, Lebensmittelkarten zu verkaufen, sondern auch Deutsche mit großen Familien.

Otto hatte sein Tagesgeschäft beendet und wir gingen wieder. Ich nahm den Bus ins Hauptquartier zurück. Zwei G.I.s, die vor mir saßen, waren gerade aus der Schweiz zurückgekommen und tauschten ihre Erfahrungen aus.

„Schauen Sie sich diese Uhr an“, sagte einer von ihnen. „Sie hat genau fünfzig Schweizer Franken gekostet. Schwarzes Zifferblatt und goldene Ziffern, sehen Sie? Einem Russen in Berlin wird sie ganze 500 Dollar wert sein.“

„Er hoffe, dass Deutschland den Krieg trotzdem verliere"

*„**Fritz Kern** war das jüngste von vier Kindern – der verwöhnte Liebling der Familie. Sein Vater war ein kreativer Musiker und Komponist, gefühlsbetont, gewissenhaft, hilfsbereit, eifrig – und unpraktisch. Seine Mutter war sehr viel jünger als ihr Mann, eine großartige, tiefgründige, stille patrizische Persönlichkeit. Fritz entwickelte sich gut in seinem warmherzigen Zuhause, das durch eine Atmosphäre körperlicher und geistiger Reinheit sowie edler Gedanken und nobler Haltung geprägt war.*
Nach einem langsamen Start steigerten sich Kerns Schulleistungen aufs Durchschnittliche und darüber hinaus zu einem ziemlich gelungenen Abitur. Seine emotionale Sanftmut blieb unverändert bestehen. Er liebte die Natur und begleitete seinen Vater auf Jagdausflügen, aber wenn ein Schuss abgefeuert wurde und traf, brach Fritz beim Anblick des getöteten Tieres in Tränen aus. Er blieb ein Träumer und war introvertiert, aber seine starke Einbildungskraft verleitete ihn häufig zu plötzlichen, überraschenden Entscheidungen und zu gefährlichen, mutigen Taten. Als Freunde suchte Kern sich Klassenkameraden aus, die er für besser hielt als sich selbst. Er suchte nicht nach anspruchslosen Freundschaften, sondern nach Vorbildern für seine Entwicklung. Dies schloss volle Gegenseitigkeit aus – er vertraute sich selten jemandem an.
Mit der Zeit entwickelte Kern einen ausgeprägten Gerechtigkeitssinn. Wenn er Ungerechtigkeit sah, konnte dieser korrekte, ruhige Junge unerwartet aus der Haut fahren, ganz gleich, ob die Ungerechtigkeit ihn betraf oder jemand anderen. Seine Sensibilität entwickelte sich in Richtung der Kunst. Schönheit in all ihren Formen, Bücher, Bilder und Gegenstände des täglichen Gebrauchs zogen ihn an. Hässlichkeit, ob moralischer oder physischer Art, verursachten ihm körperlichen Schmerz. Das Gute und das Schöne gehörten für ihn zusammen."

Olbrich

17. November 1945

Die einzige Spur, die Schmitt von Fritz Kern finden konnte, war die Adresse seiner Schwägerin. Ich hoffte, dass ich Fritz finden würde. Er war einer der Jungen, die ich in der Schulzeit am liebsten mochte. Er war nicht allzu aufgeweckt, aber er war von einer Aufrichtigkeit und Freundlichkeit, an die nur wenige unserer Klassenkameraden, von denen die meisten angehende Zyniker waren, herankamen. Ich dachte, dass ich durch ihn einen Eindruck bekommen könnte, was aus den Besten unserer Generation unter dem Hitlerregime geworden war.

Ich wusste nichts über Frau Kern, die Frau von Fritz' älterem Bruder Arthur.[36] Schmitt hatte mir gesagt, dass sie in der Eckenheimer Landstraße wohnte, einer Straße, die an das von Amerikanern besetzte Gelände reichte. „Folgen Sie nur an der Außenseite dem Stacheldrahtzaun", fügte er hinzu.

Es war ziemlich spät abends, als ich Frau Kern aufsuchte. Als ich an der Eingangstür des Wohnhauses klingelte, ging in einem Fenster im dritten Stock ein Licht an und eine Frau fragte mich, was ich wolle. Ich rief hinauf, dass ich ein früherer Freund von Fritz sei und gerne mit ihr sprechen würde. Sie kam herunter, um die Eingangstür zu öffnen.

Nur die Hälfte des Hauses stand noch. Frau Kern führte mich durch das Treppenhaus nach oben. Eine Seite davon war vernagelt, auf der anderen hatte man Zugang zu den noch unbewohnbaren Wohnungen. Der Flur ihrer eigenen Wohnung im obersten Stockwerk des Hauses war teilweise verkohlt. Eine Phosphorbombe, sagte sie. Der größte Teil der Tapete war verbrannt und hing in Blasen und Fetzen von den Wänden. Die Decke war fast vollständig schwarz. Um mir zu zeigen, was mit der anderen Hälfte des Hauses geschehen war, öffnete Frau Kern die Tür zu einem Zimmer – sie führte ins Leere.

„Ein Teil des Stockwerks da draußen ist noch ziemlich stabil", erklärte sie. „Ich trockne dort meine Wäsche."

Sie führte mich in die Küche, und wir setzten uns an den Tisch. In einer Ecke des Raumes stand ein Bett, in dem zwei kleine Kinder – ihre Söhne – schliefen oder zumindest hätten schlafen sollen. Nachdem Frau Kern und ich ein paar Worte miteinander gewechselt hatten, waren sie hellwach und hörten zu. Nebenan lag das einzige Zimmer, das noch intakt war. Frau Kern benutzte es als Schlafzimmer für sich und ihre achtjährige Tochter.

Fritz' Schwägerin war eine dunkelhaarige, schlanke Frau um die 35, die zehn Jahre zuvor schön gewesen sein muss. Angst, Verbitterung und Nahrungsmangel standen ihr ins Gesicht geschrieben. Es falle ihr schwer, genug Essen für ihre Kinder zusammenzukratzen, sagte sie. Sie musste sich ganz alleine um die Kinder kümmern. Ihr Mann, Fritz' Bruder, war Feldwebel in der deutschen Wehrmacht. Er hatte gegen jugoslawische Partisanen in der Gegend von Triest gekämpft. Sie hatte seit einem Jahr nichts mehr von ihm gehört und die Hoffnung aufgegeben, dass er noch am Leben war. Tränen traten ihr in die Augen, als sie mir das erzählte, aber sie behielt sich unter Kontrolle.

---

[36] Es ließ sich nicht ermitteln, ob Arthur der richtige Name des Bruders ist.

Ich fragte sie nach Fritz.

„Wir glauben, dass er in Frankreich Zwangsarbeit leistet", sagte sie. „Er hat sich im April den Amerikanern ergeben und wir haben seitdem nichts mehr von ihm gehört. Kann sein, dass er auch nicht mehr lebt. Er hatte Malaria."

Bevor ich sie nach Einzelheiten fragen konnte, schilderte sie verbittert den Rest der Familientragödie:

„Sie wissen, dass sein Vater tot ist, nicht wahr? Er starb 1934 infolge eines Herzinfarkts. Nun ist vor einem Monat auch seine Mutter gestorben.[37] Alle ihre Kinder waren weg. Das war zu viel für die arme Frau. Fritz' älteste Schwester war mit einem Flugzeugbauingenieur verheiratet, der für Junkers in Dessau arbeitete. Die Russen haben ihn mitgenommen. Etwas Schreckliches muss Else zugestoßen sein, denn wir hörten vor sechs Wochen, dass sie sich das Leben genommen hat.[38] Zum Glück hatten sie keine Kinder. Dann gab es noch Anna. Sie wurde bei dem Terrorluftangriff im März vor einem Jahr getötet. Von Arthur habe ich Ihnen schon erzählt. Und jetzt kein Wort von Fritz, ihrem jüngsten Sohn. Es ist schrecklich – die ganze Familie …" Frau Kern senkte vor Kummer ihren Kopf. Ihre Stimme versagte. Einer der beiden Jungen im Bett begann zu weinen.

Das brachte Frau Kern dazu, sich zusammenzureißen. Sie ging zu den Jungen und sagte ihnen, dass sie schlafen sollten. Sie entschuldigte sich bei mir, dass sie keinen anderen Ort habe, an dem sie mit mir reden könne.

„Ich bin irgendwie froh, dass ich die Kinder habe. Sonst wüsste ich nicht, was ich tun sollte."

Frau Kern war am Rande der Verzweiflung und der Hysterie. Zuerst war es schwierig, von ihr klare Antworten auf meine Fragen nach Fritz zu erhalten, aber dann beruhigte sie sich.

„Ich wünschte, ich wüsste mehr über ihn", sagte sie. „Wenn seine Mutter noch lebte, könnte sie Ihnen mehr erzählen. Er liebte seine Mutter sehr. Wussten Sie, dass er eine Reise nach Italien unternahm, kurz nachdem Sie Abitur gemacht hatten?"

„Nein", sagte ich. „Ich habe ihn seit März 1931 nicht mehr gesehen."

---

37 Hier findet sich eine merkwürdige Unstimmigkeit: In seinen Memoiren schreibt Jessel, er habe sich mit einem französischen Besatzungsoffizier in Verbindung gesetzt, um Fritz Kern zu helfen, aus der Gefangenschaft zu kommen. Zehn Monate nach dem Besuch bei Fritz Kerns Schwägerin habe er eine Karte von Fritz' Mutter Elsa Kern erhalten, die ihn darüber in Kenntnis setzte, dass ihr Sohn Fritz in ein Kriegsgefangenenlager bei Heidelberg verlegt worden sei. Im Oktober 1946 erhielt Jessel dann eine weitere Karte von Fritz' Mutter, in der sie ihn informierte, dass ihr Sohn nun aus der Kriegsgefangenschaft entlassen worden sei und in der sie sich bei Jessel für dessen Unterstützung bedankte (s. *A Travelogue*, Kapitel 23, S. 183).

38 Es ließ sich nicht ermitteln, ob Else der richtige Vorname ist.

„Nun, er war ein bisschen ein Abenteurer", fuhr sie fort. „Er hatte überhaupt kein Geld für diese Reise. Er schaffte es bis nach Rom. Ich weiß immer noch nicht, wie es ihm gelang, zurückzukommen, weil sein Vater sich weigerte, ihm eine Bahnkarte zu schicken. Nachdem er zurückgekommen war, ging er an die Universität in Berlin, um Medizin zu studieren."

Nach Auskunft seiner Schwägerin war Fritz in seinem Studium erfolgreich. Zumindest nach dem, was sie zu der Zeit wusste. Dann kam er eines Tages plötzlich aus Berlin zurück, nachdem er vier Jahre dort studiert hatte, und erklärte seiner Familie, dass er das Medizinstudium aufgegeben habe.

Es dauerte etwas, bis seine Familie den Grund für Fritz' Entscheidung erfuhr. Zuerst hieß es, dass Fritz von seinen Anatomievorlesungen abgestoßen war, erinnerte sich Frau Kern. Den menschlichen Körper zu sezieren, war für Fritz' sanftes Wesen zu viel. Das mag ein Teil seiner Motivation gewesen sein. Aber die volle Geschichte kam erst heraus, als Fritz aus Berlin zurückkam und mit der Schauspielerei begann – zusammen mit der geschiedenen, nichtarischen Frau eines früheren Freundes.

Ich erinnerte mich an den Mann mit Namen. Frau Kern erzählte, er sei Rechtsanwalt gewesen und Fritz' engster Freund an der Berliner Universität. Der Mann war intelligent und ambitioniert – zwei Eigenschaften, um ganz oben auf der Nazi-Welle mitzureiten. Nur eines hielt ihn zurück – seine halbjüdische Frau. Sie war eine bekannte Schauspielerin, was in der Vornazizeit ein Plus für seine soziale und berufliche Stellung darstellte. 1934 ließ er sich aus rassischen Gründen von ihr scheiden.

Fritz erlebte das unmittelbar mit. Er verliebte sich in die Frau. Wenn es die Nürnberger Gesetze nicht gegeben hätte, hätte er sie geheiratet.

Die Studentenorganisation der Nazis brauchte nicht lange, bis sie von der Affäre erfuhr, berichtete Frau Kern. Sie stellten Fritz vor die Wahl, seine jüdische Geliebte aufzugeben oder die Universität zu verlassen. Er entschied sich für letzteres und wurde unter der Anleitung der Frau, die er liebte, Schauspieler.

Frau Kern hatte Fritz nur einmal mit einer kleinen Repertoire-Theatergruppe auf der Bühne gesehen, in der Rolle eines jungen Liebhabers in einem klassischen Stück. Sie hatte vergessen, welches Stück es war. Sie fand, dass er ein sehr guter Schauspieler war. Die Theater der größeren Städte blieben ihm verschlossen, weil er sich weigerte, der Partei beizutreten.

1940 verboten die Nazis Fritz' Freundin, auf der Bühne aufzutreten. Etwa zur selben Zeit wurde Fritz zum Militär eingezogen.

„Er kam, um sich von uns zu verabschieden", sagte Frau Kern. „Ich kann mich sehr gut an den Tag erinnern. Das Radio lief, und plötzlich kam die große Nachricht, dass Frankreich kapituliert hatte. Fritz ging aus dem Zimmer. Ich glaube, er weinte. Als er zurückkam, sagte er rundheraus, dass er hoffe, Deutschland würde trotzdem den Krieg verlieren. Wir waren entsetzt. Aber wir sagten nichts, weil wir wussten, dass er am nächsten Tag Uniform tragen würde. Ich glaube nicht, dass er ein guter Soldat war. Zumindest wurde er nicht mehr als Obergefreiter."

Fritz' Einheit verbrachte den Winter 1941/42 im verschneiten Russland. Im Sommer 1942 kam er zurück auf Heimaturlaub – mit zwei erfrorenen Beinen.

Als er wieder gesund war, wurde er für ein Jahr zum Besatzungsdienst nach Frankreich geschickt. Im Herbst 1943 wurde er dann erneut an die russische Front geschickt. Im darauffolgenden Frühjahr kam er zurück. Als Andenken brachte er eine schlimme Hautkrankheit mit, außerdem eine weitere Erkrankung, wegen der er all seine Zähne verlor, und Malaria.

Nach seiner Entlassung aus dem Krankenhaus im Sommer 1944 wurde er Ausbilder einer Einheit von Rekonvaleszenten. Er sollte dabei helfen, zu exerzieren und zu trainieren, was an deutscher Manpower noch übrig war zur Verteidigung des Vaterlands. Aber seine Malariaanfälle waren so häufig und heftig, dass er wieder ins Krankenhaus musste.

Das Krankenhaus, in dem er lag, war etwa fünfzig Kilometer von Frankfurt entfernt. Dort befand er sich noch, als im April die Amerikaner einmarschierten, sagte Frau Kern.

„Wenn er nur da geblieben wäre! Aber er beging eine Dummheit. Weil er wusste, dass sich seine Mutter um ihn Sorgen machte, verließ er das Krankenhaus ohne Erlaubnis, um sie zu sehen. Zwei Tage blieb er zu Hause. Dann stellte er sich der amerikanischen Militärverwaltung als deutscher Soldat. Seitdem haben wir nicht mehr direkt von ihm gehört."

„Haben Sie gar keine Nachricht erhalten?"

„Nur von einem von Fritz' Kameraden. Dieser war im Juli aus einem französischen Kriegsgefangenenlager zurückgekommen, weil sein Fuß bei einem Eisenbahnunglück zerquetscht worden war und er nicht mehr arbeiten konnte. Er berichtete uns, dass Fritz in Frankreich Zwangsarbeit leistete. Fritz war ein sehr kranker Mann. Ich glaube einfach nicht, dass er das überlebt haben wird."

Wenn der Bericht von Fritz' Kamerad zutraf, war Fritz einer von mehreren hunderttausend deutschen Kriegsgefangenen, die wir an die französischen Behörden zur Zwangsarbeit übergeben haben.

Mehr wusste seine Schwägerin nicht von ihm. Aus dem Schreibtisch in der Ecke holte sie einen schmalen Lederkasten mit Fotos hervor. Auf einigen war Fritz in seinen unterschiedlichen Kostümen zu sehen – einmal als Hamlet, dann in einer modernen Rolle, ein drittes Foto zeigte ihn als Obergefreiten der deutschen Wehrmacht.

Ich hoffte, dass er aus Frankreich zurückkehren würde, wo er jetzt für Hitlers Sünden büßte, falls er noch am Leben war. Nachdem er den Zorn der Nazis in seinen Privatangelegenheiten zu spüren bekommen hatte, nachdem er mit kaputter Gesundheit aus einem Krieg zurückgekehrt war, den er hasste, einem Krieg, der seine gesamte Familie ausgelöscht hatte, musste ausgerechnet er von allen Deutschen beim Wiederaufbau in Frankreich helfen.

War das poetische Gerechtigkeit? Oder war es die Tragik des unpolitischen, wohlwollenden Menschen?

Es ist verführerisch, an poetische Gerechtigkeit zu denken, was Deutschland betrifft. Deutschland hat unbeschreibliches Elend über die Welt gebracht, deshalb ist Deutschland ein Scherbenhaufen. Das ist so logisch. Es ist so tröstlich, Deutschland als Beweis zu sehen, dass poetische Gerechtigkeit funktioniert. Es ist gut zu wissen, dass diejenigen, die Wind sähen, einen Sturm ernten werden. Es befreit dich ein wenig von der Verantwortung, ein Windmessgerät immer in gutem Zustand zu halten und das Sturmsegel hochzuziehen, wenn der Wind zu wehen beginnt. Denn der Sturm wird in jedem Fall kommen. Wenn die Umstände dich zu einem winzigen Teil einer Sturmmaschine machen, ist es zudem Balsam für dein Gewissen, dass du nur ein Instrument der poetischen Gerechtigkeit bist und nicht ein Instrument der Unmenschlichkeit des Menschen gegenüber anderen Menschen.

Sollten Millionen Männer, Frauen und Kinder mitten im Winter um Heim und Besitz, um ihre Gesundheit, ihr Glück und ihre Freiheit gebracht werden, und oft auch um ihr Leben, damit Schlesien polnisch wird oder das Sudentenland tschechisch? Sollte Fritz Kern Sklavenarbeit leisten, weil ein Mann, den er hasste, in seinem Land sich der Regierungsmacht bemächtigt hatte?

Wenn die Antwort „nein" lautet, dann muss die Welt davon noch Notiz nehmen und entsprechend handeln. Mit ihrem Stillschweigen und Desinteresse hat die Welt gezeigt, dass die Antwort praktisch gesehen „ja" lautet.

Jeder Mann, jede Frau und jedes Kind, sogar ein ungeborenes Kind, die das Label „Deutsch" tragen, werden für die Taten, die im Namen ihrer Nation begangen wurden, verantwortlich gemacht werden, einige davon, indem sie extrem leiden müssen, andere dagegen nur leicht, wie es der Zufall will. Keiner hat sich erhoben, um für sie zu sprechen – jedenfalls keiner mit einer Stimme, die laut genug ist, um gehört zu werden. Ist es denn nicht klar, dass Fritz Kern, der unpolitische, wohlwollende Mann, heute Buße tut, nicht für irgendeine persönliche Schuld, sondern einfach für sein Versagen als verantwortungsvoller Bürger? Wenn er sein Schicksal nicht als unvermeidlich und unveränderlich akzeptiert hätte, hätte es für ihn und diejenigen, die wie er sind, nur eine Alternative gegeben: aktive Auflehnung um jeden Preis, zu einer Zeit, als der Nationalsozialismus noch zu stoppen gewesen wäre.

Für mich enthielten die drei Fotos von Fritz Kern, die ich betrachtete, folgende Lektionen: Eine Nation, deren Bürger sich nicht individuell und persönlich verantwortlich dafür sehen, dass die grundlegenden Menschenrechte überall eingehalten werden, steuert auf ihren Ruin zu. Es ist deshalb die Pflicht jedes Bürgers gegenüber seiner Nation, jedes Gesetz zu missachten, das die Menschenrechte verletzt, egal auf welch legale Weise es beschlossen wurde. Auch darf kein Mensch das Recht seines Bruders an Cäsar übertragen und ungestraft davon kommen. Freiheit und Gerechtigkeit, so wie Frieden, sind unteilbar.

Vielleicht ist die Frage, ob es gerecht ist, dass Millionen Deutsche leiden, die persönlich unschuldig sind, wie es bei Fritz Kerns Sklavendienst der Fall ist, sowohl mit „ja" als auch mit „nein" zu beantworten. Die Welt würde in einer sichereren Marge weiter existieren, wenn sie daraus die Konsequenzen zöge.

***

Frau Kern legte die Fotos weg und setzte sich wieder. Die Jungen im Bett in der Ecke waren endlich eingeschlafen. Ihre Mutter hatte sich ihr Herz erleichtert.

Es gebe noch zwei weitere unbeschädigte Zimmer in ihrer Wohnung, sagte sie. Die hatte das Wohnungsamt konfisziert. Die Zimmer seien einem spanischen Falangisten zugewiesen worden, dessen Sohn Mitglied der SS gewesen sei. Der Spanier führe ein Leben mit Frauen und Alkohol, was Frau Kern missfiel.

„Können Sie ihn nicht loswerden?", fragte ich.

„Nein", sagte sie. „Er sagt, er habe diplomatische Immunität. Und er hat mir angedroht, dass er mich rauswerfen lässt, weil man Mann in der Partei war. Mein Mann war nicht aktiv, verstehen Sie. Er wurde in die Partei gezwungen wegen seiner Position in seinem Verlag. Ich werde mich bei der Militärverwaltung beschweren. Vielleicht solltet ihr Amerikaner etwas dagegen unternehmen."

Ich fragte sie, wie sie ihren Lebensunterhalt verdiente.

„Ich bin Schneiderin", sagte sie. „Da gibt es genug Arbeit. Nur hilft es nicht, die Kinder zu füttern, wenn man dafür mit Geld bezahlt wird. Bevor Hitler an die Macht kam, habe ich nur für jüdische Kunden gearbeitet. Sie haben mich wundervoll behandelt. Das waren reiche Leute, und ich hatte nie etwas gegen sie, da können Sie jeden fragen."

„Was ist aus ihnen geworden?"

„Ich weiß es nicht. Einige der Juden, die ich kannte, sind in die Vereinigten Staaten emigriert. Wann kommen sie zurück?", fragte sie.

Ich sagte, dass es unwahrscheinlich sei, dass irgendjemand von ihnen beabsichtige, zurückzukehren.

„Wollen sie denn nicht nach Hause kommen?", fragte sie noch einmal. „Das ist schrecklich für Deutschland. Ich glaube nicht, dass Deutschland ohne die Juden je wieder aufgebaut wird. Sie sind die einzigen, die das Geld dafür haben."

Das war deutscher Antisemitismus, umgeschaltet von einem hohen Gang in den Rückwärtsgang, aber angetrieben vom selben Motor. Ich unternahm ein paar Versuche, sie aufzuklären.

„Ja", sagte sie, „Sie haben völlig recht. Ich habe immer gesagt, Hitler hat einen furchtbaren Fehler gemacht, als er sich die Juden zum Feind gemacht hat. Sie sind eine unschlagbare Weltmacht. Denken Sie nur an all die Dinge, die sie für Deutschland getan haben, insbesondere für Frankfurt. Wenn sie doch nur zurückkommen würden."

Ich gab auf und verabschiedete mich – mein letzter Bus würde bald abfahren.

„1933 gab es keinen offenkundigen Widerspruch zu meiner Religion"

*„**Günther Brühls** Persönlichkeit muss vor dem Hintergrund seiner eingeschränkten elterlichen Umgebung gesehen werden. Sein Vater war ein äußerst pflichtbewusster und gewissenhafter, jedoch insgesamt unselbständiger Beamter. Günther glaubte an Autorität und brauchte sie. Seine Lebensweise war penibel reguliert und normiert. Der katholische Glaube seiner häuslichen Umgebung prägte ihn maßgeblich. Als Junge war er jedoch offen gegenüber anderen Einflüssen oder Orientierungshilfen, solange sein Glaube nicht angegriffen wurde. Sobald er ein Ideal angenommen hatte, vermochte er ein beträchtliches Maß an ehrlichem Enthusiasmus und Energie dafür aufzubringen. Seine vielen guten Eigenschaften und sein Sinn für Anstand sind nicht stark genug, um ihn zu einer unabhängigen Persönlichkeit zu machen. Innerhalb der Familie ist berufliches Fortkommen der handlungsbestimmende Faktor. Das mag Opfer erfordern im Hinblick auf Überzeugungen.*
Brühl ist das Rohmaterial für den typischen, verantwortungsvollen, pflichtbewussten Beamten, dessen Respekt für Autorität immer seine eigenen Auffassungen überschatten wird. Er wird immer nur ein Untergebener sein."

Olbrich

25. November 1945

Eine Nachricht von Schmitt traf ein. Demnach lebte Günther Brühl in Lorch am Rhein. Ich hatte Glück, dass ich einen herrlichen Tag für die Fahrt dorthin gewählt hatte. Die Landstraße verlief westlich in Richtung Wiesbaden und folgte dann dem Rhein entlang. Das breite Tal verengte sich flussabwärts, und der Fluss schien Fahrt aufzunehmen. Ein leichter Dunst verlieh den Burgruinen – waschechte mittelalterliche Ruinen, nicht die hässlichen, durch Bombenangriffe verursachten Verwüstungen – eine gespenstische Atmosphäre, welche die mit Weinreben bepflanzten Hänge krönte.

Auf dem grünbraunen Fluss nahm Willem III, ein altersschwacher holländischer Raddampfer, eine Schiffsladung Amerikaner auf eine Ausflugsfahrt. Seine Tanzkapelle übertönte den Motor meines Jeeps. Am Ufer schlenderten G.I.s mit ihren deutschen Mädels an gepflegten Reihen von

Ulmen und Eichen entlang. Über eine Strecke von zwanzig Meilen zählte ich vierzehn Paare amerikanischer G.I.s mit deutschen Fräuleins und nur drei gesamtdeutsche Liebespaare.

Es war eine schöne, friedliche und erholsame Szenerie. Weil sie so ruhig und inaktiv waren, passten sogar die gestrandeten Rümpfe der Schiffe und Lastkähne, die vor Monaten zerbombt oder versenkt worden waren, in dieses Bild. Hässlicher waren die Brücken – die gesunkenen, verbogenen, unverbundenen, nutzlosen Brückenbögen, die sich im Fluss angehäuft hatten.

Ein G.I. am Straßenrand hielt mich an und bat um eine Mitfahrgelegenheit in den nächsten Ort. Er kannte dort ein Mädchen, sagte er. Wir sprachen über die Schönheit der oft romantisierten Landschaft.

„Ich kann nicht nachvollziehen, warum die Deutschen in den Krieg ziehen mussten, bei einem so schönen Land."

In vielen Teilen Deutschlands, von der breiten Elbe bis zu den flachen Hügellandschaften in Mitteldeutschland, dem reizvollen schwäbischen und bayerischen Ackerland bis hinunter zu den schneebedeckten Alpen, stellten G.I.s sich dieselbe Frage. Wie konnte irgendwer, der in einer so wunderschönen Umgebung lebte, andere Länder besetzen und andere Völker versklaven wollen? Der Soldat erwartete keine Antwort.

Er erzählte mir, dass er vor kurzem von Berlin in diese Gegend hier versetzt worden sei. Ich fragte ihn nach seinem Eindruck von der deutschen Hauptstadt.

„Es ist eine tote Stadt", sagte er. „Menschen laufen umher und können sich nicht vorstellen, wovon sie leben sollen. Aber man kann in dieser Stadt viel Geld verdienen."

„Das höre ich. Ging es Ihnen gut?"

„Ich denke schon", sagte er. „Bevor das neue Währungskontrollbuch eingeführt wurde, habe ich meiner Frau ungefähr 3.000 Dollar geschickt. Sie hatte eine schwere Zeit, seitdem sie ihre Arbeit verloren hat, und wir können gewiss etwas Kohle gebrauchen."

Das Währungskontrollbuch war eingeführt worden, um zu verhindern, dass die Bediensteten des Militärs mehr Geld in die Vereinigten Staaten überwiesen, als sie an Lohn und Zuwendungen verdient hatten. Bevor die Bücher eingeführt wurden, überstieg das nach Hause überwiesene Geld die Gesamtsumme dessen, was die Truppen in Berlin verdienten, um mehrere Millionen Dollar.

„Weißt du, wer dir die 3.000 Dollar gezahlt hat?", fragte ich.

„Wer?"

„Der Steuerzahler."

„Was meinen Sie damit, Leutnant?", fragte er. „Ich habe russischen Offizieren ein paar Uhren verkauft und ein paar Zigaretten an ‚Krauts', an

Deutsche. Sie haben mich für das Zeug bezahlt, und ich habe die Kohle nach Hause geschickt."

„Sie haben Sie nicht bezahlt", sagte ich, „Sie haben Ihnen nur Papier mit darauf gedruckten Zahlen gegeben. Das Papier haben Sie zur Post gebracht und dafür einen Geldbrief gekauft. Für den Geldbrief erhielt Ihre Frau Dollars. Die Russen haben Ihre Uhren, die Deutschen Ihre Zigaretten, Ihre Frau die Dollars und die amerikanische Staatskasse das Papiergeld, das Sie erhalten haben. Die amerikanische Staatskasse hat Sie bezahlt, nicht die Russen oder die Deutschen. Sehen Sie, was ich meine?"

„Meine Güte, so habe ich das noch nicht gesehen. Eine ziemliche Gaunerei, nicht wahr? Nun, das ist jetzt alles vorbei. Die Währungskontrollbücher haben das so gut wie gestoppt, nehme ich an. Jedenfalls kann ich nicht mehr Geld nach Hause schicken, als ich ausgezahlt bekomme. Aber ich kann immer noch Dinge nach Hause schicken. Ich habe gerade den schönsten Leica-Fotoapparat an meine Frau geschickt, den Sie je gesehen haben. Der hat mich vier Kartons Zigaretten gekostet. Die amerikanische Staatskasse zahlt dafür nicht, oder?"

„Nein."

„Wie funktioniert das?", wollte er wissen.

„Nun, es gibt viele Deutsche, die Bündel an Geld besitzen, das sie irgendwo versteckt haben. Das haben sie während des Krieges gespart, oder sie haben es durch Schwarzmarktgeschäfte verdient. Wie auch immer, sie sind reich. Aber es gibt nichts, was sie für ihr Geld kaufen können, außer den wenigen raren und teuren Dingen, die auf dem Schwarzmarkt angeboten werden. Zigaretten zum Beispiel. Und viele diese vorgeblich reichen Deutschen können nicht aufhören zu rauchen. Sie sind die Abnehmer Ihrer Zigaretten. Gleichzeitig gibt es wiederum andere Deutsche, die kein Geld und keine Arbeit haben. Etwa Kriegerwitwen mit Kindern, ohne Geld auf dem Sparkonto. Wenn sie essen wollen, müssen sie ihre Besitztümer verkaufen. Also hat eine dieser Kriegerwitwen Ihnen die Leica auf dem Schwarzmarkt verkauft. Im Gegenzug dafür hat sie Geld oder Nahrungsmittel bekommen. Der Schwarzmarkthändler hat Ihnen die Leica der Kriegerwitwe für Zigaretten verkauft. Das ist der springende Punkt. Sie haben eine Leica bekommen, die mehrere hundert Dollar wert ist. Einige Deutsche haben Ihretwegen für eine Weile genug zu rauchen, und eine deutsche Frau hat für ein paar weitere Tage genug zu essen für ihre Kinder. Die Nahrungsmittel haben natürlich nur innerhalb von Deutschland den Besitzer gewechselt. Die deutsche Wirtschaft hat als Gegenleistung für Zigaretten eine Leica weniger. Können Sie mir folgen? Von jetzt an bezahlt nicht die amerikanische Staatskasse, sondern die Deutschen bezahlen für ihre Profite auf dem Schwarzmarkt."

„Nun, das ist doch in Ordnung, oder", fragte er.

„Vielleicht. Nehmen wir einmal an, Sie würden einem verhungernden Mann die Brieftasche wegnehmen, bevor sie ihn füttern. Er wird sie Ihnen gerne überlassen, nicht wahr? Zusätzlich wird er Ihnen seine Uhr anbieten, wenn Sie ihm nur etwas zu essen und zu trinken geben. Halten Sie das für richtig?"

„Menschenskind", sagte der Soldat. Wir hatten sein Ziel erreicht, und er stieg aus dem Jeep aus. Er bedankte sich bei mir für die Mitfahrgelegenheit. Ein blondes Mädchen winkte ihm aus einem Fenster im zweiten Stock eines Hauses zu, und er wartete nun darauf, dass sie herunterkam.

Nach ein paar weiteren Kilometern erreichte ich Lorch. Die Adresse, die Schmitt mir gegeben hatte, befand sich auf der Rheinstraße. Das Haus war schwer zu finden – eine komplette Häuserzeile an der Rheinstraße war zerstört. Das war ungewöhnlich für einen kleinen Ort wie Lorch.

Eine ältere Frau hatte mich vom Fenster eines gegenüberliegenden Hauses dabei beobachtet, wie ich nach der Adresse suchte. Sie wies mir den Weg zu dem Haus, in dem Brühl wohnte, und das hinter der zerstörten Häuserzeile abseits des Rheins lag. Auf der Treppe begegnete ich einem Jungen, der sagte, dass Dr. Brühl nicht zu Hause sei. Aber er wusste, wo Dr. Brühl zu finden sei, und bot an, ihn zu holen.

Ich erkannte Brühl fast nicht wieder, als er die Gasse zu seinem Haus entlang kam, wo ich wartete. Seine blonden Haare hatte er verloren und sah nun mindestens wie vierzig aus. Er trug einen gut gebügelten dunkelblauen Nadelstreifenanzug mit einem steifen Kragen, fast so hoch wie der von Dr. Schacht.[39] Seine Augen waren zusammengekniffen, so als ob er ständig in die Sonne schauen würde, und er trug eine Brille mit dicken Gläsern. Ein künstliches Lächeln verdeckte ein augenscheinlich fehlendes Selbstvertrauen. Brühl war sehr überrascht, mich zu sehen. In Anbetracht seines leidenschaftlichen Katholizismus, an den ich mich erinnerte, hatte ich erwartet, dass ich ihn als Priester antreffen würde. Anstatt dessen sah er aus wie ein Lehrer, wenn er auch vielleicht ein wenig zu begütert dafür wirkte.

„Es tut mir leid, dass ich nicht hier war, als du kamst", sagte er. „Hast du lange gewartet? Was führt dich hierher? Wir waren gerade bei meinen Schwiegereltern zum Sonntagskaffeeklatsch. Entschuldige bitte, wenn ich dich nicht dorthin hinüber bitte – sie haben gerade alle möglichen Leute zu Besuch. Ich weiß nicht genau, was sie denken würden, wenn ich einen Amerikaner mitbrächte."

Wir gingen in Brühls Zimmer hinauf. Er wohnte im Haus eines Weinhändlers und schlug vor, dass wir dieses Wiedersehen mit einer Flasche Lorcher Wein aus dem Weinkeller feiern sollten.

---

[39] Jessel meint hier den NS-Reichsbankpräsidenten (1933–1939) und Reichswirtschaftsminister (1934–1937) Hjalmar Schacht.

Brühl blickte über die in Trümmern liegende Häuserzeile, die den bezaubernden Blick über das enge Rheintal und die Weinberge am gegenüberliegenden Ufer verdarb. Das Zimmer war spärlich möbliert, mit einem großen und einem kleinen Bett, einem Kleiderschrank und einem Schreibtisch. Gepäck stapelte sich in der Ecke.

Nachdem Brühl mit einer Flasche Wein zurückgekehrt war und wir auf unsere Abiturklasse Jahrgang '31 angestoßen hatten, erzählte er mir, dass er zweimal in Frankfurt ausgebombt worden sei und all seine Möbel, Bücher und fast all seine Kleidung verloren hatte.

„Deshalb sind wir hierher nach Lorch gezogen", sagte er. „Es ist schön, am Rhein zu wohnen, aber es gibt hier für mich nichts zu tun. Du weißt, dass ich verheiratet bin, nicht wahr? Ja, und wir haben einen kleinen Jungen. Meine Frau und der Junge sind drüben im Haus meiner Schwiegereltern. Es tut mir leid, dass du sie heute nicht kennenlernen wirst. Aber du musst ein anderes Mal wiederkommen."

Die Möbel in dem Zimmer, in dem die drei nach dem großen Bombenangriff auf Frankfurt Zuflucht gefunden hatten, seien geliehen, erklärte Brühl.

„In dieser Hinsicht hatten wir viel Glück", sagte er. „Siehst du die Trümmer da draußen? Nun, unser Haus haben sie gerade verfehlt. Ich hätte nicht gewusst, wohin wir als nächstes hätten gehen sollen."

„Weißt du, warum dieser Ort hier bombardiert wurde?", fragte ich. „Gab es hier irgendeinen Industriebetrieb von Bedeutung?"

„Oh, nein", antworte Brühl. „Das haben nicht die Flugzeuge verursacht. Die Trümmer sind ein Denkmal eurer ausgezeichneten Artillerie. Ende März versuchte die SS, die Flussbiegung zu verteidigen. Du kannst sie vom Fenster aus sehen. Dann eroberte eure Artillerie den Bereich, und die SS verschwand. Dieser Trümmerhaufen ist von dem Zwischenfall übrig geblieben.

Ich schlug vor, dass in dem Fall die Trümmer ein Denkmal der SS wären, anstatt unserer Artillerie. „Das kommt darauf an, wie man es sieht", erwiderte Brühl.

Wir traten vom Fenster zurück und setzten uns hin.

„Was ist aus deinem Interesse an Theologie geworden?", erkundigte ich mich.

„Wenn ich so recht darüber nachdenke", sagte er, „hätte ich vielleicht meinen Vorstellungen aus der Schulzeit treu bleiben und mich auf das Priesteramt vorbereiten sollen. Dann hätte ich jetzt wenigstens eine Stelle. Nun, ich habe anstatt dessen Jura studiert. Seit 1941 war ich am Amtsgericht, aber ich war schon seit 1937 als Richter tätig. Freilich kann ich unter eurer neuen Denazifizierungsgesetzgebung nicht in mein Amt zurück."

„Musstest du nicht zum Militär?"

„Oh ja, natürlich. Ich habe meine Pflicht als Soldat getan, wie jeder andere auch. Ich wurde 1940 eingezogen."

„Warst du an der Ostfront?"

„Nein. Weißt du, ich war kein besonders toller Soldat. Ich bin kurzsichtig und nicht sehr kräftig. Ich musste mich um die Rechtsangelegenheiten einer Fliegerabwehreinheit in der Nähe von Berlin kümmern. Ich blieb volle fünf Jahre dort. Ich bewegte mich von dort nicht weg, bis die Russen kamen."

„Warst du ein Offizier?"

„Nein. Ich brachte es nur bis zum Unteroffizier und das erst 1944. Ich habe einfach kein Talent für das Militärische. Nun – ich habe es überstanden. Das ist die Hauptsache. Als die Russen kamen, zogen wir westwärts und wurden amerikanische Kriegsgefangene. Nachdem wir in einem schrecklich unbehaglichen Kriegsgefangenenlager waren, wurden wir den Engländern übergeben, wo es noch ungemütlicher war. Dann hatte ich immerhin soviel Glück, dass ich aus der Kriegsgefangenschaft entlassen wurde. Ich bin ein Glückspilz, ich weiß. Ich kann nicht behaupten, dass ich nach Kampfhandlungen gesucht habe. Habe nie welche erlebt."

„Wo warst du als Richter tätig?", fragte ich.

„In Frankfurt."

„Und kannst du nicht dorthin zurückkehren und deinen Beruf wieder ausüben?"

„Leider nicht", sagte er. „Ich habe dir gesagt, dass die Amerikaner mich rausgeworfen haben. Ich war seit 1933 Parteimitglied."

„So früh?"

„Natürlich. Ich liebte Jura und wollte Richter werden. Du weißt ganz genau, dass keiner es irgendwohin schaffte, wenn er nicht Parteimitglied war."

„Das mag schon sein, aber 1933 warst du noch Student. Warst du wegen deiner Berufsaussichten dazu gezwungen, so früh schon in die Partei einzutreten?"

„Nein. Ich hätte mein Studium fortsetzen können, ohne der Partei beizutreten. Aber es schien das Richtige zu sein, sich von Anfang an auf die richtige Seite zu stellen."

„Was ist aus deinen religiösen Überzeugungen geworden?"

„Die sind mir so wichtig wie eh und je."

„War dein Glaube kein Hindernis, um der NSDAP beizutreten?"

„Nein. 1933 gab es keinen offenkundigen Widerspruch zu meiner Religion."

„Wie die Nationalsozialisten mit Menschenrechten umgehen würden, war damals so offenkundig wie zehn Jahre später. Hast du das nicht als einen Widerspruch zu deinem Glauben gesehen?"

„Zu der Zeit habe ich das nicht so gesehen. Für dich als Juden mag das klarer gewesen sein. Wir dachten, es gäbe einen Unterschied zwischen einem Parteiprogramm und einer verantwortlichen Regierung an der Macht.

Niemand konnte sich vorstellen, dass sie all diesen Unsinn tatsächlich umsetzen würden. Und alles andere, was sie versprachen, war sehr vernünftig. Wir hatten zehn Millionen Arbeitslose, und du kannst nicht bestreiten, dass Hitler ihnen Arbeit gegeben hat."

„War der Preis dafür nicht etwas hoch?"

„Wir haben den Krieg verloren. Das stimmt. Und unsere Städte liegen in Trümmern. Das meinst du wahrscheinlich, wenn du von dem Preis sprichst. Aber vergiss nicht – wir hätten den Krieg beinahe gewonnen. Dann wäre der Preis nicht zu hoch gewesen."

Ein Ton des Stolzes lag in Brühls Stimme, als er dies sagte. Seine Denkweise hinterließ bei mir den Eindruck, dass sich darin skrupelloser, offener Opportunismus und eine spezifisch deutsche Art von Arroganz mischten – die wesentlichen Bestandteile, aus denen sich die Unterstützung der Nazis durch die Mittelschicht zusammensetzte. Dieser Typus ist alles andere als selten. Nur, dass er normalerweise nicht durch offenkundigen, aufrichtigen religiösen Glauben getarnt ist.

Zur Selbstrechtfertigung verwies Brühl auf Deutschlands bekannte Beschwerden der Vorkriegszeit – insbesondere die Ungerechtigkeit, dass Danzig sich 1939 nicht dem Reich anschließen durfte.[40] Deutschlands Sieg sei 1940 praktisch sicher gewesen, als England wehrlos gewesen sei, fügte Brühl hinzu. Nach seiner freimütig geäußerten Ansicht zeigte dies, dass Hitler recht gehabt habe – bis zu dem Tag, als er in Russland einmarschiert sei. Das sei ein Fehler gewesen.

Ich fragte Brühl, wie er seine religiösen Glaubensgrundsätze mit der Unterstützung eines aggressiven Krieges in Einklang bringen konnte.

„Du hast recht, wenn du die Rolle meiner Kirche betonst, für den Weltfrieden einzutreten, die Menschenwürde und die natürlichen Rechte zu verteidigen", sagte er. „Aber du vergisst einen anderen Bestandteil unseres Glaubens. Uns wird absoluter Gehorsam gegenüber dem Staat gelehrt. Paulus sagte das, und auch Thomas von Aquin. Paulus hatte allen Grund,

---

[40] Aufgrund der Bestimmungen des Versailler Vertrags wurde Danzig und die umgebenden Gebiete vom Deutschen Reich getrennt. Am 15. November 1920 wurde Danzig zu einem unabhängigen Staat, der Freien Stadt Danzig erklärt. Polen erhielt einen Zugang zur Ostsee. Danzig unterstand der Aufsicht des Völkerbundes. Diese Entscheidung für die Unabhängigkeit Danzigs war ohne Volksabstimmung getroffen worden. Die mehrheitlich deutsche Bevölkerung und das Deutsche Reich sahen darin das Selbstbestimmungsrecht der Völker verletzt, das der amerikanische Präsident Wilson in seinem 14-Punkte-Programm betont hatte. Mitte 1933 kamen auch in Danzig die Nationalsozialisten an die Macht, aufgrund der internationalen Kontrolle existierten aber auch weitere politische Parteien. Am 1. September 1939 erklärte der Gauleiter Albert Forster völkerrechtswidrig den Anschluss Danzigs an das Deutsche Reich.

die Auflehnung gegen die heidnischen römischen Diktatoren zu predigen. Anstatt dessen lehrte er Unterwerfung und rief dazu auf, das Leid zu ertragen. Und wenn du an die dreißiger Jahre zurückdenkst, wirst du dich daran erinnern, dass der Heilige Stuhl von Anfang an eine konziliante Haltung gegenüber dem neuen Deutschland einnahm. Es gab zwar ein paar Proteste, aber sie beschränkten sich auf Hirtenbriefe gegen konkrete Maßnahmen der Nazis. Dann schloss der Heilige Vater das Konkordat mit unserer neuen Regierung.[41] Unsere deutschen Freiwilligen fanden sich im spanischen Bürgerkrieg auf der Seite mit der Kirche kämpfend wieder. Dann kam der Sieg über Polen. Unsere Regierung bestand darauf, dass in Polen deutsche Bischöfe ernannt werden. Obwohl der polnische Klerus dem Heiligen Stuhl immer eng verbunden war, wurden die Forderungen unserer Regierung erfüllt. Diese Dinge vergisst man zu schnell. Wir kannst du erwarten, dass ein einfacher Katholik sich in dieser Situation auflehnt?"

„Du vergisst", sagte ich, „dass unter den wenigen, die sich auflehnten, verhältnismäßig viele einfache Katholiken waren, die die Zeichen der Zeit von einem anderen Standpunkt betrachteten als du. Aber ich gestehe dir zu, dass du nicht weit gehen musst, wenn du Ausreden dafür finden willst, dass du den Autoritäten, denen du dich fügen wolltest, gefolgt bist."

Es entstand eine Pause, in der es einen Moment lang schien, als ob Günther Brühl die Fassung verlieren würde. Aber sein gezwungenes Lächeln kehrte schnell wieder zurück.

„Das ist eine unangenehme Auslegung dessen, was ich gerade gesagt habe", entgegnete er scharf. „Du hast mich danach gefragt, ob meine politischen Überzeugungen mit meinem Glauben kollidierten. Ich habe dir geantwortet, dass dem nicht so war und dir erklärt, warum dies nicht der Fall war. Ich habe nicht nach Ausreden gesucht. Wie dem auch sei, lass uns damit aufhören – wie wäre es mit noch einem Glas Wein?"

Er nahm die Flasche und schenkte nach. Wenn es ihm auch schlechthin lieber gewesen wäre, über das Wetter zu reden, so gab es doch noch das eine oder andere, was ich ihn noch fragen wollte. Zum Beispiel nach der Haltung des katholischen Klerus in Deutschland, als die NSDAP an die Macht kam.

[41] Unter dem Reichskonkordat versteht man den am 20. Juli 1933 zwischen dem Heiligen Stuhl und dem Deutschen Reich geschlossene Staatsvertrag. Er regelte das Verhältnis zwischen dem Deutschen Reich und der Katholischen Kirche. Im Reichskonkordat wurde insbesondere die Freiheit des Bekenntnisses und der öffentlichen Religionsausübung garantiert. Damit gelang es den Nationalsozialisten, die Kritiker aus den Reihen des politischen Katholizismus einstweilen zu besänftigen und das in katholischen Kreisen verbreitete Misstrauen gegenüber dem Nationalsozialismus, der als unchristlich und kirchenfeindlich beargwöhnt wurde, abzuschwächen. Mit dem Reichskonkordat wurde die staatliche Souveränität des Vatikans gestärkt.

„Viele von uns suchten Rat bei ihren Beichtvätern, als es darum ging, eine Entscheidung zu treffen, ob man Parteimitglied werden sollte", sagte er. „Ich weiß von vielen Katholiken, denen wie mir selbst von ihren Priestern empfohlen wurde, in die Partei einzutreten. Der Klerus dachte vermutlich, dass wir einen mäßigenden Einfluss auf die Radikalen in der NSDAP ausüben könnten, wenn wir selbst der Partei angehörten. Der Anschluss Österreichs ist ein gutes Beispiel für das, was ich dir verständlich machen will. Der österreichische Klerus war gegen den Anschluss. Dann stürzte Schuschnigg, und Österreich wurde wieder deutsch.[42] Nach dem Anschluss hat der österreichische Klerus ihn anerkannt – zumindest habe ich nie etwas Gegenteiliges gehört. Und wir hier in Deutschland glaubten, dass die Einbindung Österreichs in das Deutsche Reich der katholischen Stimme mehr Gewicht gegenüber dem preußischen Protestantismus verleihen würde."

„Galt dies auch für das Sudentenland und für Danzig?"

„Nein", sagte er. „Das Sudetenland ist deutsch. Als es wieder an Deutschland kam, habe ich mich selbstverständlich gefreut. Heute sehe ich, was ich damals nicht wissen konnte, nämlich dass die Münchner Konferenz nur das Vorspiel zum Krieg war. Dann haben wir die Stadt Danzig eingefordert, und die Welt hat das abgelehnt. Nun, für uns sah es wie eine angemessene Forderung aus. Danzig war eine deutsche Stadt. Natürlich war es ein Schock, als der Krieg begann. Aber dann, nach dem Blitzkrieg im Osten und im Westen, schien der Krieg gewonnen und beendet. Jetzt wundert ihr Amerikaner euch darüber, dass fast alle Deutschen Hitler unterstützt haben."

„Wir lang hielt denn diese generelle Unterstützung an?"

„Der Winter 1941/1942 war der Wendepunkt. Der Krieg in Russland fand keine Zustimmung. Unsere Männer erfroren in Russland, und die Menschen zu Hause erkannten, dass dies nicht wie der Einmarsch in Frankreich oder Dänemark war. Russland war zu groß und zu reich an Ressourcen."

„Glaubst du, dass Hitler Frieden hätte erreichen können?"

„Vielleicht. Das weiß ich nicht. Ich beginne, es zu bezweifeln. Aber damals standen wir schließlich völlig im Bann unserer Propaganda. In der Zeitung lasen wir die Reden eurer Isolationisten. Wir waren davon überzeugt, dass die Amerikaner nie eingreifen würden. Ich fürchte, wir wissen jetzt, das die

---

[42] Kurt Alois Josef Johann Schuschnigg (1897-1977) war von 1934 bis 1938 Bundeskanzler des austro-faschistischen Ständestaates. Er versuchte Österreich als zweiten, christlichen und im Vergleich zum Deutschen Reich „besseren deutschen Staat" zu etablieren. Zwei Tage vor dem Anschluss Österreichs an das nationalsozialistische Deutschland am 13. März 1938 wurde Schuschnigg, der versucht hatte, die Unabhängigkeit Österreichs zu bewahren, zum Rücktritt gezwungen. Er wurde als sogenannter „Schutzhäftling" von den Nationalsozialisten bis 1945 in verschiedenen Konzentrationslagern inhaftiert.

Demokratien nicht ganz so dekadent waren, wie es uns vor zwölf Jahren gesagt wurde."

Ich war froh festzustellen, dass, wenn zwar auch nicht unsere Ideale, so doch immerhin unsere Stärke Eindruck auf Brühl machten. Ich fragte mich, wie tief diese Lektion in sein Bewusstsein gedrungen war: „Das war eine von Hitlers grundlegenden Fehleinschätzungen", sagte ich. „Aber ich fürchte, es war nur einer von vielen Fehlern. Der größte war vielleicht, dass er glaubte, er könne die Welt dazu zwingen, seine Konzentrationslager, sein Besatzungsregime und seine Versklavungspolitik zu akzeptieren. Dafür muss Deutschland nun bezahlen. Schau aus dem Fenster – da sind eure Trümmer. Sie sind eine Folge des aggressiven Kriegs. Wenn ihr die Nazis, sagen wir, 1935, rausgeworfen hättet, dann würde der Ausblick aus deinem Fenster jetzt nicht durch Trümmer getrübt, und Deutschland wäre in der Weltpolitik und dem Welthandel ein hoch anerkanntes Land."

„Das stimmt vielleicht", sagte Brühl.

„Nun, Günther, nehmen wir an, ein Verbrecher würde sich wieder eurer Regierung bemächtigen und ein weiterer Goebbels würde die Leute wieder hinters Licht führen, würdest du dann wieder der Staatsgewalt gehorchen?"

„Ich fürchte, ich muss dich enttäuschen", erwiderte er. „Ich bin von Natur aus kein Kämpfer. Meine Familie bedeutet mir viel. Ich will nicht leiden – dafür bin ich nicht stark genug. Ich bin kein Typ für Revolten, fürchte ich. Wenn ich Druck unterworfen wäre, würde ich wahrscheinlich den Kompromiss suchen."

„Nun, du enttäuschst mich nicht so sehr wie dein Land. Was glaubst du, wird aus Deutschland werden?"

„Das bleibt jetzt den Alliierten überlassen", antwortete er. „Wir haben es versucht, und wir haben verloren. Ich hoffe, dass ihr uns leben lasst. Ansonsten habe ich keine Träume für mein Land."

Damit endete unser Gespräch über Prinzipien und Geschichte. Ich bot ihm eine Zigarette an, und eine Weile lang rauchten wir schweigend. Ich dachte, dass ich die Diskussion vielleicht zu weit ins Hypothetische gelenkt hatte. Aber ich wünschte mir Klarheit, keine höfliche Plauderei. Offenbar hatte er denselben Eindruck – er sah aus wie ein Schuljunge, der Prügel bezogen hatte.

„Du sollst keinen falschen Eindruck gewinnen", sagte er. „Ich verteidige nicht, was der Nationalsozialismus getan hat. Das geht ziemlich weit über das hinaus, was irgendjemand verteidigen könnte. Ich will nur, dass du verstehst, dass ein kleiner Mann wie ich keine Gelegenheit hatte, das zu missbilligen. Ich dachte, dass diese Exzesse vorübergehende Kriegsangelegenheiten wären. Ich bin sicher, dass sie sofort aufgehört hätten, wenn wir den Krieg gewonnen hätten."

Das war deutlich genug. Es bestand keine Veranlassung, weiter in ihn zu dringen.

„Musstest du bei deiner Tätigkeit als Richter die Gesetzgebung der Nazis anwenden?", fragte ich.

„Du meinst die Rassengesetze und solches Zeug? Nein. Ich hatte mit Zivilprozessen zu tun, Scheidungen, Mietklagen und dergleichen. Es war immer mein Ziel, die Parteien dazu zu bringen, dass sie sich auf einen Vergleich einigten. Ich war ziemlich erfolgreich, vor allem in Scheidungsfällen. Als Richter wollte ich ein wohlwollender Vermittler sein. Ich glaube, dass ich es abgelehnt hätte, wenn man von mir verlangt hätte, die Rassegesetze der Nazis oder die Gesetzgebung des Landesverrats anzuwenden. Aber dazu kam es nie."

„Was wirst du tun, wenn du deine Stelle beim Gericht nicht wiederbekommen kannst?"

„Ich wünschte, ich wüsste es", antwortete er. „Jura ist das einzige, worin ich ausgebildet bin. Und ich kann nicht erkennen, dass die Richter, die jetzt von eurer Militärregierung eingestellt werden, einen Deut besser sind als ich. Zeig mir eine richterliche Entscheidung, die irgendeiner von denen zwischen 1933 und 1945 getroffen hat, die beweist, dass es ein Nazigegner war. Wenn sie die Nazigesetzgebung nicht angewandt hätten, wären sie heute nicht hier, um neue Stellen anzutreten."

Ich realisierte, dass nach Brühls Vorstellung die Amerikaner für den Verlust seiner Wohnung und seines Eigentums verantwortlich waren, und nun auch für seine Lebensgrundlage. Es überraschte insofern nicht sehr, dass ein Amerikaner beim Kaffeeklatsch seiner Familie kein willkommener Gast sein würde.

„Nun, Günther", sagte ich, „du willst wahrscheinlich wieder zu deiner Familie. Ich will dich nicht länger aufhalten."

Wir tranken den Wein aus. Er begleitete mich hinunter und durch den zerstörten Teil des Ortes zu meinem Jeep. Zwei Männer in Arbeitskleidung, vermutlich lokale Weinbauern, starrten uns an. Mir wurde klar, dass der ordentlich gekleidete Richter Brühl im Ort als Nazi bekannt sein musste und dass solche Freundschaftlichkeit mit einem Amerikaner den beiden zweifellos merkwürdig erscheinen musste.

„Kommst du manchmal nach Frankfurt?", fragte ich Brühl.

„Ja. Meine Eltern leben noch dort. Tatsächlich haben meine Frau und ich vor, sie nächste Woche zu besuchen. In diesem Ort hier ist reinweg gar nichts los. Meine Eltern haben mir geschrieben, dass die Oper in Frankfurt wieder spielt, und wir beide lieben die Oper sehr."

„Was wollt ihr euch ansehen?"

„Wir möchten gerne Fidelio sehen. Ich habe meine Eltern darum gebeten, uns Karten zu besorgen."

Ich erkundigte mich nach den Einzelheiten, da Fidelio auch eine meiner Lieblingsopern war, und wir verabredeten ein kurzes Treffen nach der Aufführung, damit ich seine Frau kennenlernen könnte.

Wir erreichten die Rheinstraße, wo ich den Jeep neben einem Trümmerhaufen geparkt hatte, der einmal ein Haus gewesen ist.

„Du warst nicht hier, als die SS Lorch verteidigt hat, oder?", fragte ich.

„Nein."

„Hättest du ihnen geholfen, wenn du hier gewesen wärest?"

„Nun, wenn der örtliche Befehlshaber es mir befohlen hätte, hätte ich selbstverständlich gekämpft. Befehl ist Befehl. Du kannst es einem Mann doch nicht verübeln, dass er sein Zuhause gegen einen militärischen Einmarsch verteidigen will."

„Selbst wenn dies unnötige Opfer für die Verlängerung eines verlorenen Krieges bedeutet?"

„Ein Soldat hat nicht das Recht, selbst zu entscheiden, wann ein Krieg verloren ist. Das ist Sache seiner Vorgesetzten."

Wir verabschiedeten uns, und er ging weiter, in ein schönes, großes, altes, weißes Haus mit grünen Fensterläden, das am Rheinufer stand. Ich fuhr zurück nach Frankfurt, und mir taten die Leute leid, deren Aufgabe darin bestand, Deutschland umzuerziehen.

***

Karten für die Frankfurter Oper wurden von unserem Büro für besondere Dienstleistungen verkauft. Das Opernhaus war zerstört, und die Aufführungen fanden in einem modernen, mit Marmor verkleideten Bankettsaal der Börse statt. Die Sessel waren nicht nummeriert. Zum Glück war ich rechtzeitig da. Als der Vorhang aufging, war der eiskalte Saal bis auf den letzten Platz besetzt durch eine gut gekleidete, aber etwas ausgezehrte Menge an Musikliebhabern. Trotz der herrschenden Temperaturen war es eine gute Aufführung. Das Publikum gab reichlich Applaus, teils, weil es die Qualität schätzte, mit der Beethovens unsterbliche Komposition dargeboten wurde, teils, weil diese Übung den Blutkreislauf anregte.

Das Bühnenbild für das spanische Staatsgefängnis, in dem der wahrheitsliebende Florestan von seinem politischen Gegner Pizarro gefangen gehalten wird, war grob auf große Leinwände gemalt. Ich achtete auf Anzeichen von Emotionen beim Publikum, als Leonore, Florestans hingebungsvolle Frau und Befreierin, für die halbverhungerten Gefangenen, die in ihren Sträflingslumpen aus der Dunkelheit ihrer Kerkerzellen getreten waren, um einen kurzen Blick auf die Sonne zu werfen, die Tore öffnet. Beethovens zutiefst menschenfreundliche Seele kam voll zum Ausdruck in der herrlich ergreifenden Musik, gesungen von den Bedauernswerten, dem Chor der Gefangenen. Ich hätte gerne alle im Publikum danach gefragt, ob sie die Szene an etwas Bestimmtes erinnerte. Hatten sie Florestans Klage gehört? Dessen Worte waren markant im Programm abgedruckt:

> „In des Lebens Frühlingstagen ist das Glück von mir geflohen.
> Wahrheit wagt ich kühn zu sagen, und die Ketten sind mein Lohn."

Nach dem Ende der Vorstellung traf ich Günther Brühl und seine Frau wie verabredet im Gang. Frau Brühl war eine kleine, unscheinbar aussehende Frau mit strohblonden Haaren, etwa fünfundzwanzig Jahre alt. Beide waren begeistert von der Oper. Ein paar Dinge wollte ich gerne wissen.

„Wurde Fidelio während des Krieges aufgeführt?"

„Selbstverständlich", sagte Brühl. „Wir haben die Oper in den letzten fünf Jahren mindestens fünf Mal gesehen."

„Wir reagierte das Publikum auf die Gefangenenszene?"

„Was meinst du damit? Es ist ... großartige Musik. Sehr bewegend. Die Leute sind immer sehr davon beeindruckt."

„Nur von Beethovens Musik? Oder auch von seinem Gedanken der Freiheit?"

„Mensch, von seiner Musik, natürlich", antwortete Brühl. „Er hat das Thema als Aufhänger für die Musik benutzt. Schließlich hat er diese herrlichen Melodien nicht zu Propagandazwecken komponiert, nicht wahr?"

„Hast du denn, jenseits der großartigen Musik – oder durch sie – nie empfunden, dass es da eine Parallele zu Nazideutschland und seinen Konzentrationslagern gibt?"

Brühl und seine Frau lachten. „Unsinn. Wie absurd. Wer käme je auf so eine Idee", rief Brühl aus. „Diese Oper schildert Zustände in Spanien vor Hunderten von Jahren. Die einzige Assoziation, die ich vor ein paar Jahren hatte, waren die Gräueltaten, die die Roten im Spanischen Bürgerkrieg begangen haben. Aber das ist schließlich nicht wirklich das Thema der Oper, nicht wahr? Es ist das Heldenlied der liebenden Ehefrau" – und er blickte liebevoll auf seine eigene Frau – „die sich für das Leben und die Freiheit ihres Mannes aufopfert."

Die Scheinwerfer der wenigen amerikanischen Autos draußen wiesen den Weg durch die mit Trümmern flankierten Straßen. Wir wünschten uns eine gute Nacht.

Ich brauchte einige Zeit, bis ich mich dazu überwinden konnte, wieder zu einem Konzert im Bankettsaal der Frankfurter Börse zu gehen.

„Strecken Sie uns nicht zu hart nieder"

*„**Wilhelm Krauss** kam erst zwei Jahre vor dem Abitur in die Klasse. Aufgrund seiner Herkunft aus einem gesellschaftlich hoch angesehenen Elternhaus – sein Vater war ein bedeutender Unternehmer – machte er einen guten ersten Eindruck. Er besaß gute Manieren und Selbstkontrolle. Letzten Endes stellte sich jedoch heraus, dass diese angenehmen Eigenschaften eine seltsame Reserviertheit überdeckten, die Krauss sowohl gegenüber den Lehrern als auch seinen Mitschülern gegenüber beibehielt. Obwohl er mehrfach die Schule gewechselt hatte, hatte ihm seine überdurchschnittliche Intelligenz dazu verholfen, bemerkenswerte intellektuelle Leistungen zu erzielen. Er war vor allem auf dem Gebiet der Fremdsprachen begabt, aber er besaß nicht die Energie und das Durchhaltevermögen, um das Beste aus seiner Begabung zu machen.*
Es gab selten einen Anlass, Krauss zu tadeln. Seine Lehrer waren jedoch von dieser scheinbaren Perfektion nicht angetan, weil sie aus seiner Fähigkeit resultierte, Zusammenstöße zu vermeiden, und nicht aus vernünftigen ethischen Vorstellungen. Ich werde nie seinen Gesichtsausdruck während des Unterrichts vergessen. Es war, also ob er eine Maske aufhätte. Seine Augen waren fast nie direkt auf den Lehrer gerichtet. Wenn dies doch einmal der Fall war, schienen sie einen Abgrund zu offenbaren. Er war einer der wenigen Schüler, die mich nie ins Vertrauen zogen. Ich erfuhr nie, welcher Art das Geheimnis war, das er zu unterdrücken versuchte."
Olbrich

2. Dezember 1945

Als ich Wilhelm Krauss' Namen auf der Liste meiner ehemaligen Mitschüler sah, konnte ich mich zunächst nicht an ihn erinnern. Er war nur während der letzten zwei Schuljahre in unserer Klasse, und zwischen mir und ihm hatte, soweit ich mich erinnern konnte, kein Kontakt bestanden. Schmitt konnte zunächst keine Spur von ihm ausmachen, doch dann fand er mithilfe des polizeilichen Meldeverzeichnisses die Adresse seiner Eltern in Marburg.

Die knapp hundert Kilometer lange Fahrt bot mir eine weitere Gelegenheit, den grotesken Kontrast zwischen der zerstörten Stadt und der unberührten ländlichen Gegend zu erleben. Die Trümmer der einst so herrlichen Stadt Frankfurt wichen plötzlich den bescheidenen nördlichen Randbezirken, die sich aneinander reihten. Dann folgte etwa fünfundsechzig Kilometer lang ein Dorf dem anderen mit ganz normal lebenden Bauern. Plötzlich bringt die zerstörte Stadt Gießen einem die Wirklichkeit Deutschlands wieder zu Bewusstsein. Dann wieder weicht diese Realität der schönen, blühenden ländlichen Gegend entlang des zauberhaften Lahntales.

Während ich weiter fuhr, fragte ich mich angesichts des riesenhaften Gegensatzes, ob dieses erschöpfte Land in der Lage wäre, innerhalb von hundert Jahren seine Städte wieder aufzubauen. Ich habe die objektiven Tatsachen nicht geprüft. Seltsamerweise wurden mir die Dimensionen der Wiederaufbauarbeit umso klarer, je mehr ich auf die wohlbehaltene ländliche Gegend blickte, und zwar deutlicher als bei meinem täglichen Blick aus dem Fenster meines Büros im US-Hauptquartier auf das leere Gerippe der Stadt. Deutsche Städte hatten sich im Laufe vieler Jahrhunderte entwickelt. Ihr Wachstum stand in Wechselbeziehung zu der wachsenden deutschen Wirtschaft und dem Wohlstand des Landes. Wenn dies zwei der Grundelemente waren, auf denen aller Städtebau beruhte, gab es dann irgendeinen Grund anzunehmen, dass die Städte überhaupt je wieder aufgebaut würden? Aber vielleicht würde die verarmte Stadtbevölkerung provisorisch irgendwelche leicht zu bauenden, barackeartigen Notunterkünfte zwischen den Ruinen ihrer einst stattlichen Häuser errichten. Der Druck, Unterkünfte bereitzustellen, ganz gleich, wie primitiv sie waren, würde eine großzügige, großräumige Stadtplanung zur trügerischen Hoffnung werden lassen. Sobald die Menschen realisierten, dass ihr verminderter Lebensstandard anhalten würde, würden die primitiven Notunterkünfte zum Dauerzustand werden.

Im Gegensatz dazu sah sich die ländliche Gegend, durch die ich fuhr, nicht mit einem solchen Rückschlag der Lebensumstände konfrontiert. Diese Dörfer waren wahrscheinlich nie reich gewesen, aber solange sein Boden solide war, war der Bauer immun gegenüber den Höhen und Tiefen von wirtschaftlichem Wohlstand und Abschwung. Weder hatte er bei den Luftangriffen Land verloren, noch hatte das Militär ihm weitreichende Beschlagnahmen auferlegt. Obwohl es etwas Stimmungsmache gegen die geplante Bodenreform gab, die parallel zur Bodenreform in Ostdeutschland hier stattfinden sollte, regte man sich darüber nicht sehr auf, weil der individuelle Landbesitz hier nicht übermäßig groß war. Das größte Problem war der steigende Zustrom an Flüchtlingen aus den deutschen Ostgebieten, die jetzt polnisch geworden waren, und aus dem Sudetenland, in dem die Eindeutschung rückgängig gemacht worden war. Innerhalb weniger Monate würde sich die Bevölkerung vieler Landkreise verdoppeln. Zweifellos wird die Militärregierung den Bauern dazu zwingen, etwas von seinem Lebensstandard preiszugeben – seine zusätzlichen Zimmer, Möbel, Kleidung, Geschirr –, weil er sie nicht freiwillig hergeben wird. Die Grenze seiner Wohltätigkeit war eng gezogen. Mit Stadtbewohnern oder Flüchtlingen hatte er noch nie viel anfangen können. Umso weniger jetzt, solange die Städte nicht die Güter herstellten, die er brauchte – Schuhe, Landmaschinen, Möbel – im Tausch für die Nahrungsmittel, die er anbaute. Sie boten ihm lediglich Geld an. Aber das war nur zu viel Papier. Dann gib lieber den Schweinen die Milch zu saufen.

Der Bauer wusste, dass er die Nummer Eins war bei dem, was von der deutschen Wirtschaft übrig geblieben war. Hoffnungslosigkeit, wie sie in der Stadt vorherrschte, entsprach nicht seiner Befindlichkeit. Er spielte nicht mit Selbstmordgedanken. Im Gegenteil, er machte mit dem Aufbau weiter. Nur dem äußeren Erscheinungsbild nach zu schließen, war die Anzahl der Häuser in den Dörfern und kleinen Orten um ein vielfaches höher als in den Städten. Frische Ausbesserungen an den Häusern zeigten an, wo vor ein paar Monaten eine Bombe oder ein Artilleriegeschütz eingeschlagen hatte, und neue Häuser, die nicht besonders luxuriös oder modern waren, waren hier und dort entstanden. Die Dorfbewohner gaben zwei Gründe für ihre Aktivität an: Sie kamen leichter an Baumaterialien heran – Steine und Holz – und hatten über den Zusammenbruch hinweg ein paar Industriematerialien gerettet. Wichtiger noch: Jeder von ihnen beherrschte selbst das Bauhandwerk. Diese unpraktischen Stadtbewohner mussten jedes Mal, wenn sie einen Nagel in die Wand einschlagen wollten, einen Handwerker rufen. Auf dem Land kannte sich jeder mit solchen Arbeiten aus.

Im August 1945 hatten die Alliierten in Potsdam verfügt, dass aus Deutschland ein Agrarstaat werden sollte. Ein näherer Blick auf Stadt und Land reichte aus, um sich davon zu überzeugen, dass selbst ohne eine solche ausdrückliche Politik Deutschlands Bauern, zumindest am Anfang, die Trumpfkarten bei der Entwicklung des Landes in der Hand hielten. Ganz gleich, was mit den Flüchtlingen aus den Ostgebieten geschieht, mit der Stadtbevölkerung und den durch Luftangriffe Geschädigten, ob sie lebten oder starben, verhungerten, erfroren oder Zyanid nahmen, arbeiteten oder faulenzten, auf dem Land würde man aufblühen. Mag sein, dass es auf dem Land an Konsumgütern fehlte, aber es gab noch ordentliche Vorräte aus früheren Jahren. Mag sein, dass es auf dem Land an Landmaschinen und Treibstoff fehlte, aber es würde durch die Flüchtlinge eine beträchtliche Reserve an Arbeitskräften erhalten. Je mehr ganz Deutschland vom Bauern abhängig war, desto mehr konnte dieser davon ausgehen, dass alles nach seinem Willen ging.

Deutschlands Landbevölkerung von acht oder zehn Millionen wird ihren Einfluss geltend machen. Mag sein, dass es die gesündeste Bevölkerungsgruppe in Deutschland ist, aber ihnen wurde nie vorgehalten, dass sie zu den fortschrittlichsten Denkern gehörte.

Ich erreichte Marburg. Die Stadt hatte nicht sehr unter den Luftangriffen gelitten. Daher hatten Geschädigte der Luftangriffe aus anderen Städten die Bevölkerung erheblich vergrößert. Ich fuhr im Schritttempo durch die engen Straßen der Altstadt. Die Bürgersteige quollen über mit Menschen, die Bündel trugen oder Kinderwagen schoben, in denen sich Haushaltswaren befanden und nur gelegentlich ein Baby. Miteinander schwatzende Frauen standen in Gruppen mitten auf der Straße, aufgebracht über den Verkehr.

In einer dieser Gruppen, die sich knapp einen halben Meter vor der Stoßstange meines Jeeps zerstreute, befand sich eine Frau, die mir die Richtung zu Dr. Krauss' Haus zeigte. Ich fand das Haus am Stadtrand auf einem Hügel mit Ausblick auf Marburg. Es handelte sich um eine moderne Villa, wahrscheinlich war sie nicht einmal zehn Jahre alt. Sie stand unmittelbar außerhalb eines Stacheldrahtzauns, der eine konfiszierte Häuserzeile umgab.

Eine junge, dralle Frau mit hellen Haaren öffnete mir auf mein Klingeln. Ich fragte nach Wilhelm. Sie wurde bleich.

„Wilhelm ist tot", sagte sie. „Ich bin seine Schwester."

Ich erklärte ihr, woher ich Wilhelm kannte, und sie bat mich hinein.

Dr. Krauss und seine Frau saßen im Wohnzimmer. Er entschuldigte sich, dass er seinen Kaffee weiter trank, bevor er kalt wurde. Frau Krauss' Lippen wurden schmaler und ihre Augen feucht, als ihre Tochter ihr erklärte, warum ich gekommen sei.

Wilhelms Vater war eine eindrucksvolle Persönlichkeit. Er trug einen dunklen, gut gebügelten Straßenanzug und eine mit Perlen besetzte Nadel an seiner Krawatte. Er hatte einen Van-Dyke-Bart und einen festen, durchdringenden Blick. Drei Schmisse auf seiner linken Wange wiesen eindringlich auf die Tatsache hin, dass er als deutscher Student einer schlagenden Verbindung angehört hatte. Er allein trank Nachmittagskaffee. Der Tisch war nur für ihn gedeckt worden. Frau Krauss, eine grauhaarige, hagere Frau voller Bitterkeit, die ihren Augen ablesbar und ihr um den Mund herum eingeschrieben war, leistete ihm strickend Gesellschaft. Wilhelms Schwester war hinausgegangen. Sie sagte, sie sei Turnlehrerin, und einige Kinder warteten im Nebenzimmer auf sie und ihre Turnstunde.

Das große Zimmer war elegant möbliert mit schweren, geschmackvollen Möbelstücken. Kopien klassischer Gemälde in prächtigen Rahmen schmückten die Wände. Vor einem Fenster stand ein gusseiserner Ofen. Sein Rohr ragte durch eine Fensterscheibe hindurch nach draußen. Er bot in dieser Umgebung des Reichtums und Komforts die einzige Spur, die auf einen Winter ohne Kohlen hinwies.

Ich hatte den Eindruck, dass Herr und Frau Krauss zögerlich von ihrem Sohn sprachen. Zunächst erzählten sie mir von dem Unglück, das dem Rest der Familie widerfahren war. Wilhelm hatte zwei Schwestern, beide verheiratet. Von keinem der beiden Ehemänner hatte man seit April gehört. Einer von ihnen war wahrscheinlich ein Kriegsgefangener der Roten Armee, der andere bei den Engländern. Die Familien beider Töchter waren ausgebombt und lebten nun bei der Familie Krauss. Das Haus mit seinen fünf Zimmern teilten sich demnach vier Erwachsene und fünf Kinder. Die deutsche Wohnungsbehörde hatte sie darüber informiert, dass sie demnächst ein Zimmer an eine Flüchtlingsfamilie aus dem Osten abgegeben müssten.

Unglück ist relativ, und vielleicht habe ich ihnen Mut gemacht, indem ich auf weitaus unbefriedigendere Lebensumstände in Frankfurt verwies, wo sich im Durchschnitt zweieinhalb Personen ein Zimmer in den Wohnhäusern teilten, die stehen geblieben waren, obwohl mehr als die Hälfte der Zimmer noch grundlegend in Stand gesetzt werden mussten. Ihr Haus hatte immerhin ein Dach, gute Glasfenster und schließende Türen.

„Wir wissen das zu schätzen", sagte Dr. Krauss, „aber wir können unser Leben nicht einmal unter diesen reduzierten Umständen genießen, solange es so unsicher ist. Die Amerikaner haben dieses Haus hier schon einmal beschlagnahmt, und es gibt Gerüchte, dass wir es wieder räumen müssen. Ich wüsste in dem Fall nicht, wohin wir gehen könnten. Als wir hier wieder einzogen, nachdem eure Truppen vor zwei Monaten abgezogen sind, haben wir unser Haus kaum wieder erkannt. Soldaten sind alle gleich – das weiß ich, und ich habe kaum etwas anderes erwartet. Aber was uns wirklich erzürnt hat, ist die Tatsache, dass der Pelzmantel meiner Frau und die Winterkleidung der Kinder verschwunden sind. Die Soldaten haben deutsche Frauen ins Haus gelassen, und ich bin mir sicher, dass sie unsere Sachen gestohlen haben."

Dr. Krauss entschuldigte sich, dass er mir keinen Wein anbieten konnte. Die Soldaten hatten ihm keinen übrig gelassen, sagt er spitz. Auch wagte er sich nicht, mir von seinem Kaffee anzubieten, da er sich sicher war, dass kein Amerikaner dieses Gebräu anrühren würde, das Dr. Krauss gezwungen war zu trinken. Das einzige, das er mir anbieten könne, sei eine Zigarette, sagte er.

Ich sagte: „Wollen Sie nicht vielleicht von meinen Zigaretten rauchen?", bevor ich seinen diplomatischen Taschenspielertrick begriff.

„Wenn Sie darauf bestehen", erwiderte er. Seine Hand zitterte, als er sich die Zigarette anzündete.

Ich versuchte nochmals, etwas über Wilhelm zu erfahren.

„Unser armer Junge war sehr mutig", sagte Dr. Krauss. Abgeklärtheit statt Trauer lag in seiner Stimme. Seine Frau starrte mit geröteten Augen auf ihr Strickzeug. „Er war sehr krank", fuhr Wilhelms Vater fort, „schon damals, als Sie ihn kannten. Hier ist übrigens ein Foto von ihm. Es wurde ein Jahr vor seinem Tod aufgenommen."

Dr. Krauss stand auf, nahm ein kleines gerahmtes Foto von seinem Schreibtisch und gab es mir. Bis jetzt war Wilhelm Krauss lediglich ein Name auf meiner Liste gewesen. Nun erinnerte ich mich an ihn. Ein ernstes, hageres Gesicht mit glatten, dunklen Haaren. Ein durchdringender Blick, den man selbst in einem mittelmäßigen Foto erkennen konnte. Dass er krank gewesen war, war mir völlig neu. Vielleicht hatten einige seiner engeren Freunde davon gewusst.

Dr. Krauss versuchte, Wilhelms Krankheit zu umschreiben. Schließlich nannte er sie beim Namen: Epilepsie.

„Um Wilhelm zu schützen, hielten wir seine Krankheit vor allen geheim. Deshalb hat er die Schule so oft gewechselt. Sobald ein epileptischer Anfall ihn gegenüber seinen Klassenkameraden verraten hatte, setzte er keinen Fuß mehr über die Schwelle des Schulgebäudes."

Wilhelms Vater nannte ihn ein Opfer des Ersten Weltkriegs. 1916 erkrankte er im Alter von drei Jahren an einer Gehirnhautentzündung. Die Familie glaubte, oder wollte Außenstehenden den Eindruck vermitteln, dass Wilhelms Epilepsie eine Folge der Erkrankung während seiner Kindheit war.

Ich fragte Dr. Krauss, was Wilhelm nach dem Abitur gemacht hatte.

„Sie werden sich wahrscheinlich erinnern", antwortete er, „dass Wilhelm eindeutig eine Begabung für moderne Sprachen hatte. Er konnte Französisch und Englisch ziemlich gut – wir hatten ihn immer auf unsere Reisen ins Ausland mitgenommen. Ich schickte ihn an die Universität von Lausanne in der Schweiz. Leider beendete einer seiner Anfälle seinen Aufenthalt dort vorzeitig. Deshalb entschieden wir uns, ihn am Dolmetscherinstitut in Heidelberg studieren zu lassen. Er studierte zwei Jahre lang Französisch und Englisch, und danach konnte ich ihn in der Auslandsabteilung der I.G. Farben unterbringen. Ich selbst war Direktor bei den I.G. Farben, wissen Sie."

Die Art und Weise, wie Dr. Krauss den beruflichen Werdegang seines Sohnes schilderte, deutete darauf hin, dass Wilhelm selbst wenig Gelegenheit gegeben worden war, in dieser Angelegenheit etwas zu sagen. Aber selbst Dr. Krauss' direktorialer Einfluss reichte nicht aus, Wilhelms Anstellung bei den I.G. Farben aufrechtzuerhalten, als dessen Anfälle immer häufiger und intensiver auftraten. Geringfügige Meinungsverschiedenheiten riefen bei ihm heftige Reaktionen hervor, und seine Vorgesetzten waren der Auffassung, dass sie ihn unter diesen Umständen nicht weiter beschäftigen konnten, erklärte Dr. Krauss.

„Wir glaubten, dass das ruhige Leben an einer Universität seinen Zustand verbessern würde. Diesmal schickten wir ihn an die Universität in Köln. Das war 1938, nicht wahr, Mutter?", fragte er seine Frau. Frau Krauss nickte.

„Vom Militärdienst war er natürlich befreit. Aber an der Universität musste er Mitglied in einer der NS-Organisationen sein. Sonst hätte er Schwierigkeiten bekommen. Es suchte sich das NSKK aus, das Nationalsozialistische

Kraftfahrtkorps.[43] Sie hielten Sitzungen zur politischen Indoktrinierung ab und drillten ein wenig, aber ansonsten waren sie keine große Last. Während des Krieges mussten sie allerdings viele Notfalleinsätze fahren. Wilhelm half aus, wo immer ihn die Pflicht rief. 1941 wurde er eines Tages, nach einem der ersten Luftangriffe auf Köln, zu einem Noteinsatz gerufen. Es gab natürlich viel Aufregung, und das wirkte sich wieder auf Wilhelm aus. Er hatte eine Auseinandersetzung mit seinem Vorgesetzten. Eine Lappalie – in welcher Richtung man aus der Gefahrenzone in der Stadt herausfährt. Nun, im Laufe des Streits schlug Wilhelm seinen Vorgesetzten mit einem kleinen Feuerlöscher. Der Mann kam für mehrere Wochen ins Krankenhaus."

Dr. Krauss sagte, dass die Gestapo sich mit dem Vorfall befasste. Man beschuldigte Wilhelm des politisch motivierten versuchten Mordes.

„Als ich davon hörte, nahm ich das nächste Flugzeug nach Köln. Ich sprach mit der Gestapo und machte ihnen deutlich, dass Wilhelm in diesem Zustand der Erregung nicht für sein Handeln verantwortlich war. Wissen Sie, was sie taten? Sie ordneten eine ärztliche Untersuchung meiner gesamten Familie an, um festzustellen, ob Wilhelms Epilepsie erblich war. Zwar wusste ich natürlich, dass die Ärzte nie eine solche Entscheidung treffen würden. Aber hätte die Gestapo es nachweisen können, dass Wilhelms Epilepsie erblich war, wäre Wilhelm zwangssterilisiert worden."

Dr. Krauss zündete sich nervös eine weitere Zigarette an. Seine Frau hatte kaum ein Wort gesagt, seit ich hereingekommen war. Sie schien daran gewöhnt, dass ihr Mann für die Familie sprach.

„Dann ordnete die Gestapo Wilhelms Einweisung in eine Nervenheilanstalt an. Dort verbrachte er ein Jahr, und es war furchtbar schwer, seine Entlassung zu erwirken. Es war eine der Anstalten, in denen die Zahl schwerer Fälle rapide sank, und Sie können sich vorstellen, welche Angst wir ausgestanden haben."

Während der Schilderung von Wilhelms unglücklichen Lebensumständen hatte Dr. Krauss sich einer umschreibenden Sprache bedient, wahrscheinlich, um seine Frau zu schonen und nicht an ihren Gefühlen zu rühren. Epileptische Anfälle wurden zu „Anfällen", und eine Vernichtungsanstalt der Nazis wurde zu „einer Institution, wo die Zahl der schweren Fälle rapide sank."

---

[43] Das „Nationalsozialistische Kraftfahrkorps" (NSKK) war eine paramilitärische Unterorganisation der NSDAP. Sie bestand seit April 1930 und erhielt 1931 ihren Namen. Die Mitglieder des NSKK wurden ausgebildet, Motorräder und Autos zu reparieren und zu warten. Das NSKK war ab 1934 auch für die Verkehrserziehung von Jugendlichen und Erwachsenen zuständig, stellte jedoch keine Führerscheine aus. Ab 1934 unterstand das fusionierte NSKK Hitlers unmittelbarer Führung. Die Mitgliederzahl des NSKK wuchs zwischen 1934 und 1940 von 10.000 auf eine halbe Million an. Während des Zweiten Weltkriegs beteiligte sich das NSKK an der Umsetzung des „Generalplan Ost" und war in großem Ausmaß an Deportationen von Juden und dem Holocaust beteiligt.

„Schließlich gelang es mir zu erwirken, dass Wilhelm in eine private Einrichtung überwiesen wurde. Die Gestapo machte mich dafür verantwortlich, dass ich ihn aus ihrem Einflussbereich entzog. Er war dort zufriedener, aber nichtsdestotrotz muss es ein entsetzliches Leben für ihn gewesen sein. Er war von geistig gestörten Menschen umgeben, obwohl er, abgesehen von seinen gelegentlichen Anfällen, völlig normal war. Dann, ungefähr vor anderthalb Jahren, stellten die Ärzte fest, dass sein Zustand sich so weit gebessert hatte, dass er entlassen werden konnte. Wir hatten ihn ein paar Monate lang zuhause. Es war ein glückliches Intermezzo. Letzten Sommer kehrte er nach Köln zurück. Er wollte sich betätigen, und ein Freund der Familie, der ein Bauunternehmen besaß, gab ihm ohne meine Kenntnis eine Stelle als Kurier. Er kannte Wilhelms Geschichte und dachte, dass Wilhelm eine Beschäftigung, die keinerlei Verantwortung beinhaltete, ausführen konnte. Dann am 21. November 1944 starb Wilhelm."

Als Dr. Krauss keine Todesursache erwähnte, fragte ich mich, ob Wilhelm bei einem Luftangriff ums Leben gekommen war.

„Nein", sagte er. Ich erkundigte mich nach den Todesumständen. Es folgte ein Moment des Schweigens, dann wandte sich Dr. Krauss seiner Frau zu:

„Ich sehe keinen Grund, es zu verschweigen." Dann sagte er:

„Wilhelm hat sich das Leben genommen. Nach einem neuerlichen Zwischenfall mit seinem neuen Vorgesetzten hatte er einen Anfall, und unser Freund musste ihn entlassen. An diesem Abend ging Wilhelm in sein Zimmer und nahm eine ganze Flasche Schlaftabletten. Drei Tage lang war er bewusstlos, dann starb er. … Meine Frau und ich sind zu der Überzeugung gelangt, dass es wahrscheinlich das Beste war. Wilhelm hatte ein unmenschlich unglückliches Leben geführt."

Die Familie hörte bis Mitte Januar nicht von Wilhelms Tod. Der Postdienst in der Gegend von Köln war durch die Luftangriffe völlig durcheinander gebracht. Die Nachricht, die sie dann erhielten, erwähnte nur Wilhelms Tod. Die vollständige Geschichte erfuhren sie erst im April. Ich sprach den beiden mein Beileid aus.

Nach einer Weile erkundigte sich Frau Krauss danach, was ich über den Rest der Schulklasse herausgefunden hatte. Sie erinnerte sich an einige von Wilhelms Freunden, und ich berichtete ihr, was ich wusste. Dann lenkte Dr. Krauss das Thema in eine andere Richtung und kam auf aktuelle politische Angelegenheiten zu sprechen. Er begann schneller zu sprechen, und sein ernster Gesichtsausdruck wurde lebendiger. Es war ein drängenderes Thema für ihn als die Geschichte seines verstorbenen Sohnes.

„Es kommt nicht alle Tage vor, dass ich die Gelegenheit habe, mit einem Amerikaner zu sprechen", sagte er. „Vielleicht können Sie mir ein paar Dinge erklären. Es gibt viel, was ich nicht verstehen kann. Vor Jahren war ich in der Politik aktiv. Aber was heute vor sich geht, überschreitet einfach das, was ich herunterschlucken kann."

Er sagte, dass er im Ersten Weltkrieg Offizier gewesen sei, und dass er danach Demokrat wurde. Er war Vorsitzender der Deutschen Demokratischen Partei (DDP) in einem kleinen Städtchen am Rhein, in dem sie damals lebten und arbeiteten. Diese Partei, die während der Weimarer Republik links durch die Sozialdemokraten, der großen Arbeiterpartei, flankiert wurde, und rechts durch die mächtige katholische Zentrumspartei, war eine Vereinigung politisch machtloser Idealisten der Mittelschicht, die sich richtungsgebend an den angelsächsischen Demokratien orientierte. Dass sie wenig Ermutigung fanden, war Dr. Krauss' Hauptvorwurf.

„Warum halfen Großbritannien und die USA nicht der Republik, sondern Hitler?", wollte er wissen. „Warum machten sie dem geschmeidigen Demokratie-Gegner Franz von Papen Zugeständnisse zur Aussetzung der Reparationszahlungen und nicht der demokratischen Regierung vor ihm. Warum erwogen sie, den Versailler Vertrag zu revidieren, als Hitler dies mit erhobener Faust forderte, nachdem sie sich zuvor stur geweigert hatten, auch nur ein Komma zu ändern, obwohl die Weimarer Republik sie auf Knien darum angefleht hatte?"

Heute gibt es nur wenige, die den Versailler Vertrag verteidigen. Die Meinungen sind geteilt zwischen denen, die den Vertrag als zu hart empfinden, und denen, die meinen, er sei zu mild gewesen. Während der vergangenen zehn Jahre hat sich in der Weltmeinung die Gewichtung zugunsten des letzteren verschoben. Ein unter normalen Umständen gut informierter Mann wie Dr. Krauss war jedoch abgeschnitten von den Entwicklungen in der Weltmeinung.

Die moderate deutsche Außenpolitik hatte immer betont, dass Versailles eine Erstarkung reaktionärer und revanchistischer Ideen innerhalb Deutschlands bewirkt hatte, während zugleich das Regime diskreditiert worden war, das mit dem Völkerbund hatte zusammenarbeiten wollen.

Zweifellos hatten diese Ansichten in der ganzen Welt in den späten Zwanziger Jahren an Zuspruch gefunden. Sie hatten einen Wandel der öffentlichen Meinung zugunsten Deutschlands bewirkt. Doch wäre es besser gewesen, dieser Wandel der öffentlichen Meinung wäre früher eingetreten, oder sonst besser überhaupt nicht. So aber erntete Hitler die Früchte des Prestiges, das die Weimarer Republik in den vierzehn Jahre, die sie existierte, im Ausland wieder hatte aufbauen können. Die Sieger des Ersten Weltkriegs machten Hitler die Zugeständnisse, die, hätte man sie ein paar Jahre eher der Weimarer Republik gewährt, die Republik vielleicht am Leben erhalten hätte.

Ob es nun historisch zutraf oder nicht, dieser Gedankengang dient weiterhin denen als Rechtfertigung, die es wie Dr. Krauss zugelassen hatten, dass die Macht in Hitlers Hände gelangte, als sie keine „legale" Möglichkeit sahen, ihm die Macht vorzuenthalten, und die den Mut nicht aufbrachten, die Katastrophe auf andere Weise zu verhindern. Indem er diese Erfahrung der Weimarer Republik rekapitulierte, wollte Dr. Krauss eine Parallele zur gegenwärtigen Situation ziehen.

„Strecken Sie uns nicht zu hart nieder", sagte er.

Er war der Ansicht, dass die Welt einen Fehler gemacht hatte, als sie Deutschland nach dem Ersten Weltkrieg keine Chance gegeben hatte, und dass sie jetzt im Begriff sei, denselben Fehler zu wiederholen. Er befürchtete, dass die Politik gegenüber Deutschland wieder zu Krieg führen würde. Er dachte, dass er nach dem Ersten Weltkrieg seine Pflicht getan hatte, indem er für ein internationales Unternehmen gearbeitet hatte und sich für eine friedliche, wenn auch begrenzte Entwicklung in Deutschland eingesetzt hatte. Er würde das jetzt gerne auch wieder tun. Aber er fühlte sich gelähmt durch das Misstrauen, das Deutschland von der Außenwelt entgegengebracht wurde.

Dass er überhaupt auf diesen Punkt zu sprechen kam, zeigte, dass er keine Vorstellung von der Tiefe und dem Ausmaß dieses Misstrauens hatte. Er hielt es für ungerechtfertigt. Die Nazis waren für den Krieg verantwortlich, nicht die Deutschen. Er machte die Welt, zusammen mit den Deutschen, gleichermaßen dafür verantwortlich, dass sie es den Nazis überhaupt gestattet hatte, die Macht zu ergreifen.

Da blieb noch eine Frage, die ich vielen Deutschen gestellt habe:

„Herr Dr. Krauss, Sie sagen, dass die Nazis für den Krieg verantwortlich waren, nicht die Deutschen. Wie haben Sie, als Gegner der Kriegspolitik Ihrer Regierung, diesen Einspruch zum Ausdruck gebracht?"

„Nun, junger Mann", sagte Dr. Krauss. „Darauf gibt es nur eine Antwort. Die Briten haben sie schon vor langer Zeit als Nagelprobe für den Patriotismus eines Menschen gegeben. ‚Richtig oder falsch, es ist mein Land.' Nachdem wir im Krieg waren, hatte ich keine andere Wahl, als nach Kräften für Deutschland zu kämpfen."

Dr. Krauss' Antwort war die gleiche, von ein paar Variationen abgesehen, die mir viele Deutsche auf diese Frage gegeben hatten, vor allem die aus der Mittelschicht oder mit militärischem Hintergrund. Das hieß, dass unsere Diskussion sich festgefahren hatte, da sie einen toten Punkt bei der Aufgabe der „Re-Education" markierte. Der Begriff „Nationalismus" dürfte es am einfachsten, wenn auch nicht hinreichend, auf den Punkt bringen. Indem wir den Begriff „Nationalismus" als irrationalen Faktor aus unserer unkomplizierten und menschlichen Art zu denken gestrichen haben, sind viele von uns dahin gekommen, alle Nazigegner als unsere Freunde zu betrachten. In Wahrheit, so scheint es, waren die meisten Gegner der Nazis in erster Linie Deutsche, und erst in zweiter Linie Gegner der Nazis. Sogar diejenigen, die für einen Sieg der Alliierten gebetet hatten, müssen sich jetzt gegen die

Politik der Sieger für ein entmachtetes Deutschland aussprechen oder ihre deutsche Seele verlieren. Schlussendlich verbirgt sich ein Fehlen echter Ideale und Motive sowie die bequeme Haltung, mit dem Rudel mitzulaufen, hinter der absoluten und endgültigen Aussage: „Schließlich bin ich deutsch". Die Frage „Ja, und" bleibt weiterhin unbeantwortet.

Als ich ihm nicht antwortete, erkannte Dr. Krauss wahrscheinlich, dass seine patriotische Aussage eine Mauer zwischen uns errichtet hatte. Er versuchte zu lächeln und sagte:

„Lassen Sie uns dennoch hoffen, dass es keinen weiteren Krieg mehr gibt. Alles hängt nun von euren Beziehungen zu Russland ab."

Dem stimmte ich zu. Ich fragte ihn, wie diese Beziehungen sich seiner Ansicht nach entwickelten.

„Ich hoffe, dass ihr euch gegenseitig gut versteht", sagte er. „Krieg zwischen den Vereinigten Staaten und Großbritannien auf der einen Seite und Russland auf der anderen würde für Deutschland eine Katastrophe bedeuten. Ich fürchte, dass es heute Deutsche gibt, die blind genug sind, um zu glauben, dass Deutschland durch einen solchen Krieg wieder aufsteigen könne. Ich halte das für utopisch."

Warum er von allen Adjektiven ausgerechnet dieses wählte, um die Möglichkeit eines weiteren Krieges zu beschreiben, weiß ich nicht.

Wie überall war in Marburg die Gerüchteküche tüchtig am Werk. Dr. Krauss sagte, die Leute hier hätten ihre eigene Deutung der mit Kohle beladenen Lastwagen, die täglich auf dem Weg von der Ruhr nach Osten oder Süden durch die Stadt rasten. Die Leute sagten, die Kohle sei nur die oberste Schicht, sie würde Atombomben verdecken.

Ich lachte.

Auch Frau Krauss fand dies lustig.

„Das ist albern, nicht wahr?", sagte sie. „Die Amerikaner würden nie ihre Atombomben so nah an die Front bringen. Sie würden sie von weiter entfernten Flugplätzen auf russisches Gebiet werfen, meinen Sie nicht?"

Wenn ihre Äußerung nicht so eine düstere Veranschaulichung des Bewusstseinszustands des Durchschnittsdeutschen gewesen wäre, würde ich sie Mr. Webster, dem Karikaturisten, für seine Serie „Und man kann nichts daran ändern" anbieten.[44]

„Vergessen Sie Ihre Zigaretten nicht", sagte Dr. Krauss. „Bitte verzeihen Sie mir, wenn ich das sage, … aber ich könnte es eigentlich zugeben …, tatsächlich bin ich Kettenraucher, und ohne Zigaretten bricht mein Nervensystem fast zusammen. Würden Sie mir Ihre Zigaretten verkaufen? Ich be-

[44] H. T. Webster war Mitte des 20. Jahrhunderts der wahrscheinlich bekannteste Karikaturist in den USA.

zahle Ihnen jeden Preis. Wenn ich auf dem Schwarzmarkt keine finde, dann gehe ich auf die Straße und suche nach Zigarettenkippen, die eure Soldaten wegwerfen. Es ist eine sehr erniedrigende Erfahrung. Aber ich brauche sie einfach. Also – wenn Sie mir aushelfen könnten …?“

Ich gab ihm die paar Zigaretten, die ich bei mir hatte, und er dankte mir überschwänglich. Seine Frau hatte wieder Tränen in den Augen, und ich konnte mir mehrere Gründe dafür denken.

„Ich bin Deutscher – wir kämpften um unsere Existenz"

*„**Hans Maurer** ist der Sohn eines klugen, reifen, anpassungsfähigen Vaters. Seine diplomatische Intelligenz und versöhnliche Art bewahrten ihn davor, sich in eine bestimmte Richtung festzulegen. Hans war ein begabter Beobachter und ein müheloser Nachahmer. Unter dem Einfluss seines Vaters konnte er keinen starken Charakter entwickeln, selbst wenn ihm dies angeboren gewesen wäre. Trotz seiner liebenswürdigen Ausstrahlung habe ich ihn immer für herzlos gehalten. Immer wenn seine Entscheidungen moralisch richtig waren, deckte sich dies damit, dass er einen Vorteil daraus zog. „Gut ist das, was meinen Zwecken dient." Er bändigte seine Instinkte kaum, aber seine bemerkenswerte Freundlichkeit verhinderte größere Zusammenstöße.*
Er spielte mit Freundschaft, so wie er mit dem Leben spielte, und seinen Freunden wurde schnell klar, dass er bluffte und nicht bereit war, echte Opfer zu bringen. Seine unglaublich schnellen körperlichen Reaktionen entsprachen seinen geistigen Fähigkeiten. Auf dem Gebiet der Ethik macht ihn das zu einer amoralischen Persönlichkeit, jenseits von Gut und Böse."

Olbrich

8. Dezember 1945

Anscheinend waren meine ehemaligen Klassenkameraden in einem Halbkreis nördlich von Frankfurt verstreut, keine zwei lebten an ein und demselben Ort. Die hessische Stadt Schotten war mein nächstes Ziel. Schmitts Informationen zufolge sollte Hans Maurer dort zuhause sein.

Ich erreichte die alte, unspektakuläre Kleinstadt nach anderthalb Stunden Fahrt mit dem Jeep über hügeliges Farmland und bewaldete Berge. Maurers Adresse war ein kleines Hotel, der Hessische Hof, mitten im Stadtzentrum gelegen und erreichbar über Straßen mit Kopfsteinpflaster. Das Hotel hatte eine blaue Stuckfassade, auf der sein Name in dicken schwarzen Buchstaben geschrieben stand. Kleine Fenster in dicken Mauern deuteten darauf hin, dass die Winter in dieser Gegend kalt waren. Ich fuhr mit dem Jeep durch das breite Holztor in den Hof.

Bei der Scheune in einer Ecke sägte ein Mann, von Kindern umringt, Holz. Als er zu dem Jeep aufsah, erkannte ich meinen Schulkameraden Hans

Maurer. Ein paar Sekunden lang blinzelte er in meine Richtung, dann fuhr er fort zu sägen.

Die Kinder kreisten nun den Jeep ein und verlangten nach Kaugummi. Dann folgten sie mir hinüber zu der Ecke, wo Hans stand. Er sah erneut auf.

„Kenne ich Sie nicht?“ fragte er auf Englisch.

„Es würde mich nicht überraschen“, sagte ich.

Er erkannte mich.

„Wie zum Teufel hast du mich hier gefunden?“, wunderte er sich.

Mit seinen hochgekrempelten Hemdsärmeln, seinem geröteten Gesicht und dem blonden Haar, das ihm über die Stirn hing, sah Hans wie aus der Werbung für den NS-Arbeitsdienst aus. Er war groß, knochig und auf nordische Weise ausgesprochen gut aussehend. Sein Haaransatz wich auf einer Seite zurück, was dem Gesamteindruck einen intellektuellen Anstrich verlieh. Die jüdische Groß- oder Urgroßmutter, die, wie ich mich erinnerte, unter seinen Vorfahren war, hatte erkennbar nicht zu seiner teutonischen Erscheinung beigetragen.

Ich bezweifle, dass ich ihn so mühelos erkannt hätte, wenn ich derjenige gewesen wäre, der Holz sägte und er plötzlich vor mir aufgetaucht wäre. Er hatte sich sehr verändert – zu seinem Vorteil. Das zurückweichende Haar über seiner rechten Augenbraue – das war es. In der Schulzeit war er ein Schlägertyp gewesen, manchmal ziemlich brutal und rücksichtslos, ein hervorragender Athlet, der dazu neigte, seinen Intellekt anzustrengen, um sich mehr und bessere Arten auszudenken, wie er in Teufels Küche kommen konnte. Es bedurfte gewöhnlich der Intervention seines Vaters, der an einer anderen Frankfurter Schule Direktor war, um ihn aus den Schwierigkeiten rauszuholen. Auf meiner Fahrt zu ihm war ich mir ziemlich sicher gewesen, ich würde einen verbitterten, entlassenen Offizier antreffen, und nicht diesen freundlichen, aufmerksamen Intellektuellen, der mir jetzt die Hand schüttelte.

Maurer wirkte immer noch hinreichend impulsiv. Seine leise, rasant schnelle Sprechweise klang mir vertraut – über fünfzehn Jahre hinweg. Holz zu sägen war anscheinend derzeit seine Art und Weise, um sich auszutoben – und zugleich eine äußerst nützliche Aktivität.

„Ich bin froh, dass der Motorsäge der Sprit ausgegangen ist“, sagte er. „Das gibt einem etwas Übung.“

Er hob ein halbes Dutzend Holzblöcke auf, als ob es Streichhölzer wären, und ging voraus ins Hotel. Sein Zimmer befand sich im ersten Stock. Man gelangte dorthin über einen Flur mit niedriger Decke und ein Treppenhaus, das Bilder aus dem Krieg von 1870 verzierten. Ein lebensgroßes Porträt von Bismarck bedeckte die Hälfte der Wand des Treppenabsatzes.

„Es ist schrecklich heiß hier drin", schrie er, als er die Tür zu seinem Zimmer öffnete. Er rannte durchs Zimmer und riss das Fenster auf. Dann stellte er mir seine Familie vor – seine Frau, seinen dreijährigen Sohn Hans und seinen Vater. Sie saßen an einem kleinen Tisch und tranken ihren Nachmittagskaffee – für den Jungen gab es Milch.

Das Zimmer war kaum breiter als ein Kleiderschrank und ungefähr sechs Meter lang. Am Fenster befand sich ein Spülbecken. Der Raum sah wie eine Küche aus, die in einen Wohnraum verwandelt worden war.

Seine Frau war entzückend. Sie war fast so blond wie Hans. Mit ihrem weißen, eng anliegenden Sportpullover und ihrem dezent aufgetragenen Make-up sah sie aus, als ob sie direkt vom Campus eines amerikanischen Colleges käme. Maurer, der offensichtlich daran gewöhnt war, die Gedanken der Leute zu lesen, welche das Aussehen seiner Frau betrachteten, sagte: „Ist sie nicht niedlich?" Sie errötete bescheiden.

Dass Maurer Junior wie der Typ Musterjunge geraten war, verstand sich von selbst.

„Wisch dir den Mund ab und mach einen Diener vor dem Amerikaner", forderte sein Vater ihn auf. Der Junior glitt von seinem Stuhl und tat wie ihm befohlen. Dann kletterte er, um mehr Platz zu machen, auf den Schoß seiner Mutter.

Hans' Vater saß mit einer Tasse Kaffee in der Hand in dem einzig vorhandenen Polstersessel neben einem großen Radioapparat. Vor Jahren hatte ich ihn ein bisschen gekannt, und er wirkte nicht viel älter als damals. Er war ein großer, korpulenter Mann, fast kahlköpfig, mehr der Typ eines Geschäftsführers als ein Schulleiter.

„Nimm eine Zigarette", sagte Hans und holte eine Packung Chesterfields hervor. „Greif zu", drängte er, „ich habe jede Menge davon." Ich wusste, dass er es auch so meinte.

„Und wo bist du gewesen, seitdem wir Abitur gemacht haben?", fragte er. „Das Letzte, was ich von dir hörte, war, dass du für den Völkerbund arbeiten wolltest. Junge, das war eine tolle Sache."

Er hatte recht – davon hatte ich als Schüler geträumt. Er unterzog mich eines blitzartigen Kreuzverhörs über die dazwischenliegenden Jahre. Ich kannte ihn gut genug, um zu erkennen, das ich, wenn ich über seine eigene Geschichte sprechen wollte, mich dem Kreuzverhör erst mal unterziehen musste.

Seine Frau nahm zwei weitere Tassen und Untertassen aus dem Schrank und schenkte uns Kaffee ein. Es war guter, schwarzer, amerikanischer Kaffee, und es gab Zucker und Sahne dazu.

„Das gibt es nur samstags und sonntags", sagte Hans. „Ich kenne ein paar von euren Offizieren hier in der Stadt. Ein netter Haufen Jungs. Wenn ich weg bin, kommen sie und besuchen meine Frau und den Jungen. Eure Soldaten mögen Kinder wirklich gern, nicht wahr? Hans bekommt mehr Schokolade, als er essen kann. Möchtest du diese Freunde von uns kennenlernen? Sie werden später am Nachmittag vorbeikommen, um Bridge zu spielen. Selbst an einem gewöhnlichen Samstag, weißt du. Wenn sie verlieren, bezahlen sie mit Luxusartikeln wie Kaffee, die für mich schwer zu bekommen sind. Tatsächlich tun sie das auch, wenn sie gewinnen. Prima Jungs."

„Sprechen Sie auch Englisch?", fragte ich Hans' Frau.

„Oh ja", sagte sie. „Ich habe kurz vor dem Krieg ein Jahr in den USA verbracht. Auf dem College. Ich bin im Herbst 1939 nach Berlin zurückgekommen, kurz bevor wir Polen besiegt haben."

„Waren die Studenten feindselig zu Ihnen, weil Sie Deutsche sind?", fragte ich.

„Oh nein", sagte sie. „Natürlich gab es solche, die hässlich waren, vor allem nach dem Münchner Abkommen. Aber meine Freunde waren das nicht. Sie teilten meine Ansichten über die Briten und deren Imperialismus, der Deutschland erwürgte. Ich hoffe, sie haben ihre Meinung nicht geändert, nachdem ihr in den Krieg eingetreten seid. Ich habe vor kurzem, vermittelt durch diese Offiziere hier, von ihnen gehört. Aber sie schrieben nichts über Politik. Es ist wundervoll, dass der Krieg zu Ende ist und wir wieder Freunde sein können, nicht wahr? Ich habe sogar während des Krieges versucht, meine Freundschaften zu den Amerikanern aufrecht zu erhalten."

Ich fragte sie, wie sie das gemacht hatte, und sie griff nach einem silbernen Tablett auf dem Regal über dem Tisch. Sie reichte es mir. Darauf stand auf Englisch eingraviert: „Beste Wünsche für das Glück von Hans und Daisy Maurer", gefolgt von einem Dutzend Namen amerikanischer und britischer Offiziere und der Datumszeile „Oberursel, 23. April 1942".

„Das war mein Hochzeitsgeschenk", sagte sie. Ich arbeitete in einem Gefangenenlager für englische und amerikanische Fliegerpiloten."

Das war wirklich eine erstaunliche Entdeckung. In Oberursel befand sich während des Krieges „Dulag Luft" [45], ein Durchgangslager der Nazis, wo Fliegerpiloten der Alliierten, die über Westeuropa abgeschossen worden waren, verhört wurden. Ein britisches Militärtribunal hatte gerade den kommandierenden deutschen Offizier des Lagers und einen seiner Vernehmungsbeamten wegen Misshandlung der alliierten Kriegsgefangenen zu

[45] „Dulag Luft" ist die Abkürzung für „Durchgangslager der Luftwaffe". Während des Zweiten Weltkriegs war es ein Verhör- und Durchgangslager vor allem für britische und US-amerikanische Kriegsgefangene der jeweiligen Luftstreitkräfte und spielte eine wichtige Rolle für die Informationsgewinnung der deutschen Luftwaffe. Ab Ende 1941 wurde es dienstintern und ab 1943 ausschließlich und offiziell „Auswertestelle West" (AWSW) genannt.

mehreren Jahren Zuchthaus verurteilt.[46] Doch Grausamkeit war nicht die einzige Methode, die die Deutschen benutzten, um militärische Informationen von unseren Gefangenen herauszubekommen. Freundlichkeit wurde manchmal für wirksamer befunden. Nach Frau Maurers Silbertablett zu urteilen, war das die Rolle, die sie gespielte hatte.

„Was beinhaltete Ihre Arbeit in Oberursel?", fragte ich.

„Ich habe Büroarbeiten erledigt. Karten archivieren und so scheußliches Zeug."

„Was stand auf diesen Karten?"

„Ach, Sie wissen – alle möglichen Informationen über eure Flugzeuge und Militäreinheiten und Mannschaften und so weiter. Aber meine andere Aufgabe mochte ich viel lieber – mich unter die Gefangenen zu mischen und dafür zu sorgen, dass sie alles hatten, was sie brauchten. Ich glaube auch, dass sie mich mochten. Wundervolle Jungs, eure Flieger. Ich wünschte, ich könnte einige von ihnen wiedersehen – bei ihnen zuhause. Sie haben mir alles über ihr Zuhause und ihre Familien erzählt. Sie hatten so viel Heimweh. Genauso ist es mit diesen neuen Freunden von uns, die in einer Weile zu einer Bridgepartie hier sein werden. Sie haben Heimweh. Darum kommen sie gerne hierher, sagen sie – wir sprechen Englisch, und sie können uns von Zuhause erzählen. Ich hoffe nur, dass diese Freundschaften halten werden."

Aus ihrer freimütigen und freundlichen Art, mit der sie ihre Leistungen zu Friedens- und zu Kriegszeiten beschrieb, war es klar, dass sie nichts anderes erwartete als Verständnis und Bestätigung. Honi soit qui mal y pense. (Beschämt sei, wer schlecht darüber denkt.)

Ich fragte Hans, ob seine Erfahrungen ebenso interessant gewesen seien. Er warf seiner enthusiastischen Frau einen nicht allzu freundlichen Blick zu und sagte mit sarkastischem Unterton, dass sie das in gewisser Weise waren. Dann begann er über sich selbst zu sprechen. Es war ziemlich schwer, sich seine Geschichte zusammenzureimen, weil er sie stellenweise wortgewandt erzählte, um dann wiederum reine Fakten durch unbestimmte Anspielungen zu ersetzen.

Hans Maurer war Ingenieur. Nach unserem Abitur studierte er an der Frankfurter Universität und später an der Technischen Hochschule in Darmstadt. Bevor ich die Gelegenheit hatte, ihn danach zu fragen, sagte er von sich aus, dass er nie der Partei beigetreten sei, lediglich einer speziellen

---

[46] Erich Walter Emil Killinger war seit Ende 1941 Kommandeur des Lagers. Im Dezember wurde Oberleutnant Killinger vor einem britischen Militärtribunal angeklagt. Ihm wurde die Misshandlung von britischen Kriegsgefangenen vorgeworfen. Er wurde wegen Kriegsverbrechen und Verstößen gegen die Genfer Menschenrechtskonvention zu fünf Jahren Zuchthaus verurteilt.

obligatorischen Studentenorganisation der SA. Seine Mitgliedschaft, sagte er, sei erloschen, sobald er die Hochschule verlassen hatte.

Hans präsentierte ziemlich stolz seine fast makellose Vergangenheit ohne NS-Zugehörigkeit. „Ich hatte zweimal die Gestapo am Hals", sagte er.

„Erinnerst du dich an Arnulf Krauth?"

„Natürlich", sagte ich. Krauth war einer unserer Klassenkameraden, ein ziemlich enger Freund von Hans während der letzten Schuljahre. Schmitt war es bis jetzt nicht gelungen, von ihm oder seiner Familie eine Spur in Frankfurt zu finden. Ich war froh, dass Hans seinen Namen erwähnte.

„Nun, Arnulf wurde Kommunist", sagte Hans, „und als die Nazis an die Macht kamen, hatte er Probleme an der Universität. Übrigens weiß ich nicht, was aus ihm geworden ist. Er war im Untergrund aktiv, und 1939 haben sie ihn in ein Konzentrationslager gesteckt. Bis 1942 blieb er in Kontakt mit seiner Mutter. Ab da weiß ich nichts mehr. Ich habe versucht, seine Mutter in Frankfurt zu finden, jedoch ohne Erfolg. Seine Eltern waren geschieden – das weißt du, nicht wahr?"

Ich sagte Hans, dass ich angestrengt versuchte, Arnulf, seinen Vater oder seine Mutter zu finden, und dass Olbrich versprochen hatte, nach Professor Krauths Adresse zu suchen. Hans fuhr fort:

„Arnulf und ich blieben gute Freunde bis zum Krieg. Allerdings mochte ich seine Frau nicht sehr, und wir haben uns nur noch selten gesehen, nachdem er geheiratet hatte. Seine Frau war eine kommunistische Aktivistin und nahm ihn wirklich ins Schlepptau. Es ist nie gut, wenn eine Ehefrau ihrem Mann intellektuell überlegen ist, nicht wahr, Liebling?" Er sah seine Frau an und grinste.

„Ja, lieber Hans", sagte sie, ohne aufzublicken.

Hans wandte sich wieder mir zu. „Sie engagierten sich in der Untergrundarbeit gegen die Nazis. Flugblätter, Kettenbriefe und so weiter. Vielleicht sogar Spionage für die Russen, das weiß ich nicht. Aber bis 1936 war ich ziemlich gut informiert. In dem Jahr spähte die Gestapo eine Spur der spanischen Republikaner zu unserer Gruppe aus. Wir hatten über Frankreich Waffen zu ihnen schmuggeln sollen. Sie haben uns alle verhört, aber natürlich haben sie aus mir nichts rausbekommen! Also bei dem Mal kam Arnulf davon. Ich blieb unter der Beobachtung der Gestapo. Darüber bin ich mir sicher. Meine Briefe wurden immer geöffnet, und es wurde beobachtet, wohin ich mich bewegte. 1937 ärgerten sie sich wieder über mich. Du weißt, dass ich im Elsass geboren bin? Ich hatte eine doppelte Staatsangehörigkeit, die französische und die deutsche. Die Franzosen beriefen mich 1937 zu einer einjährigen Militärausbildung ein. Es hätte mir nichts ausgemacht, dorthin zu gehen, aber die Polizei verweigerte mir das Ausreisevisum."

Hans' Schwierigkeiten mit der Gestapo endeten offenbar, nachdem er sein Ingenieursdiplom erworben hatte. Siemens, der große deutsche Elektrokonzern, stellte ihn sofort ein, und die Arbeit war so interessant, dass er jegliches Interesse an politischen Dingen verlor. Sein Spezialgebiet waren elektrische Lenkvorrichtungen für unbemannte Flugzeuge.

Als der Krieg ausbrach, wurde Hans eingezogen. „Es machte mir nichts aus, aber ich dachte, dass meine Arbeit ziemlich bedeutend sei. Hitler teilte diese Meinung nicht. ‚Ich brauche keine Ingenieure', sagte er, ‚ich brauche Soldaten'. Sechs Monate lang schrubbte ich also Latrinen. Dann änderte Hitler seine Meinung und sagte, dass die Genialität deutscher Ingenieure den Sieg für das Vaterland erringen werde. Ich wurde wieder ans Zeichenbrett gesetzt. Das war nicht so leicht nach sechs Monaten an den Latrinen."

Ich sagte, dass auch in der amerikanischen Armee die Latrinen ein wesentlicher Bestandteil seien und er nicht zu verbittert darüber sein sollte. Ja, antwortete er, aber in den sechs Monaten hätte er viel wertvolle Arbeit ausführen können.

„Woran hast du gearbeitet?"

„An der V-1.[47] Ich habe am Lenkungsmechanismus mitgearbeitet. Später habe ich dann an einer unserer Gleitbomben gearbeitet, der Flugzeugfreigabe und der Raketenfeuerung. Das war eine aufregende Arbeit."

Hans' Forschung sei von der deutschen Luftwaffe überwacht worden, und er sei zu solcher Verantwortung aufgestiegen, sagte er, dass er bei Konferenzen mit General Milch dabei gewesen sei, und einmal an einer Konferenz, an der Göring persönlich teilgenommen habe.[48]

„Glaub nicht für eine Sekunde, dass wir vorhatten, die V-1er mit dem Sprengstoff zu benutzen, den du kennst. Sie sollten Atombomben mitführen.

---

47 Die Fieseler Fi 103 war der erste militärisch eingesetzte Marschflugkörper. Sie galt als eine der „Wunderwaffen" der NS-Propaganda und wurde auch als V-1 (Vergeltungswaffe 1) bezeichnet. Zwischen Juni 1944 und März 1945 wurden ca. 12.000 der in den Gerhard-Fieseler-Werken in Kassel im Auftrag des Reichsluftfahrtministeriums hergestellten Fi 103 von der deutschen Wehrmacht gegen militärische und zivile Ziele in England, insbesondere über London, eingesetzt. Mit dem Einsatz der V-Waffen sollte Vergeltung geübt werden für die Luftangriffe englischer und amerikanischer Bombengeschwader auf deutsche Städte. Gegen Ende des Krieges verwendete man sie auch in Belgien bei Angriffen auf den Hafen von Antwerpen und in Lüttich, um den Nachschub alliierter Truppen an der Westfront zu verhindern.

48 Erhard Milch (1892–1972) war deutscher Heeres- und Luftwaffenoffizier und von 1933 bis 1945 Staatssekretär des Reichsluftfahrtministeriums, außerdem Generalinspekteur der Luftwaffe. 1947 wurde Milch in Nürnberg vom amerikanischen Militärgerichtshof angeklagt (Milch-Prozess) und als Kriegsverbrecher zu lebenslanger Haft verurteilt. Bereits 1954 wurde er entlassen.

Unsere Atomforschung aber konnte nicht mithalten. Wir hätten wahrscheinlich noch acht Jahre gebraucht. In der Zwischenzeit habt ihr die Bombe entdeckt, und die Russen stehen wahrscheinlich auch kurz davor. Weißt du, das ahnte ich. Ich war von Anfang an pessimistisch. Zwischen 1939 und 1941 schloss ich mehrere Wetten ab, dass wir den Krieg verlieren würden. Damals wurden mir Wettsummen angeboten. Erst letzte Woche habe ich sie mir auszahlen lassen."

Ich versuchte, die Facetten von Hans' Einstellung auf einen Nenner zu bringen und sagte ihm, dass ich verwirrt sei. Er war von Anfang an eine Nazigegner mit Kontakten zum kommunistischen Untergrund. Er betrachtete sich beinahe als Opfer der Verfolgung durch die Gestapo. Er glaubte, dass der Krieg nicht zu gewinnen war. Dann diente er der Kriegsmaschinerie als Ingenieur, der an V-Waffen (Vergeltungswaffen) forschte und durch seine Arbeit große Erfüllung erlangte.

„Was ist daran unlogisch?", fragte er. „Was hätte ich sonst machen sollen, nachdem wir im Krieg waren? Ich bin Deutscher – wir kämpften um unsere Existenz. Hätte ich gegen die Kriegsanstrengungen gearbeitet, oder selbst wenn ich passiv geblieben wäre, wäre ich zum Verräter geworden."

„Wenn das die allgemeine Auffassung war", sagte ich, „dann musste Hitler, um die Unterstützung eines jeden Deutschen zu bekommen – ob Nazi, neutral oder Gegner der Nazis –, nichts anderes tun, als sich in einen Krieg stürzen."

„Ich nehme an, dass es so funktionierte", antwortete Maurer. „Nachdem wir im Krieg waren, war es glasklar, dass wir alle zusammenhalten würden. Eure Bomben unterschieden nicht zwischen Nazis, Neutralen oder Nazigegnern. Und wir wussten verdammt gut, dass, wenn wir den Krieg verlieren würden, ganz Deutschland so behandelt würde, wie es das wahrscheinlich verdient hat – ohne besondere Ausnahmen. Das ist wahrscheinlich eingetreten."

„Wie wäre es den Nazigegnern ergangen, wenn Deutschland gesiegt hätte?"

„Schrecklich. Wir hätten für den Rest unseres Lebens Nazistiefel putzen müssen."

„Warum hast du dann nicht gegen die Nazis anstatt für sie gekämpft?"

„Ich habe nicht für sie gekämpft. Ich habe auf der Seite Deutschlands gekämpft. Ich hätte nie auf der anderen Seite kämpfen können. Ich musste meine Pflicht tun."

Ich hatte meine Lieblingsfrage gestellt und die erwartete Antwort erhalten. Es gibt jedoch graduelle Unterschiede der Sturheit beim deutschen Nationalismus. Ich fragte ihn, ob seiner Meinung nach die deutschen Generäle und Konservativen, die 1944 versucht hatten, Hitler zu töten, Verräter oder Patrioten seien.

„Das ist eine schwierige Frage. Aber ich glaube, sie waren Patrioten. Sie waren vollständig im Bilde über unsere verzweifelte Situation und wollten den Krieg beenden."

„Und warum sollte ein Deutscher als Verräter betrachtet werden, wenn er von Anfang an gegen den Krieg handelte?"

„Weil er davon nichts wusste. Wir hätten den Krieg vielleicht gewinnen können!"

Hans Maurers Vater hatte uns aufmerksam und offenbar mit wachsender Ungeduld zugehört. Er machte ein paar Gesten, als ob er uns unterbrechen wollte, aber die resolute Gesprächigkeit seines Sohnes war nicht leicht zu stoppen.

„Ihr seid beide zu jung und zu unwissend, was die Geschichte betrifft", sagte er jetzt. „Der Unterschied zwischen Verrat und Patriotismus lässt sich manchmal schwer erkennen, manchmal existiert er nicht einmal. Und er wird nicht weniger bestimmt durch reine Ethik als durch blinden Nationalismus. Wir Deutschen sind eine Nation, deren Handeln sich auf der Grundlage unzähliger historischer Tatsachen entwickelte. Ich meine damit das Handeln des Volkes als Ganzem, nicht das Handeln des Individuums. Aber für das Volk als Ganzes, wie für alle Nationen, besteht der primäre Antrieb im Überleben oder in der relativen Verbesserung seiner materiellen Lebensumstände und seinem Wohlergehen. Das hat Hitler den Menschen zugesichert, und sie sind ihm gefolgt. Sogar in den Krieg. Zu dem Zeitpunkt waren die Menschen bereit, jeden zu kreuzigen, der es wagte, die Hoffnungen und Sehnsüchte der Nation zu hemmen. Ich war gegen den Krieg. Die Nazis haben mich 1938 aus dem Dienst entfernt, weil ich mich weigerte, Geschichte nach ihren Vorstellungen zu unterrichten. Wäre ich mit meinem Widerspruch weitergegangen, wäre ich zum Verräter geworden. Es gab Hunderte von Begründungen für Widerstand. Aber man hat den Menschen eingeredet, dass der Krieg in ihrem Interesse sei. Es ist die geläufige Auffassung, die aus einem Menschen einen Sünder oder einen Heiligen macht. Diese Ansicht kann nur durch eine einzige Sache korrigiert werden – die militärische Niederlage. 1944 war der Krieg offensichtlich verloren und die Leute waren bestrebt, aus dem Krieg rauszukommen. Deshalb wurden die Generäle, die Widerstand gegen Hitler leisteten, zu Volkshelden. Das Wohlergehen der Menschen erforderte nun den Frieden anstatt des Krieges. Ich fürchte, dass der Überlebenskampf einer Nation nicht nach den Begriffen der Logik und der Ethik gemessen werden kann."

Ich stimmte Professor Maurer zu, dass ich zu wenig über Geschichte wusste, um überzeugender für Ethik in den internationalen Beziehungen zu plädieren. Wenn er jedoch seine empirischen Ansichten auf Deutschlands gegenwärtige Situation bezöge, hätte er keinen Grund sich zu beklagen.

„Nicht als Historiker", sagte er. „Unser Kaufgebot für den berühmten Platz an der Sonne wurde von einem mächtigen Zusammenschluss von Ländern zurückgewiesen, und *vae victis* (Wehe den Besiegten!) gilt für uns, so wie es immer für die Besiegten gegolten hat. Aber als Deutscher und als Mann, der den Nationalsozialsozialismus und seine Abschaffung der Ethik ablehnte, liegt meine Hoffnung jetzt auf den fortschrittlichen Ansichten des internationalen Lebens, für die Ihr Land offenbar in den Krieg gezogen ist. Aber ich habe nicht viel Hoffnung. Ich sehe bis jetzt noch keinen Beleg, dass ihr die Welt von Angst und Mangel befreit habt. Anstatt dessen balgen sich die Sieger um ihre Position im nächsten Konflikt. Wenn der kommen sollte, dann wird Deutschlands Beitrag vielleicht das Zünglein an der Waage sein zugunsten der christlichen Zivilisation, und wir werden uns dann womöglich doch von unserer Schuld befreien."

Professor Maurer setzte seine leere Kaffeetasse ab und ging zur Tür hinüber, wo sein Mantel hing. Er zog einen Stapel Papiere aus einer Manteltasche.

„Das ist etwas, dass ich Ihnen zu lesen geben möchte. Ich habe einen Freund, der Unternehmer ist. Er kam eines Tages zu mir und sagte mir, dass er ausgezeichnete Beziehungen zu hochrangigen Personen in den Regierungen der Sieger habe. Diese Leute wären sehr daran interessiert zu wissen, wie ein denkender Deutscher, der Gegner der Nazis war, die heutige Situation und die Besatzungspolitik beurteilt. Er bat mich darum, einen Aufsatz über meine Ansichten zu schreiben. Der Aufsatz war fertig, als er wiederkam, doch dann sagte er mir, dass die hochrangigen Personen, die er kannte, Franzosen seien. Nun, ich wollte nicht, dass er den Aufsatz in der vorliegenden Fassung mitnimmt, denn ich war davon ausgegangen, dass er mit den Amerikanern in Kontakt steht. Ich sah keinen Grund darin, den Franzosen mitzuteilen, was wir an der amerikanischen Militärregierung kritisieren. Also überarbeitete ich den Aufsatz für die französischen Leser. Das hier ist eine Kopie des Textes, die ich dem Freund gegeben habe. Wenn Sie es lesen wollen, werden Sie uns besser verstehen, denke ich".

Er bot mir seinen Plüschsessel an und begann, mit seinem Enkel zu spielen. Ich las den Text hastig durch und fragte ihn dann, ob er mir erlauben würde, ihn mitzunehmen. Er war einverstanden.

„Es ist ein schöner Gedanke, dass es außerhalb unserer Grenzen Menschen gibt, die wissen möchten, wie sich die bedeutenden Erfahrungen der Gegenwart in der Ansicht eines denkenden Deutschen spiegeln – einem, der die Ereignisse und deren weitreichende Folgen ruhig und objektiv verstehen möchte.
Der Autor glaubt, dass die bedeutenden Ereignisse der menschlichen Entwicklung nicht aus einem materialistischen Blickwinkel verstanden werden können. Vielmehr sind sie das Ergebnis von Faktoren, die durch ein geistiges Prinzip bestimmt werden, selbst wenn dessen Zusammenhang oft schwer zu erkennen ist. Die Zeitgenossen sehen nur eine bewegliche, sich schnell verändernde Oberfläche. Aber darunter verläuft, verdeckt durch sie, eine bedeutende und kontinuierliche Flut, die von den Ereignissen an der Oberfläche nur beschleunigt oder verlangsamt werden kann, deren Richtung aber nie verändert werden kann. Um die heutigen Ereignisse zu verstehen, müssen wir kurz die Anfänge der Entwicklung anschauen, die wir heute erleben.
Wir stehen einer tiefen Kluft in der menschlichen Evolution gegenüber. Nichts seit dem Untergang der antiken Welt mit ihrer festen geistigen, politischen und ökonomischen Ordnung ist damit vergleichbar. Drei Jahrhunderte nach dem Untergang der antiken Welt wurde eine neue Form organisierten Lebens begründet. Das neue Imperium erwuchs aus dem Zusammenschluss der germanischen Völker mit der antiken Welt unter dem Einfluss des Christentums. Es war kein Staat, sondern der Zustand des Abendlandes. Wie das Heilige Römische Reich existierte es tausend Jahre lang. Die Hälfte dieser Zeitspanne bestimmte es die Gestalt der westlichen Welt. Damals war Europa im Wesentlichen eine kulturelle Einheit. Der Adel und der Klerus waren in ihrer Art überstaatlich. Die Kreuzzüge waren der stärkste Ausdruck dieser Gemeinschaft. Das Imperium ging unter, als sein geistiger Gehalt und seine Mission verloren gingen. Der religiöse Glaube schwand und während der Renaissance suchte der Mensch die Gesetzmäßigkeit der Welt in sich selbst. In diesem Zeitraum entstanden plötzlich eine Reihe Nationalstaaten um Deutschland herum. Im siebzehnten Jahrhundert übernahm Frankreich die führende Rolle unter ihnen. Die alte europäische Einheit zerriss. Deutschland wurde kein Nationalstaat, sondern blieb in zahlreiche Territorien aufgeteilt, die sich einzeln mit fremden Mächten gegen das machtlose Deutsche Reich verbünden konnten.

Zu Beginn des sechzehnten Jahrhunderts war Deutschland ein finsterer Garten mit königlichen Städten. Zum zweiten Mal drang der deutsche Geist mit einem Auftrag Gottes – Luthers Reformation – in die Welt. Während andere Nationen sich ausdehnten und in Übersee Imperien aufbauten, war Deutschland in einem Kampf auf Leben und Tod gefangen, der dreißig Jahre andauerte. An seinem Ende war Deutschland verwüstet, sein kulturelles Leben war am Ende und seine Bevölkerung tot. Die Überlebenden dieser Katastrophe, die Deutschlands derzeitiger Notlage stark ähnelte, brauchten zweihundert Jahre, um die Folgen zu überwinden.

Unterdessen beschenkte Deutschland die Welt mit einem dritten spirituellen Imperium: der Herrschaft des deutschen Idealismus, der mit Lessing, Herder, Goethe, Schiller, Kant und Hegel seinen Höhepunkt erreichte. Die alte kulturelle Verbundenheit mit Frankreich, die während des Mittelalters bestanden hatte, schien sich zu erneuern. Aber diese geistigen Anfänge zerbrachen angesichts harter materieller Unstimmigkeiten.

Der Geist braucht einen Körper auf der Erde. Selbst die ‚Nation der Dichter und Denker', wie Deutschland in sarkastischer Anerkennung genannt wurde, brauchte einen solchen. Unter enormen Schwierigkeiten übernahm der preußische Staat die Führungsrolle in dem neuen Deutschland. Unter Bismarcks kluger und moderater Führung erlebte es eine lange und blühende Friedenszeit. Materielle Entwicklungen schienen unbegrenzten Fortschritt zu versprechen. Ein flacher, geistig unbegründeter Optimismus führte dazu, dass das Land übersah, dass dieser Zeitraum der Menschheitsgeschichte sich in Wahrheit dem Ende näherte.

Jedoch hatte die moderne Technologie, verbunden mit liberalen Lebensformen, es ermöglicht, dass die Bevölkerung in Europa von 180 Millionen im Jahre 1800 auf 460 Millionen im Jahre 1914 wuchs. Dieser Anstieg schuf völlig neue Bedingungen. In Deutschland wuchs die Bevölkerung von 41 Millionen im Jahre 1871 auf fast 70 Millionen im Jahr 1914.

1871 konnte Bismarck ein Deutschland mit 41 Millionen Menschen als saturierte nationale Einheit betrachten. Aber wie sollte derselbe Erdboden, von dem ein großer Teil bitterarm war, die fast doppelte Menge Menschen ernähren? Die Teilnahme am Welthandel lieferte darauf die einzige mögliche Antwort.

Die Beschaffenheit der deutschen Industrie und der Handelsunternehmen machte sich die Praxis zu eigen, die benötigten Nahrungsmittel und Rohstoffe aus dem Ausland zu importieren. Das war jedoch eine gefährliche Situation. Die Konkurrenten, die die Ozeane beherrschten, waren in der Lage, jederzeit den Zufluss lebenswichtiger Importe nach Deutschland mit Waffengewalt aufzuhalten.
Deutschlands zentrale Lage in Europa machte das Land wehrlos gegen Umzingelung. Ein Staatsmann sagte Bismarck: ‚Vous avez le cauchemar des coalitions.' (‚Sie haben den Alptraum der Bündnisse.') Der deutsche Kanzler litt tatsächlich unter diesem Alptraum. Das Bündnis zwischen Frankreich und Russland wurde zur tödlichen Gefahr, kaum dass das Britische Imperium sich ihm angeschlossen hatte. Als das Volumen des deutschen Handels sich unterdessen dem Großbritanniens annäherte, trat in England der Wunsch, den störenden Konkurrenten durch eine Art militärischen Angriffs auszuschalten, immer merklicher zutage. Nicht Deutschland erklärte den Ersten Weltkrieg, sondern ‚Made in Germany'. Wie Wilhelm II. genau vorausgesehen hatte, musste Deutschland sich der Umzingelung und Blockade beugen, wenn es den Krieg nicht schnell gewinnen konnte. Die Blockade ruinierte Deutschland materiell und geistig. Nur der Allmächtige weiß, wie viele Millionen Deutsche ihr erlagen. Als der Krieg vorbei war, wurde klar, dass die Alliierten nur ein Vernichtungsprogramm für Deutschland auf Lager hatten, keinen konstruktiven Plan. Die Einigkeit der Alliierten basierte auf der Grundannahme, dass Wilsons Versprechungen, die Deutschland dazu gebracht hatten, die Waffen niederzulegen, nicht gehalten werden sollten.
Diese Tatsache hat den Zweiten Weltkrieg unnötig um ein gutes dreiviertel Jahr verlängert und den Tod vieler deutscher und alliierter Zivilisten verursacht. Dem deutschen Volk fehlte jegliches Vertrauen in die Zusagen, die gemacht wurden, um Deutschlands Kapitulation herbeizuführen.
Der Erste Weltkrieg wurde von den Alliierten mit dem Ziel geführt, ein demokratisches Deutschland zu schaffen. Nie war Deutschland so bereit wie 1918, demokratisches Denken zu akzeptieren. Die Wahlen zur Nationalversammlung resultierten in einem überraschenden Sieg der demokratischen Parteien.
Dies wäre für die Sieger der Moment gewesen, die Weimarer Republik in ihren schwierigen Anfängen zu unterstützen, so wie Bismarck nach 1871 die junge französische Republik unterstützt hat.

Leider geschah dies nicht. Ausgeschlossen aus dem Völkerbund, erlitt die demokratische Regierung Deutschlands eine Niederlage nach der anderen, bis das deutsche Volk sie nur noch als Vertreter der Reparationskommission betrachtete. Von Jahr zu Jahr verlor die demokratische Regierung mehr moralische Anerkennung beim Volk. Die radikalen Parteien gewannen rapide an Zuwachs.
Deutschlands wirtschaftliche Situation wurde unerträglich. Die gewaltigen Reparationen konnten nur in Form von Exporten bezahlt werden. Angeführt von den Vereinigten Staaten, verschlossen die Staaten der Alliierten mit hohen Einfuhrzöllen ihre Türen gegenüber deutschen Exporten. Als die ‚Preisunterbietung' scheiterte, wurden die deutschen Waren unverkäuflich. Fabriken schlossen. Vierzehn Millionen Deutsche waren entweder arbeitslos oder arbeiteten nur in Teilzeit. Wieder erlebte das Land ein unvorstellbares Elend. Zum zweiten Mal wurde die Schwäche von Deutschlands Lage offenkundig. Die Länder, aus denen Deutschland seine Nahrungsmittel importiert hatte, vernichteten ihre Produkte, während Deutschland hungerte.
Deutschlands Demokratie wurde zunehmend schwächer. Immer mehr Wähler glaubten, dass ein unkonventionelles Bündnis mit Russland einen Ausweg bieten würde. Die allgemein verzweifelte Stimmung erzeugte den Glauben, dass nur eine Diktatur in der Lage sei, Deutschlands äußerster Notlage Herr zu werden.
Dieses Gefühl der Verzweiflung brachte Hitler an die Macht. Er hätte nie seine Ziele erreicht, wenn die Sieger der deutschen Demokratie wenigstens die kleinste Unterstützung gegeben hätten. Der Beweis schien erbracht, dass die Demokratie in einer verzweifelten Lage hilflos ist.
Hitler besaß die Suggestivkraft, diese verarmte Nation in den Glauben zu versetzen, dass er sie retten würde. Er wurde auf demokratischem Weg, durch Wahlen, Reichskanzler. Als er oben angekommen war, stieß er die Leiter um, die ihn getragen hatte, und errichtete eine Diktatur. Die Arbeiter, die ihn am erbittertsten bekämpft hatten, wurden seine treusten Anhänger. Hitler überwand nicht nur die Arbeitslosigkeit, sondern erfüllte so viele der radikalen Forderungen der Arbeiter, dass sein System zurecht als National-Bolschewismus bezeichnet wurde.
Die Wirtschaft wurde von einem Staat wiederbelebt, der ihr einziger Handelspartner wurde. Die Methode, die Arbeitslosigkeit zu kurieren, indem man die Räder der Rüstungsindustrie zum Schwingen bringt, wurde inzwischen auch anderswo kopiert.

Hitler gewann die Arbeiter und einen großen Teil der Bauernschaft, indem er Arbeit und günstige Lebensbedingungen bot.
Andere Teile des Volkes mussten Hitlers große Erfolge auf dem Gebiet der Außenpolitik anerkennen. Forderungen, die jeder Deutsche nach göttlichem und dem von Menschen gemachten Recht für berechtigt hielt, insbesondere die Einheit von Volk und Nation, wurden erfüllt.
Das Jahr 1939 markierte Hitlers Zenit. Die führenden Staatsmänner meisterten eine Situation, die komplizierter war als die 1914 nach dem Attentat in Sarajevo, ohne Rückgriff auf die Waffen. Eine neue Epoche in der Weltgeschichte schien zu beginnen. Die Initiative verantwortlicher Staatsmänner war da erfolgreich, wo Kabinette und Parlamente gescheitert waren: Krieg auszuschließen als Mittel, um internationale Probleme zu lösen. Wir sollten uns zu Ehren von Chamberlain und in der Erinnerung an ihn verbeugen.
Es blieb viel, was den denkenden Deutschen von Hitler trennte: dessen utilitaristische Moral, die zum einzigen Maßstab aller Werte erhob, was dem deutschen Volk diente, der Materialismus seiner Rassetheorien, seine Verachtung für unser religiöses Leben, der Druck der Gestapo. Aber Hitler hatte etwas erreicht, das ihm viel Zustimmung unter seinen bisherigen Gegnern in den gebildeten Schichten eintrug: Das deutsche Volk hatte endlich das Recht erworben, mit dem Gott alle Nationen ausgestattet hat, nämlich ihr eigenes Leben in ihrem eigenen Land zu gestalten, ohne mitansehen zu müssen, dass Millionen ihrer Brüder in den angrenzenden Ländern die Schmach erleiden müssen, als Bürger zweiter Klasse zu gelten. Wenn Hitler sich mit diesem Erfolg zufrieden gegeben hätte, hätte er vielleicht seine Position festigen können.
Nach der Münchener Konferenz gab seine Außen- wie auch seine Innenpolitik alle ethischen Grundlagen auf. Die Deutschen, die ihr Leben auf ethische Begriffe stützten und deren Missbilligung unterdrückt wurde, waren zunehmend entsetzt.
Still, in der Dunkelheit der Nacht, zogen Hitlers Regimenter in den Krieg, mit Tränen gefüllte Augen sahen ihnen hinterher. Wie sehr unterschied sich diese Szene von dem begeisterten Abschied von unseren Truppen 1914, als das deutsche Volk meinte – ob richtig oder falsch –, es wäre in einem heiligen Krieg zur Verteidigung unseres Landes engagiert.
Diejenigen, die in England oder den Vereinigten Staaten lebten, können sich das Kriegsleid und die Gefahren nicht vorstellen, die diejenigen erdulden mussten, die Hitlers Politik ablehnten. Die Überlebenden verstehen jetzt noch kaum, wie sie der doppelten Gefahr, der Gestapo und dem Luftkrieg, entkommen sind.

Eine Sache wissen wir: Deutschlands Städte liegen in Trümmern, und mit ihnen die kulturellen Heiligtümer, die der Menschheit ebenso wie Deutschland gehörten. Auch der Deutsche, sein Körper und seine Seele, wurden schwer verwundet. Zwölf Jahre blutigen Terrors haben ihm das Genick gebrochen.
Ein großer Teil unserer Leute sind zu müde und körperlich wie mental zu krank, um ein klares Verständnis von irgendwas zu haben jenseits der primitivsten animalischen Bedürfnisse. Eine enorm komplizierte Zivilisation wurde weitgehend auf Lebensformen reduziert, wie sie im Steinzeitalter üblich waren.
Wir begreifen, dass die Krise noch nicht ihren Tiefpunkt erreicht hat. Der kommende Winter wird Millionen Deutsche durch Hunger und Kälte töten. Die Gaskammern der Nazis waren eine relativ schmerzlose Prozedur. Als die Gaswerke in einer Stadt im Westen Deutschlands vor kurzem ihre Produktion wieder aufnahmen, beendeten am ersten Tag mehrere hundert Personen freiwillig ihr Leben.
Aber das ist nur der Anfang.
Vor einigen Monaten warnte Churchill die Welt vor den Wurzeln zukünftiger Kriege, die er in der Entscheidung ausmachte, uns ein Viertel von Deutschlands anbaufähigem Land wegzunehmen. Die Bedeutung des Nahrungsproblems für Deutschland wurde oben schon betont.
Hitlers Ziel, die Ukraine als Brotkorb für unsere Menschen zu gewinnen, war eine Folge dieser Überlegungen. In diesem Sinne war sein Krieg ein Krieg um Nahrung. Nun werden Deutschlands östliche Agrargebiete weggenommen. Die gefährlich überbevölkerten Gebiete im Westen müssen nicht nur sich selber ernähren, sondern werden auch Millionen Deutsche aufnehmen, die aus ihrer Heimat im Osten vertrieben wurden.
Ein drastischer Vergleich mag die Situation erklären:
Eine Anzahl Menschen sind in einem engen Käfig zusammengedrängt. Sie können sich mehr oder weniger durch das ernähren, was sie mit ihren Händen herstellen. Das verkaufen sie gegen Brot durch die Gitterstäbe an die, die draußen stehen. Eines Tages endet der Handel – aus irgendeinem Grund wird er unmöglich. Die armen Gefangenen sehen den Hungertod vor sich und revoltieren gegen ihre Bewacher. Sie versuchen, die Gitter zu durchbrechen und zu fliehen. Sie werden jedoch überwältigt. Zur Strafe werden noch mehr Menschen in den Käfig gesperrt. Dann wird ihnen gesagt, sie sollen sich benehmen. Ist das Bild deutlich genug?

Es wird gesagt, das deutsche Volk müsse sich selbst durch seinen eigenen Boden ernähren. Das erinnert sehr an den uralten Brauch, der bei einem zum Tod durch Verhungern verurteilten Menschen befolgt wurde. Bevor er eingeschlossen wurde, bekam er einen Laib Brot und einen Krug Wasser. Wenn er trotzdem starb, hatte man zumindest das eigene Bewusstsein beruhigt.
Die Bedrohung durch Verhungern zu bannen, die seit 1871 über Deutschland hängt, ist eine aktuelle Aufgabe, die einzige, auf die es ankommt, die alles andere überschattet. Wäre es nicht barmherziger, ein Minimum von, sagen wir, zehn Millionen jungen Deutschen mit ihren Frauen in unterbevölkerte Gebiete in Übersee zu schicken und ihnen die Möglichkeit zu geben, sich dort niederzulassen? Deutsche Kriegsgefangene haben sehnsüchtig auf die wunderbare Weite Kanadas geblickt. Würden diese Menschen nicht die loyalsten Staatsbürger eines Staates werden, der ihnen das Leben retten und garantieren würde? Wann wird die Welt verstehen, dass nicht der Drang, die Welt zu beherrschen, dem Deutschen Volk als solchem (im Unterschied zu seiner Regierung) die Waffen in die Hand drückte, sondern die Angst vor dem Hunger? Die Deutschen wissen heute, dass ihre Geschichte als unabhängige Großmacht beendet ist. Ihnen ist es egal, welche Flagge über ihren Köpfen weht, solange diese sie beschützt.
Die Stimmung wird durch die soziale Umwälzung intensiviert, die in Deutschland stattgefunden hat und dabei ist, stattzufinden. Ein großer Teil der Menschen hat ihren gesamten Besitz verloren. Aus ihren zerstörten Häusern haben sie nichts als ihre nackte Haut gerettet. Andere haben ihre Lebensgrundlage verloren, und es fehlen ihnen die Mittel, um wenigstens ihre karge Lebensmittelration kaufen zu können. Dazu kommen die Millionen Menschen, die aus ihren Häusern vertrieben wurden. Nie hat im Verlauf der Geschichte eine so gewaltige Entwurzelung innerhalb so kurzer Zeit stattgefunden.
Diejenigen, die von dem Elend betroffen sind, können nur darauf hoffen, dass sie ihr Los verbessern, indem sie anderen etwas wegnehmen. Aus dem marxistischen Fabrikarbeiter, der die Weltrevolution erwartet hatte, wurde ein konservativer Kleinbürger, der sich krümmt, um seinen Besitz zu erhalten, kaum dass er ein kleines Haus mit einem kleinen Garten besitzt. Umgekehrt werden all diejenigen Kommunisten, die glauben, dass ihr Los nur unter dem kommunistischen System verbessert werden kann.

Freie Wahlen in Deutschland würden heute in einem überwältigenden Sieg der Kommunisten resultieren. Die Deutschen wären nicht überrascht, wenn die Diktatur einer Partei durch die einer anderen ersetzt würde. Unsere junge Generation ist besonders gefährdet. Bestimmte mechanische mentale Vorgänge wurden ihr eingehämmert. Sie kannten nie etwas anderes außer der Herrschaft einer politischen Partei, mit einer fest umrissenen und ausschließlichen Philosophie. Für sie ist das Wort „Demokratie" ein leerer Klang, der keine propagandistische Anziehung hat. Eine kommunistische Regierung würde, sobald sie gewählt ist, sofort die Aufnahme in die Sowjetunion beantragen.

Die französischen Wahlen sind in diesem Zusammenhang von größtem Interesse. Die Kommunisten sind jetzt die stärkste politische Partei in Frankreich. Nehmen die Franzosen aus politischem Instinkt dieselbe Richtung, wie die Deutschen aufgrund ihres hoffnungslosen Massenelends? Die Opposition des Klerus in Spanien mag kurzlebig sein, und Frankreich wird vielleicht dieselbe Richtung einschlagen wie Hitler und Mussolini. Dann würde der Kommunismus vom Pazifik bis Gibraltar die geläufige Lebensform sein. Der verhängnisvolle Riss durch das Reich Karls des Großen wäre besiegelt. England würde eine Vorhutbastion der Vereinigten Staaten sein, das einem enormen kontinentalen Block mit dem gewaltigsten Kriegspotential gegenübersteht, das die Welt je gesehen hat.

Es bleibt das Problem, ob es nicht einen anderen Zusammenschluss von Großmächten gibt, denen Deutschland sich anschließen könnte.

Die Antwort lautet Jawohl. Deutschland könnte sich dem Westen zuwenden. So wie England einst Frankreich die Mitgliedschaft im Britischen Commonwealth der Nationen anbot, so könnte Deutschland dem anglo-amerikanischen Bündnis beitreten, als föderaler Staat oder als Hoheitsgebiet. Auf den Namen kommt es nicht an.

Es gibt eine Gelegenheit, um diese Lösung herbeizuführen. Obwohl das demokratische Ideal in Deutschland nicht dieselbe Anziehungskraft hat wie der Bolschewismus – darüber sollte kein Zweifel bestehen –, haben die westlichen Mächte ein hoch entwickeltes Wirtschaftssystem. Sie sind in der Lage, in relativ kurzer Zeit die gewaltigen Kriegsschäden in Mitteleuropa wenigstens in dem Umfang zu reparieren, dass für die Mehrheit der Deutschen das Leben wieder lebenswert sein wird.

In dem Fall sollte den Deutschen aber nicht gesagt werden: ihr müsst euch selbst helfen, wir können nichts für euch tun. Anstatt dessen sollte das Ziel klar angekündigt werden: Es wird Schwierigkeiten geben, aber im Endeffekt werdet ihr als freie und gleichwertige Mitglieder einem mächtigen Imperium angehören.
Die zukünftigen Grenzen Asiens und des Bolschewismus würden entlang der Oder und der Elbe verlaufen.
Es gibt keine dritte Lösung, die von Dauer sein wird. Die Zukunft Deutschlands kann sich nur im Rahmen eines größeren Ganzen entwickeln. Deutschland kann entweder dem großen östlichen Reich anhängen oder dem angelsächsischen, westeuropäischen Bündnis.
Deutschland liegt zwischen diesen zwei Magnetpolen. Nur ein Unwissender und Narr kann leugnen, dass diese beiden Kernstücke der Macht sich gegenseitig ausschließende Gegensätze verkörpern – die demokratisch-individualistisch-kapitalistische angelsächsische Welt im Gegensatz zur autokratisch-kollektivistisch-kommunistischen Welt. Es besteht kein Zweifel, dass eines Tages, früher oder später, sich für Deutschland die Frage nach der endgültigen Entscheidung zwischen Moskau und Washington stellen wird. Deutschland liegt heute wie vom Fieber geplagt mit dem Gesicht nach unten. Aber es ist möglich, dass die Entscheidung, an welche Seite es seine letzten Reserven binden wird, zum Zünglein an der Waage zwischen dem Osten und dem Westen sein wird. Zum vierten Mal wird Deutschland dann seine geistige Mission erfüllen.
Durch Zufall bin ich auf den folgenden Abschnitt eines ansonsten belanglosen amerikanischen Kriminalromans gestoßen: ‚Man kann einen Menschen nicht dadurch bestrafen, dass man ihn in eine unerträgliche Lage bringt, es sei denn, man ist bereit, die Konsequenzen zu tragen'. Das ist für niemand leicht zu verstehen, aber es ist wichtig. Es ist der Grund dafür, dass wir in den kommenden Jahrhunderten weiterhin Kriege führen werden; die Sieger können sich nie an diese einfache Tatsache erinnern, wenn es an der Zeit ist, einen Friedensvertrag zu schreiben. Ist die einfache Tatsache in den Verstand der Staatsmänner eingedrungen, die vor der riesigen Aufgabe stehen, die Welt neu zu ordnen?
Unser Globus schrumpft zusehends. Letztendlich wird er von einer einzigen Regierung beherrscht werden – es sei denn, seine Bewohner werden durch die neu entdeckten atomaren Waffen vernichtet.

Wir wissen es nicht, und unser armes menschliches Hirn kann es nicht wissen: vielleicht ist es der Wille Gottes, des Allmächtigen, dass die Menschheit sich selbst zerstört, weil sie daran gescheitert ist, nach dem Gesetz Gottes zu leben."

Während ich las, spielte Professor Maurer, seinen Enkel auf dem Schoß haltend, mit dem Radio. Als erstes fand er amerikanischen Jazz, Musik, die offensichtlich keiner von ihnen gerne hörte. Es war der Sender des American Forces Network (AFN), der die heißeste Swing Musik in seinem Schallplattenarchiv hatte. Der Professor sah nach Zeichen der Zustimmung zu mir hinüber. Ich sagte, dass es mir recht wäre, wenn er lieber etwas anderes hören wollte. Er schüttelte langsam seinen Kopf, um damit sein fehlendes Verständnis für die Amerikaner im allgemeinen und für ihre Musik im besonderen zum Ausdruck zu bringen und drehte den Radioknopf weiter auf der Suche nach einem anderen Sender.

Als nächstes stieß er auf einen deutschen Radiosender, der einen Bericht vom Nürnberger Prozess sendete. Hans äußerte lautstark sein Missfallen: „Stell diesen Unsinn ab." Der Professor fand einen anderen Radiosender. „Für Sie", sagte er. Hans' Frau räumte das Geschirr vom Tisch. Hans befasste sich mit dem Stecker einer kaputten Schreibtischlampe. Ich las weiter mit Staunen über diese Mischung von Wahrheit, Halbwahrheit und absoluter Unwahrheit, die Professor Maurer im ersten Absatz seines Textes als das Resultat eines ruhigen und objektiven weitreichenden Denkens beschrieben hatte.

Als ich fertig gelesen hatte, erkannte ich, dass ich, um ihm eine Antwort zu geben, ein Dutzend verschiedener Punkte ansprechen müsste, über die ich mir mit ihm nie einig werden könnte. Was mir besonders übel auffiel, war sein Leitmotiv von der deutschen „Mission" in der Welt, und seine Schlussfolgerung, dass die Welt ebenso gut atomisiert werden könne, wenn diese „Mission" nicht erfüllt würde.

Einige Tage zuvor hatte ich Olbrichs ausgezeichnete Charakterskizzen meiner ehemaligen Klassenkameraden in der Post erhalten. Zufälligerweise hatte ich sie dabei.

Die Skizze über Heinz Dietz kam mir in den Sinn, während ich Professor Maurers Aufsatz las.[49]

Ich dankte Professor Maurer, dass er mir den Text gegeben hatte, und stimmte ihm zu, dass der Aufsatz dazu beigetragen habe, dass ich ihn besser

---

[49] Siehe oben, S. 94.

verstünde: „Erlauben Sie mir, dass ich Ihnen, um dieses Verständnis wechselseitiger zu machen, eine Charakterisierung des Deutschlands vorlese, das ich in ihrem Text beschrieben sehe. Mit dieser Skizze sollte lediglich eine bestimmte Person beschrieben werden, und normalerweise neige ich nicht zu Verallgemeinerungen. Aber abgesehen von ein paar kleineren Abweichungen finde ich die Parallele tatsächlich sehr bemerkenswert."

Dann las ich die Skizze über Heinz Dietz folgendermaßen vor (indem ich sie auf Deutschland bezog):

> „... Spät in die Familie der Nationen hineingeboren, zeigte Deutschland schon Züge von Senilität, als es noch sehr jung war. Deutschland fühlte sich sichtlich unbehaglich in seiner Umgebung, von der es glaubte, dass sie ihm auf Schritt und Tritt feindlich gesinnt war, und war ihr gegenüber immer argwöhnisch. Deutschland bediente sich seiner überdurchschnittlichen Intelligenz, um seine vermeintlichen Widersacher auf indirekte Weise und mit List und Tücke schlau zu bekämpfen. Ohne Sinn für Humor, fehlte Deutschland die spielerische Frische und Unbekümmertheit einer gesunden Nation. Deutschland war verlässlich und pflichtbewusst, aber starrsinnig, rechthaberisch und schwer zu überzeugen. Sein Verhalten war immer sorgfältig vorbedacht, nie impulsiv ..."

Der Professor hörte sich das mit einem schnippischen Lächeln an. Im Interesse einer Fortsetzung unseres Gesprächs dachte ich, es wäre besser, wenn ich ihm den letzten Satz der hier auf Deutschland bezogenen Charakterskizze ersparte. Der Satz würde folgendermaßen lauten: „Deutschland ist ein egoistisches, asoziales Land, das mit übermäßiger Vorsicht seine eigene Position retten und absichern will."

„Das zeigt Ihnen, wie schwer es ist, objektiv zu sein", sagte Professor Maurer. „Ich kann mir gut vorstellen, dass wir so von außen betrachtet aussehen. Ich versichere Ihnen, dass ich keine Illusionen über Deutschlands gegenwärtiges Ansehen im Ausland habe. Vielleicht hätte ich meinen Aufsatz nicht meinem Freund mit den französischen Verbindungen geben sollen."

„Eine Sache, die Ihre französischen Leser am wenigsten mögen werden", sagte ich, „ist, dass Sie sie ‚Unwissende und Narren' bezeichnen. Die meisten Menschen außerhalb Deutschlands glauben stark daran, dass ‚sich gegenseitig ausschließende Gegensätze', wie Sie das nennen, zwischen Ost und West durchaus überbrückt werden können. Dann gibt es einen weiteren Punkt, mit dem Sie Ihre Leser nicht überzeugen werden, und das ist Ihre Einschätzung der kommunistischen Stärke in Deutschland. Haben Sie das vor oder nach den Wahlen in Österreich geschrieben?"

Diese Wahlen, bei denen die kommunistische Partei eine entscheidende Niederlage erlebte, hatten wenige Wochen zuvor stattgefunden.

„Vor den Wahlen in Österreich", erwiderte Professor Maurer. „Aber ich denke, dass es nur eine vorübergehende Niederlage ist. Die Sozialisten gewinnen in jedem Fall an Stärke. Letztendlich ist das ein und dasselbe. Ansonsten hätten sie seit dem Ende des Krieges nicht davon gesprochen, die beiden Parteien zu verschmelzen."

„Ich fürchte, das ist ein weiterer Gedanke, der Ihren französischen Lesern nicht gefallen wird", sagte ich. „Erstens, weil sie drauf und dran sind, selbst Sozialisten zu werden, und zweitens weil die Sozialisten sich bis jetzt geweigert haben, sich mit den Kommunisten zu vereinigen. Und das aus einem Grund, den Sie nachempfinden können: Die Sozialisten haben es abgelehnt, die Orientierung der Kommunisten nach Osten zu akzeptieren."

„Eine sozialistische Diktatur ist mir genauso unerträglich wie eine kommunistische", sagte der Professor. Ich ließ die Angelegenheit mit etwas Bedauern auf sich beruhen. Seine gigantischen Vorurteile hatten zu einem großen Teil zweifellos mit seinem Alter und seinem Beruf zu tun. Gleichzeitig sprach aus seinem Aufsatz ein gewisses Maß an europäischer Befindlichkeit. Entweder aufgrund seiner Sturheit oder unserer unzureichenden Informationsdienste hatte er keinen intellektuellen Anschluss an moderne europäische Entwicklungen gefunden – Entwicklungen, die fast ausschließlich durch die westeuropäische Sozialdemokratie unter der Führung der britischen Labourpartei repräsentiert wurden.

Ich fragte Professor Maurer, welche Ideen er aus dem Text gestrichen hatte, nachdem er herausgefunden hatte, dass er für eine französische, nicht für eine amerikanische Leserschaft bestimmt war.

„Vor allem das, was ich über unser gegenwärtiges politisches Leben denke", antwortete er. „Hans und ich haben zusammen an mehreren politischen Versammlungen teilgenommen, nicht nur von einer Partei, sondern von allen Parteien. Wir waren zutiefst abgestoßen. Nicht ein konstruktiver Gedanke in irgendeinem ihrer Programme. Die Parteiprogramme bestehen aus folgendem: Entfernt die Nazis von ihren Posten, denunziert die ehemaligen Nazis, die noch nicht ihrer Posten enthoben wurden, enteignet die Nazis, und so weiter. Ich sehe darin nur eine Wiederholung unseres erbärmlichen politischen Lebens vor 1933 – mit weniger Sinnhaftigkeit. Natürlich kann es keine Sinnhaftigkeit geben, weil wir keine Handlungsfreiheit haben. Das Land ist in fünf Teile aufgeteilt, und wir können nicht „Bäh" sagen, ohne einen Fragebogen auszufüllen und die Genehmigung dafür einzuholen. Wie auch immer wir sie abgelehnt haben, die Nazis hatten zumindest ein politisches und wirtschaftliches Programm. Aber unsere neuen Parteien? Wofür können sie sich einsetzen? Die deutsche Einheit? Das ist Sache der

Besatzungsmächte. An der Verbesserung von Deutschlands Exportfähigkeit? Die Alliierten bestimmten unsere Produktionskapazität. Die Neuordnung unserer Finanzen? Unsere Währung wird immer weiter durch das Besatzungsgeld inflationiert. Der Wohnungsbau? Baumaterialien werden beschlagnahmt. Verstehen Sie mich nicht falsch – die Alliierten haben das gute Recht, unser Schicksal zu bestimmen, wie es ihnen beliebt. Wir haben den Krieg verloren. Aber sie sollten erkennen, dass unter diesen Bedingungen Demokratie nicht wachsen kann. Unser politisches Lebens ist nichts anderes als ein Gerangel um Arbeitsplätze, die die Nazis aufgegeben haben. Aber die Menschen wissen, wo die echte politische Macht tatsächlich liegt. Diese Vortäuschung demokratischer Freiheit nach amerikanischem Modell ist eine Schande, und kein anständiger Deutscher wird etwas damit zu tun haben wollen."

Ich wandte ein, dass ich viele der Menschen kannte, die sich jetzt als respektable Deutsche und kompromisslose Demokraten aktiv am politischen Leben beteiligen. Hans nahm das Argument seines Vaters mit bitterem Sarkasmus auf:

„Es gibt heute nur zwei Arten von Deutschen", sagte er. „Diejenigen, die begreifen, wie hoffnungslos die Situation ist, und diejenigen, die das bald herausfinden werden. Ich bin Ingenieur. Ich kalkuliere Dinge nach Zahlen und ohne Emotion. Mir kann man nichts vormachen."

Hans' Anspruch, nüchtern zu denken, entsprach dem Anspruch seines Vaters auf Objektivität. Was waren seine persönlichen Motive für diese Hoffnungslosigkeit? Er hatte sein Eigentum beim Luftangriff auf Frankfurt verloren – wie viele andere. Aber hier, mit Hilfe amerikanischer Freunde, die ihn dabei unterstützten, die schlimmsten Engpässe zu überstehen, schien es ihm relativ gut zu gehen. Der Junge hatte Milch zu trinken, und die ganze Familie sah gesund und gut ernährt aus.

Ich fragte Hans, was er jetzt machte.

„Wir hatten hier in der Nähe ein kleines Testlabor für unsere Lenkvorrichtungen", sagte er. „Jetzt gehört es mir. Ein Teil der Allzweckmaschinerie ist in ziemlich gutem Zustand. Fünfzehn meiner früheren Kollegen arbeiten bei mir, und wir reparieren Milchproduktions- und Landwirtschaftsmaschinen für die Bauern. Das ist das Beste, was man dieser Tage tun kann, denn sie bezahlen dich mit Nahrungsmitteln."

Als ich bemerkte, dass er erkennen sollte, wie glücklich er sich schätzen könne, dass er an Nahrungsmittel herankomme, wandte er ein, dass ein Mensch nicht persönlich an Hungersnot leiden müsse, um zu sehen, was um ihn herum geschehe. Er wiederholte das oft gehörte Argument, dass Deutschland kein Zugang zu den Weltmärkten erlaubt würde und dass Deutschland nicht in der Lage wäre, eine ausreichende Menge an Produkten zu exportieren, um seinen Bedarf an Rohmaterialien und Waren zu decken. „Außerdem", sagte er, „werden wir zehn Millionen Deutsche ernähren müssen, die die Polen und Tschechen aus den Ostgebieten vertreiben. Das wird einfach nicht möglich sein. Wir haben weder die nötige Produktion an Nahrungsmitteln noch die Chance, welche zu importieren. Wenn ich weiter vorausschaue, sehe ich das Dilemma unserer internationalen Position zwischen zwei Welten, von deren Zusammenarbeit der Weltfrieden abhängt. Wenn Washington und Moskau sich gegenseitig verstehen, werden sie sich darauf einigen, Deutschland schwach und machtlos sowie von den Weltmärkten fernzuhalten. Wenn sie beschließen, ihren Gegensatz auszufechten, werden sie dies in Deutschland tun. Wo siehst du nur irgendeine Hoffnung für uns? Meinst du nicht, wir sollten der Lage lieber ins Auge sehen? Na schön – wir haben Schuld, dass wir den Krieg begonnen haben. Das lesen wir den ganzen Tag lang in unseren Zeitungen und hören es im Radio – nichts als Schuld, Schuld, Schuld. Und wir werden dafür bestraft. Ich war gegen die Nazis, aber ich verstehe, dass ich mit allen anderen zusammen leiden muss. Warum werft ihr nicht ein paar Atombomben über uns ab und beendet die Sache? Das wäre viel gnädiger als die Vernichtung durch Hunger und Krankheit. Die Bombe ist unsere einzige Hoffnung – wir würden den Einschlag nicht hören!"

Hans Maurer, der kühle und kalkulierende Ingenieur, war ziemlich emotional geworden. Aber er bestand darauf, dass er die Angelegenheit nicht überdramatisiert hätte.

Als Antwort darauf konnte ich nur auf die positiven Bestimmungen des Potsdamer Abkommens hinweisen und auf den wirtschaftlichen Neuanfang: Die langsame Wiederaufnahme des Interzonenhandels, den Aufbau eines Export- und Importgeschäfts, amerikanische Nahrungsmittelieferungen – bis jetzt ohne Gegenleistung, die langsame Wiederbelebung der europäischen Wirtschaft insgesamt, und vor allem die natürliche Aversion der Amerikaner, irgendjemand verhungern zu sehen, selbst einen Deutschen. Aber bis jetzt war noch keine Hungersnot entstanden, zumindest nicht in der amerikanischen Zone, obwohl ein tiefer Einschnitt in den üblichen Lebensstandard unvermeidlich stattgefunden hatte.

Ich wiederholte auch das Argument eines Freundes, der während der Zwanziger Jahre in Russland gelebt hatte. Er hatte Russlands damalige Notlage mit der von Deutschland heute verglichen. Die russische Wirtschaft hatte bewusst vermieden, die Bevölkerung mit Konsumgütern und sogar mit Nahrung zu versorgen, das Land mit Produktionsgütern auszustatten, und sie hatte damit jeden Nerv überstrapaziert. Wenn sie die Folgen des Krieges überwinden wollten, würden die Deutschen ähnliche Opfer bringen müssen.

Maurer war nicht bereit, diesen Vergleich zu akzeptieren.

„In Westeuropa funktioniert das nicht", sagte er. „Unser Lebensstandard war dafür zu hoch. Ich fürchte, wir werden einen anderen Ausweg suchen, bevor wir uns auf den russischen Lebensstandard reduzieren lassen. Leider kann ich dir einen Beleg für diese Behauptung liefern. Erst vor einigen Tagen erhielten wir die Nachricht, dass meine Schwester, ihr Mann und ihre zwei Kinder Zyanid genommen und Selbstmord begangen haben."

Ich hatte das Mädchen als Kind gekannt. Es war ein tragisches Beispiel. Professor Maurer saß zusammengesackt auf seinem Stuhl, starrte in die Luft und hielt seinen Enkel eng an sich gedrückt, wie wenn er ihn beschützen wollte.

„Sie waren keine Nazis", fuhr Hans fort. „Ihr Mann lehrte Chemie an der Universität in Jena. Nachdem sie sich seine Personalakte angeschaut hatten, versprach die sowjetische Militärregierung, dass sie ihn wieder lehren lassen würden, sobald die Universität wieder eröffnet wäre. Das stand in einem Schreiben der Militärregierung vom August. Danach muss irgendetwas passiert sein. Sie haben zwei weitere Briefe zu uns geschmuggelt. In einem schrieb meine Schwester, dass ihr Haus geplündert worden sei und dass ihr Mann am Ende doch nicht wieder lehren dürfe. Welche Geschichte auch immer dahinter steht – sie haben aufgegeben. Ein letzter und sehr verzweifelter Brief erreichte uns, und jetzt diese Nachricht. Du siehst, sie haben es vorgezogen, nicht weiter zu leben, als noch tiefer zu sinken. Ich befürchte, dass viele Deutsche lieber den Selbstmord wählen werden, als dass sie die Bolschewisierung fördern."

Was ihn selbst anging, sagte Hans, so war er froh, seinen kleinen Betrieb und bis auf weiteres genug zu essen zu haben. Aber er suchte nach einer Gelegenheit, Deutschland zu verlassen.

„Meine Frau und ich würden gerne nach Amerika gehen, weil sie dort Freunde hat. Aber ich glaube, das Brasilien die bessere Wahl wäre. Schade – hier in diesem miesen Dorf kann ich keinen Portugiesisch-Lehrer finden."

Ich schickte mich an, mich zu verabschieden. Hans' Frau fragte, ob ich nicht auf die amerikanischen Offiziere warten wolle, die sie erwarteten, aber ich sagte, dass ich es bedaure, nicht dableiben zu können. Es war mir in den Sinn gekommen, dass es interessant wäre, Professor Maurers Aufsatz Olbrich zu zeigen, um zu sehen, wie er darauf reagierte. Olbrichs Wohnung in Gedern war nicht allzu weit von Schotten entfernt, und ich könnte noch eine Stunde bei ihm verbringen, bevor ich nach Frankfurt zurück fahren musste.

Professor Maurer hatte offensichtlich über seinen Aufsatz gegrübelt. „Sie meinen nicht, ich hätte ihn den Franzosen übergeben sollen, oder?", fragte er.

„Also, nein", sagte ich. „Die Franzosen werden den Text wahrscheinlich interessant finden. Ich bezweifle nur, dass er die von Ihnen beabsichtigte Wirkung haben wird."

„Ja", sagte er, „darüber mache ich mir jetzt Sorgen. Es ist so leicht, sich intellektuell zu isolieren, wenn man keinen Zugang zu Tatsachen und Meinungen von anderswoher hat. Sie können Hans fragen – ich verfluche das deutsche Radio und die Presse Tag und Nacht. Sie sind so schlecht, wie die von Goebbels."

Ich sagte ihm, dass die Presse die Freiheit habe zu schreiben, was sie wolle, solange sie nicht zur Revolte gegen die Besatzungsmächte anstachele. Aber er lachte.

„Sie sollten uns Deutsche besser kennen. Unsere Journalisten würden es nicht wagen, euer Missfallen zu erregen, und wir glauben nie das, was sie schreiben. Die Journalisten sind zu sehr an Goebbels' Peitsche gewöhnt, und wir sind zu sehr daran gewöhnt, zwischen den Zeilen zu lesen. Wenn Sie morgen die Bibel in den Zeitungen wieder abdrucken würden, würden wir das wahrscheinlich als Propaganda wahrnehmen. Nein, wir werden Jahre brauchen, um wieder eine respektable Presse aufzubauen – ganz zu schweigen von intellektuell qualifizierten Lesern."

Hans und sein Sohn Michael begleiteten mich nach unten zu dem Jeep. Wir setzten Michael auf den Kühler für eine Fahrt über den Hof und durch das Tor hinaus. Er saß aufrecht, stolz und glücklich. Ich sah keinen Grund, warum er, wenn seine Eltern ihn wirklich mit nach Übersee nähmen, je in seiner geistigen Statur verkrüppeln sollte durch das fatale „Schließlich bin ich ein Deutscher".

***

Es war dunkel, als ich in Gedern und der Wohnung von Olbrich ankam. Ich fand den alten Fremdsprachenlehrer in Hemdsärmeln und Pantoffeln am Küchentisch sitzend, die Seiten eines riesigen Wörterbuchs umblätternd. Eine Ausgabe der *Times* lag vor ihm auf dem Tisch.

„Oh, ich bin so froh, dass Sie hier sind", sagte er. „Ich habe immer gedacht, dass ich mein Englisch ziemlich gut in Stand gehalten hätte, einschließlich des amerikanischen Englisch, aber diese Illustrierte, die Sie mir geschickt haben, macht mich ratlos. Was ist ‚globaloney'?"[50]

Ich riet Olbrich davon ab, zu versuchen, die Begriffe von (Henry) Luce und der *Times* im Wörterbuch zu finden.[51] Er gab zu, dass das Wörterbuch ihm bei einer beträchtlichen Anzahl von Neo-Amerikanismen nicht weiter geholfen hatte. Begriffe wie „OP Administrator", „Tycoon", „Ecdysiast", „Cinemogul", usw.[52] Es bedurfte erheblicher Anstrengungen, ihm diese Begriffe

[50] Diese Wortschöpfung kann man als „globaler Irrsinn" übersetzen.

[51] Henry Robinson Luce (1898–1967) war der Herausgeber der *Times*.

[52] OP Administrator: Operations Administrator oder Workflow Koordinator, Tycoon: Magnat, Ecdysiast: Stripteasetänzer/in (humorvoll), (Ecdysis: Häutungsvorgang), Cinemogul: Kinomultimillionär.

zu erklären, weil er auf linguistischen Definitionen und etymologischen Ableitungen bestand, die er, in den Fällen, in denen ich sie wusste, sorgfältig aufschrieb.

Frau Olbrich war nicht zu Hause. Sie war in der Kirche, um mit dem Chor für eine Weihnachtsaufführung zu proben, bei der sie ein Sopran-Solo singen sollte. Aber sie hatte, bevor sie ging, im Küchenofen ein Feuer angemacht, und das Zimmer war ausgesprochen gemütlich.

Olbrich schien ungleich entspannter zu sein als beim letzten Mal, als ich ihn vor fast zwei Monaten gesehen hatte. Er schien auch etwas zugenommen zu haben.

Ich zog Professor Maurers Aufsatz hervor und schilderte den Zusammenhang, in dem dieser Text entstanden war. Da Olbrich Professor Maurer ziemlich gut kannte, erwähnte ich den Namen des Verfassers nicht.

Olbrich sagte, dass er seit einiger Zeit versucht habe, seine eigenen Gedanken zu Papier zu bringen, und dass dieser Text deshalb für ihn eine interessante Lektüre darstelle.

Als er sich in den Text vertiefte, griff ich nach dem Exemplar der *Times*. Jedoch begann er unmittelbar darauf, den Text zu kommentieren, und ich machte mir Notizen über seine Reaktionen, während er sprach.

„Sie sagen, dass diesen Text ein Historiker geschrieben hat?“, fragte er. „Ein ziemlich schlechter Historiker, würde ich sagen. Wir sind mit zu vielen dieser Art belastet. ‚Zum zweiten Mal drang der deutsche Geist mit einem Auftrag Gottes in die Welt‘, sagt er hier in Zusammenhang mit der Reformation. Mystik und Geschichte gehören nicht zusammen. Der Mann hat ein kurzes Gedächtnis: Die meisten politischen Schurken neigen dazu, sich auf einen Auftrag Gottes zu berufen.“

„Ich bin Protestant“, fuhr er fort, „aber wenn ich die politischen Ergebnisse der Reformation nehme, bin ich mir nicht sicher, wie sie mit Gott zusammenhängen. Wenn die Reformation in Deutschland vollständig umgesetzt worden wäre, wäre sie vielleicht ein Segen gewesen. Aber sie wurde nur halb umgesetzt, und deshalb wurde sie zum Desaster. Luther verteilte die Macht des Papstes auf die Vielzahl von Territorialfürsten. ‚Von Gottes Gnaden‘ hatten die Fürsten absolute Kontrolle über Körper und Seele ihrer Untergebenen. Vieles von unserer deutschen Psyche des Gehorsams, die ich als den Kern erbärmlicher nationaler Entwicklung sehe, geht unmittelbar auf den Absolutismus und auf Luther zurück. Gott mag die Reformation geduldet haben, die Verfolgung der Bauern, die Schrecken des Dreißigjährigen Krieges, aber diese Ereignisse Gottes Willen zuzuschreiben, läuft auf Frevel hinaus.“

Er las weiter. „‚Selbst die „Nation der Dichter und Denker“ wie Deutschland in sarkastischer Anerkennung genannt wurde.‘ Darin lag überhaupt kein Sarkasmus. Als diese Redewendung geprägt wurde, war sie als reine Bewunderung gemeint. Ihr Historiker sollte wissen, worin der Sarkasmus seinen Ursprung hat. Er wurde von den Chauvinisten aufgebracht, die den Soldaten über den Dichter und den Denker stellten, um den imperialistischen Eifer des Volkes anzustacheln. Dann das hier: ‚Bismarcks kluge und moderate Führung' … Führung, ja … klug, vielleicht … aber moderat?"

Olbrich las eine Weile lang, dann lächelte er. „Dass der Autor nicht der jüngeren Generation angehört, ist ziemlich offensichtlich. Das ist Interpretation der alten Schule vom Ausbruch des Ersten Weltkriegs. Sie ist für diesen Mann charakteristisch. Er sieht Krieg als das einzige Mittel, um eine Blockade an Nahrungsmitteln und Rohstoffen abzuwenden. Dass ein friedlicher Kompromiss vielleicht besser gewirkt hätte, kommt dem Mann nicht in den Sinn. Der Wunsch, den störenden Konkurrenten auszuschalten, war sicherlich in Deutschland so stark ausgeprägt wie in England. Das Geräusch rasselnder Säbel und das Geklapper der glänzenden Rüstungen war hier erheblich lauter als auf der anderen Seite des Ärmelkanals. Auch gibt es in der Deutung des Autors keinen Raum für die wiederholten Angebote aus London für ein anglo-deutsches Bündnis. Wilhelm II. lehnte es ab, weil es seine Ambitionen begrenzt hätte. Wenn dieses Bündnis zustande gekommen wäre, hatte dieser Geschichtslehrer hier keinen Grund, um sich über die tödliche Gefahr des französisch-russisch-britischen Bündnisses zu beschweren. Die Briten hätten keinen Grund gehabt, dem letzteren beizutreten."

„Ich sehe", sagte Olbrich, „hier kommen nun Wilsons Vierzehn Punkte. Dass die Alliierten sich nicht daran gehalten haben, stimmt. Aber dass diese Tatsache die Dauer des Zweiten Weltkriegs beeinflusst haben soll, ist absurd. Diesmal haben die Alliierten keinen Zweifel daran gelassen, dass Deutschlands bedingungslose Kapitulation der einzige Weg aus dem Krieg war. Es wurde nichts versprochen. Hier will dieser Mann erneut die Aufmerksamkeit des Lesers von der ausschließlich deutschen Verantwortung ablenken. Es gibt zwei Gründe dafür, dass der Krieg so lange dauerte, nachdem er schlechthin verloren war: Der erste besteht darin, dass das Regime die Leute durch Lügen und Terror so vollständig eingeschüchtert hatte, dass sie zu unabhängigen Entscheidungen nicht mehr in der Lage waren. Entscheidender war jedoch der zweite Grund: Für die fanatischen Nazis und ihre ehrlosen Generäle, die sich ihrer gewaltigen verbrecherischen Schuld völlig bewusst waren, gab es keinen Grund aufzuhören. Damit deren eigenes Leben verlängert wurde, musste die gesamte Nation in einen verlogenen heroischen Untergang getrieben werden."

„Ja", sagte Olbrich, nachdem er weitergelesen hatte, „hier stimme ich ausnahmsweise mal zu. Die Sieger wären klug gewesen, wenn sie der Weimarer Republik ihre volle Unterstützung gegeben hätten. Aber es wäre dumm, wenn man solche Meilensteine wie den Dawes-Plan, den Locarno-Pakt, Deutschlands Aufnahme in den Völkerbund, die ausländischen Kredite und den Abzug der alliierten Besatzungstruppen aus dem Rheinland übersehen würde. Dieser Fortschritt verdankte sich der wachsenden Einsicht und dem guten Willen von den Staatsmännern der Alliierten. Aber unsere Nationalisten und Militaristen mit und ohne Uniform waren sich in Prinzip und Praxis einig darin, jeden Erfolg der verhassten Weimarer Republik zu leugnen und zu verzerren. Die nationalistische Presse war ihr Instrument. Mit ihren eifrigen Fehldeutungen und Verleumdungen hatte diese genügend Einfluss, um die öffentliche Meinung zu vergiften. Auf diese Weise verkümmerte unsere junge deutsche Demokratie nach und nach – bis Hitler sie mit seinen Stiefeln zu Tode trampelte."

Es schien Olbrichs Eloquenz anzuregen, als er bemerkte, dass ich mir Notizen machte. Wenn dem so war, war ich mit der Wirkung zufrieden. Seine Stimme dröhnte, so als ob er zu den Schülern der Musterschule sprach. Während er sprach, ließ er Professor Maurers Text auf den Tisch fallen und schritt durch die Küche – was genau drei Schritte in jede Richtung ermöglichte.

Er nahm den Aufsatz wieder in die Hand. „Nun, ich muss fast jedem Wort darin widersprechen, aber lassen Sie mich einige der wesentlichen Punkte aufgreifen. Ungeachtet der Auffassungen des Autors, trugen Hitlers Erfolge in der Außenpolitik ihm nicht die Unterstützung derer von uns ein, die Recht und Gerechtigkeit als höchsten Wert ansahen. Seine Erfolge waren das Ergebnis aus Erpressung und Lügen, und wir sahen ein unglückliches Ende voraus. Nur das muss gesagt werden: Unter den Opfern dieser Lügen und der erpresserischen Methoden waren Staatsmänner, die über ausreichend Macht verfügten, dass sie Hitlers Irreführung frühzeitig hätten benennen können. Ich glaube, dass es stimmt, dass Deutschland eine kollektive Schuld tragen muss, aber ich würde diese gerne in geringerem Ausmaß auf die Staaten ausgedehnt sehen, die ihren Kopf in den Sand steckten, während das Unheil wuchs. Der Besitz von Macht bringt die Verpflichtung mit sich, sie rechtzeitig einzusetzen, um eine Weltkatastrophe abzuwenden."

„Mal sehen, wie das weitergeht", fuhr Olbrich fort, „… ‚die Einheit von Volk und Nation', gerechtfertigt durch ‚göttliches und von Menschen gemachtes Recht'. Hitler und Goebbels benutzten bei der Vergewaltigung Österreichs und des Sudentenlands genau dieselbe Sprache, und sie hätten sich ihrer auch in Bezug auf das die deutschsprachige Schweiz bedient, wenn sich ihnen dazu die Gelegenheit geboten hätte. Sie haben sie nie angewandt auf die deutschen Teile Südtirols, das jahrzehntelang unter italienischer Unterdrückung litt, weil das nicht zu ihren Eroberungsplänen passte. So ernst nahmen sie es mit dem göttlichen und von Menschen gemachten Recht."

„Aha … München. ‚Wir sollten uns zu Ehren von Chamberlain und in der Erinnerung an ihn verbeugen.' Ich entschuldige mich von der Teilnahme an dieser Zeremonie. Das Urteil über München sollte inzwischen klar sein: Die Ausführung eines monströsen Verbrechens wurde aufgeschoben, was es dem Verbrecher ermöglichte, seine Anstrengungen bei den letzten Vorbereitungen zu verdoppeln."

„Also", fuhr Olbrich fort, „hier bin ich wieder einverstanden. Die deutschen Städte liegen zweifellos in Trümmern, und unsere Menschen sind müde und krank. Wir stehen vor einer beispiellosen Wirtschaftskrise. Doch sollten wir vorsichtig sein, den Tod von Millionen Menschen zu prophezeien. Dieses Unheil, wenn es denn stattfindet, mit dem Horror der Gaskammern zu vergleichen, geht davon aus, dass der Tod durch Hunger und Erfrieren das Ergebnis eines vorsätzlichen verbrecherischen Handelns ist. Das ist eindeutig Unsinn. Die Geschichte von den Hunderten von Selbstmorden, nachdem in einer westlichen Stadt das Gas wieder angestellt wurde, hört sich nach einem Stück aus unserer reichhaltigen Gerüchteküche an. Ihr Historiker sollte soviel davon wissen, dass er Datum und Ort angibt."

„Oh, das hier ist wieder schlimm", sagte Olbrich. „‚Hitlers Krieg gegen Russland … war ein Krieg um Nahrung'. Wenn Krieg die einzige Möglichkeit wäre, um eine Nation zu ernähren, dann wäre Krieg der Dauerzustand in Europa. Hitler beabsichtigte, für eine immens gewachsene deutsche Bevölkerung Nahrungsmittel und Rohstoffe zu beschaffen, damit diese als Grundlage für die endgültige Weltbeherrschung dienen konnten. Das bringt uns zu dem drastischen Bild des Autors von dem überfüllten Käfig. Dass das östliche Deutschland Polen zugesprochen wurde, ist eine Katastrophe für uns, und ich fürchte auch für Europa. Das Gleichnis vom Käfig ist sehr eindrucksvoll. Aber gibt es keine anderen Möglichkeiten? Es gibt Anzeichen dafür, dass man uns am Ende doch nicht verhungern lässt. Zugleich wird die enorme Verringerung unseres Lebensstandards wahrscheinlich zu einer erhöhten Todesrate und zu einer geringeren Geburtsrate führen. Dadurch wird sich das Missverhältnis von Raum und Bevölkerung vielleicht langsam ausgleichen und uns eine friedliche Existenz auf einem gemäßigten Standard ermöglichen. Wir würden uns weigern, unsere Generäle und die Potentaten unserer Industrie durch ungezügelte Fortpflanzung zu begünstigen. Im Gegenteil, nachdem wir die Lektion gelernt haben, sollten wir die Verantwortung übernehmen und Hundertausende ungeboren lassen, anstatt sie dem Mangel an Nahrung, Arbeit und Raum sowie letzten Endes dem Gemetzel des Krieges auszusetzen. Hitler schenkte frisch verheirateten Paaren ein Exemplar von *Mein Kampf*. Wir wären klug, wenn wir anstatt dessen Anleitungen zur Geburtenkontrolle verteilen würden."

Ich gestand Olbrich ein, dass nach einem Jahr engen Kontakts mit Deutschen aus allen Gesellschaftsschichten dies das erste Mal war, dass ich Ansichten von solcher – fast radikaler – Mäßigung zu hören bekam. Er wiederum stimmte mir zu, dass es nur wenige Deutsche gebe, die schon bereit seien, solche Überlegungen zu akzeptieren.

„Also", fragte ich, „was denken Sie über die zwei Magnetpole, Ost und West, zwischen denen sich Deutschland, dem Autor dieses Textes zufolge, entscheiden müsse?"

„Ich stimme ihm mehr oder weniger zu", antwortete Olbrich. „Das ist der beste Teil des Exposés, abgesehen von seiner Rückkehr in das Reich der Mystik. Auf lange Sicht werden wir entweder Teil der russisch-kommunistischen Welt werden müssen oder des anglo-amerikanischen Blocks. Wir scheinen instinktiv zu zögern, die östliche Orientierung zu umarmen. Es wäre ein Akt historischer Verzweiflung. Wir verstehen uns als Teil der kulturellen Welt des Okzidents. Wir sind an sie durch tausend Bande verknüpft. Ob wir ein Teil davon bleiben können, hängt von England und den Vereinigten Staaten ab. Wir wissen nicht, ob der Engel der Geschichte mit einem lodernden Bogen hervortreten wird oder einer helfenden Hand. Aber die Entscheidung wird für andere Nationen ebenso entscheidend sein wie für uns selbst."

„Glauben Sie nicht", schlug ich vor, „dass Europa ein Punkt werden könnte, wo Ost und West zusammentreffen? Dass Europa Katalysator in einem langsamen Anpassungsprozesses werden könnte, der die Welt für eine einzige gemeinsame Regierung tauglich macht?"

„Ich fürchte, nein", erwiderte Olbrich. „Die Gegensätze sind zu grundlegend. Es wird das eine oder das andere sein. Aber vielleicht … wenn ihr sehr kluge Staatsmänner habt …?"

Olbrich gab mir Professor Maurers Aufsatz zurück. Ich fragte ihn, ob er sich an die Charakterskizze erinnern könne, die er über Heinz Dietz geschrieben habe.

„Wollen Sie sagen, dass er diesen Text geschrieben hat?"

„Nein", sagte ich. „Ich frage mich nur, ob Sie eine Parallele erkannt haben zwischen der Psyche, die in diesem Text zum Ausdruck kommt, und Dietz' Charakter." Ich las ihm die Charakterskizze vor.

„Ja", erwiderte er, „da gibt es sicherlich eine Parallele. Das würde Dietz zum hervorstechenden Vertreter unseres deutschen Nationalcharakters machen. Aber das würde nur stimmen, wenn wir diesen Text hier als repräsentativ für die deutsche Sichtweise anerkennen. Zum Glück ist er dies aber nicht. Wir haben bessere Historiker als den Mann, der das geschrieben hat, und ich hoffe aufrichtig, dass wir noch mehr davon unter der jungen Generation finden."

Olbrich fragte mich nach den Neuigkeiten, die ich bisher über meine Klassenkameraden hatte sammeln können. Nach einem kurzen Bericht über jeden Einzelnen bemerkte er: „Soweit ich es beurteilen kann, haben sich alle entlang der klaren Linien entwickelt, die von ihrem Charakter vorgegeben waren. Das bestätigt all meine Überzeugungen über den Einfluss der Umgebung und der Erziehung."

Es war zu spät am Abend, um dies weiter auszuführen. Doch bevor ich aufbrach, um nach Frankfurt zurückzufahren, gab Olbrich mir Professor Krauths Adresse, die er mittlerweile gefunden hatte.

„Sie ist drei Jahre alt", sagte er, als er mich die Treppe hinunter zum Jeep begleitete. „Er lebte in einer Kleinstadt, die wahrscheinlich im Krieg nicht beschädigt wurde. Vielleicht finden Sie ihn dort noch."

„Im Herbst 1944 wurde er in das KZ Neuengamme verlegt"

*„**Arnulf Krauth** ist das spät geborene Kind aus einer unglücklichen Ehe. Beide Eltern haben ihn verwöhnt und leider auch gegeneinander ausgespielt. Sein Vater hat ihn mit einer lockeren Lebensauffassung und dem Streben nach Vergnügen ausgestattet. Arnulfs Charakter blieb im Instinktiven gefangen – wegen seines weichen, fast femininen Naturells ein gefährlicher Mangel an Entwicklung. Launisch und impulsiv, suchte er die Schuld für sein Versagen nie bei sich selbst. Er war zu tatkräftigen und ausdauernden Leistungen nicht in der Lage, es sei denn, es war seinen eigenen Wünschen und Ideen förderlich. Seine stark lustbetonte Natur wird, falls seine anderen Charaktereigenschaften ins Sexuelle hineinreichen, ihn zum Sklaven einer Frau mit starkem Willen machen."*

Olbrich

9. Dezember 1945

Um Professor Alfred Krauth zu finden, den Vater meines Schulkameraden Arnulf Krauth, fuhr ich nach Eberbach, einer kleinen, mittelalterlichen Stadt im reizvollen kurvigen Neckartal, und folgte Olbrichs Hinweisen. Ich nahm Hitlers strategisch wichtige Superautobahn, die auch General Patton so gut gedient hatte, nach Heidelberg, eine der wenigen deutschen Städte, die die Luftangriffe überstanden hatte. Völlig unbeschädigt, war Heidelberg zum Mekka deutscher Städtebewohner geworden. Dadurch hatte sich seine normale Bevölkerung verdoppelt. Nur die Brücken der Stadt waren dem Zerstörungswahn der Nazis bei ihrem endgültigen Rückzug zum Opfer gefallen.

Die Fahrt das Neckartal hinauf lohnte sich sogar bei Nebel und Nieselregen. Der Fluss bahnt sich seinen Weg durch Berge mit mittelalterlichen Burgen auf den Gipfeln. Menschen, die nicht alle dorthin zu gehören schienen – Evakuierte aus den zerstörten Städten und Flüchtlinge aus dem Osten –, belebten die mittelalterlichen Orte entlang der Flussufer. Einige der malerischen Touristenattraktionen dienten als Truppenunterkünfte für kleine amerikanische Einheiten, die dort stationiert waren. Elektrizitätswerke entlang des Flusses waren in Betrieb, und durch ihre Schleusen passierten Lastkähne, die vor allem mit Kohle beladen waren. Gestrandete Schiffsrümpfe und Schlepper erinnerten an die Selbstversenkungen der Schiffe durch die Nazis oder an die überlegenen alliierten Luftstreitkräfte – das ließ sich schwer unterscheiden.

In Eberbach half mir ein deutscher Polizist, das Haus zu finden, in dem Professor Krauth wohnte. Es befand sich in einem Außenbezirk des Ortes, etwa dreißig Meter von der schmutzigen Straße entfernt. Es lag im Tal gegenüber dem Fluss. Kurz dahinter bedeckten dichte Tannenwälder den Hügel.

Das Haus hatte schweren Schaden erlitten, entweder durch Luftangriffe oder durch Gefechte. Kein anderes Gebäude in der Nähe schien davon betroffen. Aber der beschädigte Teil war ziemlich gut mit einer brandneuen Ziegelsteinwand ausgebessert und hatte sogar neue Glasfenster – was in Deutschland eine Rarität war.

Ich war mir nicht sicher, was für ein Professor Arnulfs Vater war.[53] Ich erinnerte mich, dass er in Frankfurt ein bekannter Fotograf gewesen war, eher einer von der alten Schule.[54] Jetzt erkannte ich, dass seine Interessen die Kunst insgesamt umfassten. Der Garten vor dem Haus war nahezu übersät mit Skulpturen aus allen Epochen der Bildhauerkunst. Klassische Köpfe standen neben modernen Nackten, und diese neben mittelalterlichen religiösen Skulpturen.

Der Haupteingang bestand aus massivem Eisen und wurde von einer schmiedeeisernen Mittelplatte und einen Türklinke verziert. Ich konnte nicht hören, ob die Klingel funktionierte oder nicht, aber ein riesiger deutscher Schäferhund hinter dem Erkerfenster im Erdgeschoss machte einen solchen Radau, dass ich nicht unentdeckt bleiben würde, falls irgend jemand zu Hause war.

Ein grauhaariger Mann mit dicken Brillengläsern, der einen Sportpullover trug, öffnete ein Fenster im ersten Stock und wollte wissen, wer da sei.

Ich nannte meinen Namen.

„Wer hat Sie geschickt?“

„Niemand. Sind Sie Professor Krauth?“

„Ja.“

„Ich kannte Ihren Sohn.“

„Ich komme runter. Eine Minute.“

Er schlug das Fenster zu, und nach einer Weile öffnete sich die eiserne Tür des Haupteingangs mit einem nach Schmieröl lechzenden Quietschen. Der

---

53 Alfred Krauth (1878–1956) stammte aus einer Eberbacher Familie. Arnulf (1912–1945) war sein einziger Sohn. Alfred Krauth war Fotograf, Künstler und Entwickler technischer Geräte. Zu seinen großen Erfindungen Ende der 1920er Jahre zählte der Geldwechsel-Automat. Mit dem Vertrieb von Geldwechsel-Automaten war Krauth geschäftlich so erfolgreich, dass er sich ganz der Kunst widmen konnte. Sein bis dahin entstandenes künstlerisches Werk wurde jedoch im Zweiten Weltkrieg zerstört. Nach dem Zweiten Weltkrieg versuchte sich Krauth zunächst als Kunstmaler. Dann gründete er in Eberbach eine neue Apparatebaufirma, die heute unter dem Name krauth technology GmbH weiterbesteht.

54 Laut Frankfurter Adressbuch von 1937 wohnte Alfred Krauth mit seiner Familie in der Marienstraße 12.

Professor, gut und bequem gekleidet, schaute mich neugierig an. Er schien um die Sechzig zu sein oder ein wenig älter, und war schwerhörig. Ich sagte ihm, dass ich ein Klassenkamerad seines Sohnes Arnulf sei.

„Aber ... Sie sind ja noch in Uniform!" rief er aus.

Er betrachtete mich genauer.

„Ach so – das ist eine amerikanische Uniform. Was sind Sie jetzt? Wissen Sie, dass Arnulf tot ist? Wir haben die Hoffnung aufgegeben."

Seine Augen füllten sich mit Tränen.

Er ging voran nach oben, durch Räume, in denen noch immer Chaos herrschte von dem, was auch immer das Haus getroffen hatte, und führte mich in ein gut möbliertes Wohnzimmer. Es war ein richtiges Wohnzimmer nach der Vorstellung eines Künstlers. Eine riesige Couch, die mit einem orientalischen Teppich bedeckt war, füllte fast ein Viertel des Raumes aus. Ein Tisch war mit einem schönen Porzellanservice, bestehend aus Kuchentellern und Kaffeetassen, zum traditionellen deutschen Nachmittagskaffee für vier Personen gedeckt. Es gab einen antiken Tisch und mehrere sehr bequeme Sessel. Das große Fenster gewährte einen herrlichen Blick auf das Flusstal.

An den Wänden hingen Bilder, Rahmen neben Rahmen. Frau Krauth, eine resolut aussehende Frau, die etwa zwanzig Jahre jünger war als der Professor und die zu uns ins Wohnzimmer kam, war auf zwei der Malerleinwände abgebildet. Da ich kein Kunstkenner bin, konnte ich nur sagen, dass es sich um naturalistische Studien mit starker Betonung der Details handelte. Die weißen Spitzenbordüren an den Ärmeln von Frau Krauth waren lebensechter als ihr Gesichtsausdruck, und sie dominierten ein Porträt vollständig. Auf einem anderen Bild mit gedämpften Farben war der Professor mit seinem Sohn Arnulf. Der Rest waren Landschaftsbilder.

Professor Krauth freute sich, als ich ihn über seine Malerei Komplimente machte. Er erklärte, dass die jetzige Frau Krauth, sein Model für zwei seiner Porträts, nicht Arnulfs Mutter sei. Seine erste Ehe hatte mit der Scheidung geendet.

„Ich habe erst 1931 zu malen begonnen", sagte der Professor. „Das war mein Lebenstraum. Neuerdings habe ich ein paar Aufträge für Amerikaner ausgeführt, die hier in der Nähe stationiert sind. Sie scheinen die Kohlezeichnungen sehr zu mögen. Und wir wurden mit Kaffee und anderem Luxus dieser Art reich belohnt. Deshalb sind wir in der glücklichen Lage, Ihnen eine Tasse Kaffee anbieten zu können." Frau Krauth verließ das Zimmer, um den Kaffee zu kochen.

Professor Krauth hatte auch geholfen, die Regimentsgeschichte einer Ingenieurseinheit zu illustrieren, die sich von Nordafrika durch Sizilien, Südfrankreich und Deutschland bis nach Eberbach durchgekämpft hatte. Er besaß ein Exemplar des gedruckten Buches. Ein Bild, das in voller Farbe als Titelbild reproduziert worden war, zeigte die Route durch die typischen Landschaften hindurch. Die Strände, wo die Einheit in Nordafrika gelandet war, bildeten den Vordergrund, die mittelalterlichen deutschen Dörfer lagen weit hinten, und ein Weg führte zu ihnen über die gewaltigen Felsen des Monte Cassino, wo die Einheit offenbar die schwersten Kämpfe gefochten hatte.

„Sie wollten auch ein Bild von einem ihrer Männer, der getötet worden war. Und sie bestanden darauf, dass es ein Porträt sein soll, dass ihn zeigt, wie er vom Himmel auf sein Grab am Monte Cassino herunterschaut. Eine typisch amerikanische Idee, nicht wahr? Es war schwer, sie davon abzubringen. Hier ist das Ergebnis."

Er blätterte in dem Buch. Es war eine einfache Skizze des Monte Cassino, mit dem Foto des getöteten Mannes in einer unteren Ecke und einem Vers zum Andenken in der anderen Ecke.

„Ich mag die Amerikaner, die wir kennengelernt haben, sehr gerne. Vor allem die Älteren mit etwas Urteilsvermögen, die eine berufliche Laufbahn hinter sich haben, und etwas Lebenserfahrung. Ich hoffe, dass die Freundschaften, die wir geschlossen haben, halten werden. Aber ich fürchte, sie werden uns vergessen, sobald sie den Ort hier verlassen. Sie reden von nichts anderem, als nach Hause zu fahren."

Im ganzen Zimmer verstreut befanden sich Fotos von Arnulf.

„Die meisten davon wurden 1938 und 1939 aufgenommen, bevor sie ihn ins Gefängnis gesteckt haben", sagte Professor Krauth. „Erinnern Sie sich an ihn?"

Ein Foto zeigte Arnulf mit einem durchtriebenen Blick im Gesicht wie er eine fast lebensgroße Skulptur von Leda und dem Schwan umarmt. Andere waren Porträtaufnahmen, manche davon sehr gelungen.

Arnulfs Gesichtszüge waren, nachdem er zum Mann herangewachsen war, markanter geworden. In den frühen Schuljahren war er ein schmächtiger, unsportlicher, kränkelnder Junge gewesen, der zunehmend ernster wurde, je älter wir wurden. Er war das Opfer vieler Schikanen. Die Raufbolde der Klasse hielten ihn für einen Schwächling, weil es weder in seiner Macht lag, noch anscheinend sein Wunsch war, zurückzuschlagen. Anstatt dessen schloss er eine enge Freundschaft mit einem von ihnen: Maurer. Auf diese Weise war er in gewissem Maße vor den anderen geschützt.

Ich glaube nicht, dass Arnulf ein sehr gewissenhafter Schüler war, aber er war zu schulischen Hochleistungen fähig, was ihm bei entscheidenden Prüfungen half. Er neigte dazu, sich bei jemandem einzuschmeicheln, und die ganzen Kerle unter den Lehrern mochten ihn deshalb nicht. Olbrich wusste wahrscheinlich am besten, wie man mit ihm umgehen musste. Er wirkte Arnulfs Versuchen, sich einzuschmeicheln, entgegen, aber verlieh Arnulf gelegentlich Ansehen in den Augen der Klasse, indem er ihn wegen seines reifen politischen Denkens lobte. Arnulf Krauth hatte sich als guter Diskutant in den politischen Debatten erwiesen. Er bezog seine Position, der unser nationalistischer Geschichtslehrer gewöhnlich heftig widersprach. Einmal sagte der Lehrer der Klasse, dass es einen Weg geben müsse, diesem Schwächling eine solch schamlose undeutsche Einstellung auszutreiben. Nach der Schule fielen die Schläger prompt über Arnulf her, der sich verprügeln ließ, ohne irgendeinen Versuch, sich zu wehren. Später sagte er über diesen Vorfall, dass er zu stolz sei, um sich gegen diese hirnlosen Athleten zu verteidigen.

Da sie ihn für einen Feigling hielten, richtete die Mehrheit der Klasse nun vollends ihre Vorurteile gegen ihn. Die Feindseligkeit gegen ihn, die durch seine politischen Ansichten entstanden war, nahm zu. Er stand links von dem, was diese der Mittelschicht entstammende Schulklasse bereit war zu tolerieren. Ich glaube nicht, dass Arnulf sich zu dieser Zeit schon schlüssig war, ob er Sozialist oder Kommunist war. Er verschlang politische Literatur, wodurch er entschieden anti-nationalistisch wurde. Aber er tappte unentschieden durch die Kontroverse, die die deutsche Arbeiterklasse zerriss.

Von hier aus zeichnete Arnulfs Vater das Bild seines Sohnes für mich. Mit seinem Freund Hans Maurer ging Arnulf an die Universität in Frankfurt, um Physik zu studieren. Sein Professor, ein nichtarischer Wissenschaftler, der später nach Ankara auswanderte, hielt ihn für einen der begabtesten und fähigsten Studenten in einer Gruppe von insgesamt achtzig Studenten. 1931 und 1932 befreundete Arnulf sich mit einem Frankfurter Mädchen, das ihn weiter in die Richtung zum Kommunismus beeinflusste. Professor Krauth sagte, dass er mehrere Diskussionen mit seinem Sohn über dieses Thema geführt hatte, aber dass er von da an Arnulf nicht mehr von seinem Standpunkt abbringen konnte.

„Schließlich gehören wir nicht zur Arbeiterklasse", sagte der Professor. „Wir kannten die Lebensbedingungen der Arbeiter nicht aus erster Hand. Ich habe Arnulf gesagt, er soll bei seinen eigenen Leuten bleiben. Aber er hörte nicht auf mich."

Arnulfs Freundschaft mit dem Mädchen endete, und kurz darauf verliebte er sich in eine Kommilitonin an der Universität, die Tochter eines Freiburger Professors, die vier Jahre älter war als er. Sie hieß Ilse Renner und studierte Erziehungswissenschaften. Sie arbeitete für die kommunistische Partei. Nach 1933 wurde ihre politische Arbeit illegal, aber sie setzte sie mit gesteigertem Elan fort. Professor Krauth sagte, dass Arnulf unter ihrem Einfluss und durch einen Cousin, der nach Frankreich emigriert war, um die kommunistische Arbeit unter deutschen Studenten dort im Untergrund zu leiten, an organisierten Aktivitäten gegen die Nazis teilzunehmen begann.

Professor Krauth wusste nicht genau, was Arnulfs Motive waren. Er glaubte, dass ein Element von Überzeugung und Idealismus Arnulfs Haltung prägte. Aber entscheidend war, wie er glaubte, Arnulfs Auffassung, dass nach 1933 niemand außer den Kommunisten tatsächlich gegen die

Nazis kämpfte. Die Sozialdemokraten hätten kampflos aufgegeben,[55] und die bürgerlichen Parteien, die gegen den Nationalsozialismus waren, hätten nie einen Gedanken an die Möglichkeit verschwendet, dagegen Widerstand zu leisten. In den ersten Jahren der nationalsozialistischen Herrschaft gingen der Professor und Arnulf gemeinsam zu vielen Veranstaltungen der NSDAP. Sie wollten sich genau informieren. Sie differierten nicht in ihrer Auffassung über den Charakter und die Tragweite der bösen Sache, die vor ihren Augen stolzierte. Arnulfs Reaktion war, dagegen zu kämpfen, die des Professors, den Nationalsozialisten aus dem Weg zu gehen. Keiner von beiden vermochte es, in stunden- und tagelangen Diskussionen den anderen zu überzeugen.

Arnulfs erster Zusammenstoß mit der Obrigkeit geschah 1933, wenige Monate, nachdem die Nazis an die Macht gekommen waren. Der Senat der Universität war damit beschäftigt, die politisch unliebsamen Studenten von der Universität zu verweisen. Arnulf sei wegen drei Vorwürfen vor den Senat geladen worden, sagte sein Vater. Ihm wurde vorgeworfen, Mitglied der zu dem Zeitpunkt illegalen KoStuVer zu sein – einer kommunistischen Studentenvereinigung. Arnulf konnte dies leugnen, weil er unter falschem Namen als Mitglied dieser Gruppe und der kommunistischen Partei eingetragen war. Zweitens wurde ihm vorgeworfen, seine Kameraden dazu angestiftet zu haben, einen Feuerwehrschlauch auf einen Trupp von SA-Braunhemden entleert zu haben, die an diesem Tag in die Universität eingedrungen waren, um jüdische Studenten zu verprügeln. Arnulf sagte vor dem Senat aus, dass er lediglich unbeteiligter Zuschauer des Vorfalls gewesen sei. Der dritte Anklagepunkt war, dass er das „Gerücht" verbreitet habe, dass Göring das Gebäude des Reichstags in Brand gesetzt habe, nicht die Kommunisten. Arnulf sagte aus, dass er das lediglich wiedergegeben habe, nachdem er dies in einer französischen Zeitung gelesen hatte. Der Senat der Universität sprach in frei. Auch Ilse Renner konnte ihr Studium der Erziehungswissenschaften an der Universität fortsetzen.

Ab diesem Zeitpunkt stand Arnulf jedoch unter Beobachtung durch die Gestapo. Um bei einer Hausdurchsuchung, mit der zu rechnen war, Überraschungen zu vermeiden, stellte Arnulf eine Anzahl von Büchern über Sozialismus und Kommunismus bei einem Freund unter, der politisch ein „unbeschriebenes" Blatt war. Es handelte sich um theoretische Schriften – von Marx, Lenin, Trotzki, Engels –, doch wenn man sie in Arnulfs

55 Diese Einschätzung entspricht nicht den historischen Tatsachen. Nachdem die Nationalsozialisten am 31. Januar 1933 die Macht übernommen hatten, waren die Sozialdemokraten ebenso wie die Kommunisten der Repression und der Verfolgung durch die Nationalsozialisten ausgesetzt. Die SPD war die einzige noch im Reichstag vertretene politische Partei, die am 13. März 1933 gegen das Ermächtigungsgesetz stimmte. Der SPD-Fraktionsführer Otto Wels hielt im Reichstag eine mutige Rede, in der er sich gegen das Gesetz aussprach.

Wohnung gefunden hätte, wäre es unangenehm geworden. Eines Tages im Jahr 1937 zog Arnulfs Freund nach Berlin und schrieb ihm eine Notiz, dass er Arnulfs Bücher nicht mehr bei sich aufbewahren könne. Dieser Brief wurde von der Gestapo abgefangen, und Arnulfs Freund wurde verhört. Zur selben Zeit hatte die Gestapo beobachtet, wie zwei französische Studenten, die die Gestapo im Verdacht hatte, kommunistisch aktiv zu sein, das Haus, in dem Arnulf wohnte, betraten und wieder verließen. Arnulf und Ilse wurden verhaftet und wegen Hochverrats am Volksgerichtshof in Kassel angeklagt.

„Nur einige Monate davor hatte Ilse mir gesagt, dass diese zwei Studenten Mitglieder einer Untergrundorganisation waren, die staatsfeindliche Flugblätter zu Arnulf schmuggelten", sagte Professor Krauth. „Sie wurden auch verhaftet und vor Gericht gestellt. Die Gestapo hatte jedoch nicht genügend Beweise, um das Gericht zufrieden zu stellen, und die zwei Franzosen wurden frei gesprochen. In den fast fünf Monaten, in denen sie verhört worden waren, hatten sie nichts gestanden. Da die Anklage gegen Arnulf und Ilse fast ausschließlich auf derselben Beweislage beruhte, wurden auch sie frei gesprochen. Ich hatte einen sehr mutigen Rechtsanwalt für sie beauftragt, dem es auch gelang, den Vorfall mit den kommunistischen Büchern in ein anderes Licht zu rücken, das die Unschuld der beiden hervorhob. Nach sechs Monaten Untersuchungshaft, während die Ermittlungen andauerten, waren Arnulf und Ilse wieder frei."

Die Richter und die Zeugen hatten abfällig über Arnulfs „Geliebte" gesprochen, unter deren Einfluss er angeblich gehandelt hatte. Mit der finanziellen Unterstützung des Professors hatten Arnulf und Ilse geheiratet, obwohl sie beide noch studierten und noch mehrere Jahre lang kein Geld verdienen würden.

Auch wenn der Gerichtsprozess zu Arnulfs Gunsten ausgegangen war, half er seinem Ansehen an der Universität nicht. Als es ein Jahr später an der Zeit war, dass er seine Doktorarbeit schreiben musste, fand sich kein Professor, der bereit gewesen wäre, ihm ein Thema zu geben. Offiziell fand die Fakultät allerlei Ausreden – Zeitmangel der Professoren, zu viele Studenten, kein geeignetes Thema –, um Arnulf den Weg zu versperren.

Erst vor wenigen Monaten hatte Professor Krauth nun eine Mitteilung über die Erfahrungen seines Sohnes an die entnazifizierte Frankfurter Universität gerichtet.

„Meinen Sie, dass ich Unrecht habe, wenn ich diese sogenannten Professoren daran hindern will, wieder zu lehren?", fragte er. „Wenn diese Mitteilung nichts bewirkt, werde ich zu ihrer ersten Vorlesung runterfahren, und bevor sie anfangen können, werde ich ihre Studenten fragen, ob sie solchen Unmenschen zuhören wollen. Dann werde ich ihnen die Geschichte meines Sohnes erzählen."

Die Mitteilung enthielt die Darstellung eines Besuchs von Professor Krauth bei einem von Arnulfs Professoren. Krauth hatte wissen wollen, warum seinem Sohn kein Thema für eine Doktorarbeit gestellt werden konnte.

„Professor R. sagte mir, dass mein Sohn Arnulf zu seinen Physikvorlesungen häufig zu spät gekommen sei. Anstatt um acht Uhr war er fünf oder zehn Minuten nach acht erschienen. (Tatsächlich war es gängige Praxis an deutschen Universitäten, dass Studierende in den Labors ihre Arbeitsstunden selbst festlegen konnten.) Arnulf Krauth hatte außerdem ungenaue physische Messungen vorgenommen. (Das war der Tatsache geschuldet, dass er sich aufgrund von unzulänglichen Bedingungen im Labor eine Quecksilbervergiftung zugezogen hatte.) Professor R. hatte außerdem herausgefunden, dass Arnulf weiterhin radikale linke Sympathien hegte, für die er seinerzeit vom Senat der Universität angeklagt worden war. (Er war freigesprochen worden.) Professor R. empfahl mir, meinen Sohn in den Arbeitsdienst zu schicken, oder besser noch zum Militär, damit er seine nationale Verlässlichkeit unter Beweis stellen könne.
Wenige Tage später wurde ein Kommilitone meines Sohnes, Hans Maurer, beauftragt, ihn zu informieren, dass es zwecklos sei, wenn er sich weiter darum bemühe, an der Universität Frankfurt ein Thema für eine Doktorarbeit zu bekommen. Maurer hatte die Anweisung, seine Auftraggeber nicht preiszugeben. Die politische Einstellung meines Sohnes wurde als Grund für diese Ablehnung angegeben."

Bei meinem Besuch hatte Maurer diesen Vorfall mit keinem Wort erwähnt. Ich fragte Professor Krauth nach der Geschichte über den Waffenschmuggel nach Spanien, von dem Maurer erzählt hatte. „Es war nichts dran. Maurer war nicht an Arnulfs politischen Aktivitäten beteiligt", sagte Professor Krauth. „Er mag eine Zeit lang unter Überwachung durch die Gestapo gestanden haben, weil bekannt war, dass er mit Arnulf befreundet war." Ich gewann jetzt den Eindruck, dass Maurer, als er mit mir gesprochen hatte, versucht hatte, seine frühere Freundschaft mit Arnulf zu benutzen, um seine eigene Gegnerschaft zum Nationalsozialismus hervorzuheben. Ein weiteres Verhalten, das man heutzutage oft in Deutschland antrifft.

Frau Krauth kam mit einer Kanne dampfenden Kaffees auf einem Tablett aus ihrer Küche zurück. Es gab auch all die anderen Luxusgüter, die Deutsche normalerweise nicht hatten: Zucker, Milch, Kuchen. Sie lud uns ein, am Tisch Platz zu nehmen.

Professor Krauth legte die Kopie der Mitteilung weg.

„Sogar noch 1938 habe ich versucht, Arnulf seine kommunistischen Aktivitäten im Untergrund auszureden. Aber diese Professoren haben Arnulf endgültig auf diesen Irrweg gelenkt", sagte er bitter. „Wenn Arnulf seinen Doktor gemacht hätte, hätte seine Arbeit ihn wahrscheinlich beansprucht und von Schwierigkeiten ferngehalten."

Frau Krauth schnitt den Kuchen. Sie schüttelte ihren Kopf. „Du weißt, dass das nicht stimmt", sagte sie mit freundlicher und fester Stimme. „Du versuchst, für Arnulfs Tragödie einen Schuldigen zu finden. Meinst du nicht auch, dass Arnulf in erster Linie seinen Überzeugungen treu blieb. Nichts hätte ihn davon abbringen können. Er musste seinen Weg gehen."

Es war klar, dass Arnulfs Vater in seiner Trauer nach den Schuldigen suchte – wobei er sich selbst nicht ausschloss. Das war offenbar nicht das erste Mal, dass seine Frau ihn ermahnte.

„Ich weiß nicht", sagte er. „Warum konnte der Junge nicht wenigstens etwas an sich selbst und an sein eigenes Leben denken? Ich habe keine weiteren Kinder."

Er war wieder den Tränen nahe.

Tatsächlich hatten die Krauths andere Gäste erwartet. Zum Glück hatten die Gäste sich verspätet.

Ich war mir sicher, dass die guten Dinge auf dem Tisch in dem Haushalt nicht reichlich vorrätig waren. Jedoch war es der Stolz der Hausfrau, sie anbieten zu können. Der Trick des amerikanischen Gastes bestand darin, so zu tun, als ob er kräftig reinhaute, während er tatsächlich den Zucker nach Körnern und die Milch nach Tropfen maß. Der Kuchen war vorzüglich, und man konnte ihm schwerer widerstehen.

Ein Weile versuchten wir über neutrale Themen zu sprechen – das Wetter, das Leben im Neckartal und in den großen Städten, meine Kriegserfahrungen. Aber Professor Krauth kam schnell wieder auf Arnulfs Leben zu sprechen. Er hatte erkannt, dass ich deshalb zu ihnen gekommen war, um über Arnulf etwas zu erfahren, und dies schien für ihn eine willkommene Gelegenheit, um von seinem Sohn sprechen zu können.

Nachdem Arnulf die Doktorarbeit verweigert worden war, kam sein Aufenthalt an der Universität zu einem Ende. Er und seine Frau zogen nach Gießen, und Professor Krauth lobte die dortige Fakultät für ihre Unterstützung.

„Ich fuhr oft nach Gießen", sagte er. „Arnulfs Professor sagte mir, dass er bei dem komplizierten Thema seiner Doktorarbeit in Physik, die ihm gestellt worden war, gute Leistungen erbrachte. Ich hoffte, dass der Wechsel nach Gießen und seine Beschäftigung mit der Doktorarbeit Arnulfs Gedanken von seinen politischen Aktivitäten abbringen würde – aber nein. Er leitete eine Untergrundzelle bestehend aus fünf Personen. Einmal platzte ich hinein, als sie in Arnulfs Zimmer ein Treffen abhielten. Ich konnte sie alle nicht leiden.

Einer war ein Gärtnerlehrling, zwei weitere waren in einer Besserungsanstalt eingesperrt gewesen. Dann gab es noch einen arbeitslosen Gerichtsschreiber, der dauernd finanzielle Hilfe brauchte. Arnulf gab ihm regelmäßig Geld."

„War das nicht der Gestapospitzel?" fragte Frau Krauth.

„Ja", antwortete ihr Mann. „Vieles davon habe ich erst erfahren, als Ilse uns vor kurzem darüber berichtete. Sie sagte, dass dieser Gerichtsschreiber die Gestapo über alles informierte, was sie taten. Nach ihrem Gerichtsprozess 1937 vor dem Volksgerichtshof in Kassel waren alle Kontakte zu kommunistischen Organisationen im Ausland abgebrochen. Sonst, sagte mir Ilse, wären sie vor dem Mann gewarnt worden. Als ich nach dem Treffen der Zelle, in das ich versehentlich hineingeplatzt war, Arnulf darum bat, seine politische Arbeit aufzugeben, sagte er mir, dass ich mir keine Sorgen machen solle. Er könne jedem Mann in seiner Gruppe vertrauen. Er sagte, dass er bereit wäre, sein Leben zu riskieren, jedoch nicht leichtsinnig und unvernünftig. Hätte er gewusst, wer dieser Gerichtsschreiber wirklich war, hätte er meinen Rat vielleicht befolgt. Anstatt dessen unternahm seine Zelle Aktionen, wie z. B., dass sie 1938 in der Nacht vor Hitlers Geburtstag Flugblätter an öffentlichen Plätzen in Frankfurt auslegten."

Ich fragte den Professor, ob er sich an den Inhalt der Flugblätter erinnern könne.

„Ich glaube, ja", antwortete er. „Es war ungefähr einen Monat, nachdem die Nazis Österreich angeschlossen hatten. Das Volksbegehren, in dem 99 Prozent für die Einverleibung in das deutsche Reich gestimmt hatten, hatte gerade stattgefunden. Es waren 99,8 Prozent, um genau zu sein. Das Flugblatt war in der Form eines offenen Briefes an Hitler geschrieben und fragte danach, was aus den vielen tausend österreichischen Kommunisten geworden sei, die gegen den Anschluss gestimmt hatten. Es legte offen, wie viele Personen in Wien während der ersten drei Tage der Besetzung durch die Nazis erschossen worden waren, und wie viele weitere Tausende in den ersten zwei Wochen erschossen, inhaftiert oder in Konzentrationslager geschickt worden waren. Das Flugblatt attackierte Dr. Ley[56] und seine ‚Kraft durch

[56] Robert Ley (1890–1945) war einer der führenden Politiker des Nationalsozialismus. Er leitete unter anderem den Einheitsverband „Deutsche Arbeitsfront". Eine ihrer Unterorganisationen war die nationalsozialistische Gemeinschaft „Kraft durch Freude" (KdF). Zu deren Aktivitäten gehörten insbesondere die Organisation von Freizeit- und Ferienaktivitäten, und sie war der größte Reiseveranstalter der NS-Zeit. Das Angebot umfasste auch Kreuzfahrten. Das Flaggschiff der KdF-Flotte war nach dem Reichsleiter Robert Ley benannt. Kurz vor Kriegsbeginn wurde das Kreuzfahrtschiff als Lazarettschiff umgerüstet und von der Kriegsmarine übernommen. Robert Ley war einer Angeklagten im Nürnberger Prozess gegen 24 Hauptkriegsverbrecher. In Erwartung seines Prozesses nahm er sich am 25. Oktober 1945 das Leben.

Freude'-Schiffe, die für Truppentransporte und als Flugzeugträger in dem bevorstehenden Krieg bestimmt waren. Es stellte die Kosten für diese Schiffe der Summe gegenüber, die für Arbeiterwohnungen ausgegeben wurde. Es gab noch weitere Punkte, etwa über den Export von Kriegsgerät an Japan für dessen Nutzung in dem imperialistischen Krieg gegen das chinesische Volk, und so weiter. Sie haben solche Flugblätter wie diese gesehen – geschrieben, um vom Volk gelesen zu werden und um Wirkung bei den weniger Gebildeten zu erzielen. Arnulf benutzte das Radio, um Nachrichten dafür zu bekommen. Ilse sagte mir vor kurzem, dass dieses Flugblatt das erste in einer Reihe sein sollte, die sie jeden Monat herausbringen wollten. Sie hatten vor, die gefährlichsten Lügen der Nazis zu entlarven. Aber es blieb nur bei diesem einen. Die Gestapo verhaftete sofort den Besitzer des Ladens, wo das Flugblatt gedruckt worden war, und Arnulf entschied, dass die Arbeit im Endeffekt zu gefährlich war. Er und Ilse sowie ihre Untergrundzelle wurden von der Gestapo einstweilen in Ruhe gelassen."

Professor Krauth bat seine Frau um eine weitere Tasse Kaffee, dann fuhr er fort: „Fast ein Jahr später, im Frühjahr 1939, wurde der Professor, bei dem Arnulf arbeitete, nach Berlin versetzt. Arnulf und Ilse folgten ihm. Sie lösten ihre Untergrundzelle auf, und Arnulf sagte dem Gerichtsschreiber, dass er ihn nicht mehr unterstützen könne. Da zeigte dieses unsägliche Individuum, das die ganze Zeit für die Gestapo gearbeitet hatte, sein wahres Gesicht. Er begann Arnulf zu erpressen. Wenn die Zahlungen nicht weiterliefen, sagte er, solle Arnulf nicht damit rechnen, in Berlin studieren zu können. Und dass es in Frankfurt einige Leute gebe, die äußerst interessiert daran wären, zu wissen, wer ein Jahr zuvor die Flugblätter anlässlich Hitlers Geburtstag geschrieben hatte. Ich gab Arnulf das Geld, damit er ihn bezahlen konnte … Nachdem dieses Unheil abgewendet zu sein schien, legte Arnulf die Prüfungen für sein Doktorexamen ab. Er bestand die schriftliche Prüfung, aber fiel im Mündlichen durch. Der Professor stellte ihm eine erste Frage, die Arnulf nicht beantworten konnte, und saß dann einfach da und fuhr Arnulf zehn Minuten lang an. Dann erklärte er, dass Arnulf durchgefallen sei."

Wir leerten unsere Tassen, und ich holte ein paar Zigaretten hervor. Professor Krauth lehnte ab, weil der Arzt ihm verboten habe zu rauchen, wie er sagte, aber Frau Krauth nahm dankend eine Zigarette an. Er fuhr fort:

„Zehn Tage vor Kriegsausbruch wurden Arnulf und Ilse wieder verhaftet. Sie saßen ein Jahr lang ohne Prozess im Gefängnis. Im August 1940 kam ihr Fall vor den Volksgerichtshof in Berlin. Der Vorwurf war Hochverrat, und der Gerichtsschreiber tauchte als Zeuge der Anklage auf. Die Geschworenen setzten sich aus Laien, die Nazis waren, und zwei Offizieren zusammen, einer davon aus der Armee, der andere von der Luftwaffe. Der Richter hatte den Ruf, dass er es nicht leiden konnte, eine Sitzung zu schließen, ohne zumindest eine oder mehrere Todesstrafen ausgesprochen zu haben. Nach dem Prozess sagte mir einer der Luftwaffenoffiziere, dass Arnulfs Leben nicht an einem Faden, sondern an einem Haar gehangen hatte. Er wurde von seinem Anwalt gerettet – dem besten, den ich hatte finden können –, er argumentierte, dass Arnulfs Frau die eigentliche Aktivistin sei, die für Arnulfs Irrwege verantwortlich sei. Der Staatsanwalt forderte die Todesstrafe für Arnulf und fünfzehn Jahre Zuchthaus für Inge. Das Gericht verurteilte beide zu lebenslänglicher Haft. Der Gerichtsschreiber erhielt fünfzehn Jahre Gefängnis, aber ich bin mir sicher, dass er nicht einen Tag davon abgesessen hat."

„Wurden diese fürchterlichen Strafen nur für die Flugblätter verhängt, die sie an Hitlers Geburtstag ausgelegt hatten?", fragte ich.

„Nein", antwortete der Professor, „Das war nur ein Beweisstück. Mehr Schaden richtete ein Tagebuch an, dass der Gerichtsschreiber geführt hatte. Er hatte Bruchstücke der Gespräche festgehalten, die bei den Treffen von Arnulfs Zelle geführt worden waren. Zum Hauptanklagepunkt wurde die ‚Vorbereitung eines Attentats auf ein Mitglied der Reichsregierung'. Der Gerichtsschreiber sagte aus, dass bei einem der Treffen dieser Zelle einer der Anwesenden Arnulf danach gefragt habe, was der sicherste Weg sei, Hitler umzubringen. Arnulf habe angeblich geantwortet, dass eine Flasche Blausäure, leicht eingekerbt, so dass sie mit Sicherheit zerbricht, wenn man sie Hitler vor die Füße werfen würde, die Sache am besten erledigen würde. Es gab in dem Tagebuch festgehaltene Bruchstücke eines Gesprächs über Blausäure, Selterswasserflaschen und einen Glaserdiamanten. Daraus machte der Staatsanwalt ein Mordkomplott …"

Frau Krauth unterbrach. „Warum zeigst du dem Leutnant nicht Ilses Brief?" fragte sie.

„Das wollte ich gerade tun", sagte der Professor und nahm ein paar Papiere von seinem Schreibtisch. „Da unsere ganze Familie und unsere Freunde über die Geschehnisse völlig im Ungewissen waren, hat Arnulfs Frau vor ein paar Wochen einen Bericht geschrieben über die Ereignisse nach dem Prozess. Ich habe ihn kopiert und an unsere Freunde geschickt. Ich würde mich freuen, wenn Sie ihn lesen würden. Sie weiß mehr über diese Tragödie als ich."

Während Arnulfs Vater nach anderen Papieren und Briefen suchte, die er mir zeigen wollte, und Frau Krauth den Tisch neu deckte für die Gäste, die sie erwarteten, las ich diesen dramatischen Bericht über die letzten sechs Jahre von Arnulfs Leben:

Ilse Renners Bericht:

„... Arnulf war ein viel zu guter Physiker, als dass er den kindischen Plan entworfen hätte, für den er verurteilt wurde. Wir sprachen in unserem Zirkel über Blausäure, aber nur im Zusammenhang mit einem Unfall, der sich an der Gießener Universität ereignet hatte. Arnulf erklärte, dass es möglich sei, einen Mann umzubringen, ohne auch nur das geringste Aufsehen zu erregen, indem man ein paar Tropfen Blausäure auf den Hemdkragen des Mannes tropft. Nach ein paar Minuten würde jeder Arzt ihn wegen Herzversagens für tot erklären. Wir sprachen auch über Flaschen – wir beabsichtigten eine Flasche mit Leuchtgas zu füllen, sie aus der Stadt zu bringen und damit kleine Luftballons für Kinder zu füllen, wenn der Wind richtig stand, um so gegen die Nazis gerichtete Flugblätter zu verbreiten. Arnulf besaß auch einen Glaserdiamanten, den er benutzte, um seine fotografischen Platten zu schneiden. Aus diesem Gemisch an Details braute die Gestapo Arnulfs angeblichen Verschwörungsplan zusammen, Hitler zu töten. Es stimmt, dass wir beide unter uns besprachen, welche praktischen Möglichkeiten bestanden, ihn umzubringen, aber dieses Thema wurde in unserer Untergrundgruppe nie erwähnt. Wir waren in dieser Hinsicht an die Parteidisziplin gebunden, die individuelle Terrorakte verurteilte.
Solange der Prozess andauerte und der Staatsanwalt, der Richter und die Zeugen der Gestapo über unseren ‚Blutdurst', wenn nicht gar unsere ‚Schuld', aussagten, rechneten Arnulf und ich ganz und gar damit, verurteilt zu werden. Wir kannten den Schrecken, wenn man kalten Stahl im Nacken fühlt. Dann wurde das Urteil ausgesprochen. Arnulf und ich sahen uns ein letztes Mal. Man ließ uns für ein paar Minuten in einem Gefängnistransporter allein. Wir waren unsagbar glücklich. Wir würden leben. Wir würden befreit werden, und unsere Arbeit würde in einer neuen, freien Welt weitergehen. Arnulf glaubte, dass der Krieg noch fünf weitere Jahre dauern würde. Ich dachte, es würden nur vier Jahre sein. Er hatte recht.
Arnulf leistete Zwangsarbeit in den Zuchthäusern in Brandenburg, Hameln und Celle. In zwei Jahren in Brandenburg sah er mehr als tausend Hinrichtungen vom Fenster seiner Gefängniszelle – mehr als eine Hinrichtung pro Tag. Im Herbst 1944 wurde er in das Konzentrationslager in Neuengamme in der Nähe von Hamburg verlegt.
Ich wurde in eine Frauenstrafanstalt für Frauen in Waldheim in der Nähe von Chemnitz geschickt, wo schwere Formen der Bestrafung und Folter ausgeübt wurden. Dort wurde ich am 7. Mai 1945 von der Roten Armee befreit.

Während der Jahre im Zuchthaus konzentrierten Arnulf und ich unsere Anstrengungen darauf, geistig beweglich und sensibel zu bleiben. Er musste sich daran erinnern, wie er denken sollte, weil wir unsere Arbeit nach unserer Befreiung fortsetzen müssten. Nach sechs Monaten erhielten wir beide die Erlaubnis, alle sechs Wochen zwei Briefe bestehend aus zwei Seiten und fünfzehn Zeilen zu schreiben. Später wurde das auf ein halbes Blatt Papier alle vier Monate reduziert. Für jeden Brief, den er seiner Familie schickte, schrieb Arnulf mir zwei Briefe. Wir versuchten immer, irgendein Thema aus Philosophie oder Geschichte im Telegrammstil miteinander zu erörtern.

In gewisser Weise waren wir vielleicht besser informiert als die Menschen draußen. Uns wurde nicht unentwegt Nazi-Propaganda eingetrichtert, und so konnten wir klarer denken und besser zwischen den Zeilen lesen. Vor unseren Wärtern machten wir nie einen Hehl aus unserer Auffassung, dass wir das Zuchthaus als freie Menschen verlassen würden. Die Verurteilung zu ‚lebenslänglich' hörte sich hart an, aber wir wussten, sie würde nur dann wahr werden, wenn die Naziverbrecher uns in letzter Minute umbrachten. Wir entwickelten in unseren Briefen sogar einen Code, den der Zensor nicht bemerkte. Wir verabredeten einen genauen Plan, wo wir uns nach der Befreiung treffen würden. Hamburg sollte der Ort sein, wo wir uns wiedersehen würden. Leider gingen Arnulfs Briefe in Waldheim an dem Tag verloren, als die Rote Armee unsere Gefängnistore aufbrach.

Fünfzig von uns gelang es letzten Mai, von Waldheim nach Hamburg zu kommen. Wir wurden überall willkommen geheißen und gut genährt. In Hamburg erwartete mich bei der Hilfsorganisation ehemaliger Häftlinge des Konzentrationslagers eine furchtbare Nachricht.

Ich sprach dort mit einem von Arnulfs Kameraden, der Protokollant im Konzentrationslager von Neuengamme gewesen war. Nach der Befreiung von Buchenwald durch amerikanische Truppen hatte Himmler einen geheimen Befehl nach Neuengamme geschickt, dass kein politischer Gefangener lebend in die Hände der Alliierten fallen dürfe. Der Lagerprotokollant fing den Befehl ab, und dies gab den Häftlingen das Signal für eine verzweifelte Aktion, der SS die Macht zu entreißen. Kurz bevor der Aufstand stattfinden sollte, wurde das Lager aufgelöst, weil die Truppen der Alliierten im Anmarsch waren. Ab dem 20. April wurden die Gefangenen in kleinen Gruppen nach Neustadt in der Nähe von Lübeck gebracht. Sie sollten auf die Insel Fehmarn gebracht werden, wo man vorhatte, sie zu ermorden.

Neuengamme hatte 19.000 Häftlinge. 11.000 von ihnen wurden am 2. Mai im Hafen von Neustadt an Bord der ‚Deutschland', ‚Cap Arcona' und ‚Thielbek' gedrängt.[57] Arnulf wurde von mehreren Überlebenden auf der ‚Thielbek' gesehen, das kleinste der Schiffe, auf dem sich nur ungefähr sechshundert Gefangene befanden. Auf allen drei Schiffen hatten die Gefangenen verabredet, nachmittags um 15.30 Uhr gleichzeitig einen Aufstand zu versuchen.
Die Schiffe befanden sich etwa vier Meilen auf See, als es zu internen Streitigkeiten der SS kam. Ein Teil von ihnen wollte die Schiffe unverzüglich versenken und die Häftlinge ertrinken lassen, während sie selbst sich in Rettungsbooten an Land retten würden. Der andere Teil wollte die Fahrt nach Fehmarn fortsetzen. Um 14 Uhr, während sie miteinander stritten, tauchten feindliche Flugzeuge vor ihnen auf. Sie signalisierten dem Schiff, die Flagge der Kapitulation zu hissen und in den Hafen zurückzukehren. Die SS-Mannschaften antworteten mit Luftabwehrfeuer von allen drei Schiffen. Daraufhin wurden die Schiffe bombardiert. Die ‚Thielbek' sank schnell.[58] Nur die Gefangenen, die an Deck zusammengedrängt waren, hatten eine Chance, die Rettungsboote zu erreichen.

---

57 „Deutschland" und „Cap Arcona" waren Passagierschiffe, die „Thielbek" ein Frachtschiff.

58 Ilses Renners Bericht entspricht weitestgehend den historischen Tatsachen, wenn auch die von ihr genannten Zahlen nicht ganz mit denen übereinstimmen, von denen die historische Forschung heute ausgeht. Im Frühjahr 1945 hatte die Räumung des Hauptlagers des Konzentrationslagers Neuengamme begonnen. Die Häftlinge wurden auf Todesmärsche getrieben oder in diverse Ausweichlager gebracht. Als die Möglichkeiten, Häftlinge in Ausweichlager zu bringen, erschöpft waren, beschlagnahmte der zuständige NSDAP-Gauleiter Karl Kaufmann die drei Schiffe „Cap Arcona", „Deutschland" und „Thielbek". Die Schiffe wurden mit über 9.000 Häftlingen beladen, von denen viele infolge der verheerenden Zustände an Bord der Schiffe starben (Zahlen nach Information der Gedenkstätte Neuengamme). Bei einem britischen Luftangriff am 3. Mai 1945 in der Neustädter Bucht gerieten die „Cap Arcona" und „Thielbek" in Brand. Die „Thielbek" versank innerhalb von 15 Minuten. Die Briten hatten die Schiffe angegriffen, weil sie sie irrtümlich für einen deutschen Truppentransporter hielten, dessen Fahrt über die Ostsee sie verhindern wollten. 6.600 Häftlinge wurden getötet. Sie verbrannten oder ertranken oder wurden, als sie versuchten sich zu retten, erschossen. Nur etwas 450 Menschen überlebten. Arnulf Krauth (1912–1945) befand sich unter den Toten.
https://www.kz-gedenkstaette-neuengamme.de/geschichte/konzentrationslager/das-ende/ (letzter Zugriff: 18. Dezember 2019).

Sie versuchten, an Land zu gelangen. Unterdessen hatten britische Sturmspitzen den Strand erreicht, und weil sie glaubten, dass sie es mit einem Versuch der Nazis zu tun hatten, Verstärkung an Land zu bringen, beschossen sie die Schiffe. Nur zweiundzwanzig Häftlinge überlebten diese doppelte Katastrophe. Arnulf war nicht unter ihnen.
Die ‚Deutschland' und die ‚Cap Arcona' trieben umher und brannten mehrere Stunden lang. Die SS-Mannschaften befanden sich auf den Rettungsbooten. Von dort aus feuerten sie auf schwimmende Überlebende, die versuchten, an Bord der Rettungsboote zu gelangen. Denjenigen, die versuchten, sich an den Booten festzuhalten, wurde auf die Hände geschlagen. Wer konnte, riss sich die Häftlingskleidung vom Leib und rief, dass er zu den Mannschaften gehörte. Sie wurden gerettet. Von den 11.000 Häftlingen starben an diesem Tag 7.500. 1.400 Leichen wurden an Land geschwemmt.
Sechs Jahre lang hatte Arnulf geduldig auf seine Freiheit gewartet. An dem Tag, als britische Truppen eintrafen, um ihn zu befreien, ereilte ihn das Schicksal.
Das ist alles, was ich zum jetzigen Zeitpunkt weiß – uns liegen immer noch nicht alle Einzelheiten der Katastrophe vor. Es gibt weitere Dinge, über die ich nicht in der Lage bin zu schreiben. Vielleicht werde ich eines Tages darüber sprechen können. Wir können es uns nicht erlauben, dass wir unseren tiefsten Schmerz aufwühlen – vor uns liegen zu viele Aufgaben, für die unsere Kameraden gestorben sind.
Die meisten Leute, die den Menschen verloren haben, den sie am meisten geliebt haben, können auf den Friedhof gehen und sein Grab besuchen und Tränen über ihren Schmerz vergießen. Wir jedoch haben keinen bestimmten Ort, wo wir unsere Toten finden können. Deshalb sind sie überall, und sie sind nicht wirklich von uns gegangenen. Ihre Körper sind verschwunden, aber ihr Geist lebt in uns fort, als eine Inspiration, das zu erreichen, wofür sie selbst sich nicht mehr einsetzen."

***

Es gab wenig, das ich Professor Krauth hätte sagen können, nachdem ich zu Ende gelesen hatte. Er wartete darauf, mir weitere Briefe seiner Schwiegertochter zu zeigen. Einer enthielt ein Gedicht, das Arnulf 1938 geschrieben hatte. Ilse hatte es aus der Erinnerung rekonstruiert:

Bleiche Gesichter toter Soldaten klagen Euch an:
Unser Vermächtnis war: Friede uns allen,
Ihr rüstet zum Krieg.

Trostlose Augen hungernder Mütter klagen Euch an:
Zum Leben in Freiheit und Glück gebaren wir unsere Kinder,
Ihr lehrt sie Knecht sein und Mörder.

Arbeiter und Bauern: die Ernährer der Menschheit klagen Euch an:
Wir schaffen in friedlicher Hoffnung fürs tägliche Brot,
Ihr nähret die Feinde der Menschheit.

Ich fragte Professor Krauth, ob er einige von Arnulfs Briefen aus dem Zuchthaus hätte.

„Nein“, antwortete er, „sie sind verbrannt, als unser Haus bombardiert wurde. Es waren wunderbare Briefe – so voller Glaube daran, dass er uns bald wiedersehen würde.“

Ich fragte mich, wieso von allen Häusern in Eberbach ausgerechnet sein Haus und wieso unter allen Orten im Neckartal ausgerechnet Eberbach die Aufmerksamkeit der Jagdbomber auf sich gezogen hatte.

„Das war eine ziemlich irrwitzige Sache“, sagte Frau Krauth. „Es passierte eine Woche, bevor die Amerikaner einmarschierten. Sechs deutsche Militärlastwagen standen auf der kleinen schmutzigen Straße hier draußen, als eure Jagdbomber über den Ort hinwegflogen. Sie warfen fünf Bomben ab. Eine fiel auf unser Haus, die anderen vier auf das Feld gegenüber auf der anderen Straßenseite. Sie können noch die Einschlagkrater sehen. Dann fuhren die Lastwagen davon. Es war früh am Morgen und wir waren gerade aufgestanden, als die Bombe traf. Sie schlug direkt durch unser Schlafzimmer ein. Wir haben sie nur um wenige Minuten verpasst. Wir brauchten fast eine Stunde, um die Flammen zu löschen, und das Haus schien nur noch ein Trümmerhaufen zu sein.“

„Das war nicht alles“, sagte Professor Krauth. „Ein paar Tage später tauchte ein Haufen Kinder in SS-Uniformen hier auf. Sie hatten vor, das Neckartal zu verteidigen – Sechzehn- und Siebzehnjährige. Sie hatten Karabiner und Maschinengewehre. Sie suchten sich unser Haus als ihren Posten aus, gruben Löcher und ein paar Gräben und brachten ihre Maschinengewehre in Stellung. Ich fragte sie, was sie mit ihren Maschinengewehren gegen die amerikanischen Panzer ausrichten wollten, und sie lachten nur. Ein Oberst der SS war verantwortlich, und er befahl uns, das Haus zu verlassen. Wir protestierten dagegen, aber er sagte, er würde uns mit Gewalt dazu zwingen, das Haus zu räumen, wenn wir seinem Befehl nicht Folge leisteten. Also gingen wir. Als wir zurückkamen, nachdem die Amerikaner durch den Ort gezogen waren, gab es keine Spur von den SS-Jungen oder von irgendeinem Gefecht. Ich weiß nicht, was passiert ist."

Danach lebten die Krauths ungefähr zwei Monate lang in einem Zelt in den Wäldern. Zuerst konnten sie den Anblick ihres Hauses in Trümmern nicht ertragen. Einige Tage lang dachten sie, dass Selbstmord der einzig richtige Ausweg sei – sie hatten alle guten Dinge im Leben gehabt, und von jetzt ab konnten sie nur noch Elend, Hunger und Kälte erwarten. Dann sahen sie sich ihr Haus noch einmal an und kamen zu dem Schluss, dass schließlich doch ein Teil davon gerettet werden könnte. Sie erbettelten sich die notwendigen Baumaterialien. Den ganzen Sommer lang bauten der Professor und seine Frau ihr Haus wieder aus, praktisch ohne Hilfe von außen. Jetzt hatten sie wieder vier Zimmer, die bewohnt werden konnten, zwei davon hatten sie an eine Familie abgegeben, die aus der Stadt evakuiert worden war.

„Aber um auf Arnulfs Briefe zurückzukommen", sagte Professor Krauth. „Sie waren für uns tatsächlich eine Quelle des Trostes. Für uns, die wir, wohlgemerkt, in Freiheit waren. Arnulfs Frau sagte uns später, dass das stimmte. Sie hat, während sie im Zuchthaus war, nie das Vertrauen verloren und war sicher, dass Arnulf genauso empfand. Deutschland würde besiegt werden, und sie würden frei sein."

„Sie können sich vorstellen, wie mein Mann in diesen Kriegsjahren gelitten hat", sagte Frau Krauth. „Wenn er malte, sagte er oft, dass er nicht aus dem Fenster schauen könne, weil dort die Sonne schien. Während Arnulf hinter Gittern war, irgendwo in einer dunklen Gefängniszelle, und die Sonne nicht sehen konnte. Wenn er aß, brach er oft fast zusammen, weil Arnulf das Essen gebraucht hätte."

Solange Arnulf im Zuchthaus war, waren Esspakete nicht erlaubt. Nachdem er im September 1944 ins Konzentrationslager in Neuengamme gekommen war, waren Esspakete plötzlich willkommen. In seinen Briefen bat Arnulf darum, so viel Essen wir möglich und so oft wie möglich zu schicken. Jedoch durften die Sendungen keine Liste mit dem Inhalt des Pakets enthalten, und den Häftlingen war es untersagt, irgendetwas von dem Essen zu bestätigen, das sie erhielten. Nur einmal, nachdem Frau Krauth Arnulf ein paar hart gekochte Ostereier geschickt hatte, schrieb Arnulf zurück, dass er weich gekochte Eier lieber mochte. Es mag jedoch genauso gut nur der Wunsch eines SS-Wachmanns gewesen sein, den dieser Arnulf diktiert hatte, um die Familie zu erpressen, mehr zu schicken. Der Professor und seine Frau hungerten ab September 1944, um Arnulf so viel Essen zu schicken, wie sie konnten – womit sie tatsächlich zweifellos die SS ernährten. Das war ihnen natürlich klar, aber sie hofften, dass Arnulf wenigstens ein paar Reste davon bekommen würde, so dass er am Leben blieb.

Ich fragte Professor Krauth, was Ilse jetzt mache.

„Sie ist beim Wiederaufbau der kommunistischen Partei in Hamburg aktiv“, antwortete er. „Da ihr Fachgebiet Erziehungswissenschaft ist, wurde sie vorgeschlagen, eine wichtige Position im Schulsystem der Stadt zu übernehmen. Hier sind noch ein paar von ihren Briefen. Ich teile immer noch nicht ihre politische Einstellung, aber ich kann nicht anders, als ihre Entschlossenheit zu bewundern.“

Ihre Briefe, die bisweilen mit Zitaten von Lenin oder Stalin übersät waren, zeigten, wie aktiv sie und ihre Partei waren. „Theorie bringt uns jetzt nicht sehr weit“, schrieb sie, „wir müssen arbeiten“. An anderer Stelle nannte sie die Ziele ihrer Partei:

„Wir arbeiten für ein geeintes Deutschland, das eng verbündet ist mit den antifaschistischen Mächten dieser Welt.“

Dass dies heute ein attraktiver Wahlspruch in den Ohren vieler Deutscher darstellen mag, daran gibt es wenig Zweifel. Viele Deutsche haben wenig Vertrauen in ein geeintes Deutschland unter Kontrolle der vier Besatzungsmächte. Sie glauben den offiziellen Verlautbarungen nicht, dass dies das gemeinsame Ziel sei. Sie argumentieren, dass das geltende Besatzungsrecht, von dem es allgemein heißt, es sei nicht durchführbar, die einzige Übereinkunft ist, die von den Großen Dreien (USA, Großbritannien, Sowjetunion) getroffen wurde. Ein geeintes Deutschland unter westlicher Kontrolle scheint wenig wahrscheinlich zu sein, weil die Russen ihren Kontrollbereich nicht aufgeben werden. Also bleibt nur ein vereintes Deutschland unter russischem Schutz. Das scheint ihnen mehr im Bereich des praktisch Möglichen zu liegen.

Indem sie „die deutsche Einheit“ zu ihrem Anliegen machen, dürften die Kommunisten sicherlich viele Deutsche für sich gewinnen, denen die nationale Einheit der wichtigste Gesichtspunkt ist. Kommunismus als nationales Anliegen mag zwar paradox sein, aber die Kommunisten sind nicht bekannt dafür, dass sie zu wählerisch oder konsequent in ihren kalkulierten Propagandamethoden sind. Ebenso wenig stehen die Deutschen insgesamt in dem Ruf, dass sie politische Wahlsprüche auf deren Logik hinterfragen. Beides mag zusammenpassen.

Wie das Ausmaß des Widerstands sich entwickeln wird, den die Deutschen infolge der Propaganda von Goebbels gegen den tatsächlichen Kommunismus ausgebildet haben, hängt in diesem Fall von den weiteren Entwicklungen ab: von Berichten aus erster Hand von deutschen Soldaten und Flüchtlingen aus den Ostgebieten und von dem Ruf, den sich die Rote Armee in den letzten Monaten erworben hat. Dieser Widerstand ist derzeit enorm.

Aber einige Deutsche vom Typ eines Olbrich oder eines Professor Krauth hegten die verzweifelte Hoffnung, dass der Widerstand gegen den Kommunismus unterstützt würde durch einen konstruktiven Plan für Europa, der von den Vereinigten Staaten und Großbritannien verfochten wird.

Während ich die Briefe durchsah, trafen die für den Nachmittag erwarteten Gäste ein, ein ortsansässiger Rechtsanwalt und seine Frau. Nachdem er uns miteinander bekannt gemacht hatte, bestand Professor Krauth darauf, einen Absatz aus einem von Ilses Briefen vorzulesen:

Ausschnitt aus Ilses Brief:

„... Ich arbeite an einer Druckschrift über die Konzentrationslager, die Methoden, die dort angewandt wurden, und die Anzahl der Häftlinge, die ermordet und gefoltert wurden. Es ist eine fürchterliche Arbeit. Ich habe mir ein paar Fotos von einigen der Lager angeschaut: ich dachte, es handelte sich um Reproduktionen von mittelalterlichen bildlichen Darstellungen der Hölle. Für einen normalen Menschen ist es schier unverständlich, dass es solche Bestien in menschlicher Gestalt gibt und dass ein solch infernalischer Terrorapparat in der Lage war, sich zwölf lange Jahre an der Macht zu halten, ohne dass die Menschen sich erhoben, um sie von der Erdoberfläche zu fegen. Das ist Grund für uns alle, uns zu schämen, für alle Deutschen und vielleicht sogar für die gesamte Menschheit. Wir müssen damit beginnen, dieses Erbe anzunehmen. ...“

Das Zitat regte den Rechtsanwalt dazu an, eine politische Diskussion anzufangen. Er sagte, dass von allen Menschen, die er kannte, Ilse Renner diejenige sei, die das Recht hätte, das deutsche Volk für seine Tatenlosigkeit gegen die Nazis anzuklagen. Aber trotz ihrer Trauer und ihres Leids sei sie nun dabei, dieselben Leute zu rehabilitieren. Könnten die westlichen Alliierten, die insgesamt betrachtet weniger gelitten hätten, nicht einen ebenso menschenfreundlichen Kurs einschlagen?

Obwohl Professor Krauth ebenso begierig darauf zu sein schien, über aktuelle politische Angelegenheiten zu diskutieren, musste ich die Herausforderung ablehnen. Es war spät geworden, und ich musste nach Frankfurt zurückkehren. Fast wie eine Bemerkung zum Abschied fasste Professor Krauth zusammen, was er gerne im Detail erklärt hätte:

„Eure amerikanische Politik macht Reaktionäre aus uns, keine Demokraten“.

Auch Olbrich dachte, dass wir aus den Deutschen Kommunisten machen. Worüber auch immer sie differieren mochten, die beiden Männer waren sich darin einig, dass wir keine Demokraten produzierten.

„Ja, was konnten wir denn tun?"

*„**Rudi Weber** integrierte sich gut in den Klassenverband, in den er spät eintrat. Er war anpassungsfähig. Er entsprach dem Bild eines körperlich gesunden Jungen, der gut schlief, ohne dabei von ‚des Gedankens Blässe angekränkelt'[59] zu sein. Nie bestrebt, mehr zu scheinen als das, was er war, war er beliebt, obwohl er geistig nicht den relativ hohen Standard der meisten seiner Mitschüler erreichte. Im Gegensatz zu einigen Primadonnen in der Klasse war er weder sensibel noch leicht verletzlich, und er war weder gleichgültig noch faul. Mit einem Lächeln auf dem Gesicht hörte er den Diskussionen im Klassenzimmer zu, die oft ein bemerkenswertes intellektuelles Niveau erreichten. Er nahm weder an den Diskussionen teil, noch gab er Langeweile oder zynische Verachtung gegenüber so viel geistiger Anstrengung zu erkennen. Auf diese Weise vergingen seine Schultage so ereignislos, dass sein Schuldirektor nicht ein einziges Mal die Gelegenheit gehabt hätte, seine Eltern kennenzulernen.*
Es ist nicht zu erwarten, dass Webers Ehrgeiz seine Fähigkeiten überholen werden. Anstatt dessen wird er wahrscheinlich mehr Zufriedenheit und Glück im Rahmen seiner Einschränkungen finden und dabei von seinem sicheren und gesunden Instinkt geleitet werden."

Olbrich

16. Dezember 1945

Wenn Rudi Weber nicht auf der Liste gestanden hätte, die ich von der Schule erhalten hatte, hätte ich mich nicht an ihn erinnert. Mein Gedächtnisschwund dauerte so lange an, bis ich mich eine Weile mit ihm unterhalten hatte. Dann erinnerte mich der Klang seiner Stimme, mehr als seine Erscheinung, daran, dass ich mit ihm in die Schule gegangen bin. Aber nichts darüber hinaus. Er hatte keinen sehr auffälligen Charakter.

In Schmitts Bericht über Weber stand: „Heiratete in Heuersbach. War im Krieg Offizier. 1944 Durchschuss durch beide Beine erlitten. Ein Bein noch steif. Kam im August aus einem Kriegsgefangenenlager zurück."

Heuersbach ist ein winziges Dorf östlich von Frankfurt, dass es fast nicht auf die Landkarte geschafft hätte.[60] Ich sollte Weber dort in einer Mühle finden.

---

59 Shakespeare, Hamlet, 3. Akt, 1. Szene, 86. Zeile.
60 Der Ort findet sich nicht auf der Landkarte.

Ein Dorfjunge in derben Holzschuhen zeigte mir den Weg. Als ich auf den Hof fuhr, waren drei Frauen gerade dabei, Mehlsäcke von einer Rampe auf einen von Pferden gezogenen Wagen zu laden. Auf dem Hof gab es außerdem Hühner, einen bellenden, angeketteten Hund, einen Misthaufen, Gänse und einen einsamen, gut genährten Truthahn. Eine der beiden Frauen ging ins Haus, um Rudi Weber zu rufen.

Ein nahezu kahlköpfiger Mann in einem mit Mehl eingestaubten Arbeitsanzug hinkte an einer Krücke aus der brummenden Mühle zur Rampe. Sein linkes Bein steckte in einem Gipsverband. Er brauchte eine Weile, bevor er sich an mich erinnerte. Ein paar Sekunden lang, während wir eine fast förmliche Begrüßungszeremonie vollzogen, dachte ich, dass ich vielleicht den falschen Mann gefunden hatte. Aber dann stellten die Namen, die Jahreszahlen, die Namen der Lehrer die Verbindung zwischen unser beider Erinnerung her. „Du hast neben Kern gesessen, nicht wahr?" „Genau, und du saßt an der Wand neben Hahner, richtig?" „Stimmt".

Der Eingang neben der Rampe führte in die Stube – buchstäblich in das einzige Zimmer. Das Zimmer war in gut bürgerlichem Stil eingerichtet. Weber stellte mir seine Schwiegermutter vor, eine typische Bauersfrau mittleren Alters, die sich daran machte, im schmiedeeisernen Ofen ein Holzfeuer anzuzünden.

Mit dem Jeep im Hof als Beweis verbreitete sich schnell die Nachricht von dem amerikanischen Besucher. Rudis Familienmitglieder tauchten eine nach dem anderen auf. Es gab ungefähr fünf Mädchen unterschiedlichen Alters, und jedes Mal, wenn eines hereinkam, dachte ich, es wäre seine Frau. Sie war die letzte in der Prozession, etwa so schlicht wie der Rest von ihnen, aber etwas besser gekleidet.

„Ich freue mich, dass Sie uns besuchen kommen", sagte sie. „Ich werde uns Kaffee kochen."

Wir setzten uns nah an den Ofen, und Rudis Frau stellte seine Krücke ordentlich in eine Ecke, als sie das Zimmer verließ.

„Wie lange bist du schon verheiratet?", fragte ich ihn.

„Acht Jahre".

„Hast du Kinder?"

„Gott sei Dank, nein. Das ist keine Zeit für Kinder".

Ein großes Bücherregal nahm fast eine ganze Wand des Zimmers ein. Es war mit Buchbänden gefüllt, die nicht allein zu dekorativen Zwecken dort standen. An einem Ende oben auf dem Regal stand die Weimarer Verfassung am sichtbarsten aufgestellt. Doch Rudi sagte, das sei Zufall. Die meisten Bücher stammten aus seiner Bibliothek, die er aufs Land gebracht hatte, als der Krieg ausbrach. Seine Frankfurter Wohnung wurde später ausgebombt, und er war sehr stolz darauf, dass er das vorausgesehen hatte.

Weber schien sehr müde zu sein. Seine Augen waren gerötet, und er saß zusammengesackt auf seinem Stuhl, so als ob er schlafen gehen wollte.

„Ich habe die ganze Nacht gearbeitet", sagte er. „Wir haben nicht genug Benzin für den Dieselmotor, aber durch den Regen der letzten paar Tage hat der Bach genug Wasser, um das Mühlrad anzutreiben. Die Gelegenheit müssen wir ausnutzen."

Rudi erklärte, dass er der einzige Mann im Haus sei, um den Betrieb zu führen. Sein Schwiegervater war tot, und der Gehilfe aus dem Dorf war nicht bereit, nachts zu arbeiten.

„Ein bisschen anstrengend für meine Beine, aber in ein paar Tagen schaffe ich den Rest wieder", sagte er.

Von der ganzen Gruppe früherer Stadtbewohner, die ich aufgesucht hatte und die der Krieg auf dem Land zerstreut hatte, schien Rudi derjenige zu sein, der am produktivsten arbeitete.

„Hast du die ganze Zeit in der Mühle gearbeitet?", fragte ich.

„Oh, nein", sagte er. „Aber es scheint jetzt einen größeren Bedarf an Brot zu geben als an Gerichtsprozessen."

Seine Frau kam ins Zimmer zurück und deckte den Tisch. Während sie hübsches feines Geschirr brachte und silberne Messer, Gabeln und Löffel aus einer unteren Schublade herausholte, sagte sie, sie hoffe, dass Rudi bald seine Rechtsanwaltstätigkeit wieder aufnehmen werde. „Das Leben in der Stadt macht viel mehr Spaß."

Sie überhäufte den Tisch mit dunklem Bauernbrot, Marmelade, einem großen Teller Butter, Zucker und heißem Kaffee. Das war das Landleben.

Der Kaffee war allerdings enttäuschend. Die Deutschen hätten ihn als Marke Schrotflinte bezeichnet, da er so gekocht schien, als ob man eine Kaffeebohne durch einen Topf heißen Wassers geschossen hätte. Aber alles andere war astrein, und Frau Weber ermunterte uns, herzhaft zuzugreifen.

„Wunderbarer Kaffee", sagte Weber, „genau das, was ich gebraucht habe, um wach zu bleiben." Er zwinkerte mir zu. Seine Frau sah ihn innig an und dankte ihm für das Kompliment. „Kaffee ist dieser Tage so rar", sagte sie. „Man kocht am besten gleich ein paar gute Tassen, wenn man welchen bekommt."

Ich fragte Weber nach seinen Verletzungen.

„Ich wache morgens auf", sagte er, „und kann es immer noch nicht glauben, dass ich es nach Hause geschafft habe."

Er wurde im Oktober 1944 an der italienischen Front verwundet. Eine Weile lang stand es anscheinend auf Messers Schneide, ob er am Leben bleiben würde.

„Ich war Kompanieführer. Infanterieeinheit. Wir hatten englische und polnische Truppen gegen uns, und sie machten uns zu schaffen. Eines schönen Tages wurde mein Funker getötet, und sie schickten mir Ersatz. Einen achtzehnjährigen Jungen. Der Dummkopf dachte, dass er dafür zuständig sei, einen Transmitter zu bedienen. Er hätte nur seine Ausrüstung getestet, sagte er später. Nun, die englischen Peilgeräte entdeckten sofort meinen Kommandoposten, und wir wurden von Artillerie beschossen. Ein Splitter ging durch meine Beine."

Es habe dort kein Plasma gegeben, sagte Weber, und nach allen Gesetzen der Medizin hätte er verbluten müssen.

„Dann dieser Transport hinter die Front. Ich war die meiste Zeit bewusstlos. Das war gut. Auf unseren Straßen herrschte ein einziges Durcheinander. Eure Kämpfer hatten Löcher hineingegraben, wie bei einem Sieb. Die Brücken waren außer Betrieb. Der nächste Schienenkopf lag 200 Kilometer hinter der Front. Ich weiß immer noch nicht, wie viele Tage wir gebraucht haben."

Er wurde ins Wehrmachtkrankenhaus in der Pfalz gebracht. Dort befand er sich auch noch, als unsere Truppen im März die Gegend dort einnahmen. Zunächst wurde befunden, dass es ihm gut genug ging, so dass er das Krankenhaus verlassen konnte, aber nach einer Woche in einem überfüllten Kriegsgefangenenlager schickte ihn der amerikanische Lagerarzt wieder zurück ins Krankenhaus.

„Das war ein Leben!", sagte er. „Ich nahm in zwei Monaten dreißig Pfund zu. Das war ungefähr das, was ich in Russland an Gewicht verloren hatte. Orangen und Ananas in Dosen und Fleisch und all die Dinge, die ich nicht mehr gesehen hatte, seit ich in den Krieg gezogen war."

Das Krankenhaus wurde von deutschen Ärzten und Krankenschwestern unter amerikanischer Aufsicht geführt, und Weber ging es rasch besser. Im August wurde er entlassen und kehrte nach Hause zurück.

„Seit da mahle ich Mehl. Es wäre leichter, wenn ich mich etwas besser bewegen könnte. Wenn es draußen schön ist, gehe ich los und treffe mich mit euren Jungs am Bach zum Angeln. Diese Amerikaner wissen, wie man angelt. Ich unterhalte mich gerne mit ihnen. Sie kommen zu mir, um sich Angelzeug zu leihen. Ich gebe es ihnen gerne. Das ist schonender für meinen Bach als die Handgranaten, die sie benutzt haben. Die Wälder hier in der Umgebung sind voller Handgranaten. Zwei Dorfkinder haben sich vor ein paar Tagen in die Luft gesprengt."

Anscheinend hatten die deutschen Truppen auf ihrem Rückzug im April viel Ausrüstung im Wald fallen lassen. Gewehrmunition, sogar einige Gewehre lagen immer noch herum, und auch ein paar Panzerfaustgranaten. Es war schwierig, die Kinder davon fernzuhalten.

„Ich mag eure Jungs wirklich gern", sagte Rudi. „Sie haben etwas an sich, was unsere Soldaten nie hatten. Sie haben neulich einen Offizier mit zum

Angeln genommen, und er war wie einer von ihnen. Fröhlich, freundlich, kameradschaftlich – das hätte es in der deutschen Armee nie gegeben. Sie haben ein paar ziemlich große Forellen gefangen und sie mitgebracht, um sie zu braten. Sie standen um den Ofen herum und zeigten mir, wie groß Forellen in den Vereinigten Staaten waren. Ich nehme an, Angler sind alle gleich. Ihr müsst riesige Forellen haben."

Weber hatte eine sehr offene, bescheidene, natürliche Art. Vielleicht mit Ausnahme von Schmidt-Knatz war er derjenige unter all meinen Klassenkameraden, bei dem mir am wenigsten die Tatsache bewusst wurde, dass ich einem ehemals feindlichen Soldaten gegenüberstand. Ich erinnerte mich an die internationale Kameraderie unter den Veteranen und ihren Organisationen nach dem letzten Krieg, in den Hochtagen des Pazifismus, welche die Nazis später so schlau ausbeuteten, und ich erkannte einige der psychologischen Quellen dafür. Um eine angemessene Perspektive zu behalten, musste ich mir die grundlegenden Tatsachen vor Augen halten. Er hatte gegen alles gekämpft, wofür wir standen. Er war ein feindlicher Offizier. Er hatte den Krieg der Nazis geführt, ungeachtet dessen, was er von ihnen hielt. Hätte ich dies vergessen, hätte er mich einfach beeindruckt als ein Mann, der viel durchgemacht hat, der es geschafft hatte, zu überleben, und dem man zu seinem Mut und Sinn für Humor gratulieren musste, den er sich bei alldem bewahrt hatte.

Meine Fragen begannen, die Lücken der letzten Jahre zu füllen. Nach dem Abitur hatte Weber Jura studiert. Vom politischen Leben blieb er unberührt. Streit zwischen politischen Parteien widerte ihn an. Doch als es 1933 darum ging, entweder Mitglied der NSDAP zu werden oder sein Jurastudium und die Karriere aufzugeben, die er sich vorgestellt hatte, entschied er sich dafür, seinen monatlichen Mitgliedsbeitrag zu zahlen, und fertig damit.

Ich fragte ihn, ob die Parteimitgliedschaft tatsächlich so definitiv eine berufliche Anforderung war.

„Das hing von der Universität ab", sagte er. „Sie wurde nicht offiziell verlangt. Aber du brauchtest zum Beispiel bestimmte Leistungsscheine, sagen wir in Leichtathletik. Um diese Leistungsscheine zu bekommen, musstest du dem Leichtathletikclub beitreten. Um dem Club beizutreten, musstest du Parteimitglied oder Mitglied der SA sein. Sonst erwischte es dich, wenn du dich zum Referendarexamen anmeldetest. Um zugelassen zu werden, musste man Mitglied der nationalsozialistischen Juristenorganisation sein, dem Rechtswahrerbund.[61] Jeder, der sein Studium abschließen und den Beruf

[61] Der Nationalsozialistische Rechtswahrerbund (NSRB) (1936–1945) war während der NS-Zeit die Berufsorganisation der Juristen. Es bestand keine Pflicht zur Mitgliedschaft im NSRB. Eine fehlende Mitgliedschaft wurde jedoch als Indiz für eine mangelnde nationalsozialistische Gesinnung gedeutet und konnte Nachteile für die berufliche Laufbahn haben.

aufnehmen wollte, ohne der Partei beizutreten, oder zumindest einer ihrer Unterorganisationen, wurde einfach bei jedem Schritt gestoppt. Mag sein, dass einige Studenten es geschafft haben, daran vorbeizukommen – zum Beispiel wenn sie zwischen 1935 und 1945 in der militärischen Ausbildung waren. In dieser Zeit wurde für die Angehörigen des Militärs die Parteimitgliedschaft nicht verlangt, oder sie wurde ausgesetzt. Mir ist klar, dass ihr die Nazis rauswerfen wollt, und ich stimme mit euch überein – das wäre eine gute Sache. Aber ich fürchte, ihr benutzt die falsche Messlatte. Heute werden so viele Leute bevorzugt, weil sie aufgrund irgendeines Zufalls keine Parteimitglieder wurden, und umgekehrt."

Die meisten Deutschen regen sich etwas auf, wenn sie über die Entnazifizierung sprechen, ganz gleich, aus welchem Blickwinkel sie diese kritisieren. Weber sprach sehr leidenschaftslos über die Formfragen, die seiner Ansicht nach unsere Richtlinien hinsichtlich der Kategorien und der Daten der Mitgliedschaft zu einem ungerechten Instrument machten, das uns keine Anerkennung bei den Deutschen eintrug. Er ging jedoch nicht über die Formfragen hinaus. Er beantwortete nicht die grundsätzliche Frage, was einen gesetzestreuen Bürger dazu brachte, bereitwillig seine Prinzipien über Bord zu werfen und einer Organisation von Verbrechern mit einer bloßen Geste des Zynismus beizutreten.

Weber sagte, dass er gerade sein Studium beendet und das Referendarexamen bestanden habe, als er zur Fahne gerufen worden sei.

„Mitte August 1939 wurde die Post zugestellt mit dem bekannten Schein, auf dem stand, dass ich mich zum ausgedehnten Militärmanöver melden solle."

Er wurde der Panzerabwehrreinheit eines Infanterieregiments zugewiesen. Seine Division „hielt" während des Polenfeldzugs die westliche Linie, nahm im folgenden Frühjahr am Belgien- und Frankreichfeldzug teil und wurde in einer Kleinstadt in Mittelfrankreich zum Besatzungsdienst eingeteilt.

„Ich hatte eine wunderbare Zeit", sagte er. „Wir mochten die Menschen, und sie mochten uns." Ich hatte die Gelegenheit gehabt, mit ziemlich vielen ehemaligen deutschen Soldaten zu sprechen, die zum Besatzungsdienst in Frankreich eingeteilt waren. Alle waren nur voll des Lobes über die Franzosen, sie hatten heitere Erinnerungen an die höflichen Beziehungen zu ihnen und waren verwundert oder belächelten unsere Auffassung, dass die Franzosen die Besatzungstruppen hassten. Es ist klar, dass sie nur Kontakt zu dem Teil der französischen Bevölkerung hatten, der die Deutschen nicht hasste. Aber immerhin boten Rudis Erinnerungen und die seiner Kameraden Stoff, um über unsere Beziehungen zu den Deutschen nachzudenken. Nichtsdestotrotz machte Rudi sich wenige Illusionen über die Art der deutschen

Besatzung in Frankreich. Er hatte das Beispiel seines befehlshabenden Offiziers vor Augen. Dieser Herr eignete sich alles an, was in der französischen Stadt Wert hatte und ihm gefiel. Er bezahlte mit Schuldscheinen, die am Ende des Krieges eingelöst werden könnten. Die Post, die er nach Deutschland schickte, wog schwer mit der „legalen“ Beute.

Das französische Idyll dauerte bis März 1941. Webers Division wurde in Gefechtsbereitschaft versetzt und über einen Umweg nach Osten geschickt. Als die Division das von Deutschen besetzte Krakau in Polen erreichte, erfuhr Rudi von einem Bahnhofsbeamten, dass alle zehn Minuten ein Truppenzug eintreffen würde.

Weber war mittlerweile entsprechend dem Rang eines Feldwebels befördert worden, und seine Männer erwarteten von ihm, politisch geführt zu werden.

„Ich sagte ihnen, dass ein Krieg gegen Russland unmöglich sei“, erklärte er. „Wir würden uns wahrscheinlich auf die Grenze konzentrieren, um die Briten zu täuschen, so dass sie glaubten, wir stünden kurz davor, Russland anzugreifen, um dann in Wirklichkeit den Ärmelkanal zu überqueren.“

Aber immer mehr Truppen und Material trafen ein, und Rudis Einheit wurde eine Stellung entlang der Grenze zugewiesen. Sein kommandierender Offizier tauchte eines Tages in der Uniform eines Grenzbeamten auf und machte sich daran, die russischen Grenzposten auszukundschaften.

„Dann teilten sie uns mit, dass die Stunde Null um 3.15 Uhr am 22. Juni 1941 sein würde“, sagte Rudi. „Das werde ich nie vergessen. Bis drei Uhr morgens dachten meine Jungs und ich, dass sich dies am Ende als taktisches Manöver erweisen würde. Aber fünf Minuten nach drei Uhr dröhnten die Stukas über unseren Köpfen und flogen in russisches Territorium hinein. Dann gab es wieder zehn Minuten Stille. Die letzte Stille. Um drei Uhr fünfzehn heulten Artilleriegeschosse durch den Himmel und schlugen auf der anderen Seite ein. Da war die Hölle los. Zwei meiner Jungs fingen an zu weinen. Das hier würde nicht wie Frankreich sein. Wir alle wussten das.“

Die ersten zehn Kilometer waren locker. Es war Sonntagmorgen, und die russischen Soldaten lagen, gewöhnlich zusammen mit ihren Frauen, in ihren Bunkern im Schlaf.

„Nach ein paar Tagen“, fuhr Rudi fort, „glaubten wir, die gesamte Rote Armee sei auf der Flucht. Wir waren motorisiert, aber dennoch nicht schnell genug, um mit den Russen mithalten zu können. Wir kämpften nicht wirklich bis zum Herbst. Wir legten riesige Distanzen hinter uns zurück. Aber du weißt, wir hatten guten Geographieunterricht in der Schule. Ich habe nie vergessen, dass Russland ziemlich groß ist. Etwas anderes, was ich nie vergessen konnte, war ein Bild, das bei uns zu Hause an der Wand hing. … Französische Soldaten auf dem Rückzug 1812. … in blutigen Lumpen, durchgefroren und ausgehungert. Ich sah dieses Bild vor mir, bis ich es dann in der Wirklichkeit wiederholt sah. Unser Russlandfeldzug war kein Spaziergang."

Der Strom russischer Gefangener war endlos, und Rudi wusste, dass sie schrecklich behandelt wurden. Er sagte, die russische Vergeltung an Deutschland überrasche ihn nicht. Niemand war auf solche Massen an Gefangenen vorbereitet. Es gab weder Essen für sie, noch einen vernünftigen Transport hinter die Front. Sie wurden stehend in Güterwagen gepfercht, und eine Ladung Leichen kamen nach drei- bis fünftägiger Fahrt an. Sie hatten in dem Kriegsgefangenenlager kein Dach über dem Kopf: „Ich sah Tausende von ihnen", sagte er, „Anfang des Winters 1941 auf engem Raum hinter Stacheldraht eingesperrt. Ihre guten Wintermäntel waren ihnen abgenommen worden, und sie gruben mit Bechern den gefrorenen Boden auf, um wenigstens ihre Köpfe etwas vor dem eisigen Wind zu schützen."

Allerdings glaubte Rudi nicht, dass es eine Richtlinie der Wehrmacht gegeben habe, diese Menschen sterben zu lassen. Er hatte von kaltblütigen Erschießungen von Gefangenen durch SS-Einheiten gehört, aber sogar das, meinte er, sei der Unmöglichkeit, die Gefangenen ernähren oder hinter die Front transportieren zu können, geschuldet gewesen. Diese Bedingungen, meinte er, seien durch Versäumnis verursacht worden, nicht absichtlich. „Kein menschliches Wesen", sagte er, „hätte sich solche Gräuel als Richtlinie ausdenken können."

„Nun, du solltest dir als Beweis lieber mal die Nürnberger Prozesse ansehen", sagte ich.

„Das werde ich", sagte er. „Der Prozess interessiert mich ungemein. All diese Jahre hindurch an der Front war ich vollkommen unwissend, was vor sich ging. Was auch immer die Wahrheit ist, ich möchte sie hören."

Diese Äußerung machte Weber zu einem der ganz wenigen Menschen in Deutschland, mit denen ich gesprochen hatte, die nicht um der psychologischen Verteidigung ihrer moralischen Existenz willen ihre Augen vor den Beweisen über die Gräuel der Nazis verschlossen.

Er fuhr mit seiner Schilderung fort. Der Winter kam. Rudi wurde zum Leutnant befördert und erhielt den Befehl über einen Panzerabwehrzug.

Ich fürchte, ich kann Rudis Bericht über seine zwei Winter in Russland nicht angemessen wiedergeben. Er bediente sich eines Militärjargons, der sich nicht übersetzen lässt und den man nicht einmal im Originalton wiedergeben kann. Es war ein Wehrmachtsbericht mit umgekehrtem Vorzeichen. Als er davon sprach, dass seine Einheit sich nach Plan vor dem Feind zurückzog, sah ich die weißen kalten Eisflächen vor mir, durch die diese durchgefrorenen Männer versuchten, sich außer Schussweite der mörderischen Granatwerfer und des Artilleriefeuers zu bringen. Als er sagte, der Feind steckte im Beschuss durch die eigene Artillerie fest fest, sah ich vor mir, wie Schwärme von Infanteristen der Roten Armee durch die dünne Linie der Nazis drangen, und dass der Nachschub an deutscher Artillerie-munition hinter der Front steckengeblieben war. Als er sagte, die Situation sei nett gewesen, oder angenehm, oder sehr schön, dann bezeichneten diese Begriffe einen fortschreitenden Grad des Schreckens. Er war nicht absichtlich sarkastisch. Er lächelte nicht. Für ihn hatten diese Worte und Sätze lediglich die eine Bedeutung, die er ihnen gab.

Als Offizier wurde Weber von seinem Vorgesetzten für den Gesundheitszustand seiner Männer verantwortlich gemacht. Sie waren nicht darauf vorbereitet, den Winter in Russland zu verbringen. Anstatt dessen, sagte Rudi, seien ihnen Anordnungen gegeben worden:

- Sie sollten auf dem Land leben. Das bedeutete, Meter unter dem Schnee und dem Eis Zuckerrüben auszugraben und sie zu einem Löffel voll scheußlichen Gebräus pro Mann einzukochen.
- Sie sollten lernen, wie man sich mit Zeitungen gegen die Kälte schützt. Kein Kommentar dazu von Weber.
- Sie sollten die örtliche Bevölkerung dazu zwingen, Überschuhe aus Stroh für sie herzustellen. Es gab kein Stroh, die örtliche Bevölkerung war entweder geflohen oder wusste nicht, wie man Strohschuhe herstellt.

Während des Winters 1941/42 wurde Rudis gesamte Einheit nach Süden an einen anderen Frontabschnitt verlegt. Sie hatten ein paar Leute als Ersatz bekommen – Jungen aus der Stadt, die keine Ahnung davon hatten, wie sie sich vor der Kälte schützen sollten konnten, und keine Widerstandskraft gegen die Kälte besaßen. Es waren minus zwanzig Grad Fahrenheit (minus 28,9 Grad Celsius), als sie anfingen.

„Wir hatten den Befehl, alle zwei Kilometer jedes Fahrzeug anzuhalten. Alle mussten aussteigen und zweimal um den Lastwagen laufen. Bald konnten unsere neuen Jungs nicht mehr rennen. Sie konnten auch nicht mehr gehen. Ihre Füße waren erfroren, und als wir an unserem Ziel ankamen, schickte ich sie ins Krankenhaus. Ihnen mussten die Füße amputiert werden. Ich wurde vors Militärgericht gestellt, aber man konnte mir kein Versäumnis nachweisen."

Zu diesem Zeitpunkt hatte Rudi sich „glücklicherweise", wie er sagte, mit Ruhr angesteckt. Er wurde nach Deutschland zurückgeschickt. Nur etwa ein Drittel seiner Einheit befand sich da noch an dem Streckenabschnitt. Der Rest waren Todesopfer, größtenteils nicht infolge von Kampfhandlungen, sondern infolge des Winters.

Rudi hatte das große Glück, dass er in ein Krankenhaus nah bei ihm zuhause geschickt wurde. Seine Frau kam ihn oft besuchen. Obwohl es ihm nur langsam besser ging, befand man ihn im Herbst für gesund genug, und er kehrte zu seinem zweiten Winter an die russische Front zurück.

Weber schien viel weniger müde, als er von seinen Kriegserlebnissen erzählte. Er lehnte sogar eine zweite Tasse Kaffee ab, die seine Frau ihm anbot. Anstatt dessen bat er sie, ihm einen kleinen Briefumschlag mit Fotos vom Bücherregal zu bringen. Er sah die Fotos durch und reichte mir ein kleines Foto mit einem schweren Panzer.

„Das ist ein T-34, falls du noch keinen gesehen hast. Die Russen schickten uns diesen Panzer 1942 als Weihnachtsgeschenk. Überall tauchte er plötzlich auf. Siehst du diese Gewinde? Breit genug, um auf Schnee zu laufen. Natürlich blieben unsere Panzer stecken. Wir mit unserem ‚Heeresanklopfgerät' sollten sie aufhalten.[62]

Das „Heeresanklopfgerät" war die 37-mm Panzerabwehrkanone, mit der Rudis Einheit ausgerüstet war. Eine G.I.-Übersetzung wäre „Klopf-klopf-wer-ist-da-Kanone".

Kurz darauf sei seine Einheit mit einer neuen Infanterie-Panzerabwehrkanone ausgestattet worden, sagte Rudi, die Hafthohlladung-Granate. Sie musste wie eine Handgranate aus kurzer Distanz auf einen Panzer geworfen werden. Sie würde mithilfe eines Magneten am Rumpf des Panzers hängen bleiben und ihn aufsprengen. Diese Waffe gegen das Monster einzusetzen, das sich gegen alle Vorstöße mittels Maschinengewehrfeuer absichern konnte, erforderte viel Mut. Aber Rudi und seine Männer gingen das Risiko gern ein.

„Man gab uns einen großartigen Anreiz", sagte Rudi. „Jeder Mann, der einen Panzer erledigte, bekam Heimaturlaub. Mein Kompaniekommandant war der erste, der zeigte, wie es gemacht wurde. Er war natürlich der Boss, und deshalb konnte er eine gute Gelegenheit wählen. Eines Tages tauchte ein T-34 auf. Er blieb in den Schneeverwehungen stecken. Nach ein paar Salven schwiegen seine Maschinengewehre. Anscheinend war die Munition ausgegangen. Unser kommandierender Offizier kroch zu ihm hin, warf die Granate und erledigte den Panzer. Dann bekam er Fronturlaub und fuhr nach Hause, und überließ mir die Verantwortung für die Kompagnie. Meine Jungs gingen raus und wurden getötet, als sie versuchten, sich ihren Heimaturlaub zu verdienen. Nicht alle T-34 Panzer blieben im Schnee und ohne Munition stecken."

Bis Februar 1943 war Rudis Division auf etwa ein Zehntel ihrer einstigen Stärke reduziert. Mit wenigen unterstützenden Einheiten, sagte er, haben sie einen Abschnitt von 24 Kilometern halten müssen, eine zweieinhalbmal so lange Frontseite wie das deutsche Strategiebuch als das nicht dehnbare Maximum für eine Division in voller Stärke erlaubte.

---

[62] Die 3,7-cm-PaK 36 war eine Panzerabwehrkanone der deutschen Wehrmacht im Zweiten Weltkrieg. Wegen ihrer geringen Wirksamkeit wurde sie auch spöttisch als „Heeresanklopfgerät" bezeichnet.

„Ich glaube, wir haben nur deshalb durchgehalten, weil wir wussten, dass unsere einzige Überlebenschance darin bestand, bei unseren Markierungen zu bleiben. Rückzug hätte genauso den Tod bedeutet wie der Vorstoß. Wenn die Russen ernstlich angegriffen hätten, hätten sie uns durchgeschnitten wie ein Messer weiche Butter."

Schließlich wurden die Überbleibsel von Rudis Division zwecks Reaktivierung abgezogen. Er wurde in das große Übungslager in Döberitz in der Nähe von Berlin entsandt und dort an dem deutschen 75-mm Panzerabwehrgewehr ausgebildet. Dann wurde die Division mit neuen Rekruten aufgefrischt und an die italienische Front verlegt. Rudi freute sich auf das sonnige Italien.

Sein Regiment wurde in Stellung geschickt, um eine Fallschirmjägereinheit, die den stolzen Namen „Hermann Göring" trug, abzulösen. Gerüchten zufolge sollten die großspurigen Elitetruppen an der Ostfront zum Einsatz kommen. Rudi dachte, dass sie bald ihre Arroganz ablegen würden.

„Besonders gern hatten wir sie vor allem deshalb, weil sie unsere Fahrzeuge in den Graben drängten, als sie mit höchster Geschwindigkeiten über die überfüllten Landstraßen davon fuhren", bemerkte Rudi.

Rudi verbrachte ungefähr ein Jahr in Italien, bevor er verwundet wurde. Im Vergleich zu Russland sei es eine Erholungsreise gewesen, fand er.

„Egal – ich war den Krieg, Panzer, Panzerabwehrgeräte, Hohlladungsgewehre, tote Männer, verwundete Männer und zerstörte Städte und Tieffliegerangriffe so leid – glaub mir, dass ich desertiert wäre. Das einzige, was mich daran hinderte, war der Gedanke an meine Frau. Die Nazis hätten sich an ihr gerächt. Je klarer es wurde, dass der Krieg verloren war, umso mehr Schaum hatte Himmler vor dem Mund. Wenn ein Mann im Verdacht stand, desertiert zu sein, wurde der ganzen Familie das Konzentrationslager oder der Tod angedroht."

Für einen deutschen Offizier war es ungewöhnlich, zuzugeben, dass er daran gedacht hatte zu desertieren. Aber Rudi war kein Berufssoldat. Seine Einstellung insgesamt, das vollständige Fehlen von Großtuerei, seine vergleichsweise Aufgeschlossenheit, sein Sarkasmus und die Energie, die er trotz alledem behalten hatte, erinnerten mich mehr an den durchschnittlichen deutschen Arbeiter als an den Intellektuellen. Als deutscher Arbeiter hatte er nicht genügend Mut, die Nazis im Frieden zu bekämpfen oder um sich zu weigern, für sie im Krieg zu kämpfen. Auf irgendeine Weise hatte ihn der Apparat des Naziterrors als Individuum isoliert, und er empfand sich als machtlos.

Ich sagte etwas in der Richtung, dass die Deutschen niemand hätten außer sich selbst, dem sie die Schuld für die Folgen des Krieges geben konnten, selbst wenn sie wie Rudi nicht im Krieg hatten kämpfen wollen.

Er antwortete mit einem verzweifelten Schulterzucken: „Ja, was konnten wir denn tun?“

Mit wenigen Variationen ist dieses „Was konnten wir denn tun“ zur Standardausrede geworden. Wahrscheinlich die meisten Deutschen, die keine Nazis gewesen sind, erklären damit ihre politische Lethargie. Gewöhnlich wird sie eingeführt mit irgendeiner belanglosen Geschichte darüber, wie die fürchterliche Gestapo sie beinahe verhaftet und in ein Konzentrationslager gesteckt hätte, obwohl sie gar nichts, absolut gar nichts getan hatten, um gegen das Naziregime zu verstoßen. Ich war froh zu sehen, dass Rudi wenigstens nicht versuchte, einen solchen Beweis seiner politischen Ohnmacht hinzuzufügen.

Aber Rudi Webers Gedanken wurden von seiner sechs Jahre langen Kriegserfahrung beherrscht statt von dem entscheidenden Zeitraum, der dem vorausging. Seine Einstellung zu den Ursachen des Leids, das er erlebt hatte, und des Leids, von dem er wusste, dass die Welt es durchgemacht hatte, war nicht die fatalistische Apathie, die heute in Deutschland so üblich ist.

„Ich glaube, wir haben eine Aufgabe“, sagte er. „Die nächste Generation der Deutschen muss gegen Militarismus geimpft werden. Wir Soldaten, die wir um unsere Jugend und Gesundheit betrogen wurden, sind diejenigen, die es ihnen beibringen müssen. Ich habe die Zerstörung in Russland und in Italien gesehen, und ich verstehe, warum Deutschland zerstört ist. Die Leute zuhause wissen das nicht. Meine eigene Familie wusste es nicht. Wir müssen es ihnen sagen.“

Wir wandten uns aktuellen Fragen zu – die brennendste davon: Standen die USA und Großbritannien davor, gegen Russland Krieg zu führen? Nachdem ich die Frage von fast jedem Deutschen gehört hatte, dessen Vertrauen ich gewonnen hatte, wird das etwas eintönig. Aber die Gerüchte, auf denen die Fragen basieren, unterschieden sich gewöhnlich von Ort zu Ort und von Woche zu Woche.

Diese Woche waren es folgende Gerüchte: Jemand, der aus der russischen Zone zurückgekommen sei, habe entlang der Grenze zwischen den Besatzungszonen Panzer stationiert gesehen. Jemand, der aus Bremen gekommen sei, habe berichtet, dass russische Flugzeuge über die Stadt geflogen und abgeschossen worden seien. Auch seien die andauernden Schwierigkeiten in den auswärtigen Beziehungen der USA und Großbritanniens zu Russland der Grund dafür, dass wir keine SS-Truppen aus der Gefangenschaft entließen und an dem Generalstab festhielten. Die SS werde auf neueste amerikanische Waffen umgeschult, und der Generalstab plane unsere Strategie für den bevorstehenden Feldzug.

Ich hatte den Eindruck, dass Weber meine Anstrengungen, all diesen Unsinn lächerlich zu machen, mit Dankbarkeit und Erleichterung aufnahm.

Wie lange jedoch mein Einfluss auf ihn gegen das fieberhafte Gerüchtekochen anhalten würde, das in Deutschland an die Stelle einer freien Presse getreten war, die die Wahrheit verbreitet, ließ sich schwer sagen.

Weber hob seine Krücke aus der Ecke auf und hinkte mit mir raus zum Jeep. Ich wollte ihm ein paar Zigaretten da lassen, aber er wollte sie nur annehmen, wenn ich ein paar landwirtschaftliche Erzeugnisse mitnahm. Seine Frau fragte mich, was ich am liebsten haben wollte.

Weihnachten stand kurz bevor, und ich deutete auf den Truthahn.

„A…aber das ist unser einziger“, rief sie aus. Sie hatte mich ziemlich ernst genommen, und der Satz klang so, als ob sie zuvor schon die Gelegenheit gehabt hatte, ihn zu verwenden – gegenüber Nazis auf dem Rückzug, marodierenden „Displaced Persons“, hamsternden Stadtbewohnern, offiziellen deutschen Vertretern der Landwirtschaft, Flüchtlingen aus dem Osten und allen, die sonst noch die ländliche Gegend auf der Suche nach Nahrung durchstreiften.

Nachrichten über die jüdischen Klassenkameraden

Als ich anfangs aufgebrochen war, um meine früheren Schulkameraden aufzusuchen, hatte ich nicht damit gerechnet, immerhin elf der zwölf von ihnen, die in Deutschland geblieben waren, ausfindig zu machen. Das war das Ergebnis: sechs von ihnen hatte ich lebend angetroffen, zwei waren tot, drei wurden vermisst.

Von dem zwölften, Erhard Billing[63], fehlte nach 1933 jede Spur. Er war Student der Zahnmedizin und zog in dem Jahr mit seiner ganzen Familie nach Breslau in Schlesien um. Breslau liegt hinter dem „Eisernen Vorhang" der neuen polnischen Oder-Neiße Grenze, und es bestand keine Möglichkeit, ihn zu finden. Seine Geschichte wäre interessant gewesen. Er gehörte einer Clique von Raufbolden in der Klasse an – ein Zyniker, misstrauisch und herablassend all denen gegenüber, die auf ihrer Werteskala rationales Denken über Muskelkraft stellten. Ich glaube, dass 1931 sein Plan darin bestand, Offizier in der deutschen Armee zu werden.

Auf diese Weise endete meine Suche nach den Männern, mit denen ich in der Zeit vor Hitler in Deutschland gemeinsam zur Schule gegangen war. Das Schicksal der übrigen acht, die Deutschland verlassen hatten, interessierte mich weniger. Sie gehörten dem jüdischen Glauben oder der jüdischen „Rasse" an und hatten nie die Gelegenheit gehabt, ihre Ideale und Überzeugungen zu verraten. Ihr Weg war klar, und ihr Gewissen war nicht auf die Probe gestellt worden. Diese acht kannten den Feind und seinen Charakter von Anfang an. In Deutschland hätte sie Zwangsarbeit oder der Tod erwartet. Sie brauchten Mut, um ihr Zuhause – und oft ihre Angehörigen – in Deutschland zurückzulassen, und manche brauchten dann auch wieder Mut, um gegen Deutschland zu kämpfen. Die meisten von ihnen, glaube ich, hatten den Mut.

Sogar dieser kleinen Gruppe gelang es nicht, in Kontakt zu bleiben, und ich habe nur vage Informationen über sie. Einer von ihnen, Heinz Weinberg, den ich hier zuerst nenne, gehört zu dem herausragenden Intellekt unserer Klasse. Sein Spitzname war passenderweise „Der Philosoph". Als er fünfzehn war, schrieb er einen Aufsatz über ein Thema der mittelalterlichen Philosophie, den die Universität München als Doktorarbeit annahm. Er verließ Deutschland, ging in die Vereinigten Staaten und wurde Chemiker mit beträchtlichem Ruf. Keiner vermochte herauszufinden, woran er während

---

63 Dies ist ein Pseudonym. Der richtige Name dieses Mitschülers konnte nicht ermittelt werden.

der Kriegsjahre gearbeitet hatte, was mich zu der Schlussfolgerung bringt, dass er vielleicht in der Atomforschung beschäftigt war.

Ein Schüler unserer Klasse[64], der am härtesten arbeitete, aber vielleicht etwas weniger begabt war, wurde amtlich zugelassener Wirtschaftsprüfer in San Francisco. Die Armee lehnte ihn aus körperlichen Gründen ab.

Neben ihm in der Klasse der Musterschule saß ein Schüler, Erich Cohen, dessen Leben von seinen politischen und religiösen Idealen geprägt war. Er war Zionist. Die Gründung eines jüdischen Nationalstaates in Palästina war für ihn jedes Opfer wert. Denjenigen unter uns, die seine Ideale oder sein nationales und religiöses jüdisches Bewusstsein nicht teilten, hielt er bereits in den frühen zwanziger Jahren eine höchst realistische Beurteilung der Hitlerschen Gefahr in Deutschland vor Augen. Die einzige Chance für jüdisches Überleben sei in Palästina, sagte er, wo die Juden eine Nation bilden würden, so wie jede andere Nation auf der Welt.

Weil ich es vorzog, auf weniger Nationen, Nationalisten und Nationalismus in unserer enger werdenden Welt zu hoffen, widersprach ich ihm. Er sagte mir oft: „Die Welt ist nicht bereit für eine wirkungsvolle internationale und supranationale Zusammenarbeit. Als Individuum musst du irgendwohin gehören. Du musst dich mit deiner Gruppe identifizieren und für deren kollektive Ziele kämpfen, selbst wenn du nicht mit allen einverstanden bist. Sonst wirst du dein ganzes Leben auf einem Drahtseil gehen."

Eines Tages 1935 besuchte ich meinen Freund Erich Cohen in Palästina. Als ich ihn fand, fuhr er Traktor in der Nähe einer neu gegründeten landwirtschaftlichen Siedlung und hatte seinen braun gebrannten Rücken der glühenden Sonne zugewandt. Mit Pionierstolz erzählte er mir, wie seine Siedlung wuchs – von den Anfängen mit einer Umzäunung, dem Bau eines großen, quadratischen, weißen Gebäudes, wo die Kinder untergebracht waren, dem Austrocknen der Sümpfe, der ersten Ernte, den Vorbereitungen zur Verteidigung gegen einen Angriff der Araber. Ein Jahr nach meinem Besuch erreichte mich die tragische Nachricht, dass er an Malaria gestorben war.

Vor kurzem schrieb mir ein Freund über einen weiteren Klassenkameraden, der 1934 in die Vereinigten Staaten ausgewandert war. Er wurde ein erfolgreicher Börsenmakler an der Wall Street.[65] 1940 trat er in die Armee ein. Als Stabsfeldwebel nahm er an einer langen Serie von Einsätzen im Pazifik teil, und vor kurzem kam er mit einem Korb voller Schleifen und Dekorationen nach Hause zurück.

Durch eine Zeitungsanzeige in einer New Yorker Lokalzeitung erfuhr ich, dass ein weiterer Mitschüler in Buenos Aires ein argentinisches Mädchen

---

64 Sein Name konnte nicht ermittelt werden.

65 Der Name des Freundes wird nicht genannt.

geheiratet hatte.[66] Sein Schicksal scheint zu sein, zum zweiten Mal Zeuge der Geburt des Faschismus zu werden.

Von den verbleibenden zweien weiß ich nur, dass sie als Soldaten in der amerikanischen Armee an der Invasion des europäischen Kontinents beteiligt waren, einer in der Normandie, der andere in Südfrankreich. Falls sie die Trümmer von Frankfurt besucht haben sollten, taten sie dies, ohne ihre ehemaligen Lehrer und Schulkameraden zu kontaktieren. Wahrscheinlich sind sie inzwischen wieder in die USA zurückgekehrt.

66 Der Name konnte nicht ermittelt werden.

„Was hielt die Deutschen zwölf Jahre lang davon ab, das Naziregime von der Erdoberfläche zu fegen?"

Die Besuche bei meinen ehemaligen Klassenkameraden und deren Familienangehörigen, die ich in diesem Buch beschrieben habe, waren nicht Gegenstand sentimentaler Erinnerung, sondern der Versuch, eine ziemlich grundlegende Frage zu beantworten. Mein Freund, ein deutscher Autor in den Vereinigten Staaten, der Deutschland nicht gesehen hatte, seit er 1933 gezwungen war, es zu verlassen, hat sie aufgeworfen: Würden sich Angehörige anderer Nationen, wenn sie in dieselbe Situation gebracht worden wären wie die Deutschen während des Hitlerregimes, genauso verhalten haben?

Da wir jetzt dabei sind, eine Perspektive über den fürchterlichen Konflikt zu erlangen, der hinter uns liegt, und erkennen, dass der Sieg nicht alle internationalen Probleme beigelegt hat, gewinnt diese Frage mehr an Bedeutung als die Frage nach der deutschen Schuld.

Die formale Schuld des deutschen Staates, vertreten durch seine vormalige Regierung, den Generalstab, die Parteiorganisationen und so weiter, wurde beim Nürnberger Prozess festgestellt. Der Prozess war beispiellos, denn erstmalig in der Geschichte wurden hier bedeutende und konstruktive Prinzipien des internationalen Rechts angewandt. Jedoch schreckte der Prozess davor zurück, die menschlichen Grundlagen dieses höllischen Regimes zu erforschen. Er beantwortete nicht, was Ilse Renner zu wissen beanspruchte, nachdem sie sechs qualvolle Jahre in einem Gefängnis der Nazis zugebracht hatte: „Was hielt die Deutschen zwölf Jahre lang davon ab, das Naziregime von der Erdoberfläche zu fegen?"

Meine zwölf Klassenkameraden sind kein vollständiger Querschnitt der Deutschen, auf deren Motiven zu handeln oder nicht zu handeln ein fundiertes Urteil sich stützen mag. Aber vielleicht bieten sie einen Schlüssel. Meine Besuche bei ihnen und meine Gespräche mit weiteren Deutschen lassen mich annehmen, dass die Mehrheit von ihnen Opfer von zwei Dingen wurde: der sekundären Wirkung des Naziterrors und ihrer Bereitschaft, sich davon einschüchtern zu lassen. Folgende Schlussfolgerungen habe ich nach einem Jahr im Post-Hitler-Deutschland gezogen:

Himmlers Terror hätte nicht Millionen aktiver Gegner in Schach halten können. Aber die Zahl der Anti-Nazi-Kämpfer innerhalb von Deutschland blieb gering – zu gering. Die Welt wusste, die Deutschen wussten, dass es Konzentrationslager gab. Unbewusst oder bewusst verstand die Mehrheit der deutschen Bevölkerung, dass die Nazis die angeblichen „Gräuelmärchen" böswillig leugneten und dass dies in der Absicht geschah, die Bevölkerung zu täuschen. Infolgedessen dienten die Leugnungen als Bestätigung der ursprünglichen Geschichten.

Nicht die gegenwärtige Behauptung, dass die Deutschen nichts von den Gaskammern in den Konzentrationslagern, den Gestapofolterkellern und den Zwangsarbeiterlagern gewusst hätten, verursachte ihre Apathie, sondern die Tatsache, dass sie vage davon wussten. Zusammen mit dem internen Überwachungssystem der Nazis, von dem die Deutschen glaubten, es sei allgegenwärtig, hatte dieses Wissen den Effekt, eine tödliche Angst vor dem bedrohlichen Terror der Partei hervorzurufen. Auf eine entschlossene Mehrheit hätten die Nazis ihre Methoden nicht anwenden können. Nicht der Terror selbst, sondern die Angst, die die Nazis verbreiteten, die Mischung von bekannten Tatsachen, deren offizieller Leugnung und Gerüchten erzielte die gewünschte politische Lähmung.

Das ist ein Teil der Erklärung. Sie wird vervollständigt durch den Aspekt des individuellen Komforts und Lebensstandards, den die deutschen Erwerbstätigen erreicht hatten und den die Mittelschicht in den zwanziger und frühen dreißiger Jahren davongleiten sah. Der durchschnittliche Deutsche war darauf bedacht, seinen materiellen Lebensstandard um jeden Preis aufrechtzuerhalten. Solange er an seinem Besitz und seinen Ersparnissen festhalten konnte, war sein Nächster nicht seine Sorge. Gemeinsames Handeln war nur dann angezeigt, wenn es zu versprechen schien, die individuellen Interessen voranzubringen. Die Nazis versprachen den Erwerbstätigen bessere Löhne und das Ende der Arbeitslosigkeit, den Bauern höhere Preise für ihre Erzeugnisse, der Mittelschicht eine wiederhergestellte Position in der Wirtschaft, den Industriellen schöne Profite und allen von ihnen einen Anteil am jüdischen Vermögen. Es funktionierte. Menschliche, moralische und ethische Prinzipien wurden über Bord geworfen. Nicht zwingend deshalb, weil man den Versprechen unbedingt glaubte, sondern weil man dachte, dass sie immerhin genug Wahrheit enthielten, um ein weiteres Entgleiten des Lebensstandards, den die Deutschen gewohnt waren, zu verhindern. Seine Arbeitsstelle zu opfern, oder eine Gehaltserhöhung, oder vielleicht eine geplante berufliche Laufbahn, nur um seinen normalen menschlichen Prinzipien zu entsprechen, wurde für töricht gehalten. Sein Leben zu riskieren oder möglicherweise das Leben der eigenen Familienangehörigen zu gefährden, um aktiv gegen das Regime Widerstand zu leisten, schien unrealistischer Wahnwitz. Für diejenigen, die mit den Vorstellungen der Nazis nicht einverstanden waren, bestand der offensichtliche Kurs darin, sich selbst klar zu machen, dass aller Widerstand zwecklos, der Terror überwältigend sei und dass die Dinge nun mal ungehindert ihren Lauf nehmen mussten. Zum einzigen Lebensziel des durchschnittlichen Deutschen wurde es, sich nicht in Schwierigkeiten zu bringen.

„Was konnten wir denn tun?"

Auf Deutsch lässt sich all das in wenigen Worten zusammenfassen: Zu viele Deutsche litten an Gleichgültigkeit, Gesinnungslumperei oder dem Mangel an Zivilcourage oder einer Kombination aus alledem.[67]

Das erste Wort, „Gleichgültigkeit", bedeutet „Bin ich meines Bruders Hüter?"

Die anderen Begriffe trotzen einer angemessenen Übersetzung – ein höchst hoffnungsvolles Zeichen, dass englischsprachige Nationen es nicht für notwendig befunden haben, deren abstoßende Bedeutung in einzelne Wörter einzudampfen.

„Gesinnungslumperei" ist charakteristisch für Personen, die ihre Überzeugungen ihrem materiellen Vorteil anpassen – so oft wie dies notwendig sein mag.

Der Begriff „Mangel an Zivilcourage" beschreibt das oft kritisierte Versagen des Deutschen, angesichts von Autorität, insbesondere uniformierter Autorität, für seine Rechte und die seines Nächsten einzutreten.

Während des letzten Jahres hatte ich die Gelegenheit, mit vielen Deutschen aller Altersgruppen und politischer Hintergründe, einschließlich überzeugter Nazis, über die deutsche Schuld zu sprechen. Wegen der immensen Implikationen für Deutschlands Zukunft ist die Schuldfrage zum Brennpunkt aller politischen Diskussionen geworden.

Ich habe eine bemerkenswerte Erfahrung gemacht: Fast alle stimmten zu, dass Gleichgültigkeit, Gesinnungslumperei und Mangel an Zivilcourage, die in unterschiedlichem Ausmaß bei der Mehrheit der Menschen anzutreffen sind, die Wurzel ihrer nationalen Misere sind. Oft fügten sie folgendes hinzu: „Wir werden nicht besser. Was soll aus unserer politischen Zukunft werden?"

Es gibt keine einfache Antwort auf diese Frage. Das Urteil von Nürnberg und die Entnazifizierungsverfahren werden sich nicht von alleine auf die politische Unreife der Deutschen und deren Wurzeln auszuwirken, wie einige Angehörige der Zeitungsbranche es zu erwarten scheinen. Gleichgültigkeit, Gesinnungslumperei, Mangel an Zivilcourage anstatt tiefgründiger politischer Überzeugungen haben den Besatzungsmächten zu manchen willigen Kollaborateuren verholfen. Und die Eigennützigkeit, die blind ist gegenüber dem gemeinsamen Schicksal, hat sich unter den Auswirkungen des Krieges, der Niederlage und den Trümmern unter den Deutschen intensiviert statt reduziert. Dies zumindest ist mein Eindruck, nachdem ich vierzehn Jahre lang nicht in Deutschland war.

Die Schwachstelle dieser Sicht liegt in ihrer breiten Verallgemeinerung. In diesem Buch, und wie mir bekannt ist, überall in Deutschland, tauchen

---

[67] Bei seiner Aufzählung benutzt Jessel im englischen Manuskript die deutschen Begriffe.

Persönlichkeiten auf, deren Integrität über jede Kritik erhaben war und ist, Männer und Frauen, die die Bewunderung der Welt verdienen und die es verdienen, gehört zu werden. Angesichts des Verfalls öffentlicher Moral bei der Mehrheit der deutschen Bevölkerung tritt die intellektuelle Statur dieser Minderheit anschaulich hervor. Ihre Haltung trug auch dazu bei, diese Minderheit von ihrem Volk zu isolieren. Ein Maß an Moral im öffentlichen Leben in Deutschland widerherzustellen, erfordert eine Lektion über die Vergangenheit, von der die Mehrheit nichts wissen will. Anstatt dessen zieht sie es vor, auf die „Nachkriegsverbrechen" hinzuweisen, die Vertreibung der Deutschen aus den Gebieten östlich von Oder und Neiße und aus der Tschechoslowakei, um zu beweisen, dass selbst nach dem Sieg der Demokratie und der vier Freiheiten[68] andere Nationen unmenschliche Taten derselben Art und in demselben Ausmaß begingen, für die Deutschland gedemütigt worden sei. Die Stimme der Minderheit, die den verheerenden Irrtum solch fortdauernder Flucht vor ethischen Maßstäben erkennt, findet in dieser spirituellen Wüste kein Gehör. Die deutschen Intellektuellen, deren Integrität außer Frage steht, werden vielleicht langsam an Gewicht gewinnen, dadurch dass sie im Ausland gehört werden. Aber innerhalb von Deutschland führen sie Selbstgespräche. Welcher Schluss aus diesem finsteren Eindruck auch folgen mag, er ist der Maßstab für die Hürden, mit denen die Lehrer der Alliierten konfrontiert sind, die glauben, dass Demokratie von außen mit dem Löffel verabreicht werden kann.

Es gibt einen bedeutsamen Absatz in Professor Maurers Denkschrift: „Die westlichen Mächte ... sind in der Lage, in relativ kurzer Zeit die gewaltigen Kriegsschäden in Mitteleuropa wenigstens in dem Umfang zu reparieren, dass für die Mehrheit der Deutschen das Leben wieder lebenswert sein wird."

Die Verschlechterung deutscher Moral ist unmittelbar verbunden mit der Verschlechterung des Lebensstandards des Landes von dem Höchstwert, der vor dem Ersten Weltkrieg erreicht worden war. Wenn ich Professor Maurers Vorstellungen richtig interpretiere, mag es umgekehrt Hoffnung, wenn auch keine Sicherheit geben, dass Deutschland die ethischen Grundlagen für sein nationales gesellschaftliches Leben wiederherstellt, wenn sein Lebensstandard wieder auf das frühere Niveau ansteigen würde. Es gibt keine Aussicht auf eine solche wirtschaftliche Entwicklung. Die Hoffnung, dass in Deutschland Ethik als primäres Motiv des nationalen und internationalen Lebens

---

68 Der amerikanische Präsident Franklin D. Roosevelt insistierte 1941, dass die Menschen aller Nationen ebenso wie die Amerikaner Anspruch auf vier Freiheiten haben: Die Redefreiheit, die Religionsfreiheit, die Freiheit von Armut und die Freiheit von Angst. Vermutlich bezieht sich Jessel auf Roosevelts Forderung, welche die von der amerikanischen Verfassung garantierten Freiheitsrechte in seinem Statement aufgreift, aber modifiziert.

den ungehemmten Egoismus ersetzt, ist daher gering. Dies impliziert jedoch, dass fremde Kontrolle der deutschen Angelegenheiten auf unbestimmte Zeit notwendig sein wird.

Vielen Deutschen ist dies nicht unwillkommen. Es gab Unzufriedenheit und Murren über die eine oder andere Phase der Besatzung, aber ich habe nicht von irgendeiner offenen Forderung gehört, sie zu beenden. Die Deutschen vergleichen unentwegt die Bedingungen in den vier Besatzungszonen – gute Essensrationen, das Benehmen der alliierten Soldaten, die Effektivität der Militärregierung. Sie versuchen gewöhnlich, eine Besatzungsmacht gegen die andere auszuspielen. Aber selbst ihre kühnsten Träume von der Zukunft betreffen lediglich eine mögliche Veränderung in der Besatzungsmacht, nie die nationale Freiheit. Vielleicht rechnen die Deutschen nicht damit, die Kontrolle über ihr Land zurückzugewinnen. Wenn sie zu den Siegern sagen: „Ihr müsst euch den Krieg zu eigen machen – nur zu, macht, was ihr wollt", dann meinen sie: „Gott sei Dank sind wir nicht länger für unsere eigenen Angelegenheiten verantwortlich."

Vor ein paar Tagen kam eine Frau mittleren Alters, die sich um unsere beschlagnahmte Unterkunft kümmert, mit einer Bitte zu mir. Sie habe einen siebzehnjährigen Sohn, sagte sie, der seit vier Monaten zuhause sitzt und nichts tut. Er habe keine passende Arbeit finden können. Nach einer neuen Bestimmung kann er keine Lebensmittelkarte bekommen, wenn er keine Arbeit hat. Ob ich nicht eine Stelle für ihn finden könnte, „bei den Amerikanern?"

Ich stellte ihr ein paar Fragen über ihren Sohn, seinen Gesundheitszustand und seine Ausbildung. Sie gab zur Antwort, dass er ein kräftiger Junge sei, aber dass er keine Ausbildung in irgendeinem Beruf habe. Er wolle Radiomechaniker werden, aber zurzeit gäbe es keine Möglichkeiten, diesen Beruf zu erlernen.

„Warum geht Ihr Sohn nicht ins Baugewerbe?", fragte ich. „Da gibt es einen enormen Bedarf an jungen Leuten, die kräftig sind und genügend Interesse haben, um Maurer und Schreiner, Klempner oder Dachdecker zu werden. Mit einem Job bei den Amerikanern verschwendet er nur seine Zeit."

„Nun, Sie wissen, wie die jungen Leute heute sind", sagte sie. „Sie wollen sich ihre Hände nicht schmutzig machen."

Ich hielt ihr eine lange und, wie ich dachte, ziemlich überzeugende Rede über Deutschlands Zerstörung, die Trümmer in Frankfurt, die niemand wieder aufbauen würde, außer ihrem Sohn und seiner Generation. Sie hörte mit großer Aufmerksamkeit zu, und dann sagte sie:

„Na ja, unser Haus steht ja noch."

Wenn andere Nationen einem Regime wie dem Hitlers unterworfen wären, würden sie dann genauso reagieren wir die Deutschen?

Der Autor, mit dem ich befreundet bin, wird hoffentlich diese Seiten lesen. Sobald ich vom Militärdienst in Deutschland nach Hause zurückkehre, will ich ihn besuchen. Früh morgens werde ich mit ihm in eine öffentliche Schule in der Nähe gehen, und wir werden uns anhören, wie die Kinder ihre Treue zur Fahne der amerikanischen Nation und die für alle geltenden Prinzipien von Freiheit und Gerechtigkeit beteuern. Das wird meine Antwort sein.

Nachwort

Bei Kriegsende 1945 kehrt Walter Jessel als amerikanischer Soldat in seine Heimatstadt Frankfurt zurück, wenige Monate, nachdem die Stadt am 29. März von den Amerikanern erobert und vom Nationalsozialismus befreit worden war. Hier wuchs er in einer jüdischen Familie auf. 1933 floh er vor der Verfolgung durch die Nationalsozialisten aus Deutschland. Mit gemischten Gefühlen kommt Jessel 1945 als Sieger in der Uniform der amerikanischen Besatzer in seine Geburtsstadt zurück.[1] Nun sucht er seine ehemaligen Mitschüler auf, mit denen er 1931 an der Musterschule Abitur gemacht hat. Er will von ihnen erfahren, wie sie die zwölf Jahre der nationalsozialistischen Diktatur erlebt haben und wie sie auf die jüngste Vergangenheit und die Gegenwart blicken. *Spurensuche 1945* (engl. *Class of '31*) hält die Eindrücke dieser persönlichen Begegnungen fest.

Walter Jessel (1913–2008) wurde am 1. April 1913 in Frankfurt in eine liberale jüdische Familie hineingeboren. Beide Eltern stammten aus traditionellen jüdischen Milieus – die Mutter aus Hünfeld bei Fulda, der Vater aus Wetzlar beziehungsweise Weilburg. Ihre traditionelle jüdische Herkunft hatten die Eltern hinter sich gelassen. Sie waren der Weimarer Republik und ihren modernen, demokratischen Werten zugetan, lasen die liberale *Frankfurter Zeitung* und schickten den Sohn auf ein modernes Reformgymnasium, die Musterschule. Ein Onkel mütterlicherseits, Theo Plaut, gehörte in den 1920er Jahren dem von SPD und DDP geleiteten Frankfurter Stadtrat an. Die Wohnung der Familie Jessel befand sich im Reuterweg 53, in unmittelbarer Nähe des I.G.-Farben-Hauses, in dem die US-Streitkräfte nach 1945 ihr Hauptquartier bezogen.

Auch firmengeschichtlich und hinsichtlich der Geschichte jüdischer Unternehmen, die vor 1933 in Frankfurt existierten, ist die Beschäftigung mit der Familie Jessel von Interesse. Der Vater, Julius Jessel, besaß einen erfolgreichen Radiogroßhandel in der Frankfurter Innenstadt (Weißfrauenstraße 8). 1897 hatte er ihn im Alter von nur zweiundzwanzig Jahren als

1 Angelika Rieber weist darauf hin, dass die deutsch-jüdischen Soldaten der alliierten Truppen mit höchst ambivalenten Gefühlen nach Deutschland zurückkehrten. Wie sie die Rückkehr in die frühere Heimat erlebten, so die Historikerin, sei ein bislang noch wenig erforschtes Thema. Angelika Rieber, „Rückkehr als Befreier. Deutsch-jüdische Emigranten in den Armeen der Alliierten", in: *Jahrbuch Hochtaunuskreis*, 25. Jg. 2017, S. 253, S. 258.

Fachhandel für elektrotechnische Geräte gegründet, und er besaß etliche Patente für neue Erfindungen. Das Geschäft florierte zwischen 1927 und 1929, als das Radiogerät und der Rundfunk sich zu einem kulturell spannenden neuen Medium entwickelten. Der Familienbetrieb beschäftigte rund dreißig Mitarbeiter. Nach 1933 konnte Julius Jessel sogar noch Filialen in Saarbrücken und Straßburg eröffnen. Doch 1935 musste er seine Firma für ein Zehntel ihres Wertes an seine „arischen" Mitarbeiter verkaufen. Bei der Ausreise der Eltern, die bis Mitte 1939 in Frankfurt geblieben waren, konfiszierte die Deutsche Reichsbank den verbliebenen Rest des Vermögens, das Julius Jessel aus eigener Kraft erwirtschaftet hatte, nahezu vollständig. Sein Sohn Walter hatte Deutschland bereits 1933 verlassen, nachdem sich sein Berufswunsch zerschlagen hatte, als Dolmetscher für den Völkerbund zu arbeiten. Er war zunächst nach Palästina geflohen, im Februar 1938 wanderte er mit britischem Pass in die USA ein. Es gelang ihm, seine Eltern und die jüngere Schwester in die USA nachzuholen. Zur emigrierten Familie stieß auch die jüngere Schwester (Minna Kaufherr) der Mutter, die in Frankfurt und Berlin für das Bankhaus Lazard Speyer-Ellissen gearbeitet hatte. Ihr gelang in allerletzter Minute, als ein Entkommen aus Deutschland und Europa praktisch kaum mehr möglich war, im Juni 1941 auf abenteuerlichem Wege durch das besetzte Frankreich über Lissabon und Kuba die Flucht in die USA.[2] Walters Vater, Julius Jessel, glückte es in den USA jedoch nicht mehr, sich eine neue wirtschaftliche Existenz aufzubauen.

1943 hatte Walter Jessel sich in den USA zum Militärdienst gemeldet. Wie viele jüdische Emigranten aus Deutschland drängte es ihn, Hitlers Regime niederzuringen. Als Nachrichtenoffizier der 3. US-Armee kommt er 1945 nach Deutschland. Im Auftrag der Strafverfolgungsbehörde des amerikanischen Militärs verhört er Kriegsgefangene, darunter Raketenspezialisten aus dem Umfeld von Wernher von Braun. In dieser Zeit erfährt Jessel, dass eine Schwester des Vaters, Henriette, die auf der Frankfurter Zeil ein Altenheim betrieben hatte, deportiert und in einem Konzentrationslager ermordet wurde.[3] Ende September 1945 bringt sein Dienst ihn nach Frankfurt. Jessel wohnt in einem von der US-Armee konfiszierten Haus in Höchst und bezieht ein Büro im I.G.-Farben-Haus.[4] Er soll Protokolle der Verhöre hochrangiger Personen aus der NS-Wirtschaft auswerten. In seiner Freizeit widmet er sich seinem privaten Vorhaben: Der Suche nach seinen

---

2 Walter Jessel, *A Travelogue Through a Twentieth Century Life. A Memoir* (1996), Kapitel 4, S. 13, S. 15f.

3 Jessel, *Travelogue*, Kapitel 21, S. 156.

4 Jessel, *Travelogue*, Kapitel 21, S. 155.

früheren Mitschülern von der Musterschule. Sein Bericht ist das Ergebnis seiner Spurensuche.

Walter Jessels Bericht ist ein einzigartiges historisches Dokument, das einen unverstellten Blick auf deutsche Befindlichkeiten und Sichtweisen bietet. Jessel lässt die Zeit unmittelbar nach dem Ende des Zweiten Weltkriegs in der zerstörten Stadt Frankfurt und ihrer Umgebung lebendig werden. Er schildert den desolaten Zustand in der Ruinenstadt, die Not und das Elend ihrer Bewohner, die in halb zerstörten Gebäuden hausen, ohne ausreichend Nahrung und mit dürftiger Infrastruktur. Zudem beschreibt er den Kontrast zwischen dem zerstörten Frankfurt und der nahezu intakten ländlichen Umgebung, wo viele seiner aus Frankfurt evakuierten Klassenkameraden untergekommen sind. Die Ruinen des zerbombten Frankfurts werden Jessel zum Sinnbild für den mentalen und moralischen Verfall der deutschen Bevölkerung angesichts von zwölf Jahren Diktaturerfahrung in einem verbrecherischen Regime und einem Weltkrieg, der mit der bedingungslosen Kapitulation Deutschlands endete.

Bereits bei seinem ersten zweitägigen Aufenthalt im zerstörten Frankfurt im Juli 1945 fasst Jessel den Entschluss, nach seinen ehemaligen Klassenkameraden zu suchen, um sie befragen. In einem Brief an die Eltern in den USA, der vom 12. Juli 1945 datiert, schreibt er von seinem Plan: „Es gibt da eine andere Geschichte zu erzählen, die sich mehr lohnen würde – das Schicksal meiner Schulklasse der Musterschule. Es muss darin jeden möglichen Typ von Nazi, Nicht-Nazi und Nazigegner gegeben haben, mit allen nur erdenklichen Schicksalen.“[5] General Eisenhower hat soeben das Fraternisierungsverbot aufgehoben, das den Angehörigen der US-Streitkräfte den Kontakt mit der deutschen Bevölkerung untersagt hatte. Es ist ein mutiger Plan, den Jessel hier aus persönlichem Interesse fasst, denn er kann nicht wissen, mit welchen mentalen und politischen Einstellungen und Schicksalen seiner ehemaligen Klassenkameraden er konfrontiert werden wird. Anknüpfungspunkt ist für Jessel der von ihm bewunderte frühere Klassenlehrer Paul Olbrich, den er zunächst ausfindig machen muss. „Olbrich war derjenige, der die Weimarer Republik für uns lebendig gemacht hatte“, schreibt Jessel. „Wahrscheinlich war es seinem Einfluss zu verdanken, dass ich von der tatsächlichen Schwäche der Weimarer Republik keine klare Vorstellung hatte, solange ich zur Schule ging.“[6]

Die historische Forschung hat in jüngerer Zeit verstärkt die beziehungsgeschichtliche Perspektive der unmittelbaren Nachkriegszeit ins Zentrum gestellt. Die amerikanische Historikerin Atina Grossmann hat mit ihrer viel

---

5 Jessel, *Travelogue*, Kapitel 21, S. 151 (meine Übersetzung).
6 Jessel, *Spurensuche 1945*, S. 56.

beachteten Studie *Jews, Germans, and Allies. Close Encounters in Occupied Germany* maßgeblich dazu beigetragen.[7] Sie lenkt den Blick auf die vielschichtigen und alltäglichen Kontakte, Begegnungen und Verflechtungen, die zwischen Juden, Alliierten und Deutschen nach Kriegsende bestanden, wobei sich die Identitäten der Akteure häufig überschnitten. Grossmann zeigt, dass zwischen Siegern und Besiegten, wie auch zwischen Tätern und Opfern, erstaunlich viele, oft stabile Kontakte bestanden. Der Bericht von Walter Jessel ergänzt in einmaliger Weise – bezogen auch auf die Stadtgeschichte Frankfurts – unser historisches Wissen um solche Beziehungsverflechtungen zwischen Siegern und Besiegten. Walter Jessel trat als jüdischer Emigrant und Alliierter, zugleich aber auch als gebürtiger Deutscher und ehemaliger Frankfurter seinen nicht-jüdischen früheren Mitschülern gegenüber.

Sein persönlicher Erfahrungsbericht ragt aus diesem Grund aus der Vielzahl von zeitgenössischen Zeugnissen über Deutschland nach dem Kriegsende 1945 heraus, die aus der Perspektive der alliierten Besatzer oder von auswärtigen Journalisten geschrieben wurden und oft als Reportagen in internationalen Zeitschriften erschienen.[8] Jessel kommt nicht etwa als alliierter Besatzungsoffizier in ein ihm fremdes Land. Vielmehr ist sein persönlicher Erfahrungsbericht das Zeugnis einer Wiederbegegnung von fremd Vertrauten, die dieselbe Sprache sprechen und in derselben Stadt zuhause waren: Walter Jessel, einer von acht jüdischen Mitschülern seiner aus zwanzig Schülern bestehenden Abiturklasse, den die Nationalsozialisten mit seiner Familie aus Deutschland vertrieben haben, und die nicht-jüdischen Deutschen unter seinen Klassenkameraden beziehungsweise deren Angehörige, die im nationalsozialistischen Deutschland zurückblieben. Sie hatten jahrelang gemeinsam den Schulunterricht besucht, sind mit ihren liberalen Lehrern in den 1920er Jahren in Zeltlager nach Frankreich gereist, um den Aussöhnungsgedanken durch reale Begegnungen zwischen jungen Deutschen und gleichaltrigen Franzosen lebendig werden zu lassen. Doch

---

7 Atina Grossmann, *Jews, Germans, and Allies. Close Encounters in Occupied Germany* (Princeton: Princeton University Press, 2007).

8 Unter der Vielzahl solcher Dokumente sind aufgrund ihres Bezugs zu Frankfurt hervorzuheben: Percy Knauth, *Germany in Defeat* (New York: A. A. Knopf, 1946). Ein Ausschnitt aus diesem Text des damaligen Büroleiters der Redaktion der Zeitschrift *TIME* in Paris erschien, flankiert von einem Foto von Robert Capa, pünktlich zum Ende des Zweiten Weltkriegs in Europa in der amerikanischen Zeitschrift *LIFE*: Percy Knauth, „The German People: A Few Anti-Nazis Face Appalling Job Of Redeeming A Country That Feels No Guilt Or Shame", in: *LIFE*, 7. Mai 1945, S. 69–76. Bezüge zu Frankfurt und Umgebung finden sich auch in dem Reisebericht des irisch-britischen Schriftstellers James Stern, der seit 1939 in New York lebte: James Stern, *The Hidden Damage* (New York: Harcourt Brace, 1947) (deutsch: *Die unsichtbaren Trümmer. Eine Reise im besetzten Deutschland 1945*. Berlin: Eichborn Verlag, 2004).

angesichts der welterschütternden historischen Ereignisse, die gerade erst hinter ihnen liegen, dem Krieg sowie der Verfolgung und Ermordung der deutschen und der europäischen Juden durch das NS-Regime, trennen nun Welten sie voneinander.

Bei seinen Begegnungen mit den ehemaligen Mitschülern 1945 stand für Walter Jessel die Frage nach der individuellen Verantwortung im Vordergrund. Haben seine ehemaligen Mitschüler versucht, sich der NS-Diktatur entgegenzustellen? Haben sie sich dem Druck des NS-Regimes gebeugt? Oder gar dessen Ideologie verinnerlicht? Und was ist aus den liberalen Werten geworden, die ihre Lehrer ihnen auf der Musterschule vermittelt hatten?

> „Die Besuche bei meinen ehemaligen Klassenkameraden und deren Familienangehörigen, die ich in diesem Buch beschrieben habe, waren nicht Gegenstand sentimentaler Erinnerung, sondern der Versuch, eine ziemlich grundlegende Frage zu beantworten (...): Würden sich Angehörige anderer Nationen, wenn sie in dieselbe Situation gebracht worden wären wie die Deutschen während des Hitlerregimes, genauso verhalten haben? (...) Meine zwölf Klassenkameraden waren kein vollständiger Querschnitt der deutschen Bevölkerung, auf deren Motiven zu handeln oder nicht zu handeln ein fundiertes Urteil sich stützen mag. Aber vielleicht haben sie einen Anhaltspunkt gegeben."[9]

Diese grundlegende Frage nach der Universalität ihres Handelns, danach, wie Menschen sich verhalten, wenn sie sich mit einem repressiven, diktatorischen Regime konfrontiert sehen oder auch wenn es darum geht, Entwicklungen entgegenzutreten, die die Demokratie gefährden und die Menschenrechte missachten, macht Jessels Bericht über den spezifischen historischen Horizont des Jahres 1945 hinaus auch aktuell von Interesse.

Die Begegnungen mit den ehemaligen Klassenkameraden im Herbst 1945 schildert Walter Jessel mit differenziertem Blick. Geduldig hört er seinem jeweiligen Gegenüber zu. Schnell kommen sie miteinander ins Gespräch. Bisweilen stellen sich sogar Momente alter Vertrautheit ein, und Jessel muss sich daran erinnern, dass sie sich noch wenige Monate zuvor als Soldaten auf feindlichen Seiten gegenübergestanden hätten. Manchmal wird Jessel auch mit bizarren Auffassungen konfrontiert, etwa wenn es um die Beurteilung der Gegenwart und die Verantwortung der Amerikaner für das Nachkriegsdeutschland geht. Immer wieder bemerkt er auch die Desinformiertheit einiger seiner Gesprächspartner, die jahrelang vom Zu-

---

9 Jessel, *Spurensuche 1945*, S. 232.

gang zu unzensierter Presseberichterstattung abgeschnitten waren, und er realisiert, welch grundlegende Umerziehungsarbeit die alliierten Besatzer werden leisten müssen, wenn sie einen demokratischen Neubeginn basierend auf freier Meinungsbildung bewirken wollen. Auch manches Verhalten, das Kopfschütteln auslösen dürfte, begegnet uns, etwa wenn Jessel schildert, wie einer seiner früheren Klassenkameraden auf dem Schwarzmarkt vor dem Frankfurter Hauptbahnhof die Schuhe seiner Schwiegermutter verkauft, weil diese nicht mehr laufen kann.

Jessel macht Widersprüchlichkeiten und Opportunismus im Verhalten seiner ehemaligen Klassenkameraden aus. Wenn es darum geht zu erklären, warum sie in die NSDAP eintraten, machen die meisten seiner ehemaligen Klassenkameraden die immer gleichlautenden Rechtfertigungen geltend: weil sie sich ihre berufliche Karriere nicht verbauen wollten. Einer von ihnen entschuldigt seine Anpassung an das NS-Regime damit, dass er ein zu kleines Rädchen im Getriebe einer großen Maschine gewesen sei, als dass er irgendetwas hätten bewirken können.

Schuldgefühle wegen der Judenverfolgung des NS-Regimes artikulieren seine ehemaligen Klassenkameraden nicht. „Es ist seltsam", sagt einer von ihnen, „ihr Amerikaner glaubt immer, dass man uns wöchentlich auf begleiteten Touren durch unsere Konzentrationslager geführt hätte."[10] Zwar will er von der Existenz der Konzentrationslager gewusst haben, jedoch wie so viele Deutsche damals nichts von den Verbrechen, die dort begangen wurden, geschweige denn von deren Ausmaß.

Der Besuch einer Aufführung von Beethovens Oper *Fidelio* im Bankettsaal der Frankfurter Börse deutet Jessel als symptomatisch für die unterschiedliche Wahrnehmung der jüngsten Vergangenheit. Während Jessel den Gefangenenchor in *Fidelio* auf die deutschen Konzentrationslager bezieht, verwerfen sein ehemaliger Schulkamerad und dessen Frau, die mit ihm die Opernaufführung besuchen, die für Jessel offenkundige Parallele zwischen Beethovens Freiheitsgedanken und der jüngsten deutschen Vergangenheit als absurd.

Einmal trifft Jessel auf eine philosemitische Haltung, als die Schwägerin einer seiner früheren Mitschüler ihr Bedauern bekundet, dass von den in die USA emigrierten Juden wohl niemand zurück nach Deutschland kommen werde. Sie bedauert dies deshalb, weil nach ihrer Vorstellung die Juden die einzigen seien, die das nötige Geld für den Wiederaufbau Deutschlands besäßen. Intuitiv und blitzschnell erkennt Jessel, wie eng hier philosemitische Einstellungen gegenüber Juden und Antisemitismus beieinanderliegen. „Das war deutscher Antisemitismus, umgeschaltet von einem hohen Gang

10 Jessel, *Spurensuche 1945*, S. 90.

in den Rückwärtsgang", kommentiert er die Äußerung der Frau. Doch seine Versuche, ihr dies bewusst zu machen, verhallen ohne Wirkung.

Jessel begegnet auch Klassenkameraden, die sich redlich verhalten haben. Allerdings ist er enttäuscht, dass selbst diejenigen, die dem Nationalsozialismus kritisch gegenüberstanden, keinen Widerstand gegen das Regime leisteten. Bisweilen trifft er auf erfahrenes Leid. Seine größte Hochachtung zollt er dem ehemaligen Mitschüler Arnulf Krauth. Er war der einzige unter seinen Klassenkameraden, der aktiven Widerstand gegen das NS-Regime geleistet hat. Als Mitglied einer kommunistischen Widerstandsgruppe wurde er jedoch denunziert und jahrelang in einem Konzentrationslager eingesperrt. Von seinem tragischen Tod am 3. Mai 1945, nur wenige Tage vor der bevorstehenden Befreiung, bei einer verheerenden Schiffskatastrophe aufgrund eines folgenschweren Irrtums, erfährt Jessel beim Besuch bei Arnulfs Vater.

Der Bericht von Walter Jessel erscheint hier erstmals in deutscher Sprache. Die Textgrundlage für die Übersetzung aus dem Englischen bildete die amerikanische Ausgabe, die von Brian E. Crim herausgegeben wurde und 2017 unter dem Titel *Class of '31. A German-Jewish Émigré's Journey across Defeated Germany* bei American Studies Press veröffentlicht wurde. Der Frankfurter Fachhochschulverlag, bei dem die deutsche Ausgabe erscheint, hat sich für einen neuen Buchtitel entschieden, der den Bezug zum Jahre 1945 unterstreicht, der für Walter Jessels Spurensuche zentral ist und für die heutigen Leser von besonderem Interesse sein dürfte. Dass Walter Jessels Bericht auch das Porträt eines Jahrgangs ist, des Abiturjahrgangs 1931 der Frankfurter Musterschule, versteht sich von selbst. Walter Jessel hat seinen Bericht 1945/1946 in Deutschland geschrieben, in unmittelbarer zeitlicher Nähe zu den Begegnungen mit seinen ehemaligen Klassenkameraden, von denen er berichtet. Er hoffte, den Text in den USA zu veröffentlichen, doch die Zeitschriftenverlage, bei denen seine Agentin in New York versuchte, ihn unterzubringen, lehnten ab. So blieb das Manuskript in Walter Jessels Privatbesitz und wurde erst aus seinem Nachlass veröffentlicht. Es ist bedauerlich, dass seinerzeit kein amerikanischer Verlag den einzigartigen Wert von Walter Jessels Bericht über die Wiederbegegnungen mit seinen Klassenkameraden zu erkennen vermochte. Hätte der Text einen Abnehmer gefunden, hätte der Autor gewiss sein Manuskript noch einmal sorgfältig überarbeitet. Dass dies zu Lebzeiten des Autors nicht geschehen ist, schmälert die Bedeutung dieses authentischen historischen Dokuments jedoch nicht.

Bei der Übersetzung stand die gute Lesbarkeit des Textes im Vordergrund. Dies machte hier und da sanfte editorische Eingriffe erforderlich, die jedoch so geringfügig blieben, dass sie den Sinn nicht verändern. Um manche zeitgenössischen Begriffe oder die Namen von Personen sowie historische

Zusammenhänge einem heutigen Lesepublikum verständlich zu machen, wurde der Text mit umfangreichen Anmerkungen versehen.

Die Übersetzerin bedankt sich an dieser Stelle bei Alfred Jessel, dem ältesten Sohn des Autors, dafür, dass er ihr das Typoskript der Memoiren von Walter Jessel, *A Travelogue Through a Twentieth Century Life*, zugänglich gemacht hat, die Walter Jessel noch zu seinen Lebzeiten (1996) verfasst hat und von denen er ein Exemplar der Harvard University gestiftet hat. Sie ermöglichten der Übersetzerin ein weitreichendes Verständnis von Walter Jessels Lebensweg und der Geschichte seiner Familie. Diese Memoiren enthalten zwei Kapitel, die inhaltlich eng angelehnt sind an seinen im Jahre 1946 verfassten Bericht und in denen er die Begegnungen mit seinen früheren Klassenkameraden von der Musterschule in kondensierter Form wiedergibt. Aus diesem Manuskript werden auch die richtigen Namen der Personen ersichtlich, die in dem der englischen Buchausgabe zugrundeliegenden Text verändert wurden. Für die deutsche Ausgabe hat sich der Frankfurter Fachhochschulverlag um der historischen Wahrheit willen entschlossen, die richtigen Namen der Personen zu verwenden.

Die deutsche Ausgabe erscheint anlässlich des 75. Jahrestages des Endes des Zweiten Weltkriegs. Es bleibt dem Buch zu wünschen, dass es viele Leser und Leserinnen findet. Die in dem Bericht geschilderten historischen Ereignisse bedürfen der lebendigen Erinnerung, so wie die Frage nach der Verantwortung jedes Einzelnen für das politische Geschehen heute aktueller ist denn je.

Am 23. April 2020 findet in der Deutschen Nationalbibliothek Frankfurt unter der Federführung von Dr. Sylvia Asmus, der Leiterin des dort angesiedelten Deutschen Exilarchivs 1933–1945, sowie in Kooperation mit der Evangelischen Akademie Frankfurt und dem Frankfurter Fachhochschulverlag die Buchpräsentation statt. Zur Buchpräsentation werden die in den USA lebenden drei Kinder von Walter Jessel in Frankfurt erwartet. Es folgt am 30. April 2020 eine weitere Bildungsveranstaltung mit Fachvorträgen in der Evangelischen Akademie Frankfurt, die das Buch von Walter Jessel in den breiteren historischen Kontext der bedingungslosen Kapitulation 1945 und der amerikanischen Besatzung in Frankfurt einordnet. Für die großzügige Förderung der beiden Veranstaltungen danken wir der Holger Koppe-Stiftung.

Margrit Frölich
Frankfurt am Main, 3. März 2020

Angelika Rieber und
Till Lieberz-Groß (Hrsg.)
Rettet wenigstens die Kinder
Kindertransporte aus
Frankfurt am Main –
Lebenswege von geretteten
Kindern

302 Seiten, fester Einband,
vierfarbig, mit zahlreichen
Abbildungen
2018, 25,– €
ISBN: 978-3-947273-11-9

Nach dem Novemberpogrom 1938 wurden etwa 20.000 jüdische Kinder aus Deutschland, Österreich und der Tschechoslowakei nach England und in andere Länder gerettet.
Sieben Autorinnen haben in Zusammenarbeit mit dem Projekt Jüdisches Leben in Frankfurt am Main e.V. zahlreiche Biographien von Kindertransportkindern erforscht, aufgeschrieben und zusammengestellt. Anschaulich zeigen diese Lebensgeschichten, wie sich die Politik der Nationalsozialisten auf das Leben der Kinder auswirkte und wie die erzwungene Flucht aus Deutschland und die meist endgültige Trennung von den Angehörigen ihr weiteres Leben prägte.
Neben den Lebensgeschichten der Kinder lag den Autorinnen auch die Würdigung von Helfern und Hilfsorganisationen am Herzen.

> *„Nur konsequent, dass das vom Fachhochschulverlag ansehnlich und sorgfältig verlegte Werk schon bald Lektüre für Schülerinnen und Schüler werden soll." (Frankfurter Rundschau, 14.2.2019)*

> *„It is to be hoped that this excellent book will receive an English translation in order to reach the much wider audience which it deserves." (AJR Journal – The Association of Jewish Refugees, März 2019)*